논어의 생각

논어의 생각

한
문
희

종이와
나무

길을 아는 이에게 길을 물어라

『논어』는 2500여 년 전 중국 춘추시대에 태어났다. 공자의 제자들이 그의 사후에 스승의 언행을 '논(論)'하면서 이 책을 엮었다. 책 제목을 『논어』라고 한 것은 이 때문이다. '학이'로부터 '요왈'까지 모두 스무 장으로 구성되어 있다. 그러나 첫 구절의 두 글자 또는 세 글자를 소제목으로 삼았기 때문에 이 제목만으로는 어떤 내용이 들어 있는지 짐작하기 어렵다. 그런데 만약 공자가 직접 『논어』를 엮었다면 어땠을까. 아마 그렇게 구성하지는 않았을 것이다.

『논어』에 담긴 공자의 생각은 대략, 인생, 운명, 태도, 믿음, 말, 사람, 마음, 잘못, 처세, 효도, 교육, 배움, 실천, 제자, 도리, 지혜, 정치, 예악, 정의, 덕의 스무 개 주제로 요약된다. 이 책에서 이들 스무 가지 주제로 소제목을 정한 이유는 이 때문이다.

이 책은 『논어』의 생각을 다루고 있지만 그렇다고 『논어』 자체를 다룬 문헌학 연구서는 아니다. 오히려 공자의 언행의 동기나 의도에 더 초점을 맞추었다. 그 이유는 분명하다. 『논어』 속 인간 공자가 살았던 시대와 그의 생각을 알지 못하면 『논어』의 진면목에 다가갈 수 없기 때문이다. 그러나 『논어』는 후대로 갈수록 갖가지 이유로 덧칠되었다. '인간 공자'의 열린 생각은 점차 일점일획도 고칠 수 없는 '성인 공자'의 절대적 명령으로 시대를 옥죄는 닫힌 텍스트가 되었다.

이런 『논어』는 '논어 왕국' 조선을 세상과 유리시켰다. 『논어』는 과거의 이상시대를 향한 회고적 텍스트가 되었다. 은둔의 왕국 조선은 '논어 감옥'에 갇혀 바깥세상의 흐름과 단절된 채 우물 안 개구리 같은 신세가 되었다. 그러나 세상 변화에 눈감은 대가는 컸다. 조선의 망국은 그렇게 다가 왔지만 조선의 사대부들은 끝내 '논어의 꿈'에서 깨기를 거부했다. 다시 『논어』 속 인간 공자를 깨우는 뜻은 여기에 있다.

『논어』의 고의나 본의를 탐색하여 공자의 진짜 목소리를 들으려는 시도는 꾸준히 있었다. 우리나라, 중국, 일본에서 '논어 삼국지'가 펼쳐졌지만, 성리학의 기본 텍스트, 과거 시험의 교과서, 그리고 윤리규범의 국민독본으로서 『논어』의 위상은 절대적이었고 교조적 『논어』 읽기는 견고했다. 그 미로에 갇혀 『논어』는 그 실체를 쉽게 드러내지 않았다. 이제 그 허상을 벗기고 솔직하고 색다른 『논어』 읽기, 신박한 『논어』 읽기는 가능할까. 이 책을 엮은 궁극적인 뜻이다.

누군가 나에게 인생의 책을 물으면 주저 없이 『논어』라고 답할 것이다. 『논어』 속에는 아주 오래 전에 인간의 길을 가고자 했던 인생의 스승 공자가 있다. 때로는 인자하게, 때로는 단호하게 인간의 길을 채근하던 공자, 그렇게 하나 둘 영글어 가는 제자들을 바라보며 천년의 사표 공자는 눈을 감았을 것이다. 길을 아는 이에게 길을 물어야 한다.

2023. 7. 10.
한 문 희

1장

" 인생 "

에 대한 생각

포용하며 너그럽게 살 걸, 인생 굽이마다 그렇게 살지 못했다.

인생에 대하여 깊은 후회가 밀려온다.

밀어둔 숙제처럼 아픈 인생이 고스란히 가슴에 남았다.

가한 것도 없고 불가한 것도 없다

일민은 백이, 숙제, 우중, 이일, 주장, 유하혜, 소련이었다. 공자는 "그 뜻을 꺾지 않고 그 몸을 더럽히지 않은 사람은 백이와 숙제이다." 하였고, 유하혜와 소련에 대해서는 "뜻을 꺾고 몸을 더럽혔으나, 말이 도리에 맞았고 행동이 생각과 맞았다. 그러나 그뿐이다." 하였으며, 우중과 이일에 대해서는 "은거하면서도 말을 함부로 하였으나 몸은 맑은 도리에 맞았고, 물러난 것은 권도에 맞았다. 하지만, 나는 이와 달라서 가한 것도 없고 불가한 것도 없다." 하였다.

일민逸民 백이伯夷 숙제叔齊 우중虞仲 이일夷逸 주장朱張 유하혜柳下惠 소련少連 자왈子曰 불강기지不降其志 불욕기신不辱其身 백이숙제여伯夷叔齊與 위유하혜소련謂柳下惠少連 강지욕신의降志辱身矣 언중륜言中倫 행중려行中慮 기사이이의其斯而已矣 위우중이일謂虞仲夷逸 은거방언隱居放言 신중청身中淸 폐중권廢中權 아즉이어시我則異於是 무가무불가無可無不可   [미자]

일민은 덕이 있으나 초야에 숨어 사는 현자를 말한다. 세상 사람들로부터 칭송을 받는 사람들이다. 공자가 언급한 중국 춘추 시대의 일곱 현인을 '칠현'이라고 한다. 무도한 세상을 피해 은둔한 것은 같으나 그 조행은 조금씩 다르다.

　백이와 숙제는 주나라 무왕이 은나라를 멸망시키고 천자의 지위에 오르자, 주나라의 녹봉을 먹는 것을 부끄러워하여 수양산에 은둔하여 고사리를 캐먹다가 끝내 굶어죽었다는 고사의 주인공이다. 당시 그들은 '채미가'를 지어 불렀는데, 그 가사에 "저 서산에 올라가 고사리를 캐도다. 폭력으로 폭력과 바꾸면서 자기의 그릇됨을 모르도다. 신농과 우순과 하우가 이제는 없으니, 나는 어디로 돌아갈까." 하였다.

또 유하혜는 노나라 사람으로 본이름은 전금인데, 유하에 살았고 시호가 혜였으므로 유하혜라고 하였다. 『맹자』 '만장 하'에 "유하혜는 성인 가운데 화합한 사람이다."라고 칭송한 인물이다. 소련은 『예기』 '잡기 하'에 "소련과 대련은 거상을 잘하여, 삼 일 동안 태만히 하지 않고, 석 달 동안 게으르지 하지 않았으며, 일 년 동안 슬퍼하고, 삼 년 동안 근심하였으니, 동이의 아들들이다." 하였다.

우중은 은나라 때 주 태왕(고공단보)의 둘째 아들로서, 아버지가 셋째 아들인 계력에게 왕위를 물려주고 싶어 하는 뜻을 알아채고, 형 태백과 함께 형만으로 피신하여 그곳에서 단발문신하고 숨어 지냄으로써 천하에 뜻이 없음을 보인 인물이다. 이를 공자가 "몸은 맑은 도리에 맞았고, 물러난 것은 권도에 맞았다."라고 칭송한 것이다. 조선조에서 태종의 맏아들 양녕대군과 둘째 효령대군 대신에 셋째인 충녕대군(훗날의 세종대왕)이 왕위를 계승한 일이 이와 비슷한 사례다. 한편, 이일과 주장도 당대의 은자이지만, 자세한 내력은 알 수 없다.

그런데 그 뜻을 짐작하기 어려운 말이 끝에 붙인 "가한 것도 없고 불가한 것도 없다."는 말이다. 이 말은 무도한 세상을 피해 숨어 살기보다는 어떻게든 현실을 바꾸려는 뜻을 담은 말이다. 그것이 공자의 바램이었다. 가함도, 불가함도 없다는 말은 그 의미다.

우리나라에서도 조선 후기 학자 성해응은 조선 초부터 숙종 때까지의 일민들에 대한 전기를 모아 필사본 『일민전』을 간행하였다.

그렇게 하면 어려울 게 없겠구나

공자가 위나라에 있을 때 경쇠를 치고 있었다. 이 때 삼태기를 메고 공자의 문 앞을 지나던 사람이 있었다. 그가 말하기를 "천하에 마음이 있구나. 저 경쇠 치는 소리는." 하였다. 조금 있다가 또 말하기를 "비루하구나. 땅땅거리는 저 소리는. 자기를 알아주는 이가 없으면 그만 두면 그뿐인 것을. '물이 깊으면 옷을 입고 건너고, 물이 얕으면 옷을 걷고 건너야지.'" 하였다. 공자가 말하기를 "과감하구나. 그렇게 하면 어려울 게 없겠구나." 하였다.

자격경어위子擊磬於衛 유하궤이과공씨지문자왈有荷蕢而過孔氏之門者曰 유심재有心哉 격경호擊磬乎 기이왈비재旣而曰鄙哉 경경호硜硜乎 막기지야莫己知也 사이이이의斯已而已矣 심즉려深則厲 천즉게淺則揭 자왈子曰 과재果哉 말지난의末之難矣 　　　　　[헌문]

"물이 깊으면 옷을 입고 건너고, 물이 얕으면 옷을 걷고 건너야지."라는 시구는『시경』'위풍 포유고엽' 편에 나온다. 사람의 출처를 물을 건너는 것에 비유한 시구다. 무도한 세상에 자기를 알아주는 이가 없으면 그만두면 될 일을, 시의도 모른 채 공연히 교화하려고 헛된 욕심을 부린다는 뜻이다. 세상을 피해 사는 피세(避世), 혹은 세상을 잊고 사는 망세(忘世)를 선택하여 은일의 삶을 추구한 평범하지 않은 은자들이다.

이 글에서도 그런 은자와의 일화를 전한다. 은자들은 한결같이 공자의 처신에 문제가 있는 듯 말한다. 무도한 세상에 왜 헛꿈을 꾸며 이상 정치에 집착하느냐고 한다. 이 글에서 공자가 연주하는 소리를 듣고 세상 꿈을 버리지 못한 공자더러 "비루하다."고 타박하는 것도 같은 뜻이다.

그러나 세상이 무도하다고 세상을 등질 순 없다. 인간은 좋든 싫든 인간끼리 어울려 사회를 이루며 산다. 난세일지라도 좀 더 나은 세상을 위해 힘을 보탤 뿐, 세상을 등지는 게 정답일 수 없다는 것이 공자의 생각이다. "그렇게 하면 어려울 게 없겠구나."라는 공자의 탄식은 그런 뜻을 담고 있다. '잘못된 정치로 고통 받는 백성들을 두고 어찌 떠날 수 있으리.' 이 글을 『논어』에 수록한 제자들의 뜻도 공자와 다르지 않을 것이다.

무도한 세상은 '상황'이다. 이 상황에 어떻게 처신해야 하는가는 '선택'이다. 상황에 처해 어떤 선택을 하는가는 그 사람의 운명을 가른다. 무도한 세상을 피해 잊고 사는 것도 선택이요, 무도한 세상이지만 그것을 바꿔보려는 것도 선택이다. 공자는 이 상황에서 세상에 뛰어드는 쪽을 선택했을 뿐이다. 정치도 그 일환이었고, 교육도 그 일환이었다. 그 처신을 두고 누가 옳고 그름을 판정할 수 있을까. 공자도 무도한 세상에 나아가 녹을 먹는 것을 부끄럽게 여겼다. 그러나 공자가 정말 부끄럽게 여긴 것은 그 자리에서 무위도식하며 녹으로 생계를 꾸려가는 식록(食祿)이었지, 정치에 대한 개혁 의지는 아니었다.

꽃은 피었으나 열매가 없는 삶

싹은 났지만 꽃을 피우지 못하는 것도 있고, 꽃은 피었으나 열매를 맺지 못하는 것도 있다.

자왈子曰* 묘이불수자유의부苗而不秀者有矣夫 수이부실자유의부秀而不實者有矣夫　　　[자한]

싹이 나고 꽃이 피는 것은 열매로 결실을 보기 위한 과정이다. 따라서 이 글은 열매 맺는 결실이 없는 것처럼 학문에도 그런 경우가 있고, 군자의 덕성도 이럴 수 있음을 경계한 것이다. 공자는 스스로 한계를 긋는 태도를 경계하여 "한 삼태기의 흙이 모자라 학문을 이루지 못한다."고 했다. 결국 목표를 이루고 못 이루고는 자신에게 달린 것이라는 뜻이다. 처음에 뜻을 크고 확고히 두지 못하면 작은 꿈, 작은 성취에 만족하게 한다는 경계다.

　『성경』에도 열매 맺지 못하는 무화과나무의 비유가 있다. 이를 복음과 결부해서 생각해 보면, 이 비유가 복음으로 결실을 보지 못하는 사람들에 대한 경계임을 알 수 있다. 시작은 원대하였으나 결과가 이에 못 미치는 경우를 빗대 용두사미, 작심삼일이라고 한다. 인간사에 흔한 경우다. 그러나 유시유종(有始有終)이다. 시작했으면 끝까지 마무리를 잘 해야 한다는 뜻이다. 『주역』 겸괘(謙卦)에서 유종의 미를 길하다고 한 것도 같은 뜻이다.

　　처음의 생각대로 인내하며 스스로 노력하다 보면 기대한 결과에 당도

---

* 『논어』에서 '자왈(子曰)'은 공자의 말이란 뜻이다. 두 사람 이상의 대화가 아닌 경우, 번역문에서는 이를 생략하였다.

할 수 있다. 느릿느릿 소 걸음으로도 1천 리를 가는 법이다. 한 여름 날의 더위를 참아내는 인고의 시간을 거쳐야 열매를 얻을 수 있다.

그러나 방향이 잘못되었다면 어떨까. 그래서 자기가 무엇을 위해 노력하는지 꾸준한 성찰이 필요한 것이다. 방향 점검이다. 악한 생각은 악한 열매를, 선한 생각은 선한 열매를 맺는다. 그래서 불가에서도 "같은 물을 마셔도 뱀은 독을 만들고, 젖소는 우유를 만든다."고 하였다.

꿈에서 보듯

심해졌구나, 나의 노쇠함이. 내가 꿈에 다시 주공을 못 뵌 지도 오래 되었구나.

자왈子曰 심의甚矣 오쇠야吾衰也 구의久矣 오불부몽견주공吾不復夢見周公　　　　[술이]

꿈에 누구를 본다는 것은 간절함의 표현이다. 주공은 성은 희, 이름은 단으로, 문공인데, 주공으로 통칭한다. 주공은 문왕의 아들이자 무왕의 동생으로, 무왕이 죽은 뒤 어린 조카인 성왕을 보좌하여 건국 이후 불안한 주나라 정국을 안정시킨 창업 공신 가운데 한 사람이다. 공자는 이런 주공의 도를 흠모하여 몽매간에도 잊지 않고 따르려고 하였다. 공자가 꿈에서 다시 주공을 못 뵌 지 오래라고 스스로 탄식한 것도 그 도를 따르려고 하나 몸이 노쇠하여 못 미침을 한탄한 것이다.

　반면, 조선의 세조는 이와 반대로 처신했다. 어린 조카인 노산군(훗날의 단종)을 몰아내서 죽이고, 자신이 스스로 왕위에 올랐다. 그 과정에서 계유정난(1453)의 피바람이 불었다. 이러한 처신은 공자를 성인으로 받들던 조선조 내내 논란이 되었다. 『논어』의 이 구절을 읽으면서 조선의 선비들을 무슨 생각을 했을까. 세조의 후손들이 왕위를 세습하던 봉건왕조에서 그 얘기는 금기가 되었다. 역사의 아이러니를 느끼게 하는 장면이다.

　세종대왕으로부터 천재라고 칭송을 들었던 매월당 김시습은 계유정난 소식을 듣자 과거공부를 집어치우고 세상의 권력을 비웃으며 세상을 떠돌다가 한 세상을 마감했다. 그는 죽으면서 남긴 '내 인생'이란 시에서 자신을

'꿈꾸다 죽은 늙은이'로 불러주길 원했다. 공자의 꿈과 김시습의 꿈은 다를
까. 세상의 권력에 영합하기보다는 의로운 길을 택했던 자신의 인생에 대한
마지막 헌사였다.

주공은 한 몸으로 의를 실천했으므로 그를 따르는 것은 의가 되지만,
조선의 세조는 한 몸으로 사욕을 좇았으므로 그를 따르는 것은 그의 욕심
에 편승하는 것이 된다. 백성들이 어떤 기준에 따라 행동해야 할지 모를 때
사회는 혼란과 분열에 빠지게 된다. 때문에 공자는 정치는 우선 명분부터
바로 잡아야 한다고 했다.

나누는 삶

비루한 자와 함께 임금을 섬길 수 있겠는가. 얻지 못했을 때에는 얻지 못할까 근심하고, 얻고 나서는 잃을까 근심한다. 진실로 잃을까 근심한다면 못하는 짓이 없게 된다.

자왈子曰 비부鄙夫 가여사군야여재可與事君也與哉 기미득지야其未得之也 환득지患得之 기득지旣得之 환실지患失之 구환실지苟患失之 무소부지의無所不至矣 　　　　　[양화]

공자가 말한 '비루한 이'는 결국 그 뜻이 부귀 욕심에 있는 자를 말한다. 수단 방법을 가리지 않고 더 가지려 하고 더 높이 오르려고 하는 사람이다.

　불가에서도 빈 손으로 왔다가 빈 손으로 가는 게 인생이라고 했다. 그러니 무엇을 얻으려고 안달복달할 일도, 무엇을 잃을까봐 노심초사할 일도 아니란 일침이다. 때로는 가진 것이 많은 것이 오히려 해가 될 때가 많은 것이 인생이다. 그래서 『주역』에서도 하나를 주면 하나를 빼앗는 게 하늘의 이치라고 한다.

　동양 철학에서 오랜 논쟁 중의 하나가 인간은 악한 존재일까, 선한 존재일까 하는 것이다. 재물이나 권력을 탐하는 이는 그것 때문에 사람의 도리를 쉽게 저버리니, 이런 사람과 함께 일을 도모한다면 말로가 좋지 못할 것이다. 그러니 부질없이, 사람이 본디 악한 존재일까, 선한 존재일까를 따지기보다, 그 사람이 악한지, 선한지를 가리는 지혜가 더 절실한지도 모르겠다.

　움켜쥐고 더 가지려고 할수록, 또 더 높이 오르려고 할수록 오히려 추해질 뿐이다. 하늘의 그물, 세상의 올가미가 결코 호락호락하지 않다. 가진 것을 나누고, 낮은 곳에서 섬기는 삶이 귀하다. 무엇을 위한 인생인지 삶의 방향을 묻는 글이다.

나에게 부귀란 뜬구름 같다

거친 밥을 먹고 물을 마시며 팔베개를 하고 누워도 즐거움은 또한 그 가운데 있으니, 불의로 얻은 부귀는 나에게 뜬구름과 같다.

자왈子曰 반소사음수飯疏食飲水 곡굉이침지曲肱而枕之 낙역재기중의樂亦在其中矣 불의이부차귀不義而富且貴 어아於我 여부운如浮雲　　　　　　　　　　　　　　　　　　　　　　　　[술이]

흔히 인생을 뜬구름같이 허망하다고 하는 것은 누구나 지나온 세월을 돌아보면 속절없다는 뜻일 게다. 사람으로서 온갖 영화를 누렸다는 솔로몬도 '전도서'에서 "헛되고 헛되며 헛되고 헛되니 모든 것이 헛되도다."라고 했으니, 누군들 자신의 인생을 돌아보면 후회가 없을까.

　이 글의 본지는 '불의'에 있다. '나는 의롭지 못한 부귀를 추구하지 않는다'는 뜻이다. 이 선언적 문구에 담긴 공자의 삶의 자세. 부귀를 가볍게 보고 사람으로서의 도리를 중하게 보는 공자의 자부심 속에는 삶의 자유로움이 느껴진다. 불의와 타협하여 굴종적인 삶을 사느니 가난하게 살지언정 사람답게 자유롭고 당당한 안빈낙도의 삶을 살겠다는 선언이기 때문이다.

　한 번 뿐인 인생을 노예처럼 살지, 자족하며 자유롭게 살지 스스로 결정할 문제다. 따라서 삶의 끝에서 '자유로워지는가'는 지금 이 순간의 선택에 달려 있다.

　자기 인생에 만족하는 사람이 누가 있을까. 그러니 좋아하는 바를 버리지 말고 가슴에 간직하며 살 일이다. 그래도 후회하기 쉬운 게 인생이다. 이

글이 전하는 '의'는 곧 선이다. 선은 남에게 유익을 끼치는 것이다. 베푸는
삶, 함께 하는 삶이다. 공연히 바쁜 뜬구름 같은 부생일망정 남에게 해악을
끼치며 살 수는 없지 않을까.

나이 마흔이 되어서도

나이가 마흔이 되어서도 미움을 받는다면, 거기서 끝이다.

자왈子曰 연사십이견오언年四十而見惡焉 기종야이其終也已　　　　　　　　　[양화]

인생에서 마흔 살이 된다는 것은 어떤 의미일까. '마흔 살이 되면 자기 얼굴에 책임을 져야한다'는 서양 속담은 또 무슨 뜻일까. 공자가 나이 마흔 살을 '불혹'이라고 했다. 외부의 유혹에 쉽게 흔들리지 않는다는 뜻이다. 이 말은 '자기 긍정성'의 표현으로 생각되지만, 여기에는 전제가 있다. 스스로 서는 자립(自立)이다. 서른 살에 스스로 서지 않으면 마흔 살의 나이는 불안하기 그지없다는 의미다. 자립이 꼭 경제적인 자립만을 의미하지는 않는다. 뜻을 확고히 세우는 입지의 경우다.

『마흔으로 산다는 것』에서 저자 전경일 선생은 "마흔 살은 세상을 통해 알게 된 자기 목소리를 서서히 듣게 되는 시기이다. 그래서 매사에 조심해야 할 나이다. 어느 시기나 상황은 변해 왔다. 그에 따라 승패도 항시 다르다. 나이 들면 금방이라도 게임이 끝날 것 같아 갑작스런 두려움이 일기도 한다. 득점은커녕 인생의 전반전을 놓고 보면 지금 몇 골이나 먹고 있는지 알 수도 없다. 사십대의 초조함은 이런 데서 온다. 시간이 얼마 남지 않았다는 강박관념이 머릿속을 복잡하게 만든다." 하였다. 그 불안의 정체를 구체적으로 표현한 말이다.

사십대에 갖추어야 할 것은 넓은 포용력과 사랑의 마음이다. 곧 사람의 품격이다. 이것이 결여된 사람은 점차 고립될 뿐이다. 유학의 궁극적인 목표가 자신만의 수양인 '수기'에만 있지 않고, 사회에 유익을 끼치는 '치인'에 있는 것은 그런 맥락이다. 고집쟁이 농사꾼 전우익 선생은 『혼자만 잘살면 무슨 재민겨』에서 "삶이란 그 무엇인가에, 그 누구엔가 정성을 쏟는 일이다."라고 했다. 그런 삶이 고귀한 것이다. 우리는 혼자 사는 것이 아니라 남들 '덕분에' 산다.

내가 살아온 인생

나는 열다섯 살에 배움에 뜻을 두었고, 서른 살에 스스로 섰으며, 마흔 살에 세상일에 흔들리지 않았다. 쉰 살에는 천명을 알았고, 예순 살에는 남의 말이 귀에 거슬리지 않았으며, 일흔 살에는 내 뜻대로 행동해도 법도를 어기지 않게 되었다.

자왈子曰 오십유오이지우학吾十有五而志于學 삼십이립三十而立 사십이불혹四十而不惑 오십이지천명五十而知天命 육십이이순六十而耳順 칠십이종심소욕七十而從心所欲 불유구不踰矩 [위정]

공자가 노년에 자기 인생을 돌아보면서 한 말이다. 열다섯 살에 학문에 뜻을 둔 '지학', 서른 살에 스스로 서는 '자립', 마흔 살에 세상일에 흔들리지 않는 '불혹'이다. 또 쉰 살의 천명을 아는 '지천명', 예순 살의 어떤 말이든 귀에 거슬리지 않는 '이순', 일흔 살의 마음대로 행동해도 법도를 어기지 않는 '불유구'다. 꼭 이 순서대로 사는 것은 아니지만 대개의 인생 흐름이 그렇다는 뜻이다.

'지학'부터 '불혹'까지 전반생은 자기를 만들어 가는 시기다. 이 시기에는 '어디에 뜻을 두는가'와 '부단한 노력'이 관건이다. 학문에 뜻을 두는 '지학', 한 사람의 성인으로서 뜻이 확고히 서는 '자립', 쉽게 유혹에 흔들리지 않는 분별력과 지혜를 갖추는 '불혹'이다.

하지만, '지천명' 이후 후반생은 다르다. 순응하는 시기다. 가장 먼저 하늘의 소명, 즉 천명을 아는 '지천명', 다른 이들의 온갖 소리가 귀에 거슬리지 않는 '이순', 내 뜻대로 행동해도 법도에 맞는 '불유구'의 나이라는 뜻이다.

그러나 이를 뒤집어 인생을 사는 사람들이 있다. 순리를 '거스르며' 사는 사람들이다. 올바른 방향 설정과 꾸준한 노력이 의미 있는 인생을 만든다. 죽을 때까지 배우고 깨닫는 것이 인생이다. 누구나 허락된 인생은 한 번뿐이다. 다시 살 수 있는 사람은 아무도 없다.

뜻은 빼앗을 수 없다

삼군의 장수는 빼앗아 올 수 있어도 필부의 뜻은 빼앗을 수 없다.

자왈子曰 삼군三軍 가탈수야可奪帥也 필부匹夫 불가탈지야不可奪志也 　　　　[자한]

필부는 보통 사람을 말하며, 뜻은 마음 속 신조를 뜻한다. 마음은 자신에게 속한 것이요, 마음을 지키는 공부가 참 공부란 것을 일깨우는 글이다. 맹자가 "인은 사람의 마음이요, 의는 사람의 길이다. 그 길을 버리고 따르지 않으며, 그 마음을 잃어버리고 찾을 줄을 모르니 슬프다. 사람이 닭과 개가 도망가면 찾을 줄을 알되, 마음을 잃고서는 찾을 줄을 모르니, 학문하는 방법은 다른 것이 없다. 잃어버린 마음을 찾는 것이다." 한 것도 같은 맥락이다.

　사람은 마음에 뜻을 품고 산다. 공자가 "필부의 뜻은 빼앗을 수 없다."고 한 말은 그 뜻이 곧 자신이기 때문이다. 뜻을 빼앗기고 산다는 것은 자신의 운명을 타인에게 맡기고 산다는 말과 같은 말이다. 괴테의 소설 '파우스트'는 라틴어로 '행운'이라는 말이다. 자신의 영혼을 내준 그 거래가 과연 행운일까. 기독교 신약 대부분의 서신서를 쓴 사도 바울은 '육체의 가시'를 주신 하나님께 오히려 감사하고 있다. 고난이 유익임을 알기 때문이다. 기독교에서 고난을 '위장된 축복'이라고 하는 이유도 여기에 있다.

　우리 사회에 타율사관을 추종하는 사람들이 있다. 식민지 근대화론자들이다. 그들은 일제 강점기 때 근대화가 이루어진 듯 계량화된 수치를 객관적인 자료인양 그 근거로 제시한다. 나아가 그것이 광복 이후 한국 경제

발전에 긍정적인 영향을 미쳤다고 주장한다. 그러나 그들이 제시하는 자료에는 우리 겨레가 그 상황에서 겪은 고통의 실상은 의도적으로 배제되어 있다. 많은 이들이 암울한 상황에서도 조국 독립의 뜻을 세우고 자신의 운명을 걸고 싸웠다. 그들은 그 점을 간과하고 있다. 그 뜻 위에 오늘의 우리가 서 있는데도 말이다.

부가 구할 수 있는 것이라면

부가 구할 수 있는 것이라면 비록 채찍을 잡는 일이라도 내가 하겠지만, 만일 구할 수 없는 것이라면 내가 좋아하는 일을 따르겠다.

자왈子曰 부이가구야富而可求也 수집편지사雖執鞭之士 오역위지吾亦爲之 여불가구如不可求 종오소호從吾所好

[술이]

'부가 추구한다고 얻어질 수 있는 것이겠는가. 그런데도 사람들은 헛된 부를 좇으며 산다. 오히려 내가 좋아하는 일을 하는 게 낫지 않겠는가.' 공자가 하고 싶은 말이다. 돈을 좇는 사람들이 많아지고 심지어 공포로 인한 구매인 '패닉 바잉'이란 신조어도 등장한다. 절대 빈곤이 아니라 상대적 빈곤과 공급 과잉의 시대, 돈이 사람들 마음을 어지럽힌다.

돈을 좇는 세태야 어제 오늘 일은 아니다. 돈을 신인 양 섬기는 '전신(錢神)', 돈의 노예로 사는 '수전노'. 돈이 있으면 권력도 따라오기 때문일까. 그러나 역사에서는 돈과 권력을 추구하다 패망에 이른 무수한 사례를 보여준다. 돈으로 다 되는 세상보다 돈으로도 안 되는 세상이 더 행복한 세상 아닐까.

이 글의 핵심은 "내가 좋아하는 일을 따르겠다."에 있다. 내가 좋아하는 일을 하면서 살겠다는 말이다. '1만 시간의 법칙'도 핵심은 '자기가 좋아하는 일'이다. 자기가 좋아하는 일을 즐기며 '소확행'의 소소한 행복을 추구하는 사회, 우리 사회가 그런 사회가 되기를 소망한다. 헛된 부를 추구하며 살기보다는 자기가 좋아하는 일을 하며 살 일 아닐까.

부자(공자)는 어찌 그리 재주가 많으신가

태재가 자공에게 묻기를 "부자는 성인인가? 어찌 그리 재주가 많은가?" 하니, 자공이 말하기를 "진실로 하늘이 낸 성인인 것 같고, 또 재주도 많습니다." 하였다. 공자가 듣고 말하기를 "태재가 나를 아는구나. 내가 젊었을 때 미천했기 때문에 비천한 일에 재주가 많게 된 것이다. 그러나 군자가 재주가 많아야 하는가? 많을 필요는 없다." 하였다. 뇌(자장)가 말하기를 "선생님께서는 '내가 등용되지 못했기 때문에 재주가 많다.'고 하셨다." 하였다.

태재문어자공왈大宰問於子貢曰 부자夫子 성자여聖者與 하기다능야何其多能也 자공왈子貢曰 고천종지장성固天縱之將聖 우다능야又多能也 자문지왈子聞之曰 태재지아호大宰知我乎 오소야吾少也 천고賤故 다능비사多能鄙事 군자君子 다호재多乎哉 불다야不多也 뇌왈牢曰 자운子云 오불시고吾不試故 예藝

[자한]

공자가 "내가 젊었을 때 미천했기 때문에 비천한 일에 재주가 많게 된 것이다."라고 한 것은, 공자는 젊은 시절 어렵게 자랐기 때문이다. 공자는 세 살 때 아버지가 죽고 홀어머니 밑에서 자랐다. 생계를 위해 수레 모는 일 등 다양한 허드렛일을 했다. 요즘 말로 하면 알바 인생이었다.

공자의 답변은 좋은 뜻으로 한 말이 아니다. 처지가 어려워서 많은 일을 하게 되어 재주가 많은 듯 보이는 게 결코 자랑이 아니기 때문이다. 오히려 처지가 어려움에도, 공자는 열다섯 살에 학문에 뜻을 두고 평생 배움에 게을리 하지 않았노라고 했다. 불우한 처지를 비관하기보다는 그런 처지를 바꾸는 인생이 가치 있는 인생이란 의미다. 사람은 처지가 어려울 수 있다.

그럼에도 뜻을 세워 자신의 처지를 바꾸는 사람들이 많다.

　우리 속담에 '열 재주 가지고 밥 빌어 먹는다'고 한다. 인생의 역설이다. 좋은 처지가 꼭 좋은 인생을 만드는 것은 아니란 뜻이다. 사람은 무엇에 뜻을 두는가, 그리고 그 성취를 위해 얼마나 노력하는가에 따라 그 '나중은' 많이 달라진다는 뜻이다.

　태재는 벼슬이름으로 국정을 총괄하는 자리여서 요즘의 국무총리에 해당한다. 다만, 이 글에 나오는 태재가 오나라 사람인지 송나라 사람인지 누구를 가리키는지는 분명하지 않다. 부자는 '선생님'이란 뜻으로 존칭이다. 공자를 가리킨다. 또 뇌는 공자의 제자 금뇌를 말하는데, 곧 자장이다.

삶에 필요한 것들

공자가 말하기를 "군자의 도는 세 가지인데, 나는 능한 게 없다. 인한 사람은 근심하지 않고, 지혜로운 사람은 미혹되지 않으며, 용맹한 사람은 두려워하지 않는다." 하였다. 이에 자공이 말하기를 "선생님이 겸사로 한 말이다." 하였다.

자왈子曰 군자도자삼君子道者三 아무능언我無能焉 인자仁者 불우不憂 지자知者 불혹不惑 용자勇者 불구不懼 자공왈子貢曰 부자자도야夫子自道也　　　　　　　　　　　　　　　　[헌문]

인한 사람은 사람으로서 추구해야 할 합당한 길을 흔들림 없이 가는 사람을 말한다. 자신을 위해 살기보다는 남에게 인덕을 베풀며 사는 삶이다. 하늘의 뜻을 따르기에, 생사 간에 걱정과 근심이 없다는 뜻이다. 그러나 공자도 인애의 도리를 실천하기가 쉽지 않다고 했듯이, 세상을 살면서 이런 사람을 만나기 쉽지 않다. 자신의 삶이 어때야 하는가를 묻는 말이다.

또 지혜로운 사람이란 두루 세상 이치에 통달하여 남의 속임수에 미혹되지 않는 사람이다. 현상 너머 원리를 보기 때문에, 눈앞의 상황에 당황하여 흔들리지 않는다. 미혹되지 않는다는 것은 그 뜻이다. 한데, 세상을 반쪽으로 사는 사람들이 있다. 내 편, 네 편을 가르며 흑백 논리로 사는 사람들이다. 이런 선동꾼과 거기에 휩쓸리는 사람을 지성인이라고 할 수는 없을 것이다. 비판적 성찰의 지혜가 필요한 이유다.

용맹한 사람은 과단성 있게 행동하여 두려움이 없는 사람이다. 이런 사람들은 장애물을 헤치고 용기 있게 앞으로 나아간다. 주저함과 두려움으로 앞으로 한 발도 못나가는 사람에게 '미래 영토'는 없다. 그러나 사려 깊은 지혜가 뒷받침되지 않는 용기는 만용이라는 또 다른 이름으로 불린다. 분별없이 함부로 날뛰는 용맹을 말한다.

지혜와 용기를 포섭한 인의 너그러움과 포용의 덕목이다. 다른 말로 인의 덕목, 곧 사람의 길이다. 공자가 자신은 인함, 지혜, 용기 이 세 가지 다 무능하다고 자책하는 듯 말하지만, 실상은 그렇게 살지 못하는 사람들을 면려하려는 뜻이다. 겸사라고 한 제자 자공의 말에는 그런 의미가 함축되어 있다. 예나 지금이나 사람 노릇 하면서 살기 어렵기 때문은 아닐까. 인간 공자의 겸손한 모습이다.

어떤 이름을 남길까

군자는 일생을 마치도록 이름이 일컬어지지 않는 것을 싫어한다.

자왈子曰 군자君子 질몰세이명불칭언疾沒世而名不稱焉　　　　　　　　[위령공]

영화 「조커」가 보여주는 캐릭터는 현대 사회의 부정적인 단면일 수 있겠지만 어떤 삶을 살 것인가는 결국 자신의 선택에 달려 있다. 다른 이의 삶의 무게를 함부로 말할 수 없으나, 그가 어떤 삶을 살고, 어떤 이름을 남기느냐는 전적으로 자신의 몫이라는 뜻이다.

　이 구절에서 군자가 구하는 것은 결코 세상의 거짓된 명예가 아니다. 인덕을 베풀며 사는 삶의 결과로써 그에 따라오는 합당한 명예다. 즉 선행의 결과다. 반면, 악명, 오명으로 삶을 마감하는 사람들이 있다. 그들은 죽는 순간 어떤 후회를 가졌을까.

　사람은 변한다. 죽기까지 자기를 반성하는 것이 인생이다. 군자가 선한 끝으로 생을 마감하며 그에 합당한 이름을 구하듯, 삶이 끝나는 날 합당한 명예로 평안한 안식에 드는 것, 결국 자신이 선택할 일이다.

인생에서 도움이 되는 것 세 가지와
해로운 것 세 가지

살아가는 데 도움이 되는 즐거움이 세 가지요, 해가 되는 즐거움이 세 가지다. 예악으로 절제하기를 좋아하고, 다른 사람의 선을 말하기를 좋아하며, 어진 친구가 많은 것을 좋아하면 도움이 된다. 교만하여 즐거워하기를 좋아하고, 편안히 놀기를 좋아하며, 향락을 좋아하면 해가 된다.

공자왈孔子曰 익자삼요益者三樂 손자삼요損者三樂 요절예악樂節禮樂 요도인지선樂道人之善 요다현우樂多賢友 익의益矣 요교락樂驕樂 요일유樂佚遊 요연락樂宴樂 손의損矣   [계씨]

인생에 도움이 되는 세 가지 태도와 해가 되는 세 가지 태도를 언급한 글이다. 먼저 도움이 되는 세 가지는 예악으로 자신을 절제하는 것, 다른 사람의 선을 말하는 것, 어진 친구를 많이 사귀는 것의 세 가지다.

　　예악으로 절제한다는 것은 공경의 자세를 말한다. 충신한 마음을 바탕으로 행동을 예로 요약한다는 것이다. 곧 존중과 배려의 정신이다. 이런 사람은 갈등을 초래하지 않는다. 다른 사람의 선을 말한다는 것은 자신도 그런 선행을 본받는다는 것이다. 자신이 바로 서지 않고는 선을 권장할 수 없기 때문이다. 남에 대한 악담, 뒷말은 자기에게 좋을 리 없다. 어진 친구를 많이 사귀는 것은 어진 사람과의 교제를 통하여 자신도 좋은 영향을 받아 변화되는 것이다.

　　반면에, 해가 되는 세 가지 태도는 교만을 즐기는 것, 편안히 놀기를 좋아하는 것, 향락을 좋아하는 것이다. 교만한 태도는 다른 사람과의 관계를 해치고, 안일은 자신을 해치며, 향락은 결국 인생을 해치기 때문이다. 교만 대신 겸손, 안일함 대신 부지런함, 향락 대신 이타적인 삶이 좋은 인생을 만든다는 뜻이다.

공자의 말은 삶의 지혜가 담긴 말이다. 이 시대에도 선하고 정의로우며 진실된 사람은 여전히 드물다. 우리 사회가 그렇게 변화되기를 소망한다. 이 글에서 '길 도'는 말하다는 뜻이며, '풍류 악'은 즐거움을 뜻할 때는 '락'으로 읽고, 좋아함을 뜻할 때는 '요'로 읽는다.

인생은 정직한 것

삶은 정직한 것이다. 그물에 걸리지 않고도 살아 있는 건 요행으로 화를 모면한 것이다.

자왈子曰 인지생야직人之生也直 망지생야岡之生也 행이면幸而免 　　　　[옹야]

"그물에 걸리지 않고도 살아 있는 건 요행으로 화를 모면한 것이다."라는 말은 결국에는 그물에 걸리기 마련이란 뜻을 함축한다. 이 글에서 말한 그물은 하늘의 그물인 천망(天網)이다. 하늘이 쳐놓은 그물이란 말이다. 하늘의 그물은 누구도 피할 수 없다. 그래서 공자는 "하늘에 죄를 지으면 빌 곳이 없다."고 한 것이다.

공자에게 최고의 선은 인에 머무르는 경지다. 인은 사람이 추구해야 할 정로요, 그 방법은 정직에 있다는 뜻이다. 거짓된 길로 비록 일시적인 성공을 거둘 수는 있겠지만 그 길 끝에는 필경 사망이 있을 뿐이라는 것, 이 글이 전하는 핵심 메시지다.

『하마터면 열심히 살 뻔했다』라는 책이 있다. 좀 엉뚱한 제목이지만, '정직한 삶'과 관련해서 생각거리를 던져 준다. 이 책의 요지는 '남의 인생'이 아닌 '내 인생'을 살고자 한다는 데 있다. 공자는 어떤 사람이 식초를 구하자 이웃에게 식초를 빌려다 준 미생고를 "누가 정직하다고 했는가."라고 비판했다. 공자가 생각하는 정직이란 '솔직한 태도'에 가깝다. '하마터면' 남의 말에 속지 말고 정직하게 최선을 다해 자기 인생을 살 것, 이 책을 바로 읽는 독법이 아닐까 싶다.

공자는 또 인과 의의 길을 실천하는 사람은 그 길이 편안하다고 하였다. 사람의 길을 가기에 그 마음이 편안하다는 뜻이다. 공자는 또 "아침에 도를 들으면 저녁에 죽어도 좋다."고 했다. 이런 담대한 믿음 또한 사람으로서 가야할 인과 의의 길을 가기에 가능한 것이다. 부정한 길은 불인한 길일 뿐이다.

인생의 세 가지 즐거움

배우고 때때로 익히면 기쁘지 않을까. 친구가 먼 곳에서 찾아오면 즐겁지 않을까. 남이 알아주지 않아도 화내지 않으면 군자답지 않을까.

자왈子曰 학이시습지學而時習之 불역열호不亦說乎 유붕자원방래有朋自遠方來 불역낙호不亦樂乎 인부지이불온人不知而不慍 불역군자호不亦君子乎   [학이]

『논어』의 첫머리에 둔 평범하지만 의미가 깊은 말이다. 끊임없이 배워서 깨우치려는 자세, 허심탄회하게 뜻을 나눌 수 있는 친구, 필요 없는 말에는 신경 끄고 살기, 이 세 가지는 인생을 행복하게 사는 비결이다.

　　무애 양주동은 '면학(勉學)의 서(書)'에서, 열 살 전후로 『논어』를 처음 읽으면서 "배우고 때때로 익히면 또한 기쁘지 않을까."라는 서두가 너무 평범하여 놀랐지만, 그 후 20, 30년 간 학생들을 가르치면서 그 평범한 말이 진리임을 몸에 저리게 느꼈다고 했다. 또 조선 초기의 김시습(金時習)의 이름인 '시습'과 자(字)인 '열경(悅卿)'은 이 구절에서 따온 것이다. 김시습은 어려서부터 천재로 이름이 났지만, '계유정난' 소식을 듣자 과거 공부를 집어치우고 여기저기 떠돌다가 생을 마감했다. 비범하게 태어났지만 때를 잘못 만난 것이다. 그러니 '평범'이 쌓여 '비범'이 되는 게 인생이 아닐까 싶다.

　　중국 송나라 때 학자인 정이(程頤)는 어려서 과거에 합격하는 '소년등과(小年登科)', 대단한 부모 형제를 둔 것, 높은 재주와 뛰어난 문장력을 지닌 것을 '인생의 세 가지 불행'으로 꼽았다. 요즘 사람들이 선망하는 것들이 불행이라니, 깊이 새길 말이다. 교만한 인생에는 화가 따라붙기 때문이다.

작은 일을 참지 못하면 큰 계획을 그르친다

교묘한 말은 덕을 어지럽히고, 작은 일을 참지 못하면 큰 계획을 그르친다.

자왈子曰 교언巧言 난덕亂德 소불인즉난대모小不忍則亂大謀　　　　　　　[위령공]

공자는 교묘한 말로 둘러대는 태도는 덕을 어지럽힌다고 했다. 덕은 충신에 기초한다. 솔직하고 믿음직한 태도를 말한다. 그러나 교언하는 부류들은 이와는 반대로 교묘한 말, 위선적인 행동으로 시비를 혼란스럽게 하고 믿음을 해치기 때문에 결국 사회에 해악을 끼친다.

한 때의 굴욕을 참고 훗날의 기약하는 이야기로는 한나라의 창업 공신 한신의 이야기가 꼽힌다. 성 안의 건달들이 칼을 차고 다니는 한신을 비웃으며 "내 가랑이 사이로 기어가라."고 모욕을 주자, 한신은 그를 힐끗 보고는 허리를 굽혀 그 가랑이 사이를 기어 나왔다. 그러자 성 안팎의 모든 사람들이 그를 비웃으며 겁쟁이라고 했다. 훗날 한신은 자기에게 모욕을 주었던 건달을 찾아내 벼슬을 주면서 "이자가 나를 욕보였을 당시에 내가 어찌 죽일 수 없었겠는가? 죽여도 이름을 낼 수 없어 지금 성공을 이루기까지 참은 것이다." 하였다. 이를 남의 가랑이 사이로 지나는 굴욕이라는 뜻으로 '과하지욕(袴下之辱)'이라고 한다.

사마천은 이 고사를 『사기』에 기록했다. 사마천도 한 무제로부터 궁형을 당했다. 남자의 성기를 거세당하는 형벌로 그런 치욕이 없었다. 그렇지만 사마천은 그 치욕을 참고 끝내 『사기』를 완성했다. 한 때의 분노를 참지 못하면 계획한 일을 그르치게 된다는 경계다.

'사이다 발언'이 당장은 시원할 수는 있으나 그런 사람들에게 '먼 생각'을 기대할 수 없다. '필부의용'에 지나지 않는다. 공자는 "지혜로운 자는 흔들리지 않는다."고 했다. "군자를 우물까지 가게 할 수는 있으나 빠지게 할 수는 없고, 사리에 닿는 말로 속일 수는 있어도 터무니없는 말로 현혹시킬 수는 없다."고도 하였다. 교묘한 말에 흔들리지 말고 사리를 밝게 분별할 것, 훗날의 큰 계획을 위해 오늘의 상황을 인내할 것, 이 글이 주는 메시지다.

2장

"운명"

에 대한 생각

운명은 주어진 것이지만, 그렇다고 바꿀 수 없는 숙명은 아니다.

문제는 마음가짐과 태도에 달려 있다.

내가 바뀌면 운명도 바뀐다.

그런 기도는 한 지 오래 되었다

공자가 병이 심해지자 자로가 신명에게 기도할 것을 청하였다. 공자가 말하기를 "근거가
있느냐?" 하니, 자로가 대답하기를 "있습니다. 뇌문(제문)에 이르기를 '너를 천지신명에게
빈다.'고 하였습니다." 하였다. 이에 공자가 말하기를 "내가 그런 기도는 한 지 오래되었다."
하였다.

자질병子疾病 자로청도子路請禱 자왈子曰 유저有諸 자로대왈子路對曰 유지有之 뇌왈誄曰 도이
우상하신기禱爾于上下神祇 자왈子曰 구지도구의丘之禱久矣   [술이]

공자가 "내가 그런 기도는 한 지 오래되었다."고 한 것은 무슨 뜻일까? 요지
는 아프다고 하여 천지신명에게 병 낫기를 구하는 조건부 기도를 거부한
취지로 이 말을 한 것은 분명하다.

　따라서 "내가 그런 기도는 한 지 오래되었다."라는 구절은 공자가 이미
자신의 삶으로 실천하고 있는 것이 곧 기도의 내용이라는 뜻을 함축한다.
'달리 무엇을 바라고 기도하랴!' 그런 뉘앙스가 강하다. 삶의 간절한 문제의
해결이나 복을 구하는 기복기도처럼, 일상의 실천이 전제되지 않고 한 때
의 요행을 바라는 기도는 무망하다는 것이 이 글을 바로 읽는 맥락이다.

　공자는 50살의 나이를 하늘의 명을 아는 '지천명'의 나이라고 하였다.
천명에 순응하는 나이란 뜻이다. 또 맹자는 "하늘의 뜻을 좇는 자는 보존되
고 하늘의 뜻을 거스르는 자는 망한다."고 하였다. 그러나 그게 꼭 자신의
운명을 숙명인양 받아들이거나 순응하라는 말은 아니다. 오히려 간절함으

로 변화된 삶을 통해 적극적으로 선의 경지에 나아가는 것, 그것이 '천명'이요, '소명'이란 뜻이다. 공자가 평소 오랫동안 해 온 것은 그런 기도였다.

원문의 '뇌'는 상사에 고인의 공덕을 적은 글로, 곧 제문을 가리킨다. 또 '상하신기'라고 한 것은 상을 천신, 하를 지기에 대비하여 이렇게 쓴 것이다.

근심과 두려움 내려놓기

사마우가 군자에 대해서 물었다. 공자가 말하기를 "군자는 걱정하지 않고 두려워하지 않는다." 하였다. 이에 사마우가 말하기를 "걱정하지 않고 두려워하지 않으면 이를 군자라고 할 수 있습니까?" 하니, 공자가 말하기를 "안으로 살펴보아 잘못이 없는데, 무엇을 걱정하고 무엇을 두려워하겠는가." 하였다.

사마우문군자司馬牛問君子 자왈子曰 군자君子 불우불구不憂不懼 왈曰 불우불구不憂不懼 사위지군자의호斯謂之君子矣乎 자왈子曰 내성불구內省不疚 부하우하구夫何憂何懼   [안연]

"걱정하지 않고 두려워하지 않는다."는 것은 결과다. 공자가 하고 싶었던 말은 '내성불구(內省不疚)'에 있다. 즉 안으로 살펴보아 잘못이 없으면 걱정할 것도 두려워할 것도 없다는 것이다. 재촉하듯 묻는 질문에서 제자 사마우의 급한 성격이 그대로 드러난다. 급한 제자를 제어하는 스승 공자의 답변이 여유로운 듯 핵심을 찌른다.

공자는 걱정과 두려움의 원인을 밖에서 구하지 않고 안에서 구한다. 내성(內省) 즉 자신이다. 걱정과 두려움의 실체를 마주하여 자신을 객관적으로 성찰하는 이에게만 가능한 일이다. 조선 시대 성리학에서 수신과 내성외왕(內聖外王)의 학문을 강조한 뜻도 여기에 있다. 내성외왕은 안으로는 성인이며 밖으로는 임금의 덕을 갖춘 사람이라는 뜻으로, 학문과 덕행을 아울러 지닌 제왕의 자질을 이르는 말이다.

하지만 자신을 객관적으로 성찰한다는 것은 어려운 문제다. 자신을 마주할 용기를 내기 쉽지 않기 때문이다. 때론 자기 확신과 오만에 편향되어 오히려 화를 부르기도 한다. 더욱이 그 피해는 자신에게 국한되지 않고 타인과 국가사회, 심지어는 세계에도 악영향을 미친다. 독재자들도 자신의 행위를 정당화하기 때문이다.

힘으로 억누르는 패권 정치와 노예처럼 사는 굴종의 삶을 거부하고 사람으로서 떳떳한 길을 가고자 했던 공자의 당당함과 결기! 오늘을 사는 우리가 여전히 공자를 배워야 하는 이유다. 공자의 말처럼 자신이 떳떳하다면 걱정할 것도 두려워할 것도 없다.

나도 이제 그만인가

봉황새도 오지 않고 하도도 나오지 않는구나. 나도 이제 그만인가.

자왈子曰 봉조부지鳳鳥不至 하불출도河不出圖 오이의부吾已矣夫　　　　　　　[자한]

봉황새는 오동나무에 깃들어 대나무 열매를 먹고 영천의 물을 마시며 산다
고 하는 상상의 새다. 성왕의 징조로서 상스러움을 상징해서, 기린, 거북이,
용과 함께 사령(四靈) 또는 사서(四瑞)로 불린다. 우리나라에서는 대통령 휘장
에 이 봉황새 무늬를 쓴다. 하도에서 '하'는 황하를 말하는데, 황하에서 등에
그림을 진 용마(龍馬)가 나오는 것을 상서로운 일로 여긴다. 둘 다 성인이 다
스리는 태평한 시대를 이른 말이다.

　봉황새가 오고 하도가 출현하는 '봉지도출(鳳至圖出)'의 성세! "나도 이제
그만인가."라는 탄식에는 이제 그런 기대가 속절없다는 뜻일 테지만 그 '간
절한' 기대를 어찌 접을까. 상상 속에서나 가능한 일을 바라는 공자. 공자는
꿈에 주공의 모습이 보이지 않자 같은 탄식을 토해내기도 했다. 이상적인
정치에 대한 공자의 염원은 그만큼 큰 것이었다.

　『예기』'예운편'에 "대도가 행해지는 세계에서는 천하가 공평무사하게
된다. 어진 자를 등용하고 재주 있는 자가 정치에 참여해 신의를 가르치고
화목함을 이루기 때문에, 사람들은 자기 부모만을 친하지 않고 자기 아들
만을 귀여워하지 않는다. 나이든 사람들이 그 삶을 편안히 마치고 젊은이
들은 쓰여지는 바가 있으며 어린이들은 안전하게 자라날 수 있고, 홀아비,

과부, 고아, 자식 없는 노인, 병든 자들이 모두 부양되며, 남자는 모두 일정한 직분이 있고 여자는 모두 시집갈 곳이 있도록 한다. 땅바닥에 떨어진 남의 재물을 반드시 자기가 가지려고 하지는 않는다. 사회적으로 책임져야 할 일들은 자기가 하려 하지만, 반드시 자기만이 할 수 있다고 생각하지는 않는다. 이 때문에 간사한 모의가 끊어져 일어나지 않고 도둑이나 폭력배들이 생기지 않는다. 그러므로 문을 열어놓고 닫지 않으니 이를 대동(大同)이라 한다." 하였다.

'봉황새가 오고 하수에서는 그림이 나오는' 그런 큰 꿈. 사랑으로 하나된 '대동' 세계의 꿈은 공자의 꿈만은 아닐 것이다. 우리는 과연 무슨 '간절한' 꿈이 있을까. 세상의 권력, 물질적인 부. 온통 마음을 채우고 있는 것은 세속적인 욕망이 아닐까. 공자는 성인의 지극한 정치인 '지치(至治)'를 이루려고 했다. 비록 현실은 주나라의 종주 질서가 무너지고 각 나라가 분립하여 패권 경쟁을 벌이던 춘추시대였지만, 공자는 끝까지 그 꿈을 포기하지 않았다. 그의 위대성은 거기에 있다.

나를 알아주는 이는 하늘일 것이다

공자가 말하기를 "나를 알아주는 이가 없구나." 하였다. 자공이 말하기를 "어찌하여 선생님을 알아주는 이가 없다 하십니까?" 하니, 공자가 말하기를 "하늘을 원망하지 않으며 사람을 탓하지 않으면서, 아래로 사람이 일을 배워 위로 통하니, 나를 알아주는 것은 하늘일 것이다." 하였다.

자왈子曰 막아지야부莫我知也夫 자공왈子貢曰 하위기막지자야何爲其莫知子也 자왈子曰 불원천不怨天 불우인不尤人 하학이상달下學而上達 지아자知我者 기천호其天乎　　　　[헌문]

조선 후기 학자 안정복이 지은 책 중에 『하학지남(下學指南)』이라는 책이 있다. '하학'은 사람의 일상생활에 관한 것, '지남'은 지침서의 의미다. 따라서 이 책은 초학자의 입문서에 해당한다고 할 수 있다. 이 책을 지은 안정복의 취지는 먼 곳을 바라보느라 가까운 일상사를 소홀히 하는 세태에 대한 경종인데, 이 글 '하학이상달'에서 따온 말이다.

　줄여서 '하학상달'은 아래로 사람의 일인 인사(人事)를 배워서 알면 위로 천리(天理)에 통달한다는 말이다. 유학의 학문적 요체가 이 말 속에 함축되어 있는 셈이다. 그것을 한 단어로 표현하면 정성이다. 정성은 말한 바를 이루려고 노력한다는 뜻이다. 그것이 믿음이 된다. 여기서 '사람의 일을 다 하고 천명을 기다린다'는 '진인사대천명'의 겸덕의 지혜와 만나게 된다.

　공자는 홀어머니 밑에서 극심한 생활고를 겪으며 성장했다. 온갖 궂은 일도 마다하지 않았다. 공자 스스로 술회한대로 이 시기 공자는 먹고살기 위해 온갖 일을 마다하지 않았다. 그 경험은 그를 '사람의 일'에 밝게 했다. 그러나 공자는 거기에 그치지 않고 학문에 뜻을 두고 자신의 인생을 업그레이드시켰다. 드라마 같은 인생 역전이다.

직업에는 귀천이 없다고 한다. 그러나 인격에는 귀천이 있다. 점점 고결해지는 사람이 있고, 점점 천박해지는 사람이 있다. 그것이 무서운 것이다. '아래로 사람의 일을 배워 위로 천리에 통달한다'는 경구는 기능을 말하는 것이 아니다. 하늘의 뜻과 통할 수 있는 인격의 성숙을 말하는 것이다. "나를 알아주는 이는 하늘일 것이다."라는 경구를 바로 읽는 맥락이다.

병이 깊어지니

공자가 병이 깊어지자, 자로가 문인을 가신으로 꾸몄다. 병이 조금 낫자 말하기를 "오래되었구나, 유(자로)가 거짓을 행함이! 가신이 없는 데도 가신이 있는 것처럼 꾸몄으니, 내가 누구를 속인 것인가. 하늘을 속였구나. 또 내가 가신의 손에서 죽기보다는 차라리 너희들 손에서 죽는 것이 낫지 않으랴. 또 내가 비록 큰 장례는 못 치른다 하더라도 설마 내가 길에서 죽기야 하겠느냐." 하였다.

자질병子疾病 자로사문인위신子路使門人爲臣 병간왈病間曰 구의재久矣哉 유지행사야由之行詐也 무신이위유신無臣而爲有臣 오수기吾誰欺 기천호欺天乎 차여여기사어신지수야且予與其死於臣之手也 무녕사어이삼자지수호無寧死於二三子之手乎 차여종부득대장且予縱不得大葬 여사어도로호予死於道路乎

[자한]

공자가 가장 싫어하는 것은 남을 속이는 짓, 즉 위선이다. 그 일을 제자인 자로가 한 것이다. 자로는 가끔 공자의 뜻과 달리 행동할 때가 있었다. 공자가 늘 자로의 그 행동을 경계했는데도 말이다. 이 글도 같은 맥락이다. 병중에 있는 공자의 안타까움이 느껴지는 글이다.

공자는 이미 벼슬을 떠나 있었기에 가신이 없었다. 그런데도 자로가 공자의 병이 깊어지자 문인을 가신으로 위장하여 장례를 치르고자 준비한 것이다. 이는 남을 속이는 짓으로 공자가 가장 경계한 일이다. 스승의 장례를 성대히 치르고 싶은 자로의 행위도 이해 못할 바는 아니나, 이는 스승인 공자가 추구하는 도리와 크게 어긋나는 것이다.

공자는 예의 형식 보다는 뜻을 중요시한다고 하였는데, 자로는 거꾸로 그 형식을 위하여 스승의 뜻을 저버린 것이다. 공자가 취한 것은 진솔함이고 솔직함이다. "또 내가 가신의 손에서 죽음을 맞이하는 것보다는 차라리 너희들 손에서 죽는 것이 낫지 않으랴. 또 내 비록 성대한 장례는 못 치른다 하더라도 설마 내가 길에서 죽기야 하겠느냐." 공자의 긴 탄식이 이어지는 이유다. "내가 누구를 속인 것이랴, 하늘을 속인 것이로구나." 결단코, 나를 속이고, 하늘을 속이는 짓을 할 수 없다는 것이다.

사람이 피할 수 없는 게 있다. 늙어 가는 것, 질병, 죽음이다. 누구나 늙지 않고, 병들지 않고 영생하기를 바라지만, 그럴 수 없는 게 또 인생이다. 그 유한함이 축복임을 알 때 삶도 가치가 있는 것이다. 낯선 요양병원에서 생을 마치시는 분들이 많은 요즘, 죽음은 어떤 의미일까. 죽은 다음 치러지는 성대한 장례보다 오늘 사회를 위해 충실한 삶을 사는 게 더 중요하지 않을까. 더 가지려고 움켜쥐는 삶보다, 가진 것을 나눔으로 더 풍성해지는 삶, 그런 삶의 끝에서 죽음을 맞아야 하지 않을까.

위기 앞에서

공자가 광 땅에서 두려운 일을 겪었는데, 말하기를 "문왕이 이미 돌아가셨으니, 문물(예약과 제도)을 담당할 임무가 나에게 있지 않은가. 하늘이 장차 이 문물을 없애려 했다면, 뒤에 죽을 나 같은 사람이 이 문물에 참여하지 못했을 것이다. 하늘이 이 문물을 없애지 않으려 하시는데, 광인이 나를 어떻게 하겠느냐." 하였다.

자외어광왈子畏於匡曰 문왕文王 기몰既沒 문부재자호文不在兹乎 천지장상사문야天之將喪斯文也 후사자부득여어사문야後死者不得與於斯文也 천지미상사문야天之未喪斯文也 광인匡人 기여여하其如予何

[자한]

앞서 양호 일당이 광 땅을 침입하여 재물을 약탈하고 소동을 피운 일이 있었는데, 광 사람들이 공자 일행을 양호로 오인하여 죽이려고 포위하였다. 공자의 모습이 양호와 비슷한 게 화근이었다. 매우 위급한 상황이었지만 주나라 문왕 시대의 성대했던 문물을 담당할 책임이 자기에게 있음을 생각한 공자는, 그 소명을 하늘이 지켜 주리라 믿고 담대하게 말한다. 이런 담대함은 자신의 운명에 대한 믿음에서 나온다.

어렵고 두려운 형국을 비유하는 말로 '사면초가(四面楚歌)'라는 말을 쓴다. 사방이 온통 적군이니 그럴 만도 하리라. 지금의 공자가 처한 상황도 마찬가지다. 이런 일은 인생에서 누구나 당할 수 있는 일이다. 그러나 누구나 그 위기를 벗어나는 것은 아니다. 그 상황에서 벗어나려면 우선 마음가짐부터 달라야 한다. '호랑이에게 물려가도 정신만 차리면 산다'는 우리 속담은 그 뜻이다.

축구 선수 스티브 데이비스는 "넘어진 것은 당신의 잘못이 아니지만, 일어서지 않는 것은 당신의 잘못이다."라고 하였다. 한 때의 어려움은 상황이고, 그 어려움에서 벗어나는 길은 자신에게 달려 있다는 뜻이다.

위기 앞에서 하늘의 명을 알고 담대히 행동하려면 평소 그의 지향이 공의에 합당해야 한다. 개인의 욕심인 사욕으로 소명을 자임하는 것은 나를 속이고, 남을 속이고, 하늘을 속이는 짓이다. 어려움을 당하더라도 공의로운 믿음을 가진 사람은 결국 그 위기를 헤쳐 나간다. 믿음이 자신을 지키는 힘이기 때문이다. 공자는 자신의 운명에 대한 믿음으로 담대히 앞으로 나아갔다. 그것이 살길이다.

이 사람이 이런 병에 걸리다니

백우가 병에 걸리자 공자가 문병을 갔다. 남쪽 창문에서 그의 손을 잡고 말하기를 "이럴 수가 없다. 운명이로구나. 이 사람이 이런 병에 걸리다니, 이 사람이 이런 병에 걸리다니." 하였다.

백우유질伯牛有疾 자문지子問之 자유自牖 집기수執其手曰 무지亡之 명의부命矣夫 사인야이유사질야斯人也而有斯疾也 사인야이유사질야斯人也而有斯疾也　　　[옹야]

제자 백우가 몹쓸 병인 나병에 걸렸다. 나병은 한센병이라고도 하며, 순우리말로 문둥병이다. 이 병에 걸리면 대개 집단에서 격리되었기 때문에 사형선고와 같았다. 치료가 불가능했던 시대에는 하늘의 형벌이라는 의미로 천형병 또는 업보라는 뜻의 업병이라 하였다. 그만큼 몹쓸 병이라는 뜻이다.

　　공자가 문병하여 창밖으로 손을 잡고 탄식하기를 그치지 않았던 것도 당시에는 불치병이었기 때문이다. "이 사람이 이런 병에 걸리다니, 이 사람이 이런 병에 걸리다니."라고 거듭 안타까움을 드러냈다. 그도 그럴 것이 백우는 공자의 제자 중에서도 효심과 덕행으로 이름이 난 사람이었기 때문이다.

　　제자와의 마지막 순간이었을 것이다. 당시 공자의 심정이 어땠을까. 제자를 아끼는 스승 공자의 탄식이 묻어나는 글이다.

　　사람은 누구나 태어나면 늙고 병들고 죽는 것을 피할 수 없다. 병이 깊으면 사색도 깊어지기 마련이다.(『병중사색_아플 때 깨닫는 삶의 가치』 강민구 지음, 이희중 그림)

자신의 운명을 안다면

천명을 알지 못하면 군자라고 할 수 없고, 예를 알지 못하면 바로 설 수가 없으며, 말을 알지 못하면 사람을 안다고 할 수가 없다.

자왈子曰 부지명不知命 무이위군자야無以爲君子也 부지례不知禮 무이립야無以立也 부지언不知

言 무이지인야無以知人也   [요왈]

나이가 들어감에 따라 인생의 물음은 더 절실하게 다가온다. 그 물음에 답하는 게 어쩌면 삶일지도 모르겠다.

자신의 명대로 사는 사람들이 얼마나 될까. 『서경』 '홍범'에 인생의 즐거움 중 마지막이 '고종명(考終命)'이다. 천명을 다 하고 죽는 것이다. 홍범의 제9조에는 인생의 다섯 가지 복과 여섯 가지 나쁨이 있다. 다섯 가지 복은 장수함, 부유함, 건강함, 선행을 좋아함, 천명을 다함을 말하고, 여섯 가지 나쁨은 재난을 만나 죽는 것, 아픈 것, 걱정하는 것, 가난한 것, 추한 것, 허약한 것을 말한다. 누구나 '고종명'하기를 원하지만, 다섯 가지 복과 여섯 가지 나쁨이 씨줄과 날줄이 되어 짠 옷감이 곧 인생이다.

공자는 쉰 살을 지천명의 나이라고 하였다. 천명을 아는 나이라는 뜻이다. 지천명의 나이에 자신의 운명에 대해 겸손한 사람과 교만한 사람, 공자가 말한 군자와 소인의 차이는 바로 여기에서 결정된다. 그 삶의 지향이 다르기 때문이다.

사회적 관계 속에 있는 개인의 행동 양식을 가리켜 '예'라고 한다. 일종의 사회적 질서를 표현한 말이다. 그러므로 예를 알지 못하면 설 수 없다고 한 것이다. 그러나 예가 형식화된 사회라면 병이 깊은 사회라고 할 수 있다. 예가 비단 형식만을 일컫지 않기 때문이다. 공자는 예의 형식보다 정신과 본질을 중요시 하였다.

사람은 말을 통해 다른 사람의 의중을 파악한다. 말이 가진 의미를 제대로 이해하지 못하면 다른 사람과 깊은 말을 나누기 어렵다. 말은 믿음의 문제를 내포하기 때문이다. 정성을 뜻하는 '성(誠)'은 '말씀 언'과 '이룰 성'의 합성어이다. 말한 것을 이루려고 힘쓰는 것이 정성이라는 말이다. 때문에 천명에 따르는 겸손과 예와 지인의 지혜는 세상을 살아가는 처세의 두 바퀴와 같다.

죽어도 좋다

아침에 도를 들으면 저녁에 죽어도 좋다.

자왈子曰 조문도朝聞道 석사가의夕死可矣 　　　　　　　　[이인]

'도'는 '길'을 뜻한다. 도와 길은 같은 의미이지만, 철학적으로 연역되었을 때 다소 다른 뉘앙스를 준다. 도는 방법이나 목적을 의미하지만, 길은 경로 또는 과정에 가까운 뜻으로 쓰일 때가 많기 때문이다. 공자가 말한 의도는 '최고의 선'을 행하는 방법과 목적을 '터득한다면'이라는 전제가 있다. 도는 곧 삶의 진리를 말하기 때문에 이 구절은 삶의 진리를 깨우친다면 죽어도 좋다는 뜻이 된다.

그런데 공자는 왜 굳이 '그렇다면'이라는 말, 또는 '즉시'라는 말을 쓰지 않고, "아침에 도를 들으면 저녁에 죽어도 좋다."고 하여 아침과 저녁이라는 시간적 간격을 둔 것일까. 단지 수사 상의 이유일까.

이에 대해 중국 송대의 주희는 『논어집주』에서 아침과 저녁이라고 한 것은 시간적 가까움을 뜻한다고 하였고, 일본의 유학자 이토 진사이는 『논어고의』에서 "무릇 도란 사람이 사람일 수 있는 근본 도리이다. 사람이 되어서 이 도를 듣지 않으면 단지 헛되이 사는 것일 뿐이다."고 하여 "도를 듣는 것이 죽어도 좋을 정도로 긴급함을 나타낸다."고 하였다. 아침과 저녁의 시간적 차이에 큰 의미를 두지 않았다는 뜻이다. 정약용도 『논어고금주』에서 비슷한 견해를 피력했다.

그 만큼 '사람의 도리', 곧 진리를 깨우치는 것이야말로 삶의 절직한 문제라는 뜻이다. 따라서 죽어도 좋을 만큼 진리 추구에 대한 절박함이 이 수사의 귀착점이다. 도는 신분의 고하, 직업의 귀천을 따지지 않는다. 공자는 "뜻이 다르면 더불어 도를 논하기에 합당하지 않다."고 하여 사회적 신분을 따지기 전에 도가 같은가, 다른가에 더 주목했다. 삶의 방향을 묻는 이 질문에 맞닥뜨려 어떤 답을 쓸지는 스스로에게 달려 있다.

하늘에 죄를 지으면 빌 곳이 없다

왕손가가 묻기를 "아랫목 신에게 아첨하기보다는 차라리 부뚜막 신에게 아첨하는 게 낫다'고들 하는데, 무엇을 말하는 것이겠소?" 하니, 공자가 말하기를 "그렇지 않소. 하늘에 죄를 얻으면 빌 곳이 없소." 하였다.

왕손가문왈王孫賈問曰 여기미어오與其媚於奧 영미어조寧媚於竈 하위야何謂也 자왈子曰 불연不
然 획죄어천獲罪於天 무소도야無所禱也   [팔일]

왕손가가 위나라 영공을 만나고 나오는 공자에게 질문을 던져 회유하는 장면이다. '부뚜막 신에게 빌면 얻어먹기라도 하지'라는 우스갯소리처럼, 위나라의 병권을 손에 쥔 실권자 왕손가가, 자기 임금인 영공을 아랫목 신에, 자신을 부뚜막 신에 빗댄 것이다. 아랫목 신인 임금은 존귀한 존재지만, 제사를 치르는 주역은 아니요, 부뚜막 자리는 아랫목 신에 비하면 비록 비천한 자리이나 제사를 맡아서 치르는 자리라는 것이다. 그러니 자신에게 잘 보여야 밥이라도 얻어먹지 않겠느냐는 뜻이다.

　고국인 노나라를 떠나 주유천하에 오른 공자가 첫 방문지로 위나라에 당도하자, 권신인 왕손가가 이런 비유로 공자를 떠본 것이다. 그러나 공자는 단호하게 이런 제의를 뿌리친다. "하늘에 죄를 지으면 빌 곳이 없다."고 한 것은 자신은 천명을 따르겠다는 뜻이다. 사람다운 길을 추구하는 공자에게 애초에 이런 제의가 먹힐 리 없었다.

　그러나 세상은 어떨까. 권력과 욕심 앞에서 굴종하는 사람들이 많지 않을까. 요컨대 분명한 선택의 순간에 세상 권력 앞에 영합하고 아부하기 쉽다는 것이다. 여기서 의리를 따르는 군자의 길과 이익을 따르는 소인의 길이 갈린다는 것이다. 그 길이 사람다운 길이고, 공자가 가려는 길이었다.

자기 수양의 본령은 '성(誠)'과 '경(敬)' 두 글자에 있다. 정성과 공경함이다. 중심이 확고히 서지 않으면 실천하기 어려운 글자다. 자신과의 싸움으로서 '극기'에서 지면 그 마음을 사욕이 채운다. 내가 내 삶의 주체가 되지 못하고, 남에게 종속되는 삶으로 전락하고 마는 것이다. 하늘의 주벌을 천벌이라고 한다. 하늘에 죄를 얻으면 천벌을 피할 수 없다. 이것이 사람답고자 한 공자의 뜻이다.

『수평선 너머에서』라는 책을 낸 언론인 김성우 선생은 이 구절을 인용하여 "하늘에 지은 죄는 빌 데가 없고, 신문기자의 더러운 손은 씻을 물이 없다."고 하였다. 또 "세상의 가장 고약한 냄새가 우유 썩는 냄새와 신문지 썩는 냄새다."라고 하였다. 사회적 공기인 언론의 사명을 잊고 권력에 영합하며 사는 이들에 대한 경고다.

3장

" 태도 "

에 대한 생각

그 사람의 태도는 인간관계의 양상을 결정한다.

선인들이 공경을 중시한 이유도 이 때문이다.

내면에서 우러나오는 겸양의 태도는 좋은 관계를 지키는 첩경이다.

검약으로 잘못되는 경우는 거의 없다

검약으로 잘못되는 경우는 거의 없다.

자왈子曰 이약실지자以約失之者 선의鮮矣   [이인]

검약은 물질적인 절약만을 일컫는 개념은 아니다. 오히려 매사에 조심함으로써 실수를 줄이는 것을 말한다. 따라서 행동을 단속하여 절제한다는 뜻에 가깝다. 이로써 본다면 이 글의 취지는 예의 기본 정신과 통한다. 예는 외부로 드러난 형식보다는 그 바탕인 검약의 정신을 숭상하기 때문이다.

이 글은 우리 시대에 두 가지를 경계하게 한다. 첫째는 물질에 흔들리는 '뜬 마음'을 단속하는 것이다. 물질에 흔들리지 않으려면 자족으로 마음을 채워야 한다. 남과 자신을 물질을 기준으로 비교하는 마음은 자신을 외물에 맡기는 태도다. 그런 마음에 '자유의 평안'이 깃들 수 없다. 자신이 가진 것에 물질과 다른 본질적인 의미를 부여할 수 있을 때 그런 유혹에 흔들리지 않게 된다.

또 하나는 스스로 자랑하는 교만한 마음을 단속하는 것이다. 교만한 마음은 화를 부르기 십상이다. 교만한 마음은 사회적 관계를 해치는 원흉이다. 자신의 마음을 겸손하게 지킬 수 있는 사회적 실천의 덕목이 바로 공경인 것이다.

유학이 잃어버린 마음을 찾는 '구방심求放心'을 학문의 종지로 삼은 이유도 이와 다르지 않다. 자신의 마음을 '버려둔다'는 의미에서는 두 가지가 같은 부류이기 때문이다. 공자가 추구하는 궁극의 가치는 인애와 덕성이다. 다른 말로 사랑과 배려의 가치다. 우리 사회가 물질적 비교를 극복하고 남을 배려하면서 나눔의 가치를 실천할 수 있는 사회가 될 수 있을까. 정치는 국민이 바른 덕성을 갖도록 인도할 때 의미가 있다. 그래서 공자는 "정치는 바른 것이다."라고 한 것이다. 국민을 거짓으로 선동하는 지금의 정치는 아무리 변명하고 위장한다 해도 위선일 뿐이다.

공자가 미워한 세 가지

나는 자주색이 빨강을 빼앗는 것을 미워하고, 정나라 음악이 아악을 어지럽히는 것을 미워하며, 말재간으로 나라를 뒤엎는 자를 미워한다.

자왈子曰 오자지탈주야惡紫之奪朱也 오정성지난아악야惡鄭聲之亂雅樂也 오이구지복방가자惡利口之覆邦家者 　　　　　　　　　　　　　　　　　　　　　　　　　　　[양화]

자주색은 보라와 빨강 사이의 색이다. 간색(間色)이라고 한다. 이에 비해서 빨강은 정색(正色)에 해당한다. 첫째가는 고귀함, 중요함을 상징한다. 또 정나라 음악에 대해 순자는 "정나라와 위나라의 음악은 사람의 마음을 음란하게 한다."하였고, 『예기』「악기」에서는 "정나라 음악은 음란함이 넘쳐흐르는 것을 좋아한다."하였다. 공자가 공을 들여 편찬한『시경』에서도 정나라 음악은 음란함의 대명사였다. 정악인 아악으로 표현되는 예교에 반하는 음악이다.

　　그런가하면 사마천이 지은『사기』「진시황본기」에는 이런 글이 나온다. "진시황제가 죽자, 환관인 조고가 거짓 조서를 꾸며 어린 호해를 세워 2세 황제로 삼았다. 조고는 호해를 교묘히 조종하여 승상 이사를 비롯한 많은 반대파를 죽이고 조정의 실권을 장악하고 스스로 승상이 되었다. 조고는 중신들 가운데 자기를 반대하는 사람을 가려내기 위해 호해에게 사슴을 바치면서 말하기를 '폐하, 말을 바치오니 거두어 주소서.' 하니, '승상은 농담도 잘 하시오. 사슴을 가지고 말이라고 하다니. 그대들 눈에도 말로 보이오?'

하였다. 이 말에 부정하는 사람을 기억해 두었다가 나중에 한 사람씩 죄를 씌워 죽였다." '사슴을 가리켜 말이라고 하였다'는 뜻으로 '지록위마(指鹿爲馬)'라고 한다. 요설로 나라를 뒤엎은 대표적인 사례다. 이 고사의 장본인 조고는 끝내 자신이 세운 자영에게 주살당하고, 최초의 통일 제국 진나라도 역사 속으로 사라지고 말았다.

공자는 간색이 정색을 빼앗는 것, 음란한 음악이 아악을 어지럽히는 것, 말재간으로 나라를 뒤엎는 것, 세 가지를 미워한다고 하였다. 이 세 가지는 공자가 추구한 인의 정치와는 반대되는 길이다.

혼란스러운 국내외 상황을 보면서 이 구절을 다시 생각해 본다. 세계는 다시금 힘을 앞세운 패권 시대로 진입하고 있다. 공자가 그토록 경계하였던 무력의 정치다. 독재가 민족주의, 국가주의로 포장되고 있고, 시민의 인권, 민주주의의 퇴보가 뚜렷하다. 그러나 세상이 어두울수록 새벽도 가까워지는 법이다. 그때의 공자도 그것을 믿었을 것이다.

공자가 조심한 것

공자가 조심한 것은 재계와 전쟁과 질병이었다.

자지소신子之所慎 재전질齊戰疾   [술이]

재계는 제사 등의 의식 절차에 앞서 자신을 청결케 하는 의식이다. 의식을 통해 몸과 마음을 가다듬는 것이다. 자신에 대한 절제다. 이러한 행위를 통해 신명과 교감할 수 있도록 정성을 다하는 것이다.

백성에게 두려운 것은 뜻밖의 변고다. 불우지변(不虞之變)이라고 한다. 전쟁과 돌림병 등 질병이 대표적이다. 전쟁이 나고 돌림병이 돌면 세상은 한순간에 정지된다. 이런 뜻밖의 변고로 고통 받는 것은 백성들이다. 전란으로 민생이 파괴되고 난민이 넘쳐나는 상황에서는 질병도 만연하기 일쑤이다. 그 고통과 참상은 이루 말 할 수 없다.

7년 동안의 임진왜란과 45일 동안의 병자호란은 조선 백성이 겪은 미증유의 변고였다. 이 양란을 몸소 겪은 이가 잠곡 김육이다. 국고는 텅 비고 백성은 쪼들려 국허민빈(國虛民貧)의 상황이 되었다. 이 상황에서 나라를 공고히 하기 위해서는 민생부터 안정시켜야 한다고 생각했다. 민생이 안정되면 나라도 자연히 안정된다는 것이다. 이것이 유명한 '민국양익론(民國兩益論)'이다. 당시 북벌론 등 허울 좋은 명분론에 휩쓸리기보다는 실제 민생의 안정을 위한 국가 수취체계 개혁안인 대동법 시행, 화폐 사용을 위한 시도, 농사를 개선하기 위한 수차 제도 도입 등은 그러한 생각에 바탕을 둔 정책들이다.

　코로나19 바이러스라는 뜻밖의 변고 앞에서, 글로벌 시스템이 무너지고 사람들은 미지의 공포에 허둥댔다. 전쟁과 질병은 개인과 국가의 존망을 좌우하는 큰 변고이나, 먼저 마음을 가다듬으라고 이 글은 경계한다. 흐트러진 마음으로는 이 난국을 헤쳐갈 수 없다는 뜻이다. 이 글을 『논어』에 수록한 제자들의 뜻도 여기에 있을 것이다. 공자는 매사에 조심하고 삼가는 마음으로 행동했다. 지금 우리에게 필요한 마음가짐이다.

그대는 어찌하여 안달하는가

미생묘가 공자에게 말하기를 "구丘(공자의 이름)여, 그대는 어찌하여 바쁘게 돌아다니는가? 말재주를 부리려는 게 아닌가?" 하니, 공자가 말하기를 "내 감히 말재주를 부리려고 하는 게 아니라 고집을 부리는 사람들을 미워하는 것입니다." 하였다.

미생묘위공자왈微生畝謂孔子曰 구丘 하위시서서자여何爲是栖栖者與 무내위녕호無乃爲佞乎 공자왈孔子曰 비감위녕야非敢爲佞也 질고야疾固也　　　　　　　　　　　[헌문]

공자는 평생 네 가지를 안했다고 한다. 내 뜻대로 하지 않았고, 미리 단정하지 않았으며, 고집을 부리지 않았고, 사심을 두지 않았다고 했다. 그 하나가 '고집을 부리지 않았다'는 무고(無固)다. 여기서 '고'는 다른 이와의 소통을 거부하는 '고집불통', 내 주장만 앞세우는 '아집', 내 생각을 기어코 관철하려는 '집착'에 가까운 태도를 이르는 말이다. 모두 부정적인 뜻이다. 자신의 생각만을 앞세우는 그 억지가 정작 자신의 발전을 가로막고 사회의 갈등을 더 꼬이게 하는 데도 말이다.

　　두 사람의 대화에서 '고집을 부리는 사람'이란 완고한 사람들을 말한다. 패권을 추구하는 완고한 당대 정치가, 세상을 피해 은둔만을 고집하는 사람들, 모두를 비유한 말이다. 공자가 끝까지 현실에 참여하여 덕치주의 정치, 곧 왕도정치를 구현하고자 했던 이유는 백성들에게 도움이 되는 정치를 구현해 보려는 뜻이었다. 사익을 추구하며 권력자에게 아첨하여 환심을 사려는 게 아니다. 민생에 유익이 안 되는 고집은 이상이요 부질없는 짓이다. 무망한 일이다.

　미생묘는 공자보다 나이가 많은 은자였다. 무도한 세상을 교화하려는 공자의 행위가 다른 이에게 말재주로 영합하려는 위선이 아니냐고 묻는 미생묘에게, 공자는 자신의 뜻이 어디에 있는지 그저 담담하게 말할 뿐, 직설적인 항변을 삼간다. 자신은 '고집을 부리는 사람들을 미워하는 것'뿐이라고, 바쁘게 다니며 안달할 문제는 아니런만, 그 사회에 속한 삶이라 내려놓고 살기가 쉽지 않았을 것이다. 그런 인간 공자의 모습이 오늘을 사는 우리에게도 낯설지 않다.

그런 사람을 난들 어떻게 하리오

뜻이 크면서도 정직하지 못하고, 무지하면서도 겸손하지 못하며, 무능하면서도 미덥지 못하다면, 그런 사람을 난들 어찌하리오.

자왈子曰 광이부직狂而不直 통이불원侗而不愿 공공이불신悾悾而不信 오부지지의吾不知之矣

[태백]

광인은 뜻은 크지만 식견이 부족하여 생각하는 것이 좁은 사람이다. 자신만의 견해를 탁견인양 의기양양하게 자랑한다. 그런데도 정직하지 못하다면, 겉으로 위장하는 위선에 가깝다. 이런 사람은 사회에 도움이 되기보다는 장래에 남을 속이고 해악을 끼칠 가능성이 높다.

무지한 사람은 어리석은 사람을 가리킨다. 이런 사람의 특징은 주견 없이 남의 말에 혹하여 쉽게 휩쓸리는 것이다. 부화뇌동 형이다. 그런데도 삼가지 못하고 성급하게 군다. 다른 이를 깔보고 겸손하지 못하며, 남들의 비웃음을 알지 못하고 자기만 잘난 체한다. 화가 눈앞에 있는 데도 얼른 알아차리지 못하는 이런 사람은 가까이 할 부류가 아니다.

무능한 사람은 성취하는 것 없이 공허한 사람을 이른 말이다. 그런데도 성실하지 못하여 남들에게 신뢰를 주지 못한다. 이런 사람이 국가나 사회의 지도자라면 그 공동체의 앞날은 불을 보듯 뻔하다.

이 글은 '고지식함', '무지함', '무능함'보다도 '정직하지 못함', '겸손하지 못함', '믿음직스럽지 못함'에 주의를 기울여 읽어야 한다. 고지식하지만 정직한 사람, 무지하지만 겸손한 사람, 무능하지만 믿음직한 사람이라면 가르쳐서 깨우쳐 줄 수 있다는 뜻이기 때문이다. 요는 자신이 고지식한 것을 모르거나, 자신이 무지한 것을 모르거나, 자신이 무능한 것을 모르는 경우가 더 문제라는 것이다. 그래서 공자는 "아는 것을 안다고 하고 모르는 것을 모른다고 하는 것이 진짜로 아는 것이다."라고 했고, 소크라테스는 "너 자신을 알라."라고 한 것이다. 자신을 모르는 사람을 구제할 방법은 없다.

나도 어찌 할 수 없다

'어찌할까, 어찌할까?' 하는 자는 나도 어찌 할 수 없다.

자왈子曰 불왈여지하여지하자不曰如之何如之何者 오말여지하야이의吾末如之何也已矣 [위령공]

일처리 할 때는 심사숙고와 결단력을 함께 필요로 한다. 스스로 판단하지 못해서 갈피를 못 잡거나, 주저하면서 머뭇거리는 태도를 경계한 것이다. 눈앞의 상황에 당황해 하면서 어찌지 못하는 사람을 도울 길은 없다.

평소의 지향과 태도는 그 사람의 행동 양식을 결정한다. 우리가 아는 의인들이 생사를 앞두고 망설임 없이 '자기를 죽여서 의를 실천하는' 살신 성인(殺身成仁)의 결단을 하는 것은 그들이 평소 어떤 태도로 삶을 사는가를 엿보게 한다. 이 순간에도 수많은 사람들이 평소의 믿음대로 의로운 선택을 한다.

미국의 9.11 테러 때 343명의 소방관은 살려고 달려 나오는 사람들을 구하려고 자신의 죽음도 불사하고 화염에 휩싸인 고층건물로 진입했다가 순직했다. 그런 순간에 그들은 무슨 생각을 했을까. 이들을 기리기 위해 '911 Memorial Stair Climb'라는 고층빌딩 오르기 행사가 열린다. 한 걸음, 한 걸음 오르는 과정을 통해 343명의 희생을 기억하려는 뜻이다.

나를 잊고서

공숙문자의 가신인 대부 선이 (문자의 천거로) 문자와 함께 나란히 조정에 올랐다. 공자가 이를 듣고 "문'이라고 할 만하구나." 하였다.

공숙문자지신대부선公叔文子之臣大夫僎 여문자與文子 동승제공同升諸公 자문지子聞之 왈曰 가이위문의可以爲文矣
[헌문]

공자가, 위나라의 공숙문자가 자신의 가신(지금의 보좌관)인 대부 선을 조정에 천거하여, 선이 문자와 함께 나란히 조정의 반열에 섰다는 말을 전해 듣고 그 행동을 칭송하여 한 말이다. 시법(諡法)에 백성을 위해 작위를 내준 것을 '문(文)'이라고 하였기 때문에 이런 뜻을 담았다.

    중국 남송 때의 학자인 홍흥조는 이 글에 대해, 세 가지 잘한 점을 들고 있는데, 첫째가 지인의 안목이다. 가신인 대부 선의 사람됨을 알아보는 안목이다. 내 편 네 편을 가르는 편협한 협량의 안목이 아니라, 큰 도량의 원대한 안목이다. 둘째는 자기를 잊는 망기(忘己)다. 즉 그 사람을 알았더라도 자신의 부하를 자신과 같은 반열로 조정에 추천하기는 쉽지 않을 것이다. 자기를 극복한다는 극기도 같은 말이다. 시기심과의 싸움을 극복하고, 조정에 합당한 인물을 추천한다는 말이기 때문이다. 셋째는 임금을 섬기는 사군(事君)이다. 조정에 훌륭한 인재가 추천되어 공사를 맡는다면, 그것이 곧 백성과 임금을 위한 정치라는 뜻이다.

    하지만, 현실에선 그 반대의 경우가 더 많지 않을까 싶다. 혈연, 지연,

학연으로 얽히고 설킨 연고주의 사회는 '공정'과는 거리가 멀다. 같은 피붙이, 같은 지역, 같은 학교 출신이면 우리 편으로 치는 '연고주의 정치'가 횡행하는 한, 그 사회, 국가의 미래는 어둡다. 그러한 인사는 부패의 문으로 들어가는 패망의 지름길일 뿐이다.

자신의 사욕과 시기심을 이기고 백성에게 유익을 끼치는 합당한 인물을 조정에 천거하기는 어렵다. 더구나 자신의 신하를 추천하여 자기와 같은 반열에 세우는 것은 더더욱 어려운 일이 아닐까. 그 포용력과 도량을 공자가 칭찬한 것이다. 최한기의 말처럼, 인재의 추천은 나라를 위해서 하는 것이지 나를 위해서 하는 게 아니라지만, 이를 실천하는 이는 드문 것이 또한 세상이다.

나에게 진실 되고 남에게 너그럽게

공자가 말하기를 "증삼아, 나의 도는 하나로 꿰어져 있다." 하니, 증자(증삼)가 "그렇습니다"
라고 대답하였다. 공자가 나가자 문인들이 묻기를 "무엇을 말씀하신 것입니까?" 하니, 증
자가 말하기를 "선생님의 도는 충서(忠恕)일 뿐이다." 하였다.

자왈子曰 **삼호**參乎 **오도일이관지**吾道一以貫之 **증자왈**曾子曰 **유唯** **자출**子出 **문인문왈**門人問曰
하위야何謂也 **증자왈**曾子曰 **부자지도**夫子之道 **충서이이의**忠恕而已矣　　　　　　　[이인]

증자는 공자의 제자 증삼을 높여 부르는 말이다. 증자는 공자의 도가 "충서
일뿐이다."고 하였다. '충'은 '진실됨'을 가리키고, '서'는 '너그러움'을 말한
다. 따라서 충은 나에게 수렴되고, 서는 남에게 확장되는 개념이다.

　　인간은 사회를 이루며 산다. 사회는 타인과의 관계 맺기가 핵심이다.
그 질서를 구체화한 것을 예라고 할 수 있다. 나에게 진실 되고, 남에게 너
그러운 태도는 '믿음 사회'의 근간이 된다. 지나친 경쟁과 불신으로, 남에게
해코지 하는 사회, '갑질' 하는 사회를 결코 좋은 사회라고 할 수 없다. 그런
사회로는 미래를 담보할 수 없다.

　　조선의 선비들은 평생 성실함과 공경함의 실천에 힘썼다. 믿음, 존중,
배려의 시대정신과도 통한다. 우리 사회에 꼭 필요한 가치다. 그래서 맹자
는 "진실 된 것은 하늘의 도이고, 진실 되기를 생각하는 것은 사람의 도이
다."라고 하였다. 사람이 속일 수 없는 게 두 가지 있다. 자신과 하늘이다. 공
자는 "하늘에 죄를 지으면 빌 데가 없다."고 하였다.

우리 사회에 갈등의 골이 깊어지고 있다. 갈등이 더 꼬이면 풀기 어렵다. '충서'의 도가 그 치유의 처방이 될 수 있다. 앞서 『공자가 죽어야 나라가 산다』라는 책이 회자된 적이 있다. 교조화되고 경직화된 공자상을 타파해야만 된다는 그 메시지는 지금도 유효하다. 그러나 그것은 공자를 그렇게 이용한 후대의 잘못이 크다. 박제화된 공자가 아니라, 공자의 생각이 생생히 살아 있는 그런 '논어 읽기'라야 한다. '공자가 살아야 나라가 산다.'

난들 어쩌리

종일 여럿이 어울리면서 말이 의리에 미치지 않고 잔꾀나 부리기 좋아한다면 어려울 것이다.

자왈子曰 군거종일群居終日 언불급의言不及義 호행소혜好行小慧 난의재難矣哉 　　　[위령공]

이 글은 그 사람의 평소 지향이 어디에 있는가를 말해 준다. 덕에 들어가는 요처를 알고 싶어 하는 사람과, 그런 것에는 일체 관심이 없는 사람의 처신이 같을 수는 없기 때문이다. "어렵다."는 그렇게 살아서 환난이 앞에 닥친 사람을 구제할 방법은 없다는 뜻이다.

　스스로 의지가 없는 이를 도울 방법은 없다. 스스로 깨우치려고 분발하는 자를 거들어 열어 줄 수는 있어도 뜻조차 없는 사람을 깨우쳐 일으킬 방법은 없는 노릇이기 때문이다. 그래서 '하늘은 스스로 돕는 자를 돕는다'고 한 것이다.

　공자는 자신의 교육과 관련하여 '무류(無類)'라고 하였다. 신분의 고하, 처지의 빈천에 따라 대상을 차별하지 않았다는 뜻이다. 배우려고 스승의 예를 갖추어 찾아오면 누구든 받아들여 가르치기를 게을리 하지 않았다고 하였다.

　공자의 교육은 지식의 전수보다 사람의 도리를 가르치는 데 주안을 두었다. 원문의 '의리'는 사람으로서의 가져야 할 올바른 품성을 말한다. 그것이 인성 교육, 전인 교육이다. 우리 시대의 교육은 성적순 줄 세우기 교육에 함몰되어 이런 전인 교육과는 거리가 멀다. "어려울 것이다."라는 공자의 탄식은 우리 시대의 교육을 두고 한 말처럼 들린다.

남을 용서하는 일

백이와 숙제는 다른 사람들의 지난 잘못을 생각지 않았기 때문에 원망이 드물었다.

자왈子曰 백이숙제伯夷叔齊 불념구악不念舊惡 원시용희怨是用希　　　　　　[공야장]

사람이 가장 실천하기 어려운 게 '남을 용서하는 일'이다. 유학에서 말하는 사람의 일곱 가지 생득적 감정인 칠정, 즉 기쁨, 노여움, 슬픔, 두려움, 사랑함, 미워함, 욕망과는 다른 차원의 감정이다. 용서는 끊임없는 성찰과 인격적 훈련의 과정을 거쳐야 얻을 수 있는 감정이라는 뜻이다. 유학이 지향하는 최고의 덕목인 지선(至善)의 가치와 맥이 닿는 말이다.

원문의 백이와 숙제는 은나라의 현인들로 은, 주 교체기에 폭압적 방식을 거부하고 은거를 택한 사람들이다. 그들이 "남의 지난 잘못을 염두에 두지 않았다."는 말은 용서의 한 표현이다. 남에게 너그러운 태도를 말한다. '자기에게 엄격하고 타인에게 너그러운' 충서의 태도로서, 공자가 그 점을 높이 산 것이다. 다만 원망을 사는 일이 '없다'라고 단정하지 않고, '드물다'라고 표현한 것은 인간 세상에는 그러고도 원망을 사는 경우가 있기 때문이다.

『성경』에서는 "원수를 사랑하라."고 했다. 사랑할만한 사람을 사랑하고, 용서할만한 사람을 용서하는 대신에, 사랑할 수 없는 사람을 사랑하고, 용서할 수 없는 사람을 용서하라는 뜻이다. 큰 사랑의 가치를 깨우치는 말이다.

남이 나를 알아주지 않더라도

남이 나를 알아주지 않는다고 걱정할 것이 아니라, 능력이 없음을 걱정해야 한다.

자왈子曰 불환인지불기지不患人之不己知 환기불능야患其不能也 　　　[헌문]

공자가 설명하는 삶의 도리는 알기는 쉬워도 실천하기 어려울 때가 많다. 『논어』 첫머리에서 "남이 알아주지 않아도 화내지 않으면 군자답지 않을까."라고 했는데, 같은 말이다. 공자가 누차 "남이 나를 알아주지 않음을 걱정할 일이 아니다."라고 한 것은, 특히 세상의 유혹에 흔들리지 말고 '뜻을 확고히 세우라'는 뜻이기도 하다. 사람은 누구나 남이 알아주는 삶, 대접 받는 삶에 흔들리기 쉬움을 경계한 것이다.

　공자는 학문에도 같은 경계를 두고 있다. 특히 초학자들이 스스로의 수신을 위한 위기지학(爲己之學)에 확고한 뜻을 두어야지, 남에게 보여주기 위한 위인지학(爲人之學)에 빠져서는 결코 안 된다는 것이다. 남에게 보여주거나 과시하기 위한 학문은 사회에도 극히 위험하다. 『사기』에 '배운 것을 굽혀 세상에 아부한다'라는 뜻의 곡학아세(曲學阿世)도 이런 경계를 담고 있는 말이다. 그런 사람을 폴리페서라고 부른다. 정치권력에 기웃기웃하는 대학 교수를 부정적으로 일컬을 때 쓰는 말이다.

　어떤 사람들은 높은 지위, 권력, 재물 등 세상의 성공 기준에 초연한 듯 자신만의 삶에 자족하며 산다. 그런 사람들은 남이 알아주든 말든 자신만의 삶을 사는 사람들이다. 세상의 성공 기준은 외형적이고 물질적이며 수시로 변하기 때문에, 이를 따르면 삶의 좌표를 잃게 마련이다. 그런 삶에는 '불행'이라는 그림자가 따라 붙는다.

능력이 부족한 사람이, 남이 자기를 알아주기 바라고 대접 받기만 원한다면 사회가 어떻게 될까. 그 불협화가 필경에는 자신을 망치고 사회를 망치게 될 것이다. 따라서 이 구절의 방점은 '자기 성찰'에 있다. 스스로 부족한 점을 알고 그것을 보완하려고 노력하다 보면 남도 나를 알아줄 때가 온다는 것이다. 남이 나를 알아주는 것이 '먼저'가 아니라는 뜻이다.

내 탓과 남 탓

군자는 잘못을 자신에게서 찾고, 소인은 남에게서 찾는다.

자왈子曰 군자君子 구저기求諸己 소인小人 구저인求諸人 　　　　　[위령공]

돌아가신 김수환 추기경이 '내 탓이오 운동'을 벌인 적이 있다. 1990년쯤으로 기억된다. 당시 '남 탓'으로 갈래갈래 찢긴 사람들의 마음을 하나로 묶기 위하여 시작한 운동이었다. '내 탓이오'라는 슬로건 속에 자기를 돌아보는 반성과 성찰의 메시지가 담겨 있었다. 이 운동에 대해 비판적인 사람들은 사회악의 구조적 문제를 자신에게서 찾는 안이한 태도라고 했지만, 분열된 사람들의 마음을 자기 성찰로부터 구하려는 자세는 여전히 유효한 가치다.

자기를 성찰 하는가 아닌가는 군자와 소인을 가르는 기준이 된다. 자기를 성찰 하는 사람은 모든 원인을 자신에게서 찾고 이를 계기로 더 나은 발전을 도모하지만, 그렇지 못한 사람은 모든 원인을 남 탓으로 돌리고 사람의 도리에 어긋나도 못하는 짓이 없게 된다. 남 탓하며 갑질을 예사로 부리기 일쑤다.

따라서 남 탓하는 사람치고 사회에 해악을 끼치지 않는 사람이 드물다. 늘 자기가 잘해서 공을 세운 것이고, 남이 못해서 과오를 범했다고 한다. 이런 이중적인 잣대가 사회를 병들게 한다. 남 탓하기 전에 나를 돌아볼 일이다. 자기 스스로에게 엄격해 지고 남에게 너그러워질 때다.

프랑스의 극작가 사뮈엘 베케트는 부조리극 「고도를 기다리며」에서

"위생과 영양의 향상에도 불구하고 인간의 수명은 단축되고만 있다."라고 했다. 각종 정보화 기술의 향상에도 불구하고 오히려 분열과 갈등의 퇴행적인 모습이 만연하는 지금, 이 대사가 오버랩 된다.

세상은 점점 더 분열과 갈등이 일상화 되고 사람들이 나서서 이를 부추기는 상황이 빈번해지고 있다. 불안한 위기의 사회다. '내 탓이오'의 자기 성찰이 필요한 시대다.

내가 그렇게 하는 것이다

비유컨대, 산을 만들면서 마지막 한 삼태기의 흙을 붓지 않아 산을 이루지 못하고 그치는 것도 내가 그치는 것이요, 비유컨대, 땅을 평평하게 고르면서 한 삼태기의 흙을 쏟아 부어 시작하는 것도 내가 나아가는 것이다.

자왈子曰 비여위산譬如爲山 미성일궤未成一簣 지止 오지야吾止也 비여평지譬如平地 수복일궤
雖覆一簣 진進 오왕야吾往也　　　　　　　　　　　　　　　　　　　　[자한]

"아홉 길 높이의 산을 만들면서, 한 삼태기 흙이 모자라 공이 무너질 것입니다." 『서경』「주서」'여오'에 나오는 말이다. 주나라 무왕의 동생인 소공이 무왕에게 올린 글로, 무왕이 여나라에서 보낸 '오'라는 개에 빠져 정사를 게을리 할까 염려하여 이를 경계한 구절인데, 공자는 학문을 비유하여 이 구절을 이렇게 표현한 것이다.

공자는 학문을 중도에 그치는 것도 '나'요, 앞으로 나아가는 것도 '나'라는 점을 강조한다. 경지에 오르고 못 오르고는 자신의 선택일 뿐이라는 것이다. 그치고 나아가는 것이 모두 '나'에게 달린 것이지 '남'에게 달린 것이 아니라는 뜻이다.

공자는 15살에 학문에 뜻을 두고, 평생 배우고 가르치는 일을 게을리 하지 않았다고 술회하였다. 율곡 이이가 초학자를 위해 쓴 『격몽요결』에도 배움의 자세에 대한 같은 경구가 보인다. 뜻을 확고하게 세우고 겸손하게 모르는 것을 배울 뿐이라는 것이다. 스스로 쉬지 않고 노력하여 작은 것을

쌓아서 큰 공부를 이루는 것인 바, 이를 중도에 그치면 이전에 이룩한 모든 것이 허사가 된다는 의미를 담고 있다.

따라서 이 글은 학문이란 스스로 깨우치는 것이요, 죽기까지 부단히 노력할 뿐이라는 것을 일깨운다. 이 평범한 진리가 '나'를 바꾼다. 공자는 "한 모퉁이를 알려주어 나머지 세 모퉁이를 스스로 깨우치지 못하면 더는 알려주지 않았다."고 하였다. 타성에 젖은 주입식 공부가 만연한 세태에 대한 경구다. 배움에 완성은 없다. 죽는 순간에도 배우는 것이 사람이다.

내가 근심하는 것

덕을 닦지 못하고, 학문을 익히지 못하며, 의를 듣고도 실천하지 못하고, 불선을 고치지 못하니, 이것이 내 근심이다.

자왈子曰 덕지불수德之不修 학지불강學之不講 문의불능사聞義不能徙 불선불능개不善不能改 시오우야是吾憂也

[술이]

덕성, 학문, 의리, 불선이 각각 '닦는다', '익힌다', '실천한다', '고친다'에 대응한다. '닦는다'는 수양한다는 뜻으로, 어느 날 갑자기 깨달아지는 것이 아니라 수양의 과정을 거쳐야 한다는 뜻이다. '익힌다'는 학문을 강구한다는 뜻으로 이치를 깊이 탐구한다는 것을 이르는 말이다. '실천한다'는 들은 것을 자신의 행위로 옮겨 실천한다는 뜻이다. 또 '고친다'는 자신의 잘못을 고침으로써 더 나은 성숙한 선을 지향한다는 의미라고 할 수 있다.

이를 사회적으로 확장한 것이 공의이며, 그러한 인품의 전인격체를 군자라고 할 수 있다. 반면, 공자는 군자의 반대로 소인을 상정한다. 소인은 사회의 도덕이나 공익보다 개인의 이욕에 따라 행동하는 부류다. 그러므로 소인의 길은 갈등과 분열로 사회적 혼란을 초래한다.

공자는 도가 다르면 함께 할 수 없다고 했다. 지향하는 방향, 즉 갈 길이 다르다는 뜻이다. 덕, 학, 의, 선의 가치를 추구하는 공도가 넓어져야 한다는 의미다. 성숙한 인격, 밝은 지혜, 사회적 의리와 선의 실천으로 이 사회를 통합해가는 것, 그것이 소망스러운 길이다. 비인격적 갑질, 눈앞만 보는 어리석음, 물질적 탐심과 혼란이 얼룩진 사회로는 앞날을 기약할 수 없다.

갈수록 세계는 블록화되고, 한반도의 지정학적 위험성은 커 간다. 그런데도 이 땅에서는 다시 좌와 우, 진보와 보수라는 망령이 사람들 마음을 뒤흔든다. 정치와 언론이 거기에 편승하여 이런 혼란을 부추긴다. 거친 막말과 한 쪽으로 치우친 극언을 거침없이 내뱉는 사람들을 보면서, 공자가 이 말을 한 의도를 짚어본다. 그 시대인들 '근심거리'인 그런 사람들이 없었을까.

네 가지를 절대로 하지 않았다

공자는 네 가지를 절대 안하였다. 내 뜻대로 하지 않았고, 미리 단정하지 않았으며, 고집을 부리지 않았고, 사심을 두지 않았다.

자절사子絶四 무의무필무고무아毋意毋必毋固毋我 　　　　　　　[자한]

공자는 평생 네 가지를 안했다고 한다. 무의(毋意), 무필(毋必), 무고(毋固), 무아(毋我)다. 내 뜻대로 하지 않았고, 미리 단정하지 않았으며, 고집을 부리지 않았고, 사심을 두지 않았다는 뜻이다. 공자가 안하려고 의식적으로 노력했다는 이 네 가지는 사람이 살아가면서 범하기 쉬운 습관이다.

이 구절은 공자가 직접 한 말은 아니지만, 인간 공자의 진면목을 알 수 있는 글이다. 공자가 지향한 삶의 태도에 관해 이보다 더 적합한 말은 없을 것이다.

'무의'는 '내 뜻대로 하지 않았다'는 말이다. 내 뜻대로 사는 삶이 잘못된 것은 아니다. 사람은 뜻을 세워 살기 때문이다. 다만, 여기서 말하는 '의(意)'는 '지(志)'와는 다르다. 사적인 뜻인 '사의(私意)'에 가깝다.

'무필'은 '반드시 그러리라고 기필하지 않았다'는 것이다. 자신의 경험을 절대적으로 믿고 그것을 일반화해서 행동하는 사람이 있다. 자신의 경험을 절대화하면 다른 사람의 의견을 무시하게 된다. 꼰대소리를 듣는 이유는 이 때문이다. 사회는 구성원들의 합의가 중요하다. 남의 소리를 듣는 것이다. 조선 시대에는 그것을 물론(物論)이라고 했다. 곧 여론이다.

'무고'는 '고집을 부리지 않았다'는 말이다. '고집불통이란 표현은 고집이 세서 소통하기 어려운 사람을 말한다. 이런 사람은 더불어 소통하기 보다는 자신만의 고집으로 분란을 일으키기 일쑤다. 가정이나 사회에서도 마찬가지이다. 인내와 경청은 소통의 시작이다.

끝으로, '무아'는 '사심을 두지 않았다'는 말이다. 정의로운 사회는 공정한 일처리가 바탕이다. 공무를 담당하는 사람들이 사심을 두고 일처리를 하면 사회를 병들게 하고 믿음을 해친다. 믿음이 없으면 나라도 서기 어렵다.

공자가 말한 이 네 가지는 우리 시대에도 여전히 유효한 가치다. 삶의 태도와 깊이 관련된 말이다.

문제의 원인을 자기에게서 찾는다

지위가 없음을 걱정하지 말고, 그 자리에 설 능력이 있는지를 걱정하라. 자신을 알아주지 않는 것을 걱정하지 말고, 알아줄만한 사람이 되기를 구하라.

자왈子曰 불환무위不患無位 환소이립患所以立 불환막기지不患莫己知 구위가지야求爲可知也

[이인]

남이 나를 알아주기를 바라는 것은 인지상정이지만, 남의 눈치를 보는 그런 일에 마음을 쓰는 것은 어리석은 일이다. 오히려 걱정할 것은 '내가 그 자리에 설만한가?' 하는 능력의 문제다. 능력이 되면 남들이 먼저 알아줄 테니 말이다. 반대로 능력이 안 되는 데도 높은 자리에 오르면 그것처럼 위태로운 것이 없다. 필경 사고를 치기 때문이다.

나이가 들면 불가피하게 '어른' 노릇을 할 때가 많다. 우리 사회에는 예로부터 웃어른을 공경하는 경장의 기풍이 있어서 어느 정도 묻어갈 수 있었지만, 공연히 이상한 소리를 하면 어른 대접을 받기 힘든 세상이다. 바로 디스 되고, 꼰대 소리를 듣기 십상이다.

나이가 들어가면서 조심할 게 또 있다. 바로 노욕이다. 명예와 지위를 차지하려는 욕심, 돈을 더 움켜쥐려는 욕심 말이다. 다 집착이고, 미망일 뿐이다. 그런 망상으로 자기 마음을 채우면 인생이 괴로워진다. 그런 삶에는 불행이 따르기 마련이어서 노년에는 더욱 자족하는 지혜가 필요하다. 역설적으로, 나눌수록 풍족해 지는 게 인생이기 때문이다.

세상은 불공평할 때가 많다. 또 능력이 안 되는 사람이 자리를 차지하고 위세를 부리는 경우도 허다하다. 그러나 그런 일에 일일이 화를 내며 소모하기 보다는 스스로 능력을 갖추는 게 더 현명하다. 남이 자기를 알아주고 말고는 애초 고민거리가 아니다. 성숙한 사람은 문제의 원인을 자기에게서 찾을 뿐이다.

분명하지 않은 것과 내가 못하는 것

나는 예전에, 사관이 빼놓고 기록하지 않는 것과 말을 가진 자가 남에게 빌려주어 타게 하는 것을 보았는데, 이제는 그런 일도 없구나.

자왈子曰 오유급사지궐문야吾猶及史之闕文也 유마자차인승지有馬者借人乘之 금무의부今亡

矣夫

[위령공]

'사관이 빼놓고 기록하지 않는 것'은 분명하지 않거나 모르는 것을 함부로 적는 않았다는 것으로, 진실이 왜곡되는 것을 경계한 것이다. 진실은 사회적 믿음의 바탕이기 때문이다. 해서, 역사 기술에서는 직필의 원칙을 유지하는 것이 중요했다. 역사기록을 뒷날을 경계한다는 의미로 감계라고 하는 것은 이 때문이다.

　일본 구로자와 아카라 감독의 「라쇼몽」은 한 살인 사건의 진실을 둘러싸고 여러 명의 목격자가 각기 다른 진술을 하는 통에 사건은 더욱 미궁에 빠져드는 이야기다. 영화는 사건의 진실이 무엇인지에 초점을 맞추기보다 각 인물마다 왜 진술이 다른지에 초점을 맞춘다. 진실은 하나일지라도 얼마든지 사람마다 그것을 보고 듣고 느끼고 해석하는 데에 차이가 생길 수 있다는 것이다. 더욱이 개인의 사욕마저 개입되면 진실은 왜곡되기 마련이다.

　또 '말을 가진 자들이 남에게 빌려주어 타게 하는 것'은 말을 길들이기 어려울 때는 남에게 빌려주어 타게 하였다는 말이다. '사촌이 땅을 사면 배가 아픈' 속 좁은 협량의 태도를 경계한 것이다. 내가 못하니 남도 못하게 하는 태도는 공존보다는 공멸을 초래한다.

둘 다 믿음 사회의 원칙에 맞는 처신을 말한다. 그런 일이 공자 시대에는 찾아보기 힘들어졌다는 탄식이다. 이 글에 비춰보면, 사건의 진실에 대한 의도적인 왜곡이 만연하고, 가진 자는 더 가지려고 탐욕을 부리는 시대는 어떨까. 상식과 사람의 가치가 통하는 사회, 나눔과 배려가 바탕인 사회, 공자가 꿈꾸던 사회가 아니었을까.

사양의 미덕

공자가 칠조개에게 벼슬하도록 권했다. 대답하기를 "저는 아직 벼슬할 자신이 없습니다."
하니 공자가 기뻐하였다.

자사칠조개子使漆雕開 사사使仕 대왈對曰 오사지미능신吾斯之未能信 자열子說　　　[공야장]

지금이야 입법, 사법, 행정의 삼권분립이 엄정하지만, 전통 시대엔 달랐다.
한 고을의 수령이 된다는 것은 임금의 위임을 받아 한 고을의 통치자로서
파견된다는 것을 의미한다. 따라서 한 고을을 다스리는 벼슬을 맡는다는 것
은 적어도 행정과 사법에서 그만한 능력을 갖추어야 한다는 뜻이다. 따라서
공자는 이미 다른 글에서 섣불리 벼슬에 나아가는 것을 경계하였다.

　조선 시대에는 '수령칠사守令七事'라는 것이 있었다. 수령이 지방의 통
치에서 힘써야 할 일곱 가지 역점 사항을 말한다. 『경국대전』 중 이전 고과
조에 의하면, 수령에게는 농업과 잠업을 흥성하게 하고, 호구를 늘리며, 학
교를 흥기시키고, 군정을 닦으며, 부역을 고르게 하고, 송사를 간략하게 하
며, 간교하고 교활한 짓을 그치게 하는 일곱 가지 임무가 부여되어 있었다.

　따라서 웬만한 능력을 갖추지 않고는 함부로 이 치민의 직임을 맡을 수
없다는 뜻이다. 그러나 현실은 어땠을까. 탐관오리가 설치고, 협잡꾼 아전
들로 유민들이 늘어나는데도 벼슬아치들은 근본적인 대책을 강구하기보다
는 사리사욕의 탐욕과 폭탄돌리기식 행정이 만연했다. 그런데도 마을 입구
마다 선정비가 빼곡하게 세워졌다. 강요하거나 자비로 세운 '셀프 선정비'

였다.

공자가 제자인 칠조개가 벼슬을 사양하는 것을 기쁘게 여긴 것은 그 직임을 어렵게 여기고 겸양하는 태도 때문이다. 벼슬은 백성을 위한 것이지, 자신을 과시하기 위한 것이 아니라는 의미다. 벼슬이 현달한 것은 입신양명의 길이기도 하지만, 그만큼 어려운 자리이기도 하다. 자고로 겸덕과 능력을 겸비한 인재는 정말 드물다. 그렇다고 마냥 사양하는 것도 옳은 태도는 아니겠지만, 자신의 능력도 돌아보지 않고 권력에 영합하며 자리를 탐하는 것은 사회적 불신의 원인이 된다. 그런 사람들이 필경 어떤 정치를 할지는 뻔하기 때문이다.

삶도 모르는데

계로(자로)가 귀신을 섬기는 것에 대해 물으니 공자가 말하기를 "사람 섬기는 것도 제대로 못하는데 어떻게 귀신을 제대로 섬기겠느냐?" 하였고, 또 "감히 죽음에 대해 묻습니다." 하니, 공자가 말하기를 "삶도 모르는데 어떻게 죽음을 알겠느냐?" 하였다.

계로문사귀신季路問事鬼神 자왈子曰 미능사인未能事人 언능사귀焉能事鬼 감문사敢問死 왈曰 미지생未知生 언지사焉知死

[선진]

죽음은 누구도 피할 수 없다. 생명의 유한함은 도리어 삶을 충실하게 하는 동력이자 종교적 사유가 시작되는 지점이다.

공자는 죽음을 미지의 것으로 돌리고 있다. '현재의 삶에 충실하라'는 뜻이다. 라틴어의 '카르페 디엠(carpe diem)'이 그 뜻이다. 현재의 삶에 충실한 삶이 역설적으로 '충실한' 죽음을 맞게 해 준다. 때문에 이 글의 방점은 현재의 삶에 있다.

'현재의 삶에 충실하라'는 공자의 메시지는 유학의 기본 덕목은 수기치인(修己治人)과 맞닿아 있다. '수기'는 학문으로 자신을 닦는 것, '치인'은 사회에 이로움을 베푸는 것이다. 자신을 연마하는 목적이 자신의 영달에 있지 않는 것이다. 좋은 삶이란 사회에 널리 유익을 끼친 삶이다.

때문에 율곡 이이는 "성현의 학문은 수기치인에 지나지 않는다."고 단언한 것이다. 수기치인은 개인의 인격 완성과 사회적 문제의 해결에 책임감을 갖는 성숙한 사람의 자세라고 할 수 있다. 이것이 사람이 사람다운 세상이다.

아첨과 용기

제사지낼 귀신이 아닌데도 제사지내면 그것은 아첨이고, 의리를 행해야 할 경우를 보고도 행하지 않으면 그것은 용기가 없는 것이다.

자왈子曰 비기귀이제지非其鬼而祭之 첨야諂也 견의불위見義不爲 무용야無勇也　　　[위정]

예는 대상에 대해 겉으로 드러난 의식 절차와 그 본질인 의도와 정신이 서로 합당해야 한다. 여기에서 벗어나면 비례(非禮)가 된다. 합당한 귀신이 아닌 데도 사람들의 이목을 끌려고 제사를 지내는 것은 아첨이요, 또 의리를 행해야 할 때 나서서 행하지 않는 것도 비례가 된다. 예는 의와 통하기 때문에 둘 다 비례가 되기는 마찬가지다.

　그런데 이 문제를 역사적 관점에서 조선과 명나라의 관계로 확장해 보면 간단치 않다. 소위 '이소사대(以小事大)'의 소중화 의식이 그렇고, 임진왜란 때 명군 파병을 두고 다시 살려 준 '재조지은(再造之恩)'이라는 인식으로 명나라 만력황제를 기리는 것도 그렇다. 전자는 굴종의 속국 외교로, 후자는 국세는 고려하지 않은 채 북벌의 의리론으로 치달았다. 부패한 명나라는 의리에 입각해서 조선에 파병한 것이 아니라, 입술이 없으면 이가 시린 '순망치한'의 실리적 판단을 했을 뿐이다.

　이런 그릇된 역사인식이 조선조 내내 굴종의 역사를 만들었다. 예는 그 대상이 합당해야 하고, 의리는 작은 한 때의 의리나 군주 개인에 대한 사의가 아니라, 나라와 백성, 근본적인 의리를 추구해야 한다. 공자가 이 글에서 말하려는 것도 이 맥락이다. 그런데도 이를 거꾸로 오독하여 굴종의 역사를 계속한 것이 조선의 역사였다. 지금도 그 굴종을 당연시 하는 자들이 있다.

공자는 가장 아끼는 제자 안연에게 "예가 아니면 보지도 말고, 예가 아니면 듣지도 말고, 예가 아니면 말하지도 말고, 예가 아니면 행하지도 말아야 한다."고 했다. 가장 아끼는 제자에게 그 말을 한 공자의 생각을 잘 헤아려 봐야 한다. 공자가 말한 것은 소의가 아니라 대의다.

아홉 가지 생각

군자에게는 아홉 가지 생각이 있다. 볼 때에는 분명하게 볼 것을 생각하고, 들을 때에는 밝게 들을 것을 생각하며, 얼굴빛은 온화하게 할 것을 생각하고, 태도는 공손히 할 것을 생각하며, 말할 때에는 충실할 것을 생각하고, 일할 때에는 공경할 것을 생각하며, 의심스러울 때에는 물을 것을 생각하고, 화가 날 때에는 어려워질 것을 생각하며, 이득을 보면 의리에 합당한 가를 생각해야 한다.

공자왈孔子曰 군자유구사君子有九思 시사명視思明 청사총聽思聰 색사온色思溫 모사공貌思恭 언사충言思忠 사사경事思敬 의사문疑思問 분사난忿思難 견득사의見得思義　　　　[계씨]

조선 시대에 초학자를 위한 지침서로 널리 읽힌 책이 율곡 이이가 쓴 『격몽요결』이다. '어린 사람을 깨우치는 중요한 가르침'이란 뜻이다. 이 책에서 이 구절을 인용한 것은 초학자의 태도와 관련이 있기 때문이다. 학문에 대한 큰 뜻을 세우고, 태도를 경망히 하지 말라는 뜻을 담고 있다.

아홉 가지 생각은 보는 것, 듣는 것, 얼굴색, 몸가짐, 말하는 것, 일에 임하는 자세, 의문 나는 것, 화내는 것, 이득 볼 때이다. 볼 때에는 명확하게, 들을 때는 밝게 분별하여, 얼굴색은 온화하게, 말할 때는 진심으로, 일할 때는 신중하게, 의심스러울 때는 질문으로, 화가 날 때는 인내로, 이득 앞에서는 의로운지를 생각하라는 것이다.

처세훈 중에 '아홉 가지 생각'만큼 포괄적 내용을 담고 있는 글도 드물다. 그런데 세상은 실제로 많이 다르다. 오히려 그 반대일 때가 더 많다. 흐

릿하고 모호하게 보거나 듣고, 얼굴색과 말하는 것이 교만하거나 꾸미고 거짓되며, 얼렁뚱땅 일 하고, 의심스러워도 그냥 넘어가고, 분노를 참지 못하고 덮어 놓고 화부터 내고, 앞뒤 안 가리고 이득을 탐내는 것, 이것이 좀 더 실제 세상 모습에 가깝지 않을까. 공자 시대에도 그러했으리라 싶다.

그러나 이런 태도로 세상을 살아야 할까. 공자와 이이가 가진 문제의식은 그럼에도 그렇게 살아서는 안 된다는 데에 있다. '아홉 가지 생각'은 '아홉 가지 경우'와 '생각하며 살기'라는 두 층위로 나뉜다. 세상사가 '아홉 가지 경우'라면, 자신의 처신을 스스로 어떻게 할까는 '생각하며 살기'다. 삶은 생각할 때 주체적이 된다. '구사'에 담긴 공자의 생각이다.

어느 것이 내게 있는가

나가서는 공경을 섬기고, 들어오면 부형을 섬기며, 초상을 힘쓰지 않음이 없고, 술 때문에 곤경에 빠지지 않는 것, 이 중에 어느 것이 내게 있는가.

자왈子曰 **출즉사공경**出則事公卿 **입즉사부형**入則事父兄 **상사**喪事 **불감불면**不敢不勉 **불위주곤**不爲酒困 **하유어아재**何有於我哉

[자한]

"나가서는 공경을 섬긴다."는 것은 사회적 질서에 대한 존중을 말한다. 또 "들어오면 부형을 섬긴다."는 것은 가족에 대한 존중을 말한다. 출입에 따른 행동 규범이다. 또 "초상을 힘쓰지 않음이 없다."는 것은 슬픔에 대한 공감과 배려의 정신을 말한다. 공자의 예교가 어떤 관점을 지향하는지 명확히 말해 주는 대목이다.

이 글 모두 인간 공자의 겸사이지만 보통 사람도 같은 후회가 있을 것이다. 공자는 중용의 도리를 처신의 기본으로 삼았다. 극단으로 치우치지 않고 중도를 취한다는 뜻이다. 그렇다고 이 말이 기회주의적인 처신을 의미하지는 않는다. 사람의 도리에서 벗어나지 않으려는 적극적인 처신이 곧 중용이기 때문이다. 오히려 우리 사회를 어렵게 하는 것은 한 쪽으로 치우쳐 상대방을 배척하는 극단의 견해다.

이 글에서 흥미로운 것은 공자의 주량에 대한 언급이다. 어느 날 신하가 정조에게 "공자의 주량은 한정이 없으나 흐트러지지 않았다'라고 하였는데 그 의미는 무엇입니까?" 하고 물었다. 『논어』 향당편의 글을 두고 한 말이다. 정조는 "주량이 한정이 없다고 한 것은 술을 마시지 않아야 할 때 술을 마시지 않는 용기가 있어야 하는 것이고, 술을 마셔야 할 상황이 되었을 때 기쁘게 한껏 먹는 것이다."라고 대답하였다. 즉 술을 마시되 삼가야 할 때는 삼갔다는 뜻이다. 이른바 중용의 주도를 말한 것이다. 그런데 정조도 주량이 상당했던 모양이다. 다산 정약용의 회상에 의하면 정조도 술로 어지간히 신하들을 괴롭게 했기 때문이다.

어리석은 처신에 대하여

영무자는 나라에 도가 있을 때는 지혜롭게 처신하고, 나라에 도가 없을 때에는 어리석게 처신했다. 그의 지혜로운 처신은 미칠 수 있지만 그 어리석은 듯한 처신은 미칠 수 없다.

자왈子曰 영무자방유도즉지甯武子邦有道則知 방무도즉우邦無道則愚 기지其知 가급야可及也 기우其愚 불가급야不可及也   [공야장]

모든 것이 순조로운 치세와 위태로운 난세. 전자는 국론이 하나로 통일된 통민(統民)의 시기이고, 후자는 국론이 분열된 위난(危難)의 시기이다. 원문의 '나라에 도가 살아 있는' 방유도와 '나라에 도가 없는' 방무도는 그런 시대의 다른 표현이다.

영무자는 위나라 대부로 이름은 유, 무자는 시호다. 강대국 진나라와 초나라 사이에 낀 약소국 위나라의 재상이었다. 문공 때에는 그를 도와 치세를 이끌었고, 성공 때에는 두 강대국 진나라와 초나라의 싸움 와중에 진나라 편과 초나라 편으로 갈린 국론 분열의 위기를 잘 수습하고 나라를 안정시킨 인물이다.

공자가 영무자의 처신을 칭송한 것은 어쩌면 동병상련일지도 모르겠다. 강대국 틈에 낀 고국 노나라의 처지나 위나라의 처지가 같아 보였기 때문이다. 영무자는 위나라가 위기에 처하자 어리석은 듯 우직하게 처신하며 국난을 수습했다. 막상 그런 처신이 쉽지 않다. 좌고우면하며 살 길부터 찾는 게 인간이기 때문이다. 공자가 취한 점은 바로 그 점이다.

지금도 여전히 세상은 혼란스럽고, 미, 중 등 강대국 틈에 낀 한반도의 지정학은 춘추시대 위나라가 처한 상황보다 더 위험하다. 여기에 남북 분단은 위기를 가중시키기 일쑤다. 그러니 국가적 위기관리야말로 생명줄과 같은 것이다. 그러나 미국의 케네디 전 대통령은 "위험 속에 기회가 보인다."고 했다. '위기는 곧 기회'라는 뜻이다. 일상화된 '지정학적 위기'를 '지정학적 기회'로 활용하는 지혜가 필요한 때이다. 지금은 위기 앞에서 분열을 부추길 때가 아니다.

자각하며 사는 삶

공백료가 계손에게 자로를 참소하자 자복경백이 이 일을 공자에게 고하였다. "부자(계손)가 진실로 공백료에게 마음이 미혹되어 있습니다만, 제 힘으로도 그를 죽여 그 시신을 저자에 늘어놓을 수 있습니다." 하니, 공자가 말하기를 "장차 도가 행해지는 것도 천명이고, 도가 장차 폐기되는 것도 천명이다. 공백료가 그 천명을 어떻게 하겠느냐." 하였다.

공백료소자로어계손公伯寮愬子路於季孫 자복경백子服景伯 이고왈以告曰 부자고유혹지어공백료夫子固有惑志於公伯寮 오력吾力 유능사저시조猶能肆諸市朝 자왈子曰 도지장행야여道之將行也與 명야야也 도지장폐야여道之將廢也與 명야命也 공백료기여명公伯寮其如命 하하何 　　　[헌문]

공백료는 노나라 사람으로 공자의 제자였다는 설도 있으며, 자복경백은 노나라 대부 자복하를 말한다. 공백료가 당시 노나라 실세인 계손에게 공자의 제자인 자로를 참소하자, 자복경백이 공자에게 이 사실을 고하고, 자신이 공백료를 죽여 그 시신을 저자에 늘어놓을 수 있다고 하자, 공자가 개인의 보복 행위를 그만두게 하고, 천명을 기다릴 것을 권한 것이다.

공자는 참소하는 행위에 대하여 적극적인 징벌을 유보하고, 대신 "공백료가 그 천명을 어떻게 하겠는가."라고 하여, 사필귀정의 태도를 취하고 있다. 인간의 징벌 대신 하늘의 징벌을 '기다린다'는 뜻이 담겨 있다.

하늘의 원리적 징벌, 혹은 섭리적 징벌은 더디지만 누구도 빠뜨리지 않는다는 것이 공자의 뜻이다. 공자를 전술한 맹자는 "하늘의 이치를 따르는 자는 보존되고, 하늘을 이치를 거스르는 자는 패망한다."고 하였고, 또 한

발 더 나아가 "민심은 천심이다."라고 하였다. 따라서 이를 합치면 '민심을 거스르는 자는 패망한다'라는 사회적 언어로 전변된다. 공자의 인의 덕목을, 맹자는 사회적 정의의 맥락으로 확장한 것이다.

다만, 공자의 말을 숙명론으로 해석해선 안 된다. 인간의 운명에 대한 최고의 텍스트는 『주역』인데, 죽간을 묶은 가죽 끈이 세 번이나 끊어지도록 공자가 전심해서 읽은 책이 이 책이다. 『주역』에서는 '자각의 순간'에 실천의 행위가 더해져 인간의 운명이 변한다고 한다. 궁즉통, 통즉변의 통변(通變)의 논리다. 따라서 공자의 이 말은 그 변화를 가능하게 하는 '자각'에 진정한 묘의가 있다. 하늘의 징벌은 더디게 오지만 누구도 피할 수 없다. 그것이 천리다. 그러니 두려운 것이다.

자기 희생과 배려

뜻이 있는 선비와 인한 사람은 살기 위하여 인을 해치는 일은 없고, 자신을 희생하여 인을 이루는 경우는 있다.

자왈子曰 지사인인志士仁人 무구생이해인無求生以害仁 유살신이성인有殺身以成仁 [위령공]

'자신을 희생하여 인을 이루는 것'을 '살신성인'이라고 한다. '희생'이라는 말은 죽음도 불사한다는 뜻이다. 공자가 최고로 여기는 인의 가치는 죽음과도 바꾸지 않겠다는 각오다. 남을 위해 자신의 안위도 돌보지 않고 사지에 뛰어드는 이 시대의 의인들이 그런 사람들이다. 그들이 있어서 사회적 믿음이 지켜진다.

그러나 사회에는 그렇지 못한 사람들도 많다. 남에게 해악을 끼치는 사람들, '묻지마' 식으로 남의 목숨을 빼앗는 사람들이 그런 사람들이다. 사회적 불신을 조장하는 사람들이다. 반사회성 성격 장애를 뜻하는 소시오패스라는 용어도 이젠 낯설지 않다.

자기희생은 사회적 믿음을 가진 사람들의 자기 헌신이지만, 요즘처럼 자신의 안전을 최우선하는 사회에서 이 말을 어떻게 읽어야 할까. 공자는 "믿음이 없으면 나라가 설 수 없다."고 하여 믿음의 중요성을 언급했다. 이 믿음은 상호 배려의 정신이 없으면 도달하기 어려운 경지다. 상대방을 배려하지 않는 사람을 신뢰할 수 없기 때문이다. 어쩌면 이 구절을 '남을 배려하여 인을 이루는 것'으로 바꾸어서 읽어야 이 시대에 맞는 독법이 되지 않을까 싶다.

　사람은 뜻을 갖고 산다. 곧 희망이다. 우리가 사는 뜻, 희망이 남에게 해악을 끼치고 남의 목숨을 빼앗기 위해서는 아닐 것이다. 진정한 삶의 가치는 남을 배려하고 믿음으로 협력하며 공동의 선을 이루는 데 있는 것이 아닐까. 공자에게 물어도 과히 틀린 말이라고 하지는 않을 것이다.

자신부터 돌아볼 것

글이야 내가 남들보다 못할까마는 군자의 도리를 몸소 행하는 데는 내가 아직 얻은 것이 없다.

자왈子曰 **문**文 **막오유인야**莫吾猶人也 **궁행군자**躬行君子 **즉오미지유득**則吾未之有得　　　[술이]

자신의 인생을 돌아보면 누군들 후회가 없을까. 공자의 인간적인 탄식이 들리는 듯하다. 평생 사람의 도리를 실천하고자 애쓴 공자도 그럴진대, 다른 사람이야 어떨까 싶다. 그러니 공자의 말은 다른 사람들을 경책하기 위한 겸사는 아니었을까. 자신을 돌아보는 태도가 중요하다는 뜻으로 이 글을 읽고 싶다.

사람의 도리를 알고 실천하는 데에는 '배움'이 전제되어야 한다. 이 배움은 지식의 영역에 국한되지는 않는다. 공자가 추구하는 인도의 사회적 맥락인 예와 의가 지식의 영역이 아니라 생활의 실천 영역인 것은 이런 뜻을 담고 있다.

이런 점에 비추어 보면, 공자의 도가 왜 정직과 관용의 도리에 기반 하는지 알게 된다. 그러니 위선적 행태로 일관한 사람들은 인생에 대한 참 공부인 '궁행(躬行)'에는 미치지 못한다는 것을 알 수 있다.

안회는 공자의 가르침에 대해 "학문으로 나의 지식을 넓혀 주고, 예로 나의 행동을 단속하게 해 주셨다." 하였고, 맹자는 군자의 길에 대해 "무릇 의는 사람이 가야할 길이고, 예는 사람이 드나드는 문이니, 오직 군자만이 그 길을 걸어가고, 그 문으로 드나들 수 있는 것이다." 하였다. 이 글의 바른 독해를 위해 새겨볼 말이다.

자신에 대한 평가

섭공이 자로에게 공자에 대해서 물으니, 자로가 대답하지 못하였다. 공자가 말하기를 "너는 어찌하여 '그 사람됨이 무엇을 알려고 할 때에는 먹는 것도 잊어버리고, 알고 나면 즐거워서 근심도 잊어버리며 늙어가는 줄도 알지 못합니다.'고 말하지 않았느냐." 하였다.

섭공葉公 문공자어자로問孔子於子路 자로불대子路不對 子曰자왈 여해불왈女奚不日 기위인야其爲人也 발분망식發憤忘食 낙이망우樂以忘憂 부지노지장지운이不知老之將至云爾　　　[술이]

섭공은 초나라의 대부로, 공자가 주유천하 할 때의 일화다. 배우기를 좋아해서 배우는 것이 습관이 된 사람이 공자였다. "무엇을 알려고 할 때에는 먹는 것도 잊는다."는 '발분망식', "알고 나면 즐거워서 근심도 잊어버리고 늙어가는 줄도 알지 못한다."는 '낙이망우, 부지노지장지'는 그런 경지를 말한다. 좋아하는 것이 습관이 된 사람의 무게는 쉽게 따라가기 힘들다.

　　공자가 비록 자로가 답변을 못한 것을 답답한 듯 말하고 있지만 제자 자로가 스승 공자에 대해 선뜻 '공자는 이런 사람'이라고 단정하여 말할 수 있었을까. 이 질문에는 공자 자신만이 답할 수 있는 게 아니었을까. 그런 뜻에서 이 구절은 섭공이 공자에 대해 물은 것이 중요한 게 아니라 공자 스스로 자신을 어떻게 표현했는가가 중요하다고 할 수 있다.

　　공자는 자신에 대해 배우기를 좋아하여 먹는 것도 잊어버리고, 스스로 깨우치고 나면 근심도 잊고 시간 가는 줄도 모르는 사람이라고 평가했다. '무엇을 깨우쳤는가'가 아니라 '이렇게 행동하는 사람이다'라는 표현으로 자신을 설명하고 있는 것이다.

　누가 나를 어떤 사람이냐고 묻는다면 어떤 대답을 할까. 삶의 방향을 묻는 질문이기에 즉답하기 어려운 질문이다. 사람은 완성을 지향할 뿐, 완성된 사람은 없다. 그러니 공자처럼 '단지 이렇게 노력하는 사람일 뿐이다'라고 답하는 게 현명할지 모르겠다.

자신을 속이지 말라

자로가 임금을 섬기는 도리를 물었다. 공자가 말하기를 "속이지 않는 것이다. 그리고 과감히 직언해야 한다." 하였다.

자로문사군子路問事君 자왈子曰 물기야勿欺也 이범지而犯之　　　　　[헌문]

자로가 공자에게 임금을 섬기는 방법을 묻자, 공자가 '속이지 말 것', '과감히 직언할 것'을 주문한 것이다. 숨김이 없는 무은(無隱)의 태도다. 곧 윗사람의 심사를 살피지 말고 거슬리는 말일지라도 속에 있는 말을 가감 없이 해야 한다는 뜻이다. '과감히 직언하는 것'이야 자로의 성향으로 보아서 함직한 얘기이지만 '속이지 말고'라는 전제가 있어서 특이하다.

　　공자의 일화를 기록한 『공자가어』에 "좋은 약은 입에 쓰나 병에 이롭고, 충언은 귀에 거슬리나 행실에 이롭다."고 하였다. 중국사에서 '걸주'라고 합칭하여 폭군의 대명사로 통하는 하나라 걸왕과 은나라 주왕은 바로 이 충언을 듣기 싫어한 임금이라는 공통점이 있다. 바른말하는 신하가 쫓겨난 자리에는 사심을 품고 윗사람의 안색을 살펴 듣기 좋은 말만 하는 신하들이 채워졌다. 그 결과는 패망이었다.

　　한나라 성제 때, 정승으로 있던 장우가 황제의 위세를 빙자해서, 권력을 함부로 하자, 주운이 성제에게 장우를 처단 할 것을 간언하였다. 이에 자신의 스승인 장우를 간사한 신하로 폄하한 주운을 당장 끌어내라고 하자, 주운이 장우를 목 베라고 버티면서, 자신을 끌어내려는 무관과 밀고 당기다가 그만 난간이 부러져 버렸다. 죽음도 불사한 충신의 직간이다. 또 당 태종에게 고구려 정벌의 부당함을 간쟁한 위징의 고사도 유명하다. 고구려 원정이 실패한 뒤 당 태종은 깊은 후회와 함께 위징의 말을 곱씹었을 것이다.

그런데, 세상에는 바른말하는 사람보다 윗사람에게 잘 보이거나 시류에 영합하는 사람들이 많고, 더 출세하는 듯 보인다. 출세는 '줄'이라는 말도 회자된다. 그러나 그런 삶이 꼭 성공일까. 자신은 속일 수 없기 때문이다. 자신을 속이고 출세하느니, 사람답게 살라, 떳떳하고 당당하게 살라. 그게 이 글의 메시지가 아닐까 싶다.

자신의 무능함을 걱정할 뿐

군자는 자신의 무능함을 걱정하지, 남이 자신을 알아주지 않는 것을 걱정하지 않는다.

자왈子曰 군자君子 병무능언病無能焉 불병인지불기지야不病人之不己知也　　　[위령공]

『논어』 첫머리에 "남이 나를 알아주지 않아도 성내지 않으면 군자답지 않으랴."라는 말과 같은 말이다. 배우고 때때로 익히는 즐거움, 벗이 있어서 멀리서 찾아온 즐거움과 함께 인생의 세 가지 즐거움 가운데 하나로 든 말이다. 다른 사람의 평가에 스트레스 받지 말고 자신부터 돌아보라는 말이지만 그게 어디 쉬울까.

사회적 평판, 평가는 개인에게 치명적인 영향을 미친다. 그런 평가에서 초연하기가 쉽지 않다. 그 스트레스를 극복하는 방법은 무엇일까. 공자의 처방은 단순하다. 첫째, 자기가 행복할 수 있는 일을 '배우고 익힐 것'. '1만 시간'의 법칙과 상통하는 말이다. 여기서 '배우고 익히는 일'이란 꼭 지식의 축적을 의미하지 않는다. 오히려 일상의 실천 과정에 가깝다. 둘째, 허심탄회하게 마음을 나눌 수 있는 친구를 둘 것. 격의 없는 '수다'야말로 스트레스 해소에 최고의 명약이기 때문이다. 셋째, 남의 말이나 평가에 신경을 끄고 살 것. 요즘같이 평가가 일상화된 때일지라도 너무 눈앞의 평가에 연연하지 말고 멀리 보고 가라는 의미로 읽고 싶다.

현대인들은 평가를 오가며 산다. 그에 따른 스트레스도 자못 크다. '평가를 평가'하는 메타평가가 유행하는 것도 그만큼 평가에 대한 사회적 수요가 크다는 방증이다. 또 디지털 미디어의 발달로 사회적 평판이 쉽게 만들어진다. 잘못된 평판과 가짜 뉴스가 판을 치고 급속히 확산되는가 하면, 개인적 복수에 이용하기도 한다. 그 스트레스를 이기지 못해 자살하는 경우도 늘고 있다. 평가, 또는 평판의 역기능이다.

남의 말이나 평가에 신경 쓰기보다 자신이 좋아하는 일을 '당당히' 즐기며, 좋은 친구들과 일상을 함께 할 수 있다면, 그 보다 더 즐거운 일이 또 있으랴. 인생의 즐거움을 멀리서 찾을 필요가 없다는 말이다. 평가에 지친 사람들을 위한 최고의 해법이다. 무능한 사람일수록 남들의 시선에 더 신경을 쓰기 마련이다. 허망한 노릇이다.

자족하는 삶

공자가 위나라 공자 형에 대해서 말하였다. "그는 집안 살림을 잘하는 사람이다. 처음 살림을 소유하게 되자 '그런대로 모였다.' 하였고, 조금 나아지자 '그런대로 갖추어졌다.' 하였으며, 부유하게 되자 '이만하면 훌륭하다.' 하였다."

자위위공자형子謂衛公子荊 선거실善居室 시유왈始有曰 구합의苟合矣 소유왈少有曰 구완의苟完
矣 부유왈富有曰 구미의苟美矣   [자로]

사람의 욕망은 끝이 없어서 욕망을 추구하다 끝내는 패망에 이르는 경우를 자주 본다. 자족의 의미를 생각하게 하는 글이다. 공자가 위나라 대부인 공자 형의 사례를 통하여 이를 경계한 것이다.

　이 글에서 주목되는 것은 한 단계 한 단계 나아가는 수사. 처음 시작할 때 "그런대로 모였다." 하였고, 조금 나아지자 "그런대로 갖추어졌다." 하였으며, 부유해지자 "이만하면 훌륭하다."라고 하였다.

　이 글의 중심 뜻은 '만족'에 있다. 처음에 적당히 재물이 모이자 만족하였고, 조금 나아지자 수요에 대응하기에 갖추었음에 만족하였으며, 넉넉하여 풍족해지자 여유 있는 살림살이에 만족하였다는 뜻이기 때문이다. 공자가 그 '자족'할 줄 아는 미덕을 칭송한 말이다.

　사람들은 더 가지려고 탐욕을 부린다. 심지어 남의 것을 빼앗고도 태연해 한다. 또 가진 것을 지키느라 노심초사한다. 서양에서 프랑스의 작가 프랑수아 라블레의 소설 속 주인공 '가르강튀아'는 탐식과 폭음의 대명사다.

각종 외설로 얼룩진 주인공의 삶이 풍자하는 것은 궁극적으로 세속적 탐욕에 물든 타락한 로마 카톨릭이다. 곧 그칠 줄 모르는 탐욕에 대한 신랄한 비판이다. 더 가지려고 힘쓰기 보다는 자족하고 나누는 삶이 풍족한 삶임을 깨우치는 글이다.

재여의 낮잠 사건

재여가 낮잠을 자자, 공자가 말하기를 "썩은 나무는 조각할 수 없고, 더러운 담장은 흙손질할 수 없다. 재여에게 무엇을 꾸짖으리오." 하였다. 공자가 말하기를 "처음에 나는 사람을 대할 때 그 말을 듣고 그 행위도 그러려니 하고 믿었다. 그러나 이제 나는 사람을 대할 때 그 말을 듣고 그 행위까지 살펴보게 되었다. 재여 때문에 고친 것이다." 하였다.

재여주침宰予晝寢 자왈子曰 후목朽木 불가조야不可雕也 분토지장糞土之墻 불가오야不可杇也
어여여於予與 하주何誅 자왈子曰 시오어인야始吾於人也 청기언이신기행聽其言而信其行 금오어
인야今吾於人也 청기언이관기행聽其言而觀其行 어여여於予與 개시改是   [공야장]

재여는 자를 재아라고 하며, 공자의 제자였다. 재여의 낮잠 사건은 공자를 크게 화나게 했다. '썩은 나무는 조각할 수 없다.' '더러운 흙담은 흙손질할 수 없다.'는 구절은 공자의 말치고는 꽤 센 표현이다. 그만큼 제자의 천연덕스러운 태도에 화가 난 것이다. 게으름은 태도, 곧 마음가짐의 문제라고 본 것이다.

'재여주침'의 '침'에 대해서는 견해가 크게 둘로 갈린다. 일반적인 통설로는 '깊은 잠'으로 보는 견해가 우세하지만, 일부에서는 '침'을 내침의 의미인 내실로 보기도 한다.

잠간의 피곤함을 쫓는 오수야 어떠랴만, 성인 공자의 말이라서 그랬을까, 중국이나 조선의 선비들은 이 구절 때문에 자못 스트레스를 받았던 것 같다. 그래서 이 '침' 자의 의미를 다룬 글이 곧잘 있을 정도다.

그러나 침을 잠으로 보든 내실로 보든, 재여의 행동이 잘못되어 있기는 마찬가지다. 선비가 낮 시간에 시체처럼 늘어지게 깊은 잠을 자거나 내실에서 빈둥거리는 행위가 결코 정당화될 수는 없기 때문이다. 더욱이 재여는 말 잘하는 달변가였다.

공자는 『논어』의 다른 글에서 제자 자로에게 "이래서 말 잘하는 사람을 미워하는 것이다."라고 면박을 주고 있는데, 말만 번지르르한 변설, 행위가 뒷받침되지 않은 식언을 경계하여 차라리 말에 서툴지언정 행동에는 신실하고 민첩한 것을 평가한 것이다.

한강물을 시험하려면 다 마셔보지 않더라도 리트머스 시험용 물이면 족하다. 공자가 화를 낸 뜻이 어디에 있는지 짐작이 간다.

이 글은 두 가지 측면을 다룬다. 하나는 게으름을 경계한 것이고, 또 하나는 사람을 판단할 때에 말만 들어봐선 알 수 없고, 그 사람의 행위까지 살펴봐야 한다는 것이다. 행위에서 드러나는 그 사람의 실체는 결코 속일 수 없다는 것이다. 말만 그럴듯하고 행위는 제멋대로인 제자에 대한 엄한 질책이다.

편안하기를 생각하면 선비라고 할 수 없다

선비로서 편안하기를 생각하면 선비라고 할 수 없다.

자왈子曰 사이회거士而懷居 부족이위사의不足以爲士矣　　　　　　　[헌문]

공자는 자신의 인생을 돌아보면서, 그때그때마다 생계를 위해, 학문을 위해, 후진양성을 위해 '게을리 하지 않았다'고 술회하였다. 어려운 집안 환경, 학문에 뜻을 둔 청소년기, 정치 참여를 꿈꾼 시절, 교육에 매진한 노년기 등 그때마다 게을리 하지 않고 그 뜻에 충실한 삶을 살려고 노력했다. 공자가 추구하는 인도는 정직과 부지런함에 바탕으로 둔다.

　부지런함을 뜻하는 '근(勤)'은 조선의 선비들이 추구한 중요한 덕목이었다. 경복궁의 정전을 근정전이라고 하는 것도, '정치에 부지런히 힘쓰다'는 뜻으로 군왕의 제일 덕목도 이 부지런함의 추구였다. 반면에, 편안하기를 생각하는 안일함은 유학이 추구하는 근본 지향과 어긋난다.

　이런 자세는 선비의 기준과 맞지 않는다. 지금도 자신의 삶을 정직하고 부지런히 사는 사람과, 거짓된 위선과 게으름과 나태로 점철된 삶이 같을 수는 없다. 금수저, 흙수저란 말도 어찌보면 허망하기 짝이 없는 말이다. 그것은 처지일 뿐 목적이 될 수 없기 때문이다.

　그런데 예전과 달리 복잡한 사회에서 바쁘게 사는 사람들은 정작 잘 노는 방법, 잘 쉬는 가치와 멀어진 것은 아닐까. 그러나 그렇다고 그것이 안일은 아닐 것이다.

하늘이 버릴 것이다

공자가 남자를 만나자, 자로가 기뻐하지 않았다. 공자가 맹세하여 말하기를 "내가 만일 도리에 어긋났다면 하늘이 벌할 것이다. 하늘이 벌할 것이다." 하였다.

자견남자子見南子 자로불열子路不說 부자시지왈夫子矢之曰 여소부자予所否者 천염지天厭之 천염지天厭之
　　　　　　　　　　　　　　　　　　　　　　　　　　　　　[옹야]

남자는 위나라 영공의 부인으로 권력자였다. 당시 음란하다는 평판이 있었다. 공자가 위나라에 당도하자 남자가 먼저 만나기를 청하였는데, 공자가 사절하다가 예의상 부득이 하여 이 만남이 이루어졌다. 그렇건만, 제자 자로가 앞뒤 정황을 깊이 생각해보지도 않고 공자에게 왜 그런 여자를 만났느냐고 얼굴색을 붉힌다.

　　제자 중 나이가 많고 직설적인 자로가 불만스러워 하자 공자도 변명거리가 궁했던지 "내가 만일 도리에 어긋났다면 하늘이 버릴 것이다. 하늘이 버릴 것이다."라며 같은 말로 거듭 답답한 마음을 하소연한다. 흥미로운 글이다.

　　문득, 공자에게 하늘은 어떤 의미였을까 궁금하다. 인생의 중요한 순간마다 하늘을 찾은 공자이건만, 정작 그 하늘이 어떤 의미였는지 알기 어렵다. 대답하기 쉽지 않은 철학적 문제다. 다만 정황으로 유추하건대, 공자에게 하늘은 '인격적인 교감'의 대상보다는 '자연의 섭리'에 가깝지 않았을까 싶다.

공자는 이 글에서 자신의 본심을 알아줄 최후의 보루로서 하늘을 언급하고 있다. 자신이 어떤 마음으로 남자를 만났는지, 자신의 행위에 대한 정당성은 하늘만이 알아줄 것이라고 했다. 답답한 속내가 느껴지는 글이다. 공자는 다른 글에서 "하늘에 죄를 지으면 빌 곳도 없다."고 하였다. 우리도 그럴 것이다. 어떤 의미로든 하늘은 결코 속일 수 없기 때문이다.

'화살 시'를 이 글에서는 맹세로 새긴다. 화살이 살상 무기인 만큼 '목숨을 걸고 맹세한다'는 의미이다.

4장

" 믿음 "
에 대한 생각

국가 사회에 믿음이 없으면 유지되기 어렵다.

개인도 마찬가지이다.

믿음이 없는 관계란 희망이 없는 관계다.

믿음이 없는 사람

사람으로서 믿음이 없다면 그를 어디에 써야 할지 모르겠다. 큰 수레에 예(끌채 끝 쐐기)가 없고, 작은 수레에 월(끌채 끝)이 없다면, 그것이 어떻게 굴러갈 수 있겠느냐.

자왈子曰 인이무신人而無信 부지기가야不知其可也 대거무예大車無輗 소거무월小車無軏 기하이
행지재其何以行之哉　　　　　　　　　　　　　　　　　　　　　　　　[위정]

수레와 우마를 연결하여 끄는 장치가 예와 월이다. 수레의 끌채 역할을 하는 가로 막대를 가리킨다. 수레와 우마를 연결하는 데 없어서는 안 될 장치다. 이 장치가 없으면 우마의 동력을 수레에 전달할 수가 없어서 큰 수레든 작은 수레든 무용지물이 된다.

　사람도 마찬가지다. 믿음이 없는 사람은 사회에서 사람 노릇을 할 수 없다. 믿음이 없는 사람이란 평판은 그래서 치명적이다. 신뢰하기 힘든 사람이라는 뜻이기 때문이다. 믿음이 바탕이 되는 사회가 신용사회다. 개인적 신뢰가 객관적으로 수치화되어 경제를 움직이는 원리로 작동하는 것이 신용이기 때문이다.

　개인도 그렇듯 국가나 사회도 믿음이 없는 불신은 그 대가를 치르기 마련이다. 믿음을 상실한 나라, 군주는 바로 설 수가 없다. 맹자는 "걸왕과 주왕이 천하를 잃은 것은 백성을 잃었기 때문이며, 그 백성을 잃은 것은 그들의 마음을 잃었기 때문이다."라고 했다. 하나라 걸왕과 은나라 주왕은 폭군의 대명사가 된 인물들이다. 그들이 잃은 것은 백성들의 마음, 곧 '믿음'이다.

믿음이 없으면 나라가 설 수 없다

자공이 정치에 대해 물으니, 공자가 말하기를 "먹을 것을 풍족히 하고 군대를 넉넉히 하며 백성이 믿게 하는 것이다." 하였다. 자공이 "부득이 해서 버려야 한다면 이 세 가지 중 무엇을 먼저 버려야 합니까?" 하니, 공자가 말하기를 "군대를 버려야 한다." 하니, 자공이 말하였다. "부득이 해서 버려야 한다면 이 둘 중에서 무엇을 먼저 버려야 합니까?" 하니, 공자가 말하기를 "먹을 것을 버려야 한다. 자고로 사람은 누구나 죽지만, 백성은 믿음이 없으면 설 수 없다." 하였다.

자공문정子貢問政 자왈子曰 족식족병足食足兵 민신지의民信之矣 자공왈子貢曰 필부득이이거必不得已而去 어사삼자於斯三者 하선何先 왈曰 거병去兵 자공왈子貢曰 필부득이이거必不得已而去 어사이자於斯二者 하선何先 왈曰 거식去食 자고개유사自古皆有死 민무신불립民無信不立

[안연]

"믿음이 없으면 설 수 없다." 너무나 유명한 말이다. 정치의 요체를 묻는 제자의 질문에 공자는 식량, 군대, 믿음으로 답했다. 다른 말로 하면 각각 경제, 안보, 리더십의 문제로 요약 된다.

　이 세 가지 요소는 중요도에서 순서가 있는 것은 아니다. 자공이 '부득이'라는 말은 현실에선 가능하지 않다는 뜻이기 때문이다. 또 이 세 가지는 서로 얽혀 있어서 따로 떼어서 생각 할 수 없다. 따라서 공자가 강조한 '믿음'의 문제는 굳이 순서를 따질 문제는 아니다. 믿음이 없으면 경제, 안보도 소용이 없기 때문이다.

정치의 목적은 백성의 삶을 편안하게 하는 안민(安民)에 있다. 그 이치는 한 번도 바뀐 적이 없다. 이러한 안민의 요체는 공직자의 '공(公)'이다. 공직자의 공정함이 사회적 믿음의 바탕이 되는 것이다. 다산 정약용이 말한 '공렴(公廉)'의 정신이고, 혜강 최한기의 '지공무사'의 정신이다. 공직자가 '사(私)'를 앞세우면 그 나라와 사회는 미래가 없다.

공자는 "믿음이 없으면 설 수 없다."고 단언하였다. 믿음에서 희망이 생기고, 희망에서 미래가 생기기 때문이다. 믿음이 서야 나라가 바로 서기에 그렇다.

위를 향한 사람, 아래를 향한 사람

군자는 위로 통하고, 소인은 아래로 떨어진다.

자왈子曰 군자君子 상달上達 소인小人 하달下達 　　　　　[헌문]

상달은 위로 통하여 고명해지는 것을 뜻하고, 하달은 아래로 떨어져서 오욕에 빠지는 것을 뜻한다. 위를 향한 군자와 아래를 향한 소인은 지향이 다르고 추구하는 도가 다르기 때문이다.

이러한 이분법은 선명하지만 문제는 두 가지 속성이 나 자신에게 있다는 것이다. 군자의 천리와 소인의 인욕이 내 안에서 싸우고 있는 것이다. 어느 쪽이 우세한가에 따라 내 정체성이 영향을 받는다.

위를 향하기는 어렵고 아래로 떨어지는 것은 한 순간이다. 그래서 조선의 선비들은 평생 신독의 공부, 정성과 공경으로 자신을 수양하는 데 힘썼다. 다 마음의 공부였다. 그 본연의 마음을 지키는 것이 공부의 요체였다. 사물에서 이치를 궁구하는 격물치지, 자신을 닦아 바른 마음을 지키는 수기정심이 큰 학문으로 나아가는 바탕이었다.

조선후기 학자 순암 안정복이 지은 책 중에 『하학지남』이라는 책이 있다. 『논어』 같은 편에 있는 "아래로 사람의 일을 배워 위로 통하니, 나를 알아주는 이는 하늘일 것이다."에서 따 온 것이다. 독서, 학문, 마음, 처세 등 선비들의 일상적인 문제들을 다룬다. 상달의 방법론격인 셈이다. 학문이 진리의 발견과 상달을 목표로 하되, 그것은 반드시 일상으로부터 출발해야 한다는 사실을 일깨우는 책이다. 어찌 보면 조선시대 선비들이 많이 본『근사록』도 같은 취지가 아닐까 싶다.

'하학'의 시대적 의미는 직업의 귀천을 따지지 않는다. 문제는 그 사람의 지향이다. 사람이 어디를 지향하는가에 따라 결과가 달라지기 때문이다. 다산 정약용의 말처럼, 처음에는 그 차이가 가는 터럭 같아도 결국 큰 차이를 만든다.

인생의 큰 계책 '믿음'

하늘이 덕을 나에게 주었으니, 환퇴가 나를 어떻게 하겠느냐.

자왈子曰 천생덕어여天生德於予 환퇴기여여하桓魋其如予何　　　　　　　[술이]

환퇴는 송나라의 권력자로 공자를 미워하여 죽이려고 했다. 『맹자』에서는 공자가 변복을 하고 송나라를 통과한 고사가 나올 만큼 위급한 상황이었다. 또 『사기』 '공자세가'에도 환퇴가 왜 그토록 공자를 죽이려했는지 그 이유는 분명하지 않지만, 공자를 어떻게든 죽이려 한 환퇴 이야기가 전한다.

　　이 글의 요지는 '믿음'이다. 인생의 계책 가운데 믿음보다 더 큰 것은 없다. '진인사대천명'이라고 했다. 사람의 일을 다 하고 천명을 기다린다는 뜻이다. 공자는 하늘을 믿었고 덕을 믿었다. 자신의 인생을 회고하여 열다섯 살에 학문에 뜻을 두었고, 서른 살에 자립했으며, 마흔 살에는 세상일에 흔들리지 않았고, 쉰 살에는 천명을 알았다고 했다. 믿음의 지향으로 인생을 살았다는 뜻이다.

　　중국 남송 때 관리이자 학자인 주신중은 '인생오계(人生五計)'를 주장한 것으로 유명하다. '인생의 다섯 가지 계책'이라는 뜻으로, 생계(生計), 신계(身計), 가계(家計), 노계(老計), 사계(死計)다. 생계란 열 살 무렵, 부모의 슬하에서 보살핌이 필요한 시기의 계책이고, 신계란 스무 살 전후, 한창 체력이 왕성하고 야망, 명성과 부를 추구하는 때의 계책이다. 가계란 서른, 마흔 살 전후로, 지위가 오르고 재물이 풍요해지며, 가세와 자손이 성대해지기를 바라는 시기의 계책이다. 노계는 쉰 살, 육체적으로나 정신적으로 지치는 때의 계책으로, 이때는 명성과 재산에 대한 욕심을 버리고 누에처럼 편안한 둥지를 만들어야 할 때다. 사계란 예순 살 이후, 환갑을 지나서 지는 해 같은 시기의 계책으로, 평온한 마음으로 후회 없이 죽어야한다는 것이다.

생계, 신계, 가계는 떠오르는 시기이고, 노계와 사계는 사그라지는 시기이니, 전자가 등장과 성장기라면 후자는 인생 퇴장기인 셈이다. 주신중은 공자와 전혀 다른 관점으로 인생을 얘기하고 있지만, 굳이 어느 것이 옳다고 할 수는 없을 것이다. 살아가는 데 둘 다 필요한 이야기다. 노년에는 근력이 줄어드는 대신에 삶의 지혜가 풍부해서 얼마든지 사회 발전에 기여할 수 있다. 그러니 '얼마나 오래 살았는가'보다는 '어떤 삶'을 살았는가가 더 중요한 것이다. 공자는 "덕은 외롭지 않다."고 했다. "반드시 이웃이 있다."고 했다. 오명, 악명으로 나쁜 영향력을 끼치는 인생으로 유종하는 것 보다, 사회에 선한 영향력을 끼치는 사람으로 유종하는 인생이라야 하지 않을까.

5장

"**말**"

에 대한 생각

공자는 특히 겉만 번지르르한 말재간을 경계했다.
말이 앞서고 행실이 못 미치는 것을 경계했다.
차라리 어눌하더라도 행동에 성실한 편을 택했다.

괴력난신을 말하지 않았다

공자는 괴이한 일, 힘을 과시하는 일, 어지러운 일, 귀신에 관한 일은 말하지 않았다.

자불어子不語 괴력난신怪力亂神   [술이]

말은 심중을 반영한다. 공자가 괴이한 일, 힘을 과시하는 일, 어지러운 일, 귀신에 관한 일에 대해서 말하지 않았다는 것은 그런 일을 마음에 담아두지 않았다는 말이다. 그런 일을 마음에 담는 순간, 자신도 모르게 그런 일에 마음이 쏠림을 경계한 뜻은 아닐까 싶다. 공자가 말을 가려서 신중히 한 뜻은 그가 추구하는 도리에 이들이 부합하지 않기에 아예 마음에 담지도 않고 입길에도 올리지 않았다는 것이 이 글의 요지다.

괴이함은 상도에 반하는 것이고, 힘을 과시하는 일은 덕화에 반하는 것이고, 어지러운 일은 정도에 반하는 것이고, 귀신의 일은 인사에 반하는 것이다. 이들 네 가지 점은 요행으로 비정상적인 것을 바란다는 공통점이 있다. 공자가 추구한 정직과 겸손의 도리와 맞지 않는다. 먼저 정직하게 사람의 일을 다 하고 겸허히 하늘의 명을 기다린다는 뜻에 어긋나는 것이다.

말은 신뢰의 기초가 되기도 하고 거꾸로 화란의 단초가 되기도 한다. 말로 덕을 쌓기도 하고 해악을 끼치기도 한다. 말이 마음을 표현하기에 그렇다. 말이 거칠면 사람들의 심성도 거칠어지게 마련이다. 요즘 말이 거칠고 쉽게 남 탓을 한다. 막말이 넘쳐나는 세태의 원인은 어디에 있을까, 이 글을 읽으면서 든 생각이다.

말에 대한 경계를 '구계(口戒)'라고 한다. 말을 가려서 신중히 하는 태도는 신뢰의 척도라고 할 수 있다. 공자가 괴이한 일, 힘을 과시하는 일, 어지러운 일, 귀신에 관한 일을 말하지 않은 것은 그 길이 정상으로 보이지 않았기 때문이다. 세상을 요행으로 허망한 것을 좇으며 살 수 없다. 그게 상식이다. '말하지 않았다'에 방점이 있는 글이다.

나라를 흥하게 하는 말, 망하게 하는 말

정공이 묻기를 "한마디 말로 나라를 흥하게 할 수 있다고들 하는데, 그런 말이 있습니까?"
하니, 공자가 대답하기를 "꼭 그렇다고는 할 수 없습니다만, 사람들이 말하기를 '임금 노릇
하기 어려우며, 신하 노릇하기가 쉽지 않다'고 하는데, 만일 임금 노릇하기 어려운 줄을 안
다면, 이 한마디 말로 나라의 흥함을 기대할 수 있지 않겠습니까." 하였다. 또 정공이 말하
기를 "한마디 말로 나라를 잃는다고 하는데, 그런 말이 있습니까?" 하니, 공자가 대답하기
를 "꼭 그렇다고는 할 수는 없습니다만, 사람들이 말하기를 '내가 임금 노릇에 즐거움이 없
고 단지 내 말을 아무도 어기지 않는 게 즐거울 뿐이다'라고 하는데, 만일 그 말이 선하여
어기지 않는다면 그 또한 좋겠지만, 만약 그 말이 불선한 데도 어기지 않는다면, 이 한마디
말로 나라를 잃는다고 할 수 있지 않겠습니까." 하였다.

정공문定公問 일언이가이흥방─言而可以興邦 유저有諸 공자대왈孔子對曰 언불가이약시기기
야言不可以若是其幾也 인지언왈人之言曰 위군난爲君難 위신불이爲臣不易 여지위군지난야如知爲
君之難也 불기호일언이흥방호不幾乎─言而興邦乎 왈曰 일언이상방─言而喪邦 유저有諸 공자대
왈孔子對曰 언불가이약시기기야言不可以若是其幾也 인지언왈人之言曰 여무락호위군予無樂乎爲
君 유기언이막여위야唯其言而莫予違也 여기선이막지위야如其善而莫之違也 불역선호不亦善乎
여불선이막지위야如不善而莫之違也 기호일언이상방호幾乎─言而喪邦乎   [자로]

우리 역사에서 임금 자리를 어렵게 여긴 대표적인 이는 세종대왕이다.(『세종
의 고백, 임금 노릇 제대로 하기 힘들었습니다』) 세종대왕의 치적 대부분은 역경 가운데 이
룬 것들이다. 대표적인 것이 '훈민정음(한글)'의 창제였다. 문자를 직접 만든

임금은 세계 역사상 세종대왕이 유일하다. 우리 문자에 대한 의지와 혜안, 백성을 가엽게 여기는 마음이 없었다면, 그 성공이 가능했을까. 또 김종서 장군을 오랜 기간 북방에 파견하여 끝내 지금의 북쪽 국경을 확보하고 안정시킨 것도 세종대왕의 치적 중 하나였다. 그 사이에 김종서를 비방하는 온갖 참언이 들끓었지만 세종대왕은 개의치 않았다. 일을 어렵게 여기고 그 성공을 위해 치밀하게 전략을 짜고 부지런히 노력한 임금이 세종대왕이었다.

또 세종대왕 재위 때에 관료사회 및 규장각에는 유능한 인재가 넘쳐 났다. 노령의 노련함과 소장의 재기가 조화롭게 정치 질서를 이루고, 다양한 의견이 조정의 테이블이 올랐다. 세종대왕은 각종 문제제기를 일언지하에 배척하지 않고 설득과 합리적 논리로 응수하여 포용하며 '치세'를 이루었다. 신하들의 '말'을 수용한 그 임금에 그 신하였다.

반대로, 연산군은 어땠을까. 그는 폭군으로서 임금의 위세를 즐기고 함부로 말하지 못하도록 신하들의 입에 재갈을 물렸다. 그의 한마디 말은 곧 어길 수 없는 지상명령이었다. 그 미명으로 온갖 패악이 저질러졌다. 그 난정, 폭정은 결국 '반정'으로 멈췄다. 반정은 비정상적인 통치를 정상적인 통치로 돌이킨다는 뜻이다. 신하들의 말을 틀어막은 대가였다.

조짐을 보면 앞날을 어느 정도 예측할 수 있다. 위험은 갑자기 오는 경우보다 여러 조짐이 쌓여 발생하기 때문이다. 일에 임하는 태도가 조심스럽고 신중하다면 성공 가능성을 예측할 수 있지만, 그 반대의 경우라면 위험이 곧 닥칠 때라는 것이니, 공자의 말은 이를 경계한 것이다.

정치적 리더 한 사람의 위험한 언동이 사회, 국가의 위난을 초래할 수 있지만, 더 중요한 것은 그것에 경고를 발하지 못하는 사회다. 그 위험성을 이 시대 주변 여러 나라에서 본다. 한 사람의 위태로운 말보다 시민들의 여론이 중요한 것은, 그것이 민주주의 사회를 만드는 근본이기 때문이다.

남 말할 겨를이 없다

자공이 남 말을 하자 공자가 말하기를 "사(자공)는 똑똑한가보다. 나는 그럴 겨를이 없는데." 하였다.

자공子貢 **방인**方人 **자왈**子曰 **사야**賜也 **현호재**賢乎哉 **부아즉불가**夫我則不暇 ［헌문］

이 글의 키워드인 '방인(方人)'은 어떤 사람에 대해 사람 됨됨이를 비교하여 평가하는 말이다. 일종의 인물평이다. 누구나 남 말하기 좋아하고, 또 내 편, 네 편을 가르기 일쑤지만, 그런 일은 권장할 일이 못 된다. 인물평을 함부로 말하는 제자 자공에게 아예 그 싹을 잘라버리려는 듯 '나는 남 말할 겨를이 없다'고 한 공자의 어세가 단호한 것도 그 때문이다.

이 글은 우리에게 두 가지를 일깨운다. 첫째는 자기 성찰의 자세다. 누구나 남에 대한 평가를 할 수 있지만, 그 목적이 나에게 어떤 교훈을 주는가에 있지 남을 비방하는 데 있지 않다는 것이다. 벼는 익을수록 고개를 숙인다고 한다. 겸덕을 말한 것이다. 겸덕의 요체는 자기 성찰이다. 남의 잘잘못을 따지는 사람치고 허물없는 사람이 없다. 남의 눈에 있는 티끌은 잘 보면서 자신의 눈에 있는 들보는 못 보는 게 세상이다.

둘째는 말에 신중할 것에 대한 당부다. 말은 화의 근원이다. 남에 대한 평가의 말은 거듭 신중해야 한다. 남 말하는 사람치고 정작 자신은 더 허물이 심한 경우가 많다. 함부로 말하는 사려 깊지 못한 태도가 다른 사람과의 관계를 해치고 사회를 더욱 혼란스럽게 한다.

사람은 누구나 잘못이 있다. 그러나 중요한 것은 지난 잘못을 뉘우치고 새로운 변화로 나아가려는 자세다. 반면에 옛 버릇을 못 버리고 남 탓만 하는 사람이 있다. 자기를 성찰하는 사람은 겸손해지고, 다른 사람이나 사회에 좋은 영향을 끼친다.

자공의 이름은 단목 사이고, 자공은 그의 자이다. 공자가 아끼는 제자로서 말솜씨와 정치적 수완이 뛰어나 노나라와 위나라의 재상을 지낸 인물이다. 끝까지 공자의 곁을 지켰다.

남을 헐뜯는 말과 칭찬하는 말

내가 남에 대해서 누구를 헐뜯고 누구를 칭찬하더냐. 만일 칭찬하는 사람이 있다면 그에 대해서 시험해 봐서일 것이다. 이 백성은 삼대(하은주)로부터 정직한 도로 선을 행해 온 사람들이다.

자왈子曰 오지어인야吾之於人也 수훼수예誰毀誰譽 여유소예자如有所譽者 기유소시의其有所試
옛 사민야斯民也 삼대지소이직도이행야三代之所以直道而行也　　　　　　　　[위령공]

독백 같은 말이다. 사람은 그 진면목을 바로 알기 어렵다. 그래서 공자는 '지인'의 안목을 갖춘 이를 지혜롭다고 한다. 말만 들어서 그 사람을 알 수 없기 때문에 말 뿐만 아니라 행동까지 살펴보아야 한다는 것이다. "만일 칭찬하는 사람이 있다면 그에 대해서 시험해 봐서일 것이다."라는 말은 그 사람의 행위를 살펴보았다는 뜻이다.

　　우리 속담에 '발 없는 말이 천 리를 간다'고 한다. 근거 없는 남 말이야말로 인간관계를 해치는 독버섯이지만 근절하기가 쉽지 않다. 그만큼 남 말에 대한 유혹이 크기 때문이다. 그러나 남 말은 대개 뒤에서 자기들끼리 하는 헐뜯는 험담, 악의적인 악담에 불과하다. SNS가 보편화된 지금은 익명성 뒤에 숨어서 근거 없는 가짜 뉴스나 혐오스런 댓글을 퍼뜨린다. 그래서 헛된 소문은 지혜로운 자에게서 그친다고 한 것이다.

　　중국 송나라 때의 주희는 "남의 험담을 하는 사람은 경망스러운 사람이고, 그와 더불어 맞장구를 치는 사람은 비겁한 사람이며, 이것을 엿듣고 전하는 사람은 간사한 사람이다."라고 했다. 사람으로서 칭찬과 비난의 감정이 없을 수 없지만, 합당한 근거와 논리를 가지고 사람을 칭찬하거나 비판해야 한다는 뜻이다. 무턱대고 다른 사람의 말에 부화뇌동하는 우를 범해서는 안 된다. 함부로 남 말 하는 사람치고 제대로 된 사람이 없다. 말과 행위로 그 사람의 인격이 드러나기 때문이다.

공자가 "이 백성은 삼대(하은주)로부터 정직한 도로 선을 행해 온 사람들이다."라는 글귀를 덧붙인 이유는 뭘까. '이 백성은' 삼대로부터 유전하여 사심을 부리지 않는 정직의 도로써 행위의 기준으로 삼고 있는 백성이란 뜻이다. '윗물이 맑아야 아랫물도 맑다'는 함의다.

말보다 실천

말 하는 것을 부끄러워하지 않으면 그 말을 실천하기 어렵다.

자왈子曰 기언지부작其言之不怍 즉위지야난則爲之也難 　　　　　　　[헌문]

옛날에는 말을 삼갔으니 말한 대로 실천하지 못할까 부끄러워서였다.

자왈子曰 고자古者 언지불출言之不出 치궁지불체야恥躬之不逮也 　　[이인]

두 글 다 말에 대한 경계다. 어떠한 경우라도 약속한 말은 반드시 지켜야 신
뢰가 생긴다. 약속을 지키지 않는 식언(食言)을 예사로 하는 사람을 신뢰할리
없기 때문이다. 선인들이 말을 삼가서 신중히 하라고 경계한 이유도 여기에
있다. 말하기가 어려운 것이 아니라 그 말한 것을 행하기가 어렵다는 것을
말한 것이다.
　　두 글에서 눈여겨봐야 할 글자는 '부끄러워하다'란 말이다. 말한 대로
실천하지 못할까, 미치지 못할까를 부끄러워한다는 뜻이다. 그런데 그 '부
끄러움'을 아랑곳 하지 않고 함부로 떠벌리는 사람, 교묘한 말로 속이는 사
람이 곧잘 있다. 내성의 수양이 안 된 사람이다. 얼굴이 두껍고 부끄러움을
모르는 사람을 후안무치하다고 한다. 사람으로서 부끄러움이 없다는 뜻이
니, 상종할 부류가 아니라는 경계다.
　　말을 신중히 가려서 하는 것보다 더 중요한 것은 그 심중이다.『성경』에

서는 "사람에게 들어오는 것이 악한 것이 아니라, 나가는 것이 악하다."고 하였다. '나가는 것'이란 악의를 갖고 하는 말이다. 자기 마음이 악의로 가득 차 있다면 그 말이 어찌될까. 심중이 악하면 그 말도 악하다. 말로 인해 사람 사이의 관계를 해치고 앙화를 쌓는다.

지혜로운 사람은 멈출 줄을 안다. 실천하기 어려운 말은 함부로 하지 않는다. '부끄러움'을 알기에 그렇다. 지키지도 못할 말이라면 아예 안 하는 게 낫다. 말을 가려서 한다는 뜻이다. 얕은 물은 시끄럽게 흐르고 깊은 물은 조용히 흐른다.

말실수

남용이 하루 세 번 백규 시를 외우자, 공자가 형의 딸을 그에게 시집보냈다.

남용南容 **삼복백규**三復白圭 **공자이기형지자**孔子以其兄之子 **처지**妻之　　　　[선진]

'백규'의 시는 '옥의 티는 갈아 없앨 수 있어도 말실수는 없앨 수 없다'는 내용이다. 『시경』 '대아편'에 나오는데, 말실수를 경계한 글이다.

　말로 인해 남과 시비하거나 헐뜯는 말을 듣게 될 운수를 구설수라고 한다. 말로 인한 설화다. 요즘은 일부러 구설수를 불러서 유명세를 타려는 사람들마저 있는데, 그게 어떻게 좋은 일일까 싶다. 그로 인한 해악이 어디로 갈까. 필경은 말하는 자신에게 되돌아 올 것이다.

　합당한 때에 합당한 말을 하기가 참 어렵다. 옳은 말이라도 횡액을 당하는 수도 있고, 때론 말을 안 하는 침묵이 문제가 되기도 하니 말이다. 더구나 거친 막말과 해괴한 말이 판을 치는 세상이니 말조심이야 말로 처세의 첩경인 셈이다.

　공자가, 말실수를 경계하고 조심하려는 제자 남용의 태도를 높이 산 뜻도 여기에 있다. SNS를 통해 누구나 자신의 생각을 표현할 수 있는 시대가 되었다. SNS는 의미적 연대의 공간적 범위를 전 지구적으로 확장하는 순기능이 있지만, 반대로 이 네트워크를 부정적으로 활용하는 역기능도 만만치 않다. 거친 말로 증오를 부추기는 부정적 역기능이다.

　말로 인한 화는 한 시대만의 현상이 아니다. 많은 고전에서 하나같이 경계한 것 중 하나가 말로 인한 경계, 즉 구계였음이 이를 증명한다. 말은 생각을 표현하는 도구다. 말이 곧 그 사람이고 인격이다.

말은 뜻을 전달하면 되는 것

말은 뜻을 전달하면 되는 것이다.

자왈子曰 사辭 달이이의達而已矣　　　　　　　　　　　　[위령공]

이 글을 줄여서 '사달(辭達)'이라고 한다. 말은 생각을 정확히 전달하면 된다는 뜻이다. 따라서 이 글이 뜻하는 것은 명확하다.

　공자는 말에 대한 금언, 경구가 많다. 말만 번지르르 하고 행동은 못 미치는 제자를 보면 엄하게 꾸짖었다. 공자가 추구하는 도에 어긋나기 때문이다. 말은 행동이 따를 때 상대방에게 신뢰를 준다. 허언을 일삼는 사람을 신뢰할 수 없기 때문이다. 그 사람의 무게는 그 사람의 말과 행동에 달려 있다.

　그런데 계곡 장유는 『계곡집』 제6권 '간이당집 서문'에서 이런 말을 했다. "글에 대해서 이야기하는 자들은 걸핏하면 '사달'을 구실로 삼곤 한다. '사달'이라는 말이 물론 성인께서 하신 말씀이긴 하다. 그러나 또 '말이 글의 형태로 제대로 기록되지 않으면 후세에까지 전해질 수가 없다'고는 유독 말씀하시지 않았던가. 대저 언어는 의사를 표현하는 전달 방식이라고 하는 말이야말로 본질적인 의미를 담고 있다고 할 것이다. 그러나 가령 문장의 형태로 제대로 표현되지 않는다고 한다면 어떻게 내용과 형식이 갖추어진 군자로 일컬어지면서 영원히 후세에 그 휘광을 드리울 수 있겠는가. 그리고 이와 관련하여 한유는 말하기를 '오직 진부한 말을 없애도록 노력해야 한다.'고 하였다. 이렇게 본다면 옛날부터 지금까지 글을 짓는 자들을 어찌 다 헤아릴 수 있겠는가마는, 진언을 내놓지 않는 이들만이 비로소 후세에 이름을 떨칠 수 있는 것이라고 하겠다.(하략)"하였다. 조선 후기 연암 박지원도 새로움 없이 옛것을 베껴 쓰는 천편일률적인 글쓰기를 질타했다.

말은 생각을 전달하는 것인데, 생각이 진부하다면 그 입에서 어떤 말이 나올까. 또 생각이 악하다면 어떨까. 또 남을 위협하는 막말은 어떨까. 다 그 사람의 심중일 테니 누구의 책임일까. 때론 말 많은 세상에 침묵도 하나의 언어일 수도 있다.

조선 시대에 선비의 평가를 네 가지로 했다. 신(身), 언(言), 서(書), 판(判)이다. '신'은 생긴 모습, '언'은 말솜씨, '서'는 글씨, '판'은 판단력이다. 그 중에 하나가 말솜씨였다. 그러나 여기서 말솜씨는 교묘한 말재주인 교언이 아니다. 뜻을 전달하는 정제되고 적실한 말솜씨다.

말은 어눌하게 행동은 민첩하게

군자는 말은 어눌하게 하고 행동은 민첩하게 한다.

자왈子曰 군자君子 욕눌어언이민어행欲訥於言而敏於行　　　　　　　　[이인]

이 글은 흔히 '눌언민행'이라고 줄여서 성어로 쓸 정도로 유명한 말이지만, 그 만큼 실천하기 어려운 말이기도 하다. '말더듬을 눌'은 통상 '어눌하게'라고 많이 번역하는데 말을 삼가고 신중하게 한다는 뜻이다. 한 번 내 놓은 말은 주워 담을 수 없기에 말은 곧 그 사람의 평판이 되어 되돌아온다.

'재빠를 민'은 행동이 민첩함을 의미한다. 명확한 상황 판단력과 행동을 통한 실행력을 보여줄 때 신뢰가 생기고 그게 리더십이 된다. 그래서 우리말에 '말보다 행동'이라고 했다. 또 말한 바를 지키려는 정성이 신뢰의 근간이 된다. 옛 선인들이 정성을 수신의 요체로 삼은 이유도 말한 것을 지키려는 태도가 정성이기 때문이다.

이익에 따라 이리 붙었다 저리 붙었다 하며 약삭빠르게 행동하는 사람은 사람의 도리인 인도와 사회적 공의의 실천과는 거리가 먼 사람이다. 소인과 군자는 여기에서 갈린다. 공자가 말만 앞서는 행위를 경계한 뜻도 그것이 공자가 추구한 인도(仁道)의 가치와 다른 길이기 때문이다.

공자는 '눌언민행'에 '하고자할 욕'을 덧붙였다. 하려고 노력한다는 의지적 표현이다. 사람의 일은 때로는 의지와 달리 어쩔 수 없는 불가항력인 경우도 있기 때문이다. 따라서 이 글은 남을 속이려는 거짓된 와언(訛言)과

공허한 빈말, 거친 막말이 난무하는 이 시대에 언행일치에 대한 경계로 읽어야 한다. 꼭 말과 행위의 선후를 따져서 한 말은 아니다. 조선 중기의 문신 이안눌의 이름의 '눌'과 자(字)인 자민의 '민'은 이 글에서 따 온 것으로, 평생 말을 삼가고 행동하기를 힘쓰라는 뜻이다.

말은 주워 담을 수 없다

애공이 재아에게 사(社)에 대해서 물었다. 재아가 대답하기를 "하후씨는 소나무로 하였고, 은나라는 잣나무로 하였으며, 주나라는 밤나무로 하였습니다." 하였고, 또 말하기를 "밤나무를 쓴 것은 백성들을 전율하게 하려는 것입니다." 하였다. 공자가 듣고서 말하기를 "성사된 일이라 말할 수도 없고, 끝난 일이라 하지 말라고 할 수도 없고, 지난 일이라 탓할 수도 없구나." 하였다.

애공哀公 문사어재아問社於宰我 재아대왈宰我對曰 하후씨夏后氏 이송以松 은인殷人 이백以栢 주인周人 이율以栗 왈曰 사민전율使民戰栗 자문지子聞之 왈曰 성사成事 불설不說 수사遂事 불간不諫 기왕旣往 불구不咎

[팔일]

노나라 군주 애공이 재아에게 토지신인 사 제사에서 신주로 어떤 나무를 썼는지 묻자 재아가 대답한 말이다. 그리고 덧붙이기를 주나라가 밤나무를 쓴 이유는 그 음이 율로써 '두려워 떨다'라는 율과 서로 같기 때문이라고 했다. 재아의 경망한 말을 전해 듣고 공자가 혀를 끌끌 찼을 듯싶다. 한 번 뱉어낸 말은 쏟아진 물처럼 주워 담을 수 없다는 경계의 말이지만, 공자는 '이루어진 일', '끝난 일', '지나간 일'이라고 순차적으로 말하고, 다짐하듯 '말할 수 없다.', '말릴 수 없다.', '탓할 수 없다.'고 하였다. 강한 질책의 의미다.

신주는 죽은 이의 이름이나 관직 등을 쓴 나무 조각으로 위패라고도 한다. 우리 속담에 '신주 모시듯 한다'는 말처럼 가장 소중한 것을 비유할 때 쓰는 말이다. 신주는 대개 토양에 맞게 잘 자라는 나무를 택하기 때문에 꼭 어떤 나무를 써야 한다고 정해져 있지 않다. 주나라에서 밤나무를 쓴 것은 사당 뜰에 밤나무가 많기 때문이며 굳이 '백성들을 두려워 떨게 할 의도'로 밤나무를 쓴 게 아니었다.

그런데도 재아가 마치 잘 아는 듯이 백성들을 두려워 떨게 하려고 밤나무를 썼다고 임금인 애공에게 고하였다. 공자가 이를 전해 듣고, "이미 이루어진 일이니 다시 설명할 수 없고, 이미 끝난 일이니 하지 말라고 말릴 수도 없으며, 이미 지나간 일이니 탓할 수고 없다."라고 하였다. 이 경망한 말을 듣고 당시 임금이 어떤 생각을 했을까. 때문에 주석가는 '이 말이 군주의 살벌한 마음을 열어주었다'고 평하였다.

재아는 『논어』에서 대개 부정적인 인물로 등장한다. 재아가 낮잠을 늘어지게 자자 '썩은 나무는 조각할 수 없다'고 했고, 부모의 삼년상을 1년으로 줄여도 된다고 하자 '불인하다'고 했다. 재아 때문에 그 사람의 말 뿐 아니라 행동거지도 살펴보게 되었다고 하였다. 공자가 말을 삼가도록 한 건 행동이 뒤따르지 못하는 언행불일치를 염려해서였다.

말을 실천한다는 것

사마우가 인에 대해 물으니, 공자가 말하기를 "인자는 말을 삼가서 한다." 하였다. 사마우가 말하기를 "말을 삼가서 하면 그것을 인이라고 할 수 있습니까?" 하니, 공자가 말하기를 "행하기가 어려우니 말을 삼가서 하지 않을 수 있느냐?" 하였다.

사마우문인司馬牛問仁 자왈子曰 인자仁者 기언야인其言也訒 왈曰 기언야인其言也訒 사위지인
의호斯謂之仁矣乎 자왈子曰 위지난爲之難 언지득무인호言之得無訒乎   [안연]

말하기를 좋아하는 제자 사마우에게 주는 스승의 충고다. 세 치 혀로 망하는 사람들을 자주 본다. 말의 노예가 된 사람들이다. '임금님 귀는 당나귀 귀처럼' 참기 어려운 게 '말하고 싶은 욕망'이다. 요즘은 말보다 손가락 댓글 때문에 남에게 해악을 끼치고 본인도 그로인해 구설에 오르는 사람이 많다. 본질상 같은 욕망이다.

　　말을 경계하는 맥락은 두 가지다. 하나는 말 자체이다. 막말로 극언하는 사람을 지성인이라고 하기는 힘들다. 또 하나는 말의 실천 문제다. 지키지도 못할 빈말을 남발하는 사람, 교묘한 말로 핑계 대는 사람의 말은 신뢰하기 어렵다. 말을 지킬 때 믿음을 산다. 그래서 공자는 "지혜로운 사람은 말도 잃지 않고 사람도 잃지 않는다"고 한 것이다.

　　공자는, 노나라 사람들이 장부(참고)를 고쳐짓는 데 대해서 민자건이 "옛 것을 그대로 쓰는 게 어떻고 하필 고쳐 짓는단 말인가." 하자, 말하기를 "이 사람이 말을 안 해서 그렇지, 말을 하면 꼭 이치에 맞는 말만 한다."고

했다. 공자가 취한 것은 말을 해야 할 때 꼭 필요한 말을 해야 하는 중도의 태도다.

말은 그 사람을 대변한다. 말을 삼가고 말한 바를 반드시 지키려는 태도가 귀하다. 험악한 막말로는 세상을 바꾸지 못한다.

말재주를 어디에 쓰랴

어떤 사람이 말하기를 "염옹은 인하나 말재주가 없다." 하였다. 공자가 말하기를 "말재주를 어디에 쓰랴. 말재주로 사람을 상대하다가 남들에게 미움을 사는 것이다. 염옹이 인한지 는 모르겠지만, 말재주를 어디에 쓰랴." 하였다.

혹왈或曰 **옹야**雍也 **인이불녕**仁而不佞 **자왈**子曰 **언용녕**焉用佞 **어인이구급**禦人以口給 **누증어인** 屢憎於人 **부지기인**不知其仁 **언용녕**焉用佞   [공야장]

말은 적실(的實)할 때 의미가 있다. '적'은 때에 맞아야 한다는 것이고, '실'은 논리적으로 충실한 것을 이른다. 우리 역사에서 적실한 말로 국익을 실현하고 전란을 종식시킨 사례 중 가장 대표적인 것인 고려 때 서희의 외교 담판이었다. 993년(고려 성종 12년), 요나라 성종은 소손녕과 80만 대군을 보내 고려를 공격하였는데, 초반에 고려군이 잇달아 패배하고 봉산군(오늘날 청천강 이북 지역)을 빼앗기자, 조정에서 적에게 항복하자는 투항론과 땅을 떼어주자는 할지론이 비등했다. 이때 서희가 나서서 이러한 주장을 반박하고 적장 소손녕과 담판을 하고 오히려 북쪽 땅을 얻었다. 이는 적장의 의도를 간파하고 논리로 설득한 결과였다. 결코 말재주인 구재(口才)가 아니었다.

　　염옹은 공자의 제자로 자가 중궁이다. 사람됨이 중후하며 말이 적은 편이었다. 혹자로부터 이런 말을 듣게 된 것은 그 때문이다. 공자는 말을 경계했다. 특히, 말만 앞세우는 태도에 대해서는 따끔하게 경계하기 일쑤였다. 말은 실천이 따를 때 가치가 있다는 것이다. 더구나 나쁜 말이나 잘못된 말은 그 폐해가 결국 자신에게 되돌아온다. 공자가 어렵게 생각한 것은 인의 실천이지, 말재주와 같은 간사한 꾀가 아니었다.

말로 인해 다른 사람의 입길에 오르내려 어려움을 겪게 될 운수를 구설수라고 한다. 특히, 스마트폰 SNS가 활성화 되어 전 세계가 동시적 생활권에 든 지금은 말로 인한 화란이 지역에만 국한되는 게 아니다. 한 순간에 범지구적 문제가 되기도 한다.

말은 말하는 이의 인격을 대변한다. 거친 막말은 그 사람의 내면이 어떠한 가를 대변한다. 내면의 성찰로 '우일신(又日新)'하는 사람들은 자신의 말에 책임을 진다. 함부로 말을 하기 보다는 행동으로 신뢰를 쌓는다. 말재간, 또는 말재주로 사람들의 신뢰를 얻기는 어렵다. 그 이치는 변하지 않는다.

언행이 거짓된 사람

말을 교묘하게 둘러대고 얼굴 표정을 꾸미는 사람 가운데 인한 사람은 드물다.

자왈子曰 교언영색巧言令色 선의인鮮矣仁 [학이]

공자는 자신의 도가 '진실함'에 근본을 두고 있다고 하였다. 자신에게나 남에게나 솔직한 태도를 말한다. 교묘하게 말 재주를 부려 자신을 정당화하거나 윗사람에게 영합하려고 얼굴을 위장하는 태도를 가장 미워했다. 권력자에게 영합하여 '호가호위'하며 사욕을 부리는 자들, 겉으로는 웃으면서 속으론 칼을 품고 있는 '소리장도'하는 자들을 꾸짖었다.

말과 표정에 진실함이 없는 사람은 속내를 숨기고 상대방에 영합하며 접근하기 때문에 위험하다. 사회나 국가가 이런 '교언영색'하는 사람들의 언행에 쏠린다면 곧 불행이 닥칠 것은 뻔한 이치다. 공자는 이런 거짓된 사람치고 사람다운 어진 인품의 사람은 없다고 단언한다.

공자는 거짓된 말과 행동에 대해서는 단호한 태도를 보였다. 제자들에게는 늘 말을 가려서 신중히 하고 행동을 신실하게 할 것을 거듭 당부했다. 말이 화근이 되는 경우가 많기 때문이다. 반면에 진심이 담긴 가언, 선행은 사회에 유익을 끼친다. 우리 속담에 '말 한 마디로 천 냥 빚을 갚는다'고 한 것은 이러한 뜻을 담고 있다.

사람을 판단할 때는 듣기 좋은 말이나 아첨하는 얼굴 따위에 현혹되지 말아야 한다. 사람됨을 바로 알아보는 일은 어려운 일이나 사람에 대한 판단이 잘못되면 일의 성공을 기약하기 어렵다. 사람다운 사람으로서의 말과 행동은 진실함을 바탕으로 해야 한다. 그게 신뢰를 얻는 비결이다.

엉뚱한 소리

예절, 예절 하지만, 옥이나 비단을 말하는 것이랴. 음악, 음악 하지만, 종소리나 북소리를 말하는 것이랴.

자왈子曰 예운예운禮云禮云 옥백운호재玉帛云乎哉 악운악운樂云樂云 종고운호재鍾鼓云乎哉

[양화]

본질은 잊어버리고 말단의 일을 가지고 엉뚱한 소리를 하는 경우, 이럴 때 들어맞는 경구다. 이 글에 주석을 단 후대의 학자들도 본질과 말단이 뒤바뀐 상황에 대한 경계의 글로 보기는 마찬가지다. 불가에서 '달을 가리키는 데 손가락을 본다'는 말도 이 경우에 해당하는 말이다. 어리석음을 깨우치는 말이다.

우리 주위에서도 이런 사례를 흔하게 본다. 둘이 싸우는데 정작 왜 싸우게 되었는지는 모른다. 잊어버린 지 오래다. 더 이상 그 이유가 중요치 않고 감정이 격해져서 그냥 싸울 뿐이다. 이럴 때 해결 방안은 난감할 따름이다. 더구나 이런 일이 사회나 국가에서 벌어지면 어떻게 될까. 그 피해가 싸우는 당자에게만 그치지 않는다. 본말이 뒤바뀐 채 싸움만 남은 조선의 붕당정치는 결국 나라를 패망으로 몰고 갔다. 지금의 정치가 걱정스러운 것은 이 때문이다.

조선이 끝내 근본적인 개혁을 못하고 분열되어 싸우다가 망국의 수렁에 빠져 들게 된 원인을 여러 가지로 분석할 수 있지만 핵심은 본말이 전도

되었기 때문이다. 요즘 경제에서 많이 쓰는 '회색 코뿔소' 이론이라는 게 있다. 지속적인 경고로 인해 사회가 인지하고 충분히 예상할 수 있지만 쉽게 간과하는 위험 요인을 뜻하는 말이다. 쿵쾅거리며 달려오는 코뿔소를 못 볼 리는 없을 테고 바로 앞에 닥칠 상황을 알면서도 회피하는 경우를 말한다. 지금 인류 공통의 기후위기 앞에서도 패권 다툼과 영토 확장 전쟁을 벌이는 세계의 상황을 빗댄 말처럼 들린다.

말단이 앞서고 본질이나 근본이 무시되는 사회와 국가는 반드시 그 대가를 치른다. 역사의 교훈이다. 공의보다 사적인 이익을 탐내고 끼리끼리 자기 세력 만들기에 급급한 사람들을 물리치는 지혜로운 사회! 이 글을 통해 공자가 하고 싶은 말이다. 시대의 도둑은 우리 가까이에 있다.

좋은 말까지 버리지 않는다

군자는 말을 잘한다고 해서 그 사람을 천거하지 않으며, 사람이 못됐다고 해서 그의 말까지 버리지 않는다.

자왈子曰 군자君子 불이언거인不以言擧人 불이인폐언不以人廢言　　　　　[위령공]

사람은 알기 어렵다. 특히 말로만은 더욱 그렇다. 그 사람의 행위를 살펴보고 그가 해온 일을 두루 보아야 사람됨을 알 수 있다. 말을 잘한다고 해서 함부로 천거하지 않는다는 것이다. 공자의 지인지감(知人之鑑)이다. 반면에 사람이 못됐다고 해서 그가 좋은 말까지 버리지는 않는다. 지혜로운 처신이다.

　　조선조에서 종종 '말(대책)을 구하는' 구언(求言) 하교를 내릴 때가 있다. 한 때의 천재지변이나 인륜에 어긋나는 범죄가 발생했을 때 이런 하교가 있곤 했다. 임금이 하늘의 대리자로서 자신의 과오를 경책하고 책선하는 의미가 있었다. 이는 민심을 다독이려는 고도의 정치 행위로서, 실질적인 대책을 구한다는 명분을 내세웠다.

　　율곡 이이가 1574년에 선조에게 올린 「만언봉사」가 대표적이다. 당시 지진이 일어나는 등 이변이 잇따르자 선조가 널리 대책을 구하는 교지를 여러 차례 내렸고, 이에 응하여 이 글을 지어 올린 것이다. 구언 제도의 취지는 숨기지 말고 직언을 구하는 것이지만 임금도 사람인바에야 그 말이 듣기 좋기야 했을까 싶다.

그러나 좋은 말은 입에 쓰지만 취하면 이로움이 있다. 사람이 싫다고 좋은 말까지 버리는 우를 범하지 말라는 뜻이다.

공자는 말을 잘하는 것을 수차 경계했다. 교묘한 말로 둘러대는 교언을 미워했다. 말을 쉽게 하는 것, 신뢰할 수 없는 허언도 경계 대상이다. 공자는 말에 능한 달변보다 그 사람됨의 덕성을 취하라고 했다.

대책 없는 말이 넘쳐나는 세태다. 국어학자인 한힌샘 주시경 선생은 "말이 오르면 나라도 오르고, 말이 내리면 나라도 내린다."고 했다. 나라에도 품격이 있고, 사람에게는 그럴만한 인격이 있다. 그래야만 말도 사람도 품을 수 있다.

6장

"사람"

에 대한 생각

사람처럼 알기 어려운 것은 없다.

사람은 어떻게든 변하기 마련이어서 더 그렇다.

같은 사람이라도 한결 같은 사람은 없다.

관중에 대한 평가, 그 딜레마

자로가 말하기를 "제 환공이 공자 규를 죽이자, 소홀은 죽었는데 관중은 죽지 않았습니다. 그러니 관중은 인하지 못한 사람입니다." 하니, 공자가 말하기를 "환공이 제후들을 규합하면서 병거를 쓰지 않은 것은 관중의 힘이었다. 누가 그의 인만 하겠느냐." 하였다.

자로왈子路曰 환공桓公 살공자규殺公子糾 소홀召忽 사지死之 관중管仲 불사不死 왈曰 미인호未仁乎 자왈子曰 환공桓公 규합제후九合諸侯 불이병거不以兵車 관중지력야管仲之力也 여기인여기인如其仁如其仁

[헌문]

『논어』에는 비슷한 글이 또 나온다.

자공이 말하기를 "관중은 인한 사람이 아닐 것입니다. 환공이 공자 규를 죽였는데, 따라 죽지 못하고 더욱이 환공을 돕기까지 했습니다." 하니, 공자가 말하기를 "관중이 환공을 도와 제후의 패자가 되게 하여 천하를 크게 바로잡아서 백성이 지금껏 그 혜택을 누리고 있다. 관중이 아니라면 우리는 머리를 풀어 헤치고 옷섶을 왼쪽으로 여미었을 것이다. 어찌 그가, 필부필부가 하찮은 신의를 지킨다고 아무도 모르게 구렁에서 목을 매는 것과 같은 그런 짓을 하겠느냐?" 하였다.

자공왈子貢曰 관중管仲 비인자여非仁者與 환공桓公 살공자규殺公子糾 불능사不能死 우상지又相之 자왈子曰 관중管仲 상환공패제후相桓公霸諸侯 일광천하一匡天下 민도우금民到于今 수기사受其賜 미관중微管仲 오기피발좌임의吾其被髮左衽矣 기약필부필부지위량야豈若匹夫匹婦之爲諒也

　　관중은 중국 춘추시대의 관이오를 말한다. 우리에게는 관중과 포숙의 우정을 표현한 '관포지교' 고사의 주인공으로 널리 알려져 있다.

　　제자 자로와 자공의 질문은, 관중이 자기가 모시던 공자 규가 소백(훗날의 제 환공)의 손에 죽었음에도 소백을 보좌하여 그를 춘추시대 첫 번째 패자가 되게 한 그 행위가 문제가 있지 않느냐는 것이다. 자로는 제자들 중 맏형 격이었고, 자공은 이재에 밝아 공자를 경제적으로 돕곤 했기에 이들의 생각은 제자들 일반의 생각이었다. 더구나 공자는 다른 글에서는 관중에 대해 혹평을 하고 있다.

공자가 말하기를 "관중은 그릇이 작다." 하였다. 어떤 사람이 말하기를 "관중은 검소했습니까?" 하니, 공자가 말하기를 "관씨(관중)에게는 삼귀(집이 세 채라는 설도 있고, 세 여자를 두었다는 설도 있음)가 있었고, 담당하는 일을 서로 겸하지 않도록 했으니, 어찌 검소하다 할 수 있겠는가." 하였다. 또 "그렇다면 관중은 예를 알았습니까?" 하니, "나라 임금만이 색문(문을 가리는 병풍)을 세울 수 있는데, 관씨도 또한 색문을 세웠으며, 나라 임금만이 두 나라의 우호를 위한 만남에 반점(술잔을 내려놓는 자리)을 둘 수 있는데, 관씨도 반점을 두었다. 그러니 관씨가 예를 안다면 누군들 예를 모르겠느냐." 하였다.

자왈子曰 관중지기소재管仲之器小哉 혹왈或曰 관중검호管仲儉乎 왈曰 관씨유삼귀管氏有三歸 관사불섭官事不攝 언득검焉得儉 연즉관중然則管仲 지례호知禮乎 왈曰 방군邦君 수색문樹塞門 관씨역수색문管氏亦樹塞門 방군邦君 위양군지호爲兩君之好 유반점有反坫 관씨역유반점管氏亦有反坫 관씨이지례管氏而知禮 숙부지례孰不知禮　　　　　　　　[팔일]

공자는 한 인물에 대해서 왜 이런 극단의 다른 평가를 내리고 있을까. 더구나 공자가 추구한 최고 가치가 '인' 한 글자에 집약되어 있는데 공자의 평가는 제자들의 생각과 정반대였던 셈이다. 그러나 관중은 공자 규에 대한 소의보다 백성에 대한 대의를 택해서, 민생을 해치지 않았고, 중화의 질서(문화)를 지키는 보루가 되었다는 점은 명확했다. 이 점에서 공자가 관중의 정치를 '인하다'고 평가한 것이다.

한데, 이 문제가 조선의 유자들에게는 그리 간단한 문제가 아니었다. 그들이 가장 추앙하는 성인 공자의 말이니 더욱 그랬다. 심각한 딜레마였다. 더욱이 관중은 "창고가 충실해야 예절을 안다."고 한 인물이다. 의식이 풍족해야 예절을 안다는 뜻이니, 강고한 '성리학의 나라', 충절을 숭상하는 의리의 나라 조선에서는 도저히 받아들일 수 없는 주장을 한 인물이다.

요는 현실과 유리된 성리학의 학문 경향이 왜란과 호란이라는 국가적 대재앙을 겪으면서도 성찰과 반성보다는 명나라를 위한 대의론과 북벌론 등 명분론이 더욱 비등해진 상황을 반영한다. 문제는 그것이 정권 유지를 위한 수단일 뿐 민생과는 아무런 관련이 없다는 것이다. 이런 비현실적인 주장과 정책들은 민생을 피폐하게 했다. 잠곡 김육이 힘든 백성을 쉬게 하자는 '휴민론(休民論)'을 주장한 배경이다. 민력을 쉬게 해서 민생을 안정시키면 나라도 자연 안정된다는 뜻이다. 그렇지만 성리학자들은 이런 현실론을 철저히 외면하고 나라와 백성은 어떻게 되든 말든 그들만의 치열한 당파 싸움으로 매몰되어 갔다. 다산 정약용의 '속유론(俗儒論)'은 이런 썩은 유자들에 대한 질타다.

여기서 '공자가 추구한 정치가 과연 무엇이었을까?'에 생각이 미친다. 공자의 정치는 그 궁극의 목적이 백성을 편안하게 하는 '안민'에 있었다. 그 점이 공자가 관중을 인정한 맥락이다. 우리가 공자의 생각을 제대로 읽어야 하는 이유이기도 하다.

군자도 미워하는 것이 있습니까

자공이 말하기를 "군자도 미워하는 것이 있습니까?" 하니, 공자가 말하기를 "미워하는 것이 있다. 남의 잘못을 말하는 것을 미워하고, 아랫자리에 있으면서 윗사람을 비방하는 것을 미워하며, 용맹만 있고 예의가 없는 것을 미워하고, 과감하기만 하고 꽉 막혀 융통성 없는 것을 미워한다." 하였다. 공자가 말하기를 "사(자공)야, 너도 미워하는 것이 있느냐?" 하니 "남 엿보아 알면서도 이를 지혜로 여기는 것을 미워하고, 겸손하지 않은 데도 이를 용기로 여기는 것을 미워하며, 남의 비밀을 들춰내면서 이를 정직으로 여기는 것을 미워합니다." 하였다.

자공왈子貢曰 군자역유오호君子亦有惡乎 자왈子曰 유오有惡 오칭인지악자惡稱人之惡者 오거하류이산상자惡居下流而訕上者 오용이무례자惡勇而無禮者 오과감이질자惡果敢而窒者 왈曰 사야역유오호賜也亦有惡乎 오요이위지자惡徼以爲知者 오불손이위용자惡不孫以爲勇者 오알이위직자惡訐以爲直者

[양화]

공자는 '남의 잘못을 떠들어대는 것, 아랫자리에 있으면서 윗사람을 비방하는 것, 용맹만 있고 예의가 없는 것, 과감하기만 하고 꽉 막혀 융통성이 없는 것'을 미워한다고 하였고, 자공은 '남을 엿보아 알면서도 이를 지혜로 여기는 것, 겸손하지 않은 데도 이를 용기로 여기는 것, 남의 비밀을 들춰내면서 이를 정직하다고 여기는 것'을 미워한다고 하였다.

악덕을 미워하는 것은 공자가 추구한 인애와 관대한 뜻과 솔직하고 공경하는 마음에 어긋나기 때문이다. 또 이러한 행위는 혼란을 초래하고 거짓으로 귀결되기 쉽다. 그 점을 공자가 미워한 것이다.

그런데 제자 자공은 스승인 공자에게 "군자도 미워하는 것이 있습니까?" 하고 물었다. '군자도'라는 말은 어떤 의미였을까. '스승의 도가 인애를 바탕으로 하는 만큼 군자에게도 미워하는 것이 있을까?' 또 '미워한다면 어떤 것을 미워할까?'를 묻고 싶었던 것은 아니었을까.

공자의 답변은 꽤 구체적이지만, 요컨대 핵심은 인간다움의 가치, 사회의 공공성과 질서를 해치는 행위를 미워한다는 것이다. 이 점에서 공자와 자공의 생각이 서로 다르지 않다. 즉 미워하는 대상에는 차이가 없다는 말이다. 그러나 미워함이 지나쳐 분노로 바뀌는 것도 경계해야 한다. 분노는 결국 자신을 해치고 사회에 또 다른 해악을 끼치기 때문이다.

군자로다 이 사람은

공자가 자천에 대해서 말하기를 "군자로다. 이 사람은. 노나라에 군자다운 사람이 없었다면 그가 어디에서 이런 덕을 취했겠느냐." 하였다.

자위자천子謂子賤 **군자재**君子哉 **약인**若人 **노무군자자**魯無君子者 **사언취사**斯焉取斯   [공야장]

사람은 서로 어울려 산다. 혼자 독행하는 삶은 없다. 그래서 누구와 같이 일을 도모하는가가 중요한 문제가 된다. 공자는 도가 다르면 함께 할 수가 없다고 했다. 추구하는 가치와 이상이 다르면 같이 일을 도모하기 힘들다는 뜻이다. 그러니 도는 글자의 뜻처럼 곧 길인 셈이다.

사회에는 여러 부류의 사람들이 있다. 나쁘기도 좋기도 한 사람들이 어울려 사회가 된다. 좋기만한 사람들의 사회는 애초에 존재할 수 없다는 말이다. 군자와 소인, 선인과 악인이 섞여 살고, 능력 있는 사람과 그렇지 못한 사람이 섞여 있는 게 사회다. 공자가 고국 노나라에 군자가 없다면 자천이 어디에서 그러한 도를 배웠겠느냐고 한 말도 그러한 뜻을 담고 있다.

따라서 문제는 선택이다. 삶의 지향과 관련한 선택이다. 그것이 인생을 바꾸기 때문이다. 사람은 마음먹기에 따라서 군자도 될 수 있고, 소인도 될 수 있다. 그 사람이 어떤 선택을 하는가에 달려 있다. 인간의 자유의지는 누구나 그러한 선택의 주체가 될 수 있다는 뜻이다. 그러나 누구나 주체적 삶을 살지는 못한다. 때론 굴종의 삶을 살기도 한다. 다 그 사람의 선택에 의한 결과다.

나아가 한 사회가 어떤 선택을 하는가는 집단의 의지에 달려 있다. 사회가 선을 고양하고 악을 구축해야 하는 이유이다. 공자는 노나라가 과거의 종주국 주나라처럼 문화의 나라로 일신하기를 바랐다. 또 공자는 덕은 외롭지 않다고 했다. 우리 사회가 어떤 길로 나아갈지는 우리의 선택에 달려 있다. 그 선택을 돕는 것이 정치여야 한다. 그러나 지금의 정치는 통합보다는 분열을 부추길 뿐이다. 태풍을 만난 빈 배처럼 위태롭다.

군자에게는 네 가지 도가 있다

공자가 자산을 평하기를 "군자의 도 네 가지가 있었으니, 몸가짐이 공손하였고, 윗사람을 섬김이 공경스러웠으며, 백성을 기름이 은혜로웠고, 백성을 부림이 의로웠다." 하였다.

자위자산子謂子産 유군자지도사언有君子之道四焉 기행기야공其行己也恭 기사상야경其事上也敬 기양민야혜其養民也惠 기사민야의其使民也義　　　　　　　　　　　　[공야장]

자산은 중국 춘추 시대 정나라 대부 공손교를 말한다. 성은 희, 씨는 국, 이름은 교이며 '자산'은 자이다. 정나라 왕족 출신이다. 자산은 재상으로서 뛰어난 안목과 합리적인 일처리로 백성과 나라를 안정으로 이끈 인물이다. 자산이 죽었다는 소식을 전해들은 공자는 눈물을 흘리며 "자산은 그야말로 옛사람이 남긴 인애였다."라고 하였다. 그만큼 공자가 자산의 인도 정치를 높이 평가했다는 말이다. 법가인 한비자 또한 그를 높이 평가하기는 마찬가지였다.

　　공자는 자산에게 네 가지의 도가 있었다고 했다. 먼저 공손함이다. 자신의 몸가짐을 공손하게 하는 것이다. 둘째는 공경이다. 윗사람을 섬기는 데 공경하게 했다는 뜻이다. 셋째는 은혜로움이다. 백성을 기르는 양민을 은혜로 했다는 것이다. 넷째는 의다. 백성을 부리는 사민을 의로 공정하게 했다는 것이다. 자산은 이 네 가지 덕목을 바탕으로 너그러운 정치를 폈다. 그렇다고 그가 너그럽게만 일관한 것은 아니다. 때로는 법가처럼 엄하게, 때로는 완급을 조절하며 슬기롭게 정치를 펴서 정나라를 환골탈태시켰다.

원칙을 지키면서도 때를 기다릴 줄 아는 정치가였다는 말이다. 중국의 역사가 사마천은 『사기』에서 "자산이 재상이 되고 1년 후에는 못된 장난질을 일삼는 아이들이 없어졌으며, 2년 후에는 시장에서 외상으로 물건을 사는 사람이 없을 정도로 돈이 돌았다. 3년 후에는 밤이 되어도 문단속을 하는 집이 없었고 길에 물건이 떨어져도 아무도 주워가지 않았다. 4년 후에는 농부가 농기구를 밭에 두고 집으로 오는 밝은 세상이 되었고 5년 후에는 백성들이 군역 때문에 힘들어하지 않았다." 하였다.

그의 소신대로 민생이 안정되자 나라가 부강해졌다. 무엇보다 그는 북방 대국 진나라와 남방 신흥대국 초나라 사이에서 약소국 정나라를 이끌며 외교에서도 수완을 발휘하여 정나라를 함부로 넘볼 수 없는 강소국으로 만들었다. 미국과 중국의 패권 다툼과 미·중·일·러의 강대국에 둘러싸인 한반도의 지정학, 그 사이에서 '양자택일식 딜레마'를 강요받는 우리에게 자산의 외교는 많은 시사점을 준다. 외교 문서를 작성할 때에도 "비침이 초고를 작성하고, 세숙이 검토해서 의견을 제시하며, 외교 업무를 담당하는 행인 자우가 수정하고, 자산이 윤색을 했다."고 할 만큼 거듭 신중을 기했다. 그래서 당시 정나라의 외교 문서는 하나의 전범으로 통할 정도였다. 이런 자산의 정치에는 하나의 원칙이 관통한다. 능력 있는 인재라면 누구라도 발탁해 활용하는 '택능사지(擇能使之)'의 용인술이다.

자산의 정치에 대해서 꼭 좋은 평가만 있는 것은 아니다. 그가 강을 건너려는 백성을 보고 자신의 수레에 태워서 건너 준 일화에 대해서, 맹자가 차라리 다리를 놓아주면 그 혜택을 더 많은 사람들이 볼 것이라고 비판한 글도 있기 때문이다. 정치가는 당장의 값싼 은혜보다 먼 안목으로 큰 은혜를 생각할 줄 알아야 한다는 뜻이지만, 맹자의 비판은 마치 '털을 불어서 허물을 찾듯' 지나치게 취모멱자(吹毛覓疵)한 감이 있다.

　공자가 자산을 평가한 이 네 가지 품성은 우리 시대에도 여전히 유효한 것이 아닐까 싶다. 공손한 사람은 겸손한 사람, 남을 공경하는 사람은 상대방을 배려하고 존중하는 사람, 은혜로운 사람은 남을 돕고 사는 너그러운 사람, 의로운 사람은 정의롭고 공정한 사람이기 때문이다. 우리가 인생을 살아가는 목적은 '인격의 완성'에 있다고 한다. 완성은 아닐지라도 완성을 지향한다는 뜻이다. 그러나 공자의 말처럼 그런 뜻조차 없다면 어찌 해볼 도리가 없는 것은 아닐까.

군자에게는 두려워하는 것이 세 가지가 있다

군자에게는 세 가지 두려워하는 것이 있다. 천명을 두려워하고, 대인을 두려워하며, 성인의 말을 두려워한다. 소인은 천명을 알지 못하여 두려워하지 않고 대인에게 함부로 굴고 성인의 말을 멸시한다.

공자왈孔子曰 군자유삼외君子有三畏 외천명畏天命 외대인畏大人 외성인지언畏聖人之言 소인小人 부지천명이불외야不知天命而不畏也 압대인狎大人 모성인지언侮聖人之言   [계씨]

공자는 자신의 도를 구현할 이상적인 인격체로 군자를 상정한다. 반면에 소인은 지극히 세속화된 속인을 말한다. 공자는 이 두 인간상의 대비를 통해 세상사는 이치와 지향할 도리를 선명하게 드러내어 설명한다.

이 글의 핵심 용어는 '두려움'이다. 군자가 두려워하는 것은 하늘의 명인 '천명', 사회적으로 세인들의 존경을 받는 '대인', 예로부터 유전하는 성인의 말이다. 군자의 처신은 이 세 가지 '두려움'을 바탕으로 자신을 닦는 '수기지성修己之誠'에 진정한 뜻이 있다. 이런 자세로 하루하루 겸손하게 삼가며 '우일신'할 뿐이란 것을 일깨운다.

그러나 소인은 이런 것에 아랑곳 하지 않는다. 한 세상 내 마음대로 살면 그것으로 족할 뿐이란 듯, 아무 거리낌 없이 행동하며 세상을 살아간다. 그런 '나만의' 삶이 좋기만 할까. 사람을 나타내는 '인'은 서로 기댄 모양이다. 홀로 '독존'할 수 없다는 뜻이다. 사람과 사람이 어울려 살기 때문에 '인간'이라고 하고, '사회'라고 하는 것이다. 또 사람은 생로병사의 숙명을 피할 수 없다. 언젠가는 '내 마음 속의 나'와 맞닥뜨리게 된다. 그걸 부정할 수 있을까.

어떤 면에서 인생은 정확한 대가를 요구하기 마련이다. 빠르거나 늦을 수는 있어도 사람이 그걸 피할 수는 없다. 군자는 그 이치를 알기에 두렵고, 소인은 그 이치를 모르기에 함부로 행동할 뿐이다. 『논어집주』에서는 "새가 죽을 때는 그 울음소리 구슬프고, 사람이 죽을 때는 그 말이 선하다."고 했다. 그럴 것이다.

내면과 외면이 조화된 사람

바탕이 겉보다 나으면 거칠고, 겉이 바탕보다 나으면 번지르르하기만 하다. 바탕과 겉이 어우러져야 군자라고 할 수 있다.

자왈子曰 질승문즉야質勝文則野 문승질즉사文勝質則史 문질文質 빈빈연후彬彬然後 군자君子

[옹야]

공자는 군자에 대해 여러 표현들을 쓰지만, 하나로 관통하는 게 있다면 바로 바탕과 겉이 어우러져야 한다는 것이다. 원문의 '빈빈'은 그런 모양을 뜻하는 말이다. 아니면, 속이 거칠거나 겉만 번지르르하게 된다. 바탕인 내면과 겉인 외면의 조화는 솔직함과 관대함을 바탕으로 해야 한다. 그것이 공자가 말하는 이상적인 인격체로서 군자상이다.

풍채, 관상, 수상, 족상 등 외모를 상보는 것은 권장할 일이 못된다. 어느 재벌에서는 면접을 볼 때 관상을 보아 사람을 뽑았다는데, 이런 일은 사람을 판단하는 데 한계가 있기 마련이다. 생긴 '꼴'을 상보는 것은 마음가짐의 심상, 마음 씀의 덕상을 이기지 못하기 때문이다. '꼴'보다 더 중요한 것은 그 사람의 마음이다. 사람은 어떤 태도로 사느냐에 따라 선인도 되고 악인, 흉인도 되는 것이다.

'낭중지추'라는 말이 있다. 주머니 속의 송곳이란 뜻이다. 아무리 감추려 해도 감추어지지 않은 재주, 또는 그런 사람을 비유할 때 이 말을 쓰곤 한다. 내면이 갖추어지면 자연히 겉으로 드러나기 마련이다. 반면 내면이 거칠면 겉으로 아무리 꾸미려 해도 안 된다. 겉만 번지르르한 '외모 지상주의'를 경계한 말이라고도 할 수 있다.

　　성형외과가 성업이라지만, 외모만 꾸민다고 될 일이 아니다. 내면과 외면이 적절히 조화된 사람이 군자라는 공자의 말은 이 시대에도 귀하다. 속이 꽉 찬 질박한 사람, 그러면서도 겉으로는 문채가 있는 사람. 그러니 결국 내면이 아름다운 사람이 진정 아름다운 사람이라고 할 수 있다.

늘 한결같은 사람

성인을 내가 만나 볼 수 없다면 군자라도 만나 볼 수 있으면 좋겠다.

선인을 내가 만나 볼 수 없다면 마음이 늘 한결같은 사람이라도 만나 볼 수 있다면 좋겠다.

없으면서 있는 체하고, 비었으면서 가득 찬 체하며, 작으면서 큰 체한다면 마음이 한결같다고 하기 어렵겠지.

자왈子曰 성인聖人 오부득이견지의吾不得而見之矣 득견군자자得見君子者 사가의斯可矣

자왈子曰 선인善人 오부득이견지의吾不得而見之矣 득견유항자得見有恒者 사가의斯可矣 무이위

유亡而爲有 허이위영虛而爲盈 약이위태約而爲泰 난호유항의難乎有恒矣　　　　　[술이]

성인은 이상적인 정치를 행한 사람, 군자는 이상적인 인격체를 말한다. 선인은 덕을 실천하는 사람, 마음이 늘 한결같은 사람은 어떠한 상황에도 구애받지 않고 소신대로 실천하는 사람을 말한다. 이 네 그룹의 사람들은 유학이 지향하는 인간상을 대표한다.

특히, '항'은 마음이 늘 한결같다는 뜻이다. 선을 지향하여 두 마음이 없다는 말이다. 삶이 곧 그 사람인 사람, 그가 해 온 일로 평가받는 사람이다. 항심(恒心)은 그 결과라고 할 수 있다.

반면에 겉과 속이 다른 사람이 있다. 공자의 표현대로라면 '없으면서 있는 체하는 사람, 비었으면서 가득 찬 체하는 사람, 작으면서 큰 체하는 사람, 혹은 가난하면서도 사치하는 사람'이다. 거짓과 위선적인 사람이다. 공자는 자신이 추구하는 도리가 정직에 바탕한다고 했으니, 이런 부류의 사

람들은 배척의 대상이다. 이런 사람은 마음이 오락가락하고 유혹하는 말에 휩쓸리기 십상이다.

한편, 맹자는 "항산이 있어야 항심이 있다"고 했다. '늘 한결같은 마음이 있으려면 일정한 수입이 있어야 한다'는 뜻이다. 마음이 안정되려면 생계도 안정되어야 한다는 말이다. 이 말을 가지고 유교가 본래 유물론을 지향하는 듯 말하는 사람도 있지만, 자신의 삶과 사회의 공익에 충실할 것을 말한 공자의 본의와는 동 떨어진 것이다.

거짓과 위선으로 가득 찬 사람보다 마음이 늘 한결같은 사람이 사회의 발전에 기여한다. 어떤 사람과 더불어 살지, 공자가 우리에게 묻는 질문이다.

다시 무엇을 원망했겠느냐

염유가 말하기를 "선생님께서 위나라 임금을 도우실까?" 하니, 자공이 말하기를 "그렇다면, 내가 한번 여쭈어 보겠소." 하였다. 그러곤 들어가서 묻기를 "백이와 숙제는 어떤 사람입니까?" 하니, 공자가 말하기를 "옛날 현인이다." 하였다. 다시 묻기를 "원망했습니까?" 하니, 공자가 말하기를 "인을 구하다 인을 얻었는데, 또 무엇을 원망했겠느냐?" 하였다. 자공이 나와서 말하기를 "선생님께서는 돕지 않으실 거요." 하였다.

염유왈冉有曰 부자위위군호夫子爲衛君乎 자공왈子貢曰 낙諾 오장문지吾將問之 입왈入曰 백이숙제伯夷叔齊 하인야何人也 왈曰 고지현인야古之賢人也 왈曰 원호怨乎 왈曰 구인이득인求仁而得仁 우하원又何怨 출왈出曰 부자불위야夫子不爲也   [술이]

조금 배경 설명이 필요한 글이다. 이 글에서 '위나라 임금'은 출공을 말한다. 앞서 위나라 영공은 아내로 남자를 맞아들여 온갖 추악한 소문이 있었다. 이에 영공의 아들 태자 괴외가 남자를 죽이려 하자 실권을 쥐고 있던 남자가 괴외를 쫓아내고 괴외의 아들이자 영공의 손자인 첩에게 자리를 물려주었으니, 이가 곧 출공이다. 진나라에 의탁하고 있던 괴외는 후에 몰래 고국에 돌아와 정변을 일으켜서 성공하자 남자를 죽이고 즉위하였는데, 이 사람이 장공이다. 이때 아들인 출공은 아버지를 피해 노나라에 망명하였다. 이런 상황에서 염유의 질문은 공자가 '출공의 복위를 돕겠는가' 하는 것이었다. 당시 염유는 노나라 실권자 대부 계강자의 측근으로 있었기 때문에 이런 정치적 사안에 대해 무관심할 수 없었다. 그러나 공자가 계강자의 행동을 탐탁치 않게 여겼으므로 염유가 이를 공자에게 직접 물을 처지는 아니었다.

백이, 숙제는 고죽국 후예로서 아버지 묵태초가 삼남 숙제에게 군주 자리를 물려주려 하자 큰아들 백이는 부친의 사후에 그 뜻을 따르고자 했지만 숙제는 관례에 따라 큰형인 백이에게 왕위를 양보했다. 이에 백이가 부친의 뜻이라며 사양하고 나라 밖으로 피신해 버리자, 숙제도 형제간의 의리를 지키기 위해 형을 따라 도망쳐 버리는 바람에 그 나라 사람들은 어쩔 수 없이 둘째 아들 아빙을 왕으로 세웠다. 이후 백이와 숙제는 주나라 문왕이 어질다는 소문을 듣고 찾아갔으나 이미 그는 세상을 떠난 뒤였다. 아들 무왕이 부친의 상중에 은나라 주를 정벌하려고 하자, 무왕의 말고삐를 잡아 막으며 "아버지가 돌아가신 후 아직 장사도 지내지 않았는데 전쟁을 할 수는 없지 않습니까? 주나라는 은나라의 신하 나라인데 신하가 임금을 주살하려는 것을 어찌 인이라 할 수 있겠습니까?" 하고 만류하였으나, 오히려 목숨을 위협받자 이후 백이와 숙제는 수양산에 은거하여 생을 마쳤다.

자공은 공자에게 뜬금없이 백이, 숙제에 대해서 묻고는 무슨 근거로 '공자가 출공을 돕지 않을 것'이라고 판단했을까. 많은 주석가들의 말대로 출공의 복위가 부자간의 천륜을 거스르기 때문일까. 그러나 '인을 구하다 인을 얻었는데 다시 무엇을 원망했겠느냐?'라고 한 말을 보면, 공자의 의도는 백이, 숙제의 행위를 인의 관점에서 종합적으로 판단한 데 더 무게가 실린다. 자식이 아비를 쫓아내는 패륜, 아버지의 상중에 거병하는 비례, 제후국이 종주국 임금을 정벌하는 하극상의 패도가 공자가 추구하는 인도에 어긋나기 때문은 아니었을까.

이 구절의 '원'은 '원망하다', '후회하다'란 뜻이다. 자신들의 행동에 아무런 미련도 없다는 뜻이다. 인생을 후회 없이 살기는 어렵겠지만 원망 없이 살기는 마음먹기에 따라 가능한 일 아닐까. '남 탓'하며 원망하며 살기보다 '내 탓'이라고 여기며 자족하며 살면 편할 일이다. 원문의 '할 위'는 이 경우 '도울 조'로 새긴다.

닮고 싶은 삶

공자가 공명가에게 공숙문자에 대해서 묻기를 "정말로 선생은 말도 않고 웃지도 않으며 취하지도 않는가?" 하니, 공명가가 대답하기를 "말한 자가 지나쳤습니다. 선생님은 때가 되어야 말하기 때문에 사람들이 그 말을 싫어하지 않고, 즐거워야 웃기 때문에 사람들이 그 웃음을 싫어하지 않으며, 의에 맞아야 취하기 때문에 사람들이 그 취하는 것을 싫어하지 않는 것입니다." 하였다. 공자가 말하기를 "그런가. 어찌 그럴 수 있는가." 하였다.

자문공숙문자어공명가왈子問公叔文子於公明賈曰 신호부자불언불소불취호信乎夫子不言不笑不取乎 공명가대왈公明賈對曰 이고자과야以告者過也 부자시연후언夫子時然後言 인불렴기언人不厭其言 낙연후소樂然後笑 인불렴기소人不厭其笑 의연후취義然後取 인불렴기취人不厭其取 자왈子曰 기연其然 기기연호豈其然乎   [헌문]

공숙문자는 위나라 대부 공손지(또는 공손발)를 말하며, 공명가도 위나라 사람이다. 공자가 이미 다른 글에서 자신의 가신인 대부 선을 추천하여 조정에 같이 서게 한 일로 그를 칭찬한 인물이다. 이 구절을 보면, 공자가 그의 행동에 '어찌 그럴 수 있는가'라고 놀라움을 표하며 못미더워하는 대목이다.

이 글의 핵심어는 '불렴'이다. 즉 남이 '싫어하지 않는다'는 것이다. 왜 그럴까. 요는 그 행위가 중도에 맞기에 그렇고, 심중을 그대로 드러내기에 그렇고, 의리에 합당하기 때문에 그렇다. 그렇기에 사람들이 그의 솔직함과 깨끗함에 공감할 수 있는 것이다. 노자나 법가의 치도에서는, 심중을 드러내지 않는 '무심한 경지'를 군주의 최고의 처신으로 친다지만, 이는 사람들과 단절된 군주의 삶일 뿐, 사람들과의 '여민동락'을 추구하는 유학의 치도와는 다르다.

인을 먼 데서 찾을 필요가 없다. 일상생활에서 사람다움을 실천하는 게 인이기 때문이다. 이 글에 담긴 공자의 뜻이다. 말을 해야 할 때 말하고, 마음이 즐거워야 웃고, 의리상 합당하지 않은 재물을 물리치는 것, 이것이 사람다운 솔직하고 깨끗한 모습은 아닐까. 공자도 어려워한 처신이다. 반면에, 아무 때나 불쑥불쑥 말하고, 남에게 영합하려고 억지로 웃고, 재물 앞에서 의리에 눈감는 사람은 사람다움과 거리가 멀다.

공자가 취한 것은 공숙문자의 솔직하고 깨끗한 행동이다. 누구나 싫어하지 않고 수긍하여 고개를 끄덕이는 사람! 그런 솔직하고 깨끗한 태도가 사람을 끄는 매력이 아닐까 싶다. 닮고 싶은 삶이다.

도가 사람을 넓히는 게 아니다

사람이 도를 넓히는 것이지, 도가 사람을 넓히는 게 아니다.

자왈子曰 인능홍도人能弘道 비도홍인非道弘人 　　　　　　　　[위령공]

우리는 살아가면서 이처럼 본말이 뒤바뀐 경우를 종종 본다. 모든 일에는 본말에 따른 우선 순위, 경중의 가치 판단이 있게 마련이다. 본질적인 일과 말단적인 일, 먼저 할 일과 나중에 해도 될 일, 가벼운 일과 엄중한 일을 뒤바꾸면 어떻게 될까.

　그런데 그렇게 사는 사람들이 의외로 많다. 요는 생각이고 지향이다. 생각하지 않고 지향 없이 살면, 형식의 도그마에 빠지기 쉽다. 공자는 예의 형식과 내용이 부딪치면 차라리 소박한 예의 정신을 따르겠다고 했다. 자신을 성찰하면서 그 마음을 지키겠다는 뜻이다.

　『성경』에서 예수님이 안식일에 병자를 치료하는 것을 보고 유태인들이 항의하자 "안식일이 사람을 위해서 있는 것이지 사람이 안식일을 위해서 있는 것이 아니다."라고 했다. 아무리 안식일이라고 해도 오랫동안 앓아온 병자의 입장에서는 보면 병 치료보다 급한 일이 없다. '안식일을 지키라'는 율법은 강력해서 유태인은 안식일을 목숨처럼 지키지만, 사람에 대한 '사랑'보다 안식일이라는 '율법'을 더 중요시한 당대 위선자들에 대한 경고라고 할 수 있다.

　'도'는 사람이 걸어가야 할 '길'을 말한다. 원문의 '홍도'는 사람들이 다닐 수 있게 그 길을 넓히겠다는 것이다. 길을 넓힌다는 것은 사회적 연대, 의미적 연대를 의미한다. 조선후기의 화원 단원 김홍도의 이름은 이 글에서 따온 것이다.

리더가 새겨야 할 말

계강자가 공자에게 정치에 대해서 물었다. 공자가 대답하기를 "정치는 바르게 하는 것이오. 그대가 솔선해서 바르게 하면 누가 감히 바르게 되지 않겠는가." 하였다.

계강자문정어공자季康子問政於孔子 공자대왈孔子對曰 정자정야政者正也 자솔이정子帥以正 숙감부정孰敢不正

[안연]

공자가 살았던 춘추시대는 각 나라마다 패권을 추구하여 정치가 분란의 진앙지인 시대였다. 중국사에선 뒤의 전국시대와 한 데 묶어서 춘추전국시대라고 한다. 이 시기 민은 단지 패권정치의 도구에 지나지 않았다. 힘에 의한 패권정치가 각축을 벌이던 혼란한 시기에 정치 지도자들에게 민의 행복은 안중에 없었다.

그런 시대에 인의에 기반한 사람다움의 길을 가고자 한 사람이 공자였다. 그러니 당시의 정치 지도자들에겐 공자의 말이 얼마나 공허하게 들렸을까. 공자도 당대 현실 정치에선 그의 이상이 실현될 수 없음을 알았음인지 제자 교육에 매진했다.

정치인 누구나 정직을 표방하지만 대개는 그렇게 행동하지 않는다. 표를 의식해서 포퓰리즘에 빠진 정치인은 겉과 속이 다른 경우가 허다하다. 공자는 자신의 도가 정직을 바탕으로 한다고 하였다. 큰 정치인은 정직을 자산으로 삼는다. 노나라의 실권자 계강자가 정치에 대해 묻자, 공자가 '정치는 바르게 하는 것'이라며 솔선수범을 강조한 뜻도 여기에 있다.

대중을 속이는 정치, '우민'의 정치가 21세기에 횡행하고 있다. 이런 정치 지도자는 결국 연대하는 시민의 저항을 받아 무너질 수밖에 없다. 그것이 역사의 교훈이다. 다만, 역사가 교훈, 즉 감계가 되기 위해서는 올바른 역사교육이 관건이다. 최근 재래드 다이아몬드가 낸 『대변동: 위기, 선택, 변화 - 무엇을 선택하고 어떻게 변화할 것인가』에는 미국에 유학을 온 일본 학생들이 미국에 와서 처음으로 과거 일본이 저지른 전쟁 범죄 행위를 듣고 충격을 받는 경우가 많다고 한다. 올바른 역사교육을 회피하고 자신이 피해자인양 위장하는 일본 정치지도자들은 자신들의 선조들이 무슨 마음으로 『논어』를 읽었을까 새겨 볼 일이다.

사람다움을 실천하는 길

자공이 인을 행하는 방도를 물으니, 공자가 말하기를 "장인이 일을 잘하려면 반드시 먼저 연장을 예리하게 만들어야 하는 것이니, 한 나라에 살면서 그 나라의 대부 가운데 현명한 이를 섬기고 그 선비 가운데 어진 이를 벗 삼아야 한다." 하였다.

자공문위인子貢問爲仁 자왈子曰 공욕선기사工欲善其事 필선리기기必先利其器 거시방야居是邦
也 사기대부지현자事其大夫之賢者 우기사지인자友其士之仁者　　　　　　　　　[위령공]

올바른 인도, 즉 사람다움을 실천하는 길은 현명한 이를 섬기고 어진 이를 벗하라는 당부다. '친구를 보면 그 사람을 알 수 있다'고 했다. 누구를 가까이 하는가를 보면 그 사람됨을 알 수 있다는 뜻이다. 같은 길을 함께 가는 동행이 중요하다는 말이다.

　이 글은 사람다움의 판단 문제를 넘어서 그 실천 방법을 묻는 질문이다. 이에 대해 공자는 장인이 사전에 연장을 준비하듯 현명한 이를 섬기고, 어진 사람을 벗하라고 한다. 지극히 평범하게 들릴 수 있는 말이지만, 그 의미는 깊다. 공자가 말한 예는 구분을 전제로 행위 양식을 규정한 것이다. 이 말은 사회적 인간관계의 다른 표현이다. 사람은 시간, 공간, 인간의 삼간(三間) 체계 속에 존재한다. 따라서 누가 어떤 관계를 맺고 사는가는 그 사람의 정체성에 큰 영향을 미친다.

　때문에 현명한 이를 통해 상황에 처하여 가야할 길과 가지 말아야 할 길을 분별할 수 있는 지혜를 얻을 것, 어진 이를 통하여 사람의 기본적인 도리인 인성에 대한 바른 깨우침을 얻을 것을 주문한 것이다. 자신의 잘못을 바로잡아 줄 수 있는 그런 사람이 곁에 있다면 큰 과오를 범하지 않을 것이다. 또 인생 여정에 동행하여 서로 큰 격려가 되기도 할 터이다.

조선의 유학자 사계 김장생은 산을 오르면서 "사람의 도리를 실천하기는 산을 오르는 것처럼 어렵고, 사람의 도리에서 벗어나기는 산을 내려가는 것처럼 쉽다."라고 하여 사람다움의 길을 실천하기 어렵다고 경계했다.

이욕에 빠져 세상을 탐욕스럽게 사는 사람은 반면교사의 대상은 될지언정 더불어 같이 할 사람들은 아니다. 길이 다르다. 공자의 경계를 새겨들어야 할 이유다.

사람다움이란

강하고 굳세며 질박하고 어눌함이 인에 가깝다.

자왈子曰 **강의목눌**剛毅木訥 **근인**近仁 [자로]

공자는 '이것이 인이다'라고 단정하지 않는다. 오히려 강함과 유함, 굳셈과
나약함, 질박함과 화려함, 어눌함과 능란한 말솜씨를 대비함으로써 인의
의미를 더욱 선명해지도록 하는 수사적 효과를 꾀하고 있다.

　강함이란 자신의 뜻을 굽히지 않고 관철하는 태도다. 옳은 데도 틀렸다
하고, 틀렸는데도 옳다고 하는 것은 옳은 태도라고 할 수 없다. 때론 판단하
기 모호한 문제도 있지만 그 모호함도 자신의 지혜가 모자란 것이니, 누구
를 탓할 수도 없다. 그래서 지혜는 분별을 바탕으로 한다.

　굳셈이란 위압적인 외부의 압박과 유혹에도 흔들리지 않는 태도를 말
한다. 세상의 악은 어디에나 있고, 어떤 형태로든 모양도 다양하다. 자신을
성찰하여 자수(自守)한다는 뜻은 자신의 마음을 지킨다는 뜻이다. 나이가 들
면서 더욱 지켜야 할 것은 자신의 마음이다. 세상의 유혹은 은근하고 집요
하다.

　질박함이란 그 사람의 사람 됨됨이를 말한다. 소박한 듯 솔직한 사람이
더 믿음이 간다. 겉과 속이 같고 꾸미지도 않지만 사귈수록 진국인 사람이
있다. 진국은 마음 씀씀이가 제대로 된 사람이라는 뜻이다.

　말을 잘하여 능변, 달변이지만, 행위가 미덥지 못한 경우, 그 사람은 신

뢰하기 어렵다. 사람 간에는 행위로 믿음을 사기 때문이다. 미덥지 못한 사람은 어디에서도 환영받지 못한다. 언행이 불일치하는 사람보다 차라리 서툰 말투가 더 신뢰할 수 있다는 뜻이다.

공자가 말한 "인에 가깝다."는 뜻은 사람다움의 길에 가깝다는 뜻이다. 이 길은 죽는 순간까지 노력해야 할 길이다.

사람도 귀하고 말도 귀하다

더불어 말할 만한데도 상대하여 말하지 않으면 사람을 잃는 것이고, 더불어 말할 만하지 않은데도 상대하여 말을 한다면 말을 잃는 것이다. 지혜로운 사람은 사람도 잃지 않고 말도 잃지 않는다.

자왈子曰 가여언이불여지언可與言而不與之言 실인失人 불가여언이여지언不可與言而與之言 실언失言 지자知者 불실인不失人 역불실언亦不失言 　　　　　　　[위령공]

말해야 할 때 자신의 뜻을 분명하게 말하는 사람이 귀하다. 말은 정신을 담는 그릇이기 때문이다. 반면, 시도 때도 없이 아무 말이나 하는 사람, 모호하게 일버무려 면피하려는 사람, 그럴 듯하게 꾸며대며 핑계만 대는 사람, 빈 말하는 사람, 안목이 없어서 어떤 말을 해야 할지 모르는 사람, 위세나 상황에 눌려 해야 할 말을 못하는 사람은 미덥지 못하다.

　말은 상대방에 대한 예의이자 관계에 대한 존중의 표현이다. 『논어』 선진편에 말과 관련한 이런 글이 있다. "노나라 사람들이 장부(창고)를 지으니, 민자건이 말하기를 '옛것을 그대로 쓰면 되는데 하필 이렇게 고쳐 짓는다는 말인가' 하니, 공자가 말하기를 '이 사람이 말을 안 해서 그렇지 말을 하면 꼭 이치에 맞는 말만 한다.' 하였다." 민자건은 공자의 제자였다. 민력을 낭비하는 온당치 못한 처사를 지적한 말이다. 말과 행위를 통해서 그 사람의 됨됨이를 알 수 있다. 공자가 말한 지혜로운 사람의 조건이다.

　이런 점에서 구한말 한규설의 처신은 아리송했다. 그의 말 때문이었다.

'불가불가(不可不可)'가 '불가'를 재차 강조한 강한 부정의 뜻인 '불가, 불가'인가, 불가피해서 찬성한다는 뜻인 '불가불, 가'인가였다. 나라의 주권을 강탈하려는 자 앞에서 대신의 지위에 있으면서 이런 아리송한 말로 면피하려는 행위는 결코 정당화될 수는 없다. 때문에 역사에서는 당시 그의 처신을 옳게 보지 않는다. 말은 행위가 뒷받침될 때 말도 잃지 않고 사람도 잃지 않는다.

사람에 대한 생각

자공이 묻기를 "고을 사람들이 모두 좋아하면 어떻습니까?" 하니, 공자가 말하기를 "안 된다." 하였다. "고을 사람들이 모두 싫어하면 어떻습니까?" 하니, 공자가 말하기를 "안 된다. 고을 사람 중에 선한 사람들이 좋아하고 선하지 않은 사람들이 미워하는 것만 같지 못하다." 하였다.

자공문왈子貢問曰 향인鄕人 개호지皆好之 하여何如 자왈子曰 미가야未可也 향인鄕人 개오지皆
惡之 하여何如 자왈子曰 미가야未可也 불여향인지선자호지不如鄕人之善者好之 기불선자오지其
不善者惡之 　　　　　　　　　　　　　　　　　　　　　　　　　　　[자로]

사람들의 호오가 모두 같을 수는 없다. 선한 이도 있고, 악한 사람도 섞여 있는 게 사회다. 선한 이는 선한 이를 찾아 선을 이루려 하고, 악한 사람은 악한 부류를 모아 악을 꾀한다. 그러므로 모두에게 선하거나 악한 사람은 없다. 공자의 이 말은 그런 점에서 깨우침을 준다.

　제자 자공의 질문 의도는, 고을 사람들이 모두 좋아하는 사람과 모두 싫어하는 사람의 이분법으로 공론을 갈라서 얘기하지만, 스승 공자는 이를 선한 사람이 좋아하는 사람과 악한 사람이 미워하는 부류로 명백하게 나눈다. 때론 위장된 선으로 대중에게 영합하여 좋은 평판을 얻어 행세하는 경우가 있기 때문이다. 따라서 누구에게나 좋은 평판을 듣는 사람을 경계하고, 반대로 누구에게나 악평을 듣는 사람도 잘 살펴볼 것을 당부하는 말이다.

여기서 짚어볼 것은 '헤아림'의 지혜다. 공자는 관련하여, "여러 사람들이 미워해도 반드시 살펴보고 여러 사람들이 좋아해도 반드시 살펴보라."고 했다. 같은 취지다. 공자는 사람을 알아보는 지인을 현명하다고 했지만, 조선말의 학자 혜강 최한기는 『인정』에서 "사람은 죽을 때까지도 변하기 때문에 지인이라는 말은 사후에나 가능한 말이고, 대신 사람을 헤아리는 측인(測人)의 지혜가 더 필요하다."고 하였다. '사람을 알기 어렵다'는 공자의 탄식도 이와 무관치 않을 것이다.

그런데 요는 무엇을 가지고 그 사람을 살펴볼 것인가 하는 것이다. 공자는 그 사람의 언행을 잘 살펴볼 것에 주안점을 두었고, 혜강은 그 사람의 언행뿐만 아니라 그동안 해 온 일, 즉 사업을 잘 살펴볼 것을 주문했다. 이로 보건대, 사람을 판단할 때는 그 사람의 언행과 사업을 종합해서 미루어 헤아려 보아야 할 성 싶다. 다만, 두 사람 다 사람의 외모를 판단 기준으로 하는 상인(相人)을 경계하였다.

선거 때 마다 사람을 판단하는 일은 남의 말에 휩쓸려 경솔히 판단할 문제가 아니다. 지인지감의 안목과 시대에 대한 통찰이 두루 필요한 일이다. 사람에 대한 생각의 일절이다.

사람에 따라서

자로가 묻기를 "들으면 바로 행해야 합니까?" 하니 공자가 말하기를 "부형이 계시는데 어찌 들었다고 바로 행할 수 있겠느냐?" 하였다. 염유가 묻기를 "들으면 바로 행해야 합니까?" 하니 공자가 말하기를 "들으면 바로 행해야 한다." 하였다. 이에 공서화가 말하기를 "유(자로)가 '들으면 바로 행해야 합니까?'라고 묻자 선생님께서는 '부형이 계시다.'고 하셨고, 구(염유)가 '들으면 바로 행해야 합니까?'라고 묻자 선생님께서는 '들으면 바로 행해야 한다.'고 하셨습니다. 저 적(공서화)은 그 까닭이 궁금해 감히 묻습니다." 하니 공자가 말하기를 "구는 물러서려는 성격 때문에 나아가게 한 것이고, 유는 남보다 나서기 좋아하는 성격 때문에 물러서게 한 것이다." 하였다.

자로문子路問 문사행저聞斯行諸 자왈子曰 유부형有父兄 재在 여지하기문사행지如之何其聞斯行之 염유문冉有問 문사행저聞斯行諸 자왈子曰 문사행지聞斯行之 공서화왈公西華曰 유야문문사행저由也問聞斯行諸 자왈子曰 유부형재有父兄在 구야문문사행저求也問聞斯行諸 자왈子曰 문사행지聞斯行之 적야혹赤也惑 감문敢問 자왈子曰 구야求也 퇴고退故 진지進之 유야由也 겸인고兼人故 퇴지退之

[선진]

이 글은 사람에 따라 교육 방법이 다르다는 것을 말하는 게 핵심이다. 사람의 진퇴가 같을 수는 없기 때문이다. 염유는 신중함이 지나쳐서 매사에 진행이 더딘 편이고, 반대로 자로는 신중하게 생각하기 보다는 행동파에 가까웠다. 따라서 염유에게는 '진일보'의 진취적 기상을, 자로에게는 '퇴일보'의 신중함을 가르치려는 게 공자의 생각이다.

공자의 교육 철학은 세 가지로 요약된다. 첫째가 이 글에서 보이는 맞춤식 교육이다. 사람에 따라 기질과 관심사가 다르기 때문에 획일적 교육은 한계가 있다. 둘째는 차별 없는 무류(無類)의 교육이다. 가르치기를 게을리 하지 않았다. 셋째는 자발적 자득(自得)의 교육이다. 한 모퉁이를 들어주어 나머지 세 모퉁이를 스스로 깨우치려고 발분하지 않으면 더는 가르쳐주지 않았다. 삼우반(三隅反)의 교육이 이런 유이다.

이러한 교육은 피교육자에 대한 따뜻한 관심과 세심한 관찰이 전제되어야 가능하다. 그런데 우리나라 교육 현장에서 과연 이러한 교육이 가능할까. 이 글을 읽으면서 획일화된 주입식 교육이 만연한 우리의 현실을 돌아보게 된다.

획일화된 주입식 교육은 국가주의나 민족주의에 경도되어 정치화되기 쉽다. 교육의 정치화는 반드시 그 대가를 치르기 마련이다. 나치의 친위 조직인 히틀러 유겐트, 중국 문화대혁명기의 홍위병처럼 말이다. 교육은 개개인의 자아실현과 행복 추구를 위한 수단이다. 스스로 생각하는 능력이 관건이다. 또 교육은 한 사회의 미래를 위한 투자다. 따라서 그 사회의 미래를 보려면 교육 정책을 보면 알 수 있다. 정답을 잘 맞추는 사람보다 질문을 잘하는 사람이 필요한 시대다.

사람은 그릇인가

군자는 그릇이 아니다.

자왈子曰 군자불기君子不器   [위정]

독일의 사회학자, 철학자로 유명한 막스 베버가 『프로테스탄트 윤리와 자본주의 정신』에서 이 말을 인용하여 동양의 인간상을 비판하여 논란이 되었다. 그는 현대 사회과학 전반에 대한 방법론적 토대를 구축한 인물로 평가되었기에 그의 논리는 두고두고 논란을 일으켰다.

    『논어』의 이 구절에 대한 막스 베버의 논리를 어떤 관점에서 읽어야 하는가의 문제는 신영복 선생의 『강의-나의 동양고전 독법』에 자세하다. "베버의 경우 '기(器)'는 한마디로 전문성입니다. 베버가 강조하는 직업윤리이기도 합니다. 바로 이 전문성에 대한 거부가 동양 사회의 비합리성으로 통한다는 것이 베버의 논리입니다. '군자불기'를 전문성과 직업적 윤리의 거부로 이해했습니다. 분업을 거부하였고, 뷰로크라시(관료성)를 거부하였고, 이윤 추구를 위한 경제학적 훈련을 거부하였다고 이해했습니다. 그것이 바로 동양 사회가 비합리적이며 근대사회 형성에서 낙후될 수밖에 없는 원인이라는 결론을 이끌어내고 있습니다." 신영복 선생이 편 비판적 논점의 핵심은 막스 베버 논리가 '자본주의적 인간의 비인간적 성격'에 기초한다는 것이다. 공자가 말하는 '군자불기'는 도덕 사회를 구현할 이상적인 인격체의 '인성'을 말하는 것이지 전문적 쓰임에 맞추어진 도구적(분업) 존재로서의 인간을 말하는 것이 아니라는 것이다.

그런데 문제는 4차 산업혁명이다. 이제 인간은 디지털 기술로 인해 새로운 인간화의 새로운 단계에 진입하고 있다. 기술이 기술을 낳는 특이점 (Singularity)을 예측한 『특이점이 온다』를 쓴 미래학지 레이 커즈와일은 2045년경이면 인간의 의식을 디지털 기술로 스캔하는 것도 가능할 것이라고 예측했다. 이 말은 곧 기계의 도움을 받아 '영속적으로' 존재하는 생명체의 도래를 말한 것이다.

이 경우 인간을 어떻게 규정해야 할까. 영속하는 존재에게 인간이 피할 수 없는 죽음이란 어떤 의미일까. 막스 베버가 말한 그 전문성을 '기계 인간'이 더 훌륭하게 대체하는 세상이 곧 다가올 텐데 말이다. 그렇다면, 인간에 대한 기존의 인문학적 담론이 더 이상 유용하지 않을 수도 있다. 그런 시대에 우리가 살고 있는 것이다. 시대와 역사를 넘어 사람의 미래를 통찰할 수 있는 새로운 인문학은 과연 가능할까. 『논어』의 이 구절을 읽으면서 문득 든 생각이다.

사람을 사랑하는 것이 인이다

번지가 '인'에 대해 물으니, 공자가 "사람을 사랑하는 것이다."라고 하였다.

번지문인樊遲問仁 자왈子曰 애인愛人 　　　　　　　　　　　[안연편]

『논어』의 핵심 개념은 '인'이다. '사람이 추구해야 할 바른 길'이라는 뜻이다. 공자는 이 인을 바탕으로 하는 정치를 주장했다. 곧 덕에 기초한 왕도정치였다. 이를 다른 말로 하면 '인애'의 정치다. '인'과 '사랑'은 불가분의 관계라고 할 수 있다. 때문에 사랑 없는 '유능'과 관용 없는 '경쟁'은 사회에 해악을 끼칠 뿐이다.

우리는 극심한 분열과 갈등, 기존 체제의 급격한 해체, 인공지능 등 날로 발전하는 기술 시대에 살고 있다. 미국의 여류 언론학자 프랜시스 캐언크로스는 『거리의 소멸』에서 인류의 미래에 빛과 어둠을 동시에 던져주고 있는 시대상을 '카오스'라고 진단했다. 이런 혼돈스런 시대에도 『논어』는 여전히 읽을 가치가 있는 책일까.

인생의 책 『논어』를 관통하는 주제는 '사람에 대한 사랑'이다. 사랑은 시대를 초월한다. 이 글을 쓰는 동안 『성경』 구절이 계속 겹쳐졌다. 하나님 율법의 기본 정신도 사랑이기 때문이다. 예수님은 인류에 대한 사랑의 실천자로 이 땅에 오셔서 우리를 위해 고난을 받으셨다. 큰 사랑 앞에 감사할 수 있다면 고난도 축복이다.

삶의 가치는 그 사람의 지향에 따라 드러난다. 나이가 들면서 그런 경향은 더욱 두드러진다. 사람의 삶 자체가 부평초 같이 헛되다고 하는 데 삶의 지향조차 없다면 더욱 그럴 것이다. 『논어』는 세상을 사는 지혜를 주고, 인간다운 삶의 방향을 알려준다.

사람을 알아보는 안목

계강자가 묻기를 "중유(자로)는 정치에 종사할만 합니까?" 하니, 공자가 말하기를 "유는 과단성이 있습니다. 정치에 종사하는 데 무슨 어려움이 있겠습니까." 하였다. 또 묻기를 "사(자공)는 정치에 종사할만 합니까?" 하니, 공자가 말하기를 "사는 사리에 통달했습니다. 정치에 종사하는 데 무슨 어려움이 있겠습니까." 하였다. 또 묻기를 "구(염유)는 정치에 종사할만 합니까?" 하니, 공자가 말하기를 "구는 재능이 많습니다. 정치에 종사하는 데 무슨 어려움이 있겠습니까." 하였다.

계강자문季康子問 중유仲由 가사종정야여可使從政也與 자왈子曰 유야由也 과果 어종정호於從政乎 하유何有 왈曰 사야賜也 가사종정야여可使從政也與 왈曰 사야賜也 달達 어종정호於從政乎 하유何有 왈曰 구야求也 가사종정야여可使從政也與 왈曰 구야求也 예藝 어종정호於從政乎 하유何有

[옹야]

공자의 제자 평가가 '과단성이 있다, 사리에 통달했다, 재능이 많다'이다. 과단성이 있다면 군사적인 일에 적합할 것이고, 사리에 통달했다면 내치와 법적인 송사에 적합할 것이며, 재능이 많다면 예법과 외교 응대에 적합할 것이다. 세 사람이 각기 장점이 있으니, 그 장점을 잘 살펴보고 각기 알맞은 일을 맡기면 정치의 효과를 볼 수 있다는 뜻이다. 일 맡은 사람은 그 맡은 직분에 충실할 뿐인 것을, 그렇다면 정사를 펴는 데 무슨 어려움이 있겠느냐는 의미의 대답이다.

　핵심은 인재의 장점을 알아보는 지인지감의 안목과 인재를 공정하게 적재적소에 활용하는 능력과 용심(用心)이다. 『중용』에서 "정치는 그 사람에게 달린 것이다."라고 한 것도, 적재적소에 합당한 인재가 어우러진 치세의 정사를 의미한다는 점에서 같은 맥락으로 읽을 수 있다. 그러나 그런 시대는 정말 드물다. 역사에서는 오히려 권력자에게 영합하여 자신의 사욕을 채우려는 간신들이 활개 치던 때가 더 많이 나타난다. 이런 때는 대개 난세다. 이들은 봉건군주가 권력을 세습하던 시기에 군주에 영합하여 자리를 차지하려고 온갖 짓을 서슴없이 벌인다.

문제는 이러한 간신들의 행위가 사회적 질서와 믿음의 근간을 해치고, 당장 사람들을 오염시키고 굴종시킨다는 것이다. 공자가 "굽은 자를 등용하면 그 아래도 굽게 된다."고 한 것은 이런 뜻이다. 그래서 다산 정약용이 『목민심서』에서 목민관의 제일의 가치로 공렴의 정신을 든 이유가 여기에 있다. 공렴은 요즘말로 하면 공정과 청렴 정신이다. 목민관이 사심을 부리면 그 해악이 너무 크다. 시류와 권력에 영합하는 사람, 사심을 채우려는 사람은 공선(公選)에서 배제되어야 한다. 그러니 지금도 여전히 사람을 알아보는 안목이 필요하다.

사람을 얻었느냐

자유가 무성의 수령으로 있었는데, 공자가 말하기를 "너는 사람을 얻었느냐?" 하니, 자유가 대답하기를 "담대멸명이란 자가 있는데, 길을 갈 때는 지름길로 가지 않고, 공사가 아니면 제 방에 오는 적이 없습니다." 하였다.

자유위무성재子游爲武城宰 자왈子曰 여득인언이호女得人焉爾乎 왈曰 유담대멸명자有澹臺滅明者 행불유경行不由徑 비공사非公事 미상지어언지실야未嘗至於偃之室也   [옹야]

공자가 무성이란 읍의 수령으로 나가 있는 제자 자유에게 '사람은 얻었느냐?'고 물었다. 쓸 만한 인재를 찾았느냐는 뜻이다. 이에 대해 자유는 담대멸명이란 자가 있어서 살펴본 결과, 두 가지 기준에서 인재로서 합당하다고 생각한다고 답하고 있다.

첫째는, "길을 갈 때 지름길로 가지 않는다."는 것이다. 여기서 '길을 간다'는 것은 실천의 의미다. 사람은 요행을 바라고 흔히 임시방편으로 권도를 행하기 쉽지만, 담대멸명은 이런 요행수를 취하지 않고 초지일관하게 정도를 행하고 있음을 비유한 것이다. 이는 그가 부정한 방법을 멀리하는 마음가짐의 소유자임을 알게 한다.

둘째는, "공사가 아니면 제 방에 오는 적이 없다."는 것이다. 이는 사적으로 기회를 엿보는 기심(機心)이 없다는 것이다. 그가 공과 사를 구분할 줄 아는 충신한 사람임을 알게 한다. 대개의 간신은 윗사람에게 영합하여 호가호위하며 사적인 이득을 취하기 때문이다.

정도를 행할 줄 알고 공사를 구분 할 줄 아는 사람을 인재로 꼽은 것이다. 자유의 대답에 공자가 흡족한 표정을 지었을 듯싶다. 공자의 질문은 인재의 판단에 대한 자유의 안목을 시험해본 측면이 있기 때문이다. 정치는 사람의 진면목을 판단하고 인재를 적재적소에 활용 줄 아는 용인의 안목이 중요하기에 그렇다. 교묘한 말로 둘러대는 교언이나 겉으로 얼굴 표정을 꾸미는 영색에 현혹되지 말 것을 경계하는 글이다. '담대'는 성이고, '멸명'은 이름이다. 자를 자우라고 하였다.

사람을 좋아하고 미워할 자격

오직 인한 자라야 사람을 좋아할 수 있고 사람을 미워할 수 있다.

자왈子曰 유인자惟仁者 능호인能好人 능오인能惡人 　　　　　　　　[이인]

누구를 편애하거나 대가를 바라는 마음으로 은혜를 베푸는 일은 이 글에서 말하는 사람을 좋아하는 취지와 거리가 멀다. 또 누구를 대놓고 마냥 미워하는 감정도 마찬가지다. 이 글에서는 오직 인자라야 사람을 올바른 방법으로 좋아할 수 있고, 올바른 방법으로 미워할 수 있다고 일깨운다. 왜 일까.

공자에게 인이 무엇이냐고 제자들이 묻자, 인은 '사람을 사랑하는 것이다'라고 답했다. 따라서 이 글에서 인자라야 사람을 좋아할 수 있고, 미워할 수 있다고 한 것은 그 바탕에 '사랑'이 있기 때문이다. 사랑은 완성을 지향한다. 그 점이 자기를 희생해서 남의 인을 이루어주려는 '살신성인'의 가치로 이어지기 때문이다.

반면에 선의로 위장한 사심 가득한 마음, 상대방에 대한 적의만 가득한 마음은 사회를 병들게 한다. 그 마음에 진정한 이타적 사랑이 없기 때문이다. 이런 희생적인 사랑의 마음을 가진 사람만이 누구를 좋아하거나 미워할 자격이 있다는 것이다.

요는 공정이다. 선을 좋아하고 악을 미워하는 마음을 가지고 있는가, 사람을 처지나 외모로 판단하지 않고 공정하게 대우할 수 있는가. 이 글이 묻고 있는 것은 이것이다. 마이클 샌델의 『정의란 무엇인가』는 우리 사회에 정의의 화두를 묵직하게 던진다. 이 책에서 말하는 정의는 '사회적 정의'를 말한 것이지만, 한편에선 사회 구성원들이 정의로 내재화하지 않는다면 그 사회적 정의의 실현도 요원할 것이다. 정의는 관계에 대한 믿음을 바탕으로 한다. 그리고 그 믿음에는 사랑이 있다. 반면에 파괴적 증오는 사회악일 뿐이다.

사람을 판단할 때는 여론만 믿지 마라

여론에서 독실하다고 하여, 이것이 군자다운 사람일까. 겉으로만 엄숙한 척 하는 자일까.

자왈子曰 논독論篤 시여是與 군자자호君子者乎 색장자호色莊者乎　　　　　[선진]

사람은 알 수 없다. 심중을 감추고 얼마든지 겉으로 꾸밀 수 있기 때문이다. 『성경』에 다윗의 아들 압살롬 얘기가 나온다. 아버지인 다윗을 속이고 신민들의 환심을 산 뒤에 여론을 자기 편으로 만들고 결국 반란을 일으켰다가 살해당한 인물이다. 역사에서 이러한 사례를 찾기는 어렵지 않다. 우리 시대에도 이런 사람들이 있게 마련이다.

　　평판이 좋다고 하여, 꼭 믿을 것은 못된다. 공자는 "여러 사람이 다 그를 미워해도 반드시 살펴보아야 하고, 여러 사람이 다 그를 좋아해도 반드시 살펴보아야 한다." 하였다. 평판이나 여론을 맹신하지 말라는 뜻이다.

　　속이려는 사람은 속내를 쉽게 드러내지 않는다. 공자가 교묘하게 둘러대는 교언과 겉으로 안색을 꾸미는 영색을 경계한 것도 속내를 숨기고 겉으로 위장하기 때문이다. 그 위선적인 행태가 솔직함을 바탕으로 하는 자신의 도와 맞지 않기 때문이다. 특히, 인물을 선발할 때 여론이나 평판에만 의지하여 판단하면 전체를 위험에 빠뜨린다.

　　언론을 공기(公器)라고 하는 이유는 언론 매체를 통하여 평판과 여론이 만들어지기 때문이다. 따라서 언론이 공기로서 제 기능을 못하면 그 사회에는 잘못되고 편향된 여론이 형성된다. 공자는 재여를 보고 비로소 그 사람의 말뿐 아니라 행동까지도 살펴야 한다는 점을 깨달았다고 했다. 여론이나 평판, 외모만 보고 사람을 섣불리 판단할 일은 아니다. 우리 속담에 '사람은 겪어 보아야 알고 물은 건너보아야 안다'고 했다. 사람의 마음이란 겉으로 언뜻 보아서는 알 수 없고 함께 오랫동안 지내보아야 알 수 있다는 말이다.

사람의 길

자장이 공자에게 인에 대해서 묻자 공자가 말하기를 "능히 다섯 가지를 천하에 행할 수 있으면 인이라 할 수 있다." 하였다. 듣기를 청하니 말하기를 "공손함과 너그러움과 믿음과 민첩함과 은혜로움이다. 공손하면 업신여김을 당하지 않고, 너그러우면 민심을 얻게 되며, 믿음직하면 남들이 의지하게 되고, 민첩하면 공이 있게 되며, 은혜로우면 다른 사람을 부리기에 충분하다." 하였다.

자장子張 문인어공자問仁於孔子 공자왈孔子曰 능행오자어천하能行五者於天下 위인의爲仁矣 청문지請問之 왈공관신민혜曰恭寬信敏惠 공즉불모恭則不侮 관즉득중寬則得衆 신즉인임언信則人任焉 민즉유공敏則有功 혜즉족이사인惠則足以使人　　　　　　　　[양화]

공자는 이 글에서 인에 대해 다섯 가지로 요약하여 설명하고 있다. 공손함, 너그러움, 믿음직함, 민첩함, 은혜로움이다. 이 다섯 가지는 인의 사회적 공용에 해당한다.

공자는 "공손하면 남에게 업신여김을 당하지 않고, 너그러우면 민심을 얻게 되며, 믿음직하면 남들이 의지하게 되고, 민첩하면 공이 있게 되며, 은혜로우면 다른 사람을 부리기에 충분하다."고 하였다. 다른 말로 하면 '자신에게는 엄격하고 남에게는 너그러우며, 말에는 신실하고, 행동은 민첩하여 세상 백성을 편안하게 하는 것'이다. 그런 지향이 인에 가깝다는 뜻이다.

공자는 제자들에게 인의 개념을 다양하게 설명하고 있다. 안연이 인에 대해 묻자 '인은 극기복례'라고 답하였다. 내 사욕을 이기고 예를 회복한다는 말이다. 또 중궁이 인에 대해 묻자 '자기가 하고 싶지 않은 일을 남에게 시키지 않는 것'이라고 하였고, 사마우가 인에 대해 묻자 '어진 자는 말이 어눌하여 차마 못할 말이 있는 듯한 것'이라고 하였다.

제자에 따라 각기 다르게 설명하고 있지만, 하나의 공통점이 있다. 인이 사회적 인간의 참 모습을 지향한다는 것이다. 결국 공자의 인은 사람의 길을 여러 모습으로 설명하고 있을 뿐이다.

공자는 다른 글에서 자신의 도가 하나로 관철된다고 하였다. 자신에게 충실하고, 남에게 관대한 것이다. 거짓으로 자신의 욕망을 이루려는 것과 우격다짐으로 힘에 의존하는 패도는 자신의 정치 철학과 거리가 멀다는 말이다. 도는 곧 길이다. 목적지가 같은 사람은 같은 길을 간다.

사람의 말과 행동

군자는 말은 부끄러워하여 신중하게 하고, 그 행실은 말보다 넘치게 해야 한다.

자왈子曰 군자君子 치기언이과기행恥其言而過其行　　　　　　　　　　[헌문]

사람의 말과 행동을 언행이라고 하는데, 사람을 판단하는 기준이다. 말이 신실하지 못하고 행실이 못 미치는 사람은 어디에서도 환영받기 어렵다. 사람은 언행을 통해 그 심중과 인성을 알 수 있다. 말이 곧 그 사람이고, 행실이 곧 그 사람이기 때문이다.

공자는 "말솜씨는 부족하더라도 행동에는 민첩해야 한다."는 뜻으로 '눌언민행'을 강조했다. 말과 행동이 일치하지 않는 허언과 식언을 경계한 말이다. 공자는 말만 번지르르하게 하는 제자들의 행동을 보면, 그냥 지나치지 않고 반드시 일침을 놓았다.

때론 말보다 행동이 더 신뢰를 줄 때가 있다. 행동이 뒤따르지 않는 '말의 정치'를 대중은 신뢰하지 않기에 그렇다. 선거철마다 공약이 난무하지만, 거의 지켜지지 않아서 '거짓 공약'이 되기 일쑤인데, 그런 말뿐인 위선을 민심인들 놓칠 리가 있을까. 말한 바를 행동으로 실천하는 사람이 귀하다.

그때그때 '아무말대잔치'처럼 내뱉는 말은 소음일 뿐이다. 여름 한 철 매미가 내는 소리는 정말 시끄럽지만 더는 듣고 싶지 않아서 창문을 닫으면 사라지는 그런 소음 말이다. 사람이 그런 소음의 진원지가 되어서야 쓸까 싶다.

사람의 지향

남궁괄이 공자에게 묻기를 "예는 활을 잘 쏘았고, 오는 육지에서 배를 끌 정도로 힘이 셌지만 모두 제명에 죽지 못하였습니다. 그러나 우와 직은 몸소 농사를 지었으나 천하를 소유했습니다." 하였는데, 공자가 대답하지 않았다. 남궁괄이 나가자, 말하기를 "군자로구나! 이 사람이여. 덕을 숭상하는구나! 이 사람이여." 하였다.

남궁괄南宮适 문어공자왈問於孔子曰 예羿 선사善射 오奡 탕주盪舟 구부득기사俱不得其死 연우직然馬稷 궁가이유천하躬稼而有天下 부자부답夫子不答 남궁괄출南宮适出 자왈子曰 군자재君子哉 약인若人 상덕재尙德哉 약인若人
[헌문]

예와 오는 용력으로 유명한 인물들이었지만, 예는 부하인 한착에게 피살당하였고, 한착의 아들인 오는 하나라 임금 소강에게 죽임을 당하였다. '모두 제명에 죽지 못하였다'라는 말은 이를 두고 한 말이다. 반면에, 우는 치수에 성공하여 '요·순·우'의 성세의 주역으로서, 순임금에게 선위 받아 하나라의 시조가 된 인물이고, 직은 주나라를 세운 문왕과 무왕의 시조로서, 백성들에게 농사를 가르쳤다고 전하는 인물이다.

두 그룹의 차이를 비교한 뜻은 명백하다. 예와 오는 힘과 권력을 추구한 인물들이고, 우와 직은 백성들에게 널리 유익을 끼친 인물들이다. 그 지향이 달랐고, 그 끝도 달랐다. 이 점을 남궁괄이 지적한 것이다. 남궁괄은 자는 자용으로, 남용이라는 인물이다.

그 사람의 가치를 결정하는 것은 그 사람의 지향이다. 그 속에 그 사람의 길이 있기 때문이다. 공자가 남궁괄의 질문을 듣고 그 지향하는 바가 어디에 있는가를 알고 이를 칭찬한 것은 바로 이런 점 때문이다. 지금도 마찬가지다. 남의 것을 빼앗아 더 움켜쥐려는 사람이 있고, 반면에 자신의 것을 이웃과 나누며 사는 사람들이 있다. '탐욕과 추함'과 '존중과 존경'은 거기에 따라붙는 결과다. 그들도 죽음을 피할 순 없을 텐데, 그 끝이 어떻게 다를지 짐작하고도 남는다.

공자가 남궁괄의 질문에 즉답을 피한 데는 이유가 있다. 남궁괄이 예와 오를 당대의 권력자에, 우와 직을 공자에 비유하였기 때문에 이를 피한 것이다. 일종의 겸양의 뜻이지만, 한편 칭찬도 함부로 하면 '교만의 싹'이라는 생각도 든다. 그러니 칭찬도 사려 깊게 해야 한다. 그래도 칭찬하는 한 마디가 비방과 저주하는 말보다 백배는 더 낫다.

사람이 한결같은 마음이 없으면

공자가 말하기를 "남방 사람들 말에 '사람이 한결같은 마음이 없으면 무당이나 의원도 할 수 없다.' 하였는데, 좋은 말이다." 하였다. 《주역》에 '그 덕을 항상 지니지 못하면 혹 부끄러운 일을 당할 수 있다.'고 했는데, 공자가 말하기를 "이 점사를 음미하지 않아서이다." 하였다.

자왈子曰 남인南人 유언왈有言曰 인이무항人而無恒 불가이작무의不可以作巫醫 선부善夫 불항 기덕不恒其德 혹승지수或承之羞 자왈子曰 부점이이의不占而已矣　　　　　　　　[자로]

한결같은 마음을 항심이라고 한다. 사람이 이 항심이 없으면 "무당이나 의원도 할 수 없다."는 말은 사람으로서 바른 도리를 실천하려는 한결같은 마음이 없으면 무당이나 의원의 기예도 소용이 없다는 뜻이다.

　"그 덕을 항상 지니지 못하면 혹 부끄러운 일을 당할 수 있다."는 것은 『주역』 64괘 중 32번째 괘인 항괘(恒卦)의 효사다. 항은 '항상 상', '오랠 구' 등 과 같은 뜻으로 항상 불변하는 덕은 '항덕'을 의미한다. 항괘는 선의 길에서 벗어나지 않으면 길하다는 뜻이다. 그러니 선의 길에서 벗어나 악의 길로 가면 위태롭다는 말이 된다.

　"이 점사를 음미하지 않아서이다."라는 말은 '그 점사를 음미해서 미래 의 조짐을 아는 것'에 『주역』의 요처가 있다는 말이다. 『주역』의 원리와 관계 되는 말이다. 『주역』은 괘와 효로 이루어지며 괘와 효마다 점사가 따라 붙 는다. 봄, 여름, 가을, 겨울의 사계절이 순환하는 이치는 불변이지만, 풍경 의 변화는 그때마다 다 다른 것처럼 세상은 늘 변하는 것 같지만 결코 변하지 않는다는 철학적 이치를 담고 있다. 그래서 『주역』의 '역'은 그 현상[象]의 변화 속 불변의 이치를 보는 안목에 따라 그 해석과 적용에 큰 차이가 생기게 된다.

조선말 문인 무명자 윤기는 『무명자집』 제1책에서 권계량이 자기 집에 '한결같은 집'이란 뜻의 '항와(恒窩)'라고 편액한 것을 보고 쓴 글에서 "그대는 달의 한결같음을 보지 못했는가? 달이 한결같이 둥글지도 않고 한결같이 이지러지지도 않는데 영구히 밤을 비추는 것은 천도에 맞게 한결같음을 유지하기 때문이네. 이는 무당과 의원이 미칠 수 있는 한결같음이 아니라 군자가 행하는 일이네. 그대가 이에 짝할 수 있으면 좋겠네." 하였다.

항심은 불변의 전일한 마음을 말한다. 주위의 말이나 환경에 쉽게 휘둘리기 보다는 스스로 기준을 갖고 판단하는 태도를 말한다. 선한 항심이 없는 사람이나 백성에겐 미래가 없다. 사람이 마음을 일정하게 지키기 어려운 때이지만, 그럴수록 그 마음을 지켜야 한다. 현상에 휘둘리지 말라는 경계다.

사자답구나

거백옥이 공자에게 사자를 보냈다. 공자가 그 사자와 함께 앉아서 묻기를 "선생께서는 무엇을 하고 계신가?" 하니, 사자가 대답하기를 "선생님은 허물을 줄이려고 하는데 잘 안 되는 것 같습니다." 하였다. 사자가 나가자, 공자가 말하기를 "사자답구나. 사자답구나." 하였다.

거백옥蘧伯玉 사인어공자使人於孔子 공자여지좌이문언왈孔子與之坐而問焉曰 부자夫子 하위何爲 대왈對曰 부자욕과기과이미능야夫子欲寡其過而未能也 사자출使者出 자왈子曰 사호사호使乎使乎

[헌문]

사자의 역할은 적실한 말에 있다. 사자가 허탄한 말을 한다면 보낸 사람을 욕 먹이는 일이다. 사자가 '주인이 허물을 줄이려고 하는데 잘 안 되는 것 같다'고 한 것은 그 주인인 거백옥의 '자신을 성찰하는 태도'를 관찰한 결과다. 선비의 처신은 성찰에 있다. 자신을 돌아보아 허물을 줄이는 것, 그것이 참 처신이란 뜻이다.

이 대답으로 사자는 주인인 거백옥의 현명함을 더욱 드러내고 있다. 깊은 생각과 선한 뜻이 공자가 본 거백옥의 모습과 일치한다. 공자가 감탄사를 연발한 까닭이다. 사자는 타지에서 주인을 대신한다. 사자의 언행은 곧 그를 보낸 이의 뜻이다. 공자가 시를 배워야 사신의 임무를 담당할 수 있다고 한 뜻도 결국 '그 뜻을 말할 수 있는가'를 가름하는 말이다.

거백옥은 위나라 대부로 이름은 원이다. 공자가 위나라에 있을 때 도움을 주었다. 공자가 이때에 노나라로 귀국한 뒤이기 때문에 사자를 보내 온 것이다. 사자는 그 주인을 대신 해 온 것이다. 공자가 사자에게 자리를 권하여 함께 앉아서 대화를 나눈 뜻은 그 주인을 공경하는 예절이다.

이 글의 요처는 '변(變)'에 있다. 그것도 '표변'이다. 한 번에 일변하는 것이다. 외부적 개입으로도 변화가 발생하지만, 이 글의 취의는 내면의 성찰에 따른 능동적 변화에 있다. '허물을 줄이려고 노력하는 것'은 내면의 성찰이 있어야 가능한 것이다. 다만, 내면의 성찰이 가능하려면 그 만한 인격이 수반되어야 한다. 그런 인격을 갖춘 사람이 공자가 말하는 군자다. 쉰 살의 거백옥은 마흔 아홉까지 자신을 허물을 줄이려고 노력했다고 한다. 그 주인에 그 사자다.

생각이 사람을 만든다

군자는 덕을 생각하고 소인은 땅을 생각한다. 군자는 형이 마땅한가를 생각하고 소인은 혜택을 생각한다.

자왈子曰 군자君子 회덕懷德 소인小人 회토懷土 군자君子 회형懷刑 소인小人 회혜懷惠　　[이인]

'덕을 생각한다'는 남에게 베풀기를 생각한다는 것이다. 자기를 희생해서라도 인을 이루는 살신성인의 정신과 통한다. 존중과 배려로 서로 유익을 추구하는 태도라고 할 수 있다. 사람은 '덕분에' 서로 기대 사는 존재라는 뜻이다.

　반면에 '땅을 생각한다'는 지금 자기의 처지를 편안하게 여긴다는 뜻이다. 무사안일을 추구하는 삶이다. 그런 사람일수록 현세적인 탐욕과 권력에 집착한다. 사회 공통의 가치와 선에는 관심이 없는 이기적인 삶의 태도라고 할 수 있다.

　'형이 마땅한가를 생각한다'는 것은 원칙과 도리를 생각한다는 말이다. 또 '혜택을 생각한다'는 것은 눈앞의 혜택(이익)을 탐한다는 뜻이다. 사람다운 길을 가고자 하는 사람은 당장의 욕심보다는 멀리까지 내다보고 근본을 생각한다는 의미다. 공자도 멀리 보지 않으면 화가 닥친다고 했다. 공동의 이익을 위한 근본적인 심사원려가 필요하다는 의미다.

　'생각은 자유'라는 말이 있다. 생각은 구속하거나 통제할 수 없다는 뜻이다. 파스칼은 '사람은 생각하는 갈대'라고 했다. 어떻든 사람은 '생각'으로

부터 자유로울 수 없다는 의미다. 때문에 그 사람의 언행을 보면 그가 평소에 어떤 생각으로 사는지 짐작할 수 있는 것이다.

선비란 무엇인가

자로가 묻기를 "어떻게 해야 선비라 할 만 합니까?" 하니, 공자가 말하기를 "간곡하게 선을 권하고 온화한 태도를 지녀야 선비라 할 수 있다. 친구에게는 간곡하게 선을 권하고, 형제에게는 온화한 태도를 지녀야 한다." 하였다.

자로문왈子路問曰 하여何如 사가위지사의斯可謂之士矣 자왈子曰 절절시시切切偲偲 이이여야怡怡如也 가위사의可謂士矣 붕우朋友 절절시시切切偲偲 형제兄弟 이이怡怡　　　　　[자로]

원문에는 '절절시시, 이이' 등의 중첩된 첩어가 나온다. '절'은 '끊는다'라는 의미로 '절절'은 간곡함을 말한다. '시'는 '굳세다'라는 뜻으로 '시시'는 '선을 권하다'라는 책선(責善)의 뜻이다. '이'는 '기쁘다'라는 뜻으로 '이이'는 온화한 태도를 말한다.

하지만 이 말은 성질 급한 자로에게는 어려운 주문이다. 더욱이 공자는 총론을 설명한 뒤 미심쩍었는지 구체적인 설명을 덧붙인다. 친구에겐 간곡하게 선을 권하고 형제에겐 온화한 태도를 지녀야 한다고 했다. 친구 사이에는 막역함 때문에 간곡한 정성에 소홀하기 쉽고, 천륜인 피붙이 사이에는 급한 마음에 화부터 내기 십상이기 때문이다. 경계할 일이다.

공자가 말한 선비가 갖추어야 할 품성은 내적 수양을 말한 것이다. 참을성, 곧 인내다. 불 같은 성정의 자로에게 부족한 품성이다. 잘못된 은혜, 값싼 은혜는 오히려 상대방에겐 독이 된다. 그러므로 친구든 형제든 책선만을 강요하다보면 오히려 '은혜를 원수로 갚는' 적은(賊恩)의 재앙이 닥칠 수 있다는 의미다.

　만약, 같은 질문을 안회가 했다면 공자가 뭐라고 답했을까. 아마 달리 답했을 것이다. 상대방에 따라서 부족한 점을 일깨워 분발하도록 이끄는 것이 공자의 교육 방법이었기 때문이다. 공자는 자신의 도를 하나의 원칙으로 설명할 수 있다고 했다. 소위 '일이관지'다. 그러나 그게 획일식 교육을 말하는 것은 아니다. 원칙과 적용은 다르기 때문이다. 지금 비록 자로에게는 이렇게 말했을지라도, 선비라면 모름지기 내적 수양인 '수기'와 사회적 책임인 '치인'은 양 날개와 같은 것이다. 내적 수양이 안 된 사람이 사회적 책임을 다 할 수 없기에 그 원칙을 달리 말했을 뿐이다.

성숙한 사람

자로가 성숙한 사람이란 어떤 것인가를 묻자, 공자가 말하기를 "장무중 같은 지혜, 맹공작의 무욕, 변장자의 용맹, 염구의 재능에다 예와 악을 갖추었다면 또한 성숙한 사람이라고 할만하다." 하였다. 또 말하기를 "오늘날 성숙한 사람을 어찌 꼭 그렇다고 할 수 있으리. 이익 앞에서는 의리를 생각하고, 위험을 보면 목숨을 바치며, 오래된 약속일지라도 평생 그 말을 잊지 않으면 또한 성숙한 사람이라고 할만하다." 하였다.

자로문성인子路問成人 자왈子曰 약장무중지지若臧武仲之知 공작지불욕公綽之不欲 변장자지용卞莊子之勇 염구지예冉求之藝 문지이예악文之以禮樂 역가이위성인의亦可以爲成人矣 왈曰 금지성인자今之成人者 하필연何必然 견리사의見利思義 견위수명見危授命 구요久要 불망평생지언不忘平生之言 역가이위성인의亦可以爲成人矣

[헌문]

사람에게 완성이란 없다. 평생 노력할 뿐이다. 성격이 불같은 자로에게 공자는 처음에는 구체적 인물을 들어 성숙한 사람다움의 실체를 보여주고, 그 뒤에 성숙한 사람다움의 요체를 말한다. 어법이 예사롭지 않다. 이 뜻은 사람이란 평생 노력하는 존재임을 말함이 아닐까 싶다.

장무중은 노나라의 정치가로, 이름은 흘이다. 무중은 시호다. 지혜로 이름이 높아 성인으로 불렸다. 맹공작에 대해서는 자세한 정보가 없다. 다만, 노나라의 대부로 욕심 없는 행실로 당시 이름이 알려져 있었던 듯하다. 하지만 공자가 다른 글에서 "맹공작은 조나 위 같은 집안의 우두머리 가신 노릇이야 잘 하겠지만, 등나라나 설나라의 대부는 될 수 없을 것이다." 하였는데, 조와 위는 세상을 삼분하고 있던 강국이고, 등나라와 설나라는 예법을 따르는 소국이다. 따라서 공자의 말을 새겨보면 맹공작의 한계를 지적한 뜻이 된다. 변장자는 노나라의 대부로 용맹하기로 이름이 높았다. 호랑이를 찔러 죽인 변장자호(卞莊刺虎) 고사의 주인공이다. 염구는 공자의 제자로 화술에 능란한 재능 있는 정치가였다. 공자의 추천으로 노나라의 실세였던 계씨가의 가신으로 등용되었다. 예와 악은 절제와 조화를 말한다.

이 글의 핵심은 뒤에 있다. "이익 앞에서는 의리를 생각한다."는 뜻의 '견리사의'는 이익을 눈앞에 두고도 함부로 취하지 않는 태도를 말한다. 바른 도리로 얻은 재물이나 이익이 아니라면 취하지 않는다는 것이다. 화의 근원이 되기 때문이다.

"위험을 보면 목숨을 바친다."는 뜻의 '견위수명'은 위험이나 위태함을 보고 자신의 안위를 돌아보지 않는 태도다. 나라를 위해 목숨을 버리는 위국충절, 자신을 죽여 다른 사람의 인을 이루어주는 살신성인도 같은 맥락이다.

마지막은 오랜 약속도 잊지 않고 지키려는 신뢰의 태도다. 신의를 잃어버리면 그런 사람과 관계를 지속하기 어렵다.

공자는 도가 다르면 같이 일을 도모할 수가 없다고 했다. 이익 앞에서 돌변하고, 위험 앞에서 물러서고, 약속을 저버리는 사람, 이런 사람을 인격이 완성된 성숙한 사람이라고 할 수는 없다.

세 사람의 인자

미자는 떠나고 기자는 종이 되고 비간은 간하다 죽었다. 공자가 말하기를 "은나라에는 세
사람의 인자가 있었다." 하였다.

미자微子 거지去之 기자箕子 위지노爲之奴 비간比干 간이사諫而死 공자왈孔子曰 은유殷有 삼인
언三仁焉 [미자]

중국 고대에 있던 세 나라인 하나라, 은나라, 주나라를 통칭하여 하·은·주
라고 한다. 이상적인 정치가 행해지던 때라고 하지만, 하나라의 마지막 임
금 걸과 은나라의 마지막 임금 주는 역사상 가장 유명한 폭군이었다. 걸주
로 합칭할 정도다. 이 고사는 그 중 주임금 때를 배경으로 한다. 주의 총애를
받은 달기는 구리 기둥을 달궈 사람을 죽이는 '포락'을 고안할 정도로 성품
이 악독했으며, 주와 그녀는 주지육림을 벌이며 즐겼다고 한다.

이런 정치를 보고 미자는 떠났다고 했다. 미자는 서자로서 주처럼 적통
은 아니었지만 주에게는 맏형이었다. 주가 폭정을 계속하자 여러 차례 간언
했지만 주가 듣지 않자, 봉지인 미 땅으로 떠나 버렸다. 간언은 아랫사람이
윗사람이나 임금에게 바른말, 곧은 말로 충언하는 것을 뜻한다.

기자는 노예가 되었다고 했다. 기자도 주에게 실정을 그칠 것을 여러
차례 간언했으나 끝내는 투옥되고 노예가 되었다. 같은 왕족이었지만 그도
화를 피하지 못했다. 기자는 주나라 천하가 되자 동쪽으로 왔기에 우리나라
와도 관련이 깊은 인물이다. 평양을 '기성箕城'이라고 하는 것은 기자와 관

런된 얘기다.

비간은 간하다가 죽었다고 했다. 비간도 주에게 정치를 바로 잡을 것을 여러 차례 간언했지만, 통하지 않자 스스로 배를 갈라 충심을 드러내고 죽은 인물이다. 어떤 설화에는, 주가 화를 내며 '성인의 심장에는 구멍이 일곱 개나 있다고 들었다'라며 진짜 그런지 확인하겠다며 비간의 심장을 꺼내도록 했다고도 전한다. 그만큼 참혹한 죽음이었다. 더구나 비간은 주에겐 숙부 뻘이었다.

주는 기원전 1046년에 주나라 무왕과 목야에서 싸우다 패하여 자살한다. 세 사람의 말을 무시하고 폭정을 거듭하다 패망을 자초하고 만 것이다. 공자는 "은나라에 세 사람의 인자가 있었다."라고 했다. 잘못된 정치에 대해 바른말하는 사람이 있었다는 뜻이다. 지금도 바른말하기가 쉽지 않다. 바른 말을 할라치면 본질을 흐리고 내 편, 네 편인지 따지기 때문이다. 그런 정치로는 미래를 열어갈 수 없는데도 말이다. 맹자는 주를 죽인 것에 대해서 "신하가 임금을 죽이는 것이 옳은가."라고 묻자, "누가 임금을 죽였는가, 단지 한 사내를 죽였을 뿐이다."라고 했다. 맹자의 말은 주처럼 민심을 거스르고 폭정을 일삼는 자는 결국 망한다는 경계의 말이다.

오직 관찰하라

그 사람의 행위를 살펴보고, 그 이유를 헤아려보고, 그 편안히 여기는 것을 따져보면, 사람이 어찌 숨길 수 있겠느냐, 사람이 어찌 숨길 수 있겠느냐.

자왈子曰 시기소이視其所以 관기소유觀其所由 찰기소안察其所安 인언수재人焉廋哉 인언수재人焉廋哉

[위정]

행위로 드러난 것과 그 의도와 목적을 종합해서 살펴보면, 그 사람의 속내를 알 수 있다는 뜻이다. 남이 나를 속이려 해도 속일 수 없으니, 그것이 세상을 살아가는 '참 지혜'라는 것이다. 이로 보면, 공자가 생각한 '참 지혜'란 사람을 아는 '지인의 지혜'와 연결된다고 할 수 있다.

공자는 이 글에서 '볼 시視', '볼 관觀', '살필 찰察'을 구별해 쓰고 있다. 모두 '본다'라는 뜻에서는 같지만, 조금 다른 뉘앙스의 말이다. '시'는 시각처럼 주로 감각이나 현상을 표현할 때 쓴다. 반면에 '관'이나 '찰'은 현상 넘어 본질을 본다는 뜻이 강하여 '마음으로 보는 관'과 '지식과 경험으로 보는 찰'의 인식 작용과 연관된다. '관찰'이 그런 예이다. '본다'를 뜻하는 한자어로는 '볼 견見'도 있지만, '견'은 '발견'의 용례처럼, 지식이 수반된 관찰의 결과로서 얻어진 일정한 '견해'에 가깝다.

공자의 뜻은 선을 행하는 자는 선인이요, 악을 행하는 자는 악인이라는 현상적 단정의 위험성을 경고한 것이다. 선으로 가장한 위선도 있기 때문이다. 또 사람은 종내 같을 수 없다. 변할 수 있기 때문에 그 사람의 행위가 어떤 의도에서 비롯된 것인지, 또 그것에 편안해 하는가를 종합해서 살펴봐야 할 이유이다.

공자가 거듭해서 "사람이 어찌 숨길 수 있겠느냐"라고 말한 뜻은 사람에 대해 판단할 때는 깊이 생각하라는 뜻이지만, 이 말을 뒤집어보면, 사람을 제대로 아는 것이 그만큼 어렵다는 말이기도 하다. 세상을 살아가는 데 무엇이 가장 요긴할까. 아마 사람에 대해서 아는 것이 아닐까. 그래서 공자는 지혜로운 자는 사람을 아는 자요, 또 유혹에 흔들리지 않는 자라고 한 것이다.

욕심 앞에서

군자는 의리에 밝고 소인은 이익에 밝다.

자왈子曰 군자君子 유어의喩於義 소인小人 유어리喩於利 　　　　　　　[이인]

『논어』를 읽다보면 군자와 소인의 대비가 때로는 지나치게 선명하여 오히려 요즘의 세태와 동 떨어진 게 아닌가 하는 생각이 들 때가 있다. 이 글도 군자의 의리와 소인의 이익을 대비하고 있지만, 지금의 현실에선 그런 이분법이 가능할까 싶다. 따라서 이 글을 어떻게 읽어야 할지 그 독법을 깊이 생각하게 된다.

군자의 의리는 하늘의 이치인 천리에 합당함을 말하는 것이다. 반면, 소인의 이익이란 사람의 욕심인 인욕을 좇는 것이다. 그 차이는 그들의 지향에 있다. 따라서 이 글은 군자와 소인의 지향 차이를 말하는 데 깊은 뜻이 있다고 보인다. 사회적 정의와 개인의 욕심 앞에서 누구나 군자가 될 수도 있고, 또 누구나 소인이 될 수도 있기 때문이다.

사람은 변한다. 정의와 욕심 앞에서 좋은 쪽으로도 나쁜 쪽으로도 변하는 것이 사람이다. 한결 같기 어렵다. 그러니 공자도 '지인'의 어려움을 토로하고 있지 않은가. 군자를 지향하면 군자답게 변하는 것이고, 소인처럼 굴면 소인처럼 변하는 것이다. 애초에 군자와 소인이 따로 있는 것이 아니란 뜻이다.

때문에, 초지일관하여 군자는 군자다운 품성을 잃지 말아야 할 것이고,

소인은 사욕에서 돌이켜 공의를 회복해야 한다는 것이 이 글의 종지다. '나를 극복하고 예의 상태를 회복한다'는 극기복례도 결국 그 뜻이다. 지금 이 땅에 사는 사람들이 공자에게 물어야 할 것은 그 길, 그 방법이다. 원문의 '깨우칠 유'를 이 경우에는 '새벽 효'의 뜻으로 본다. '밝다'는 뜻이다.

이 시대의 위선자

향원은 덕을 해치는 도적이다.

자왈子曰 향원鄕原 덕지적야德之賊也 　　　　　　　　　　　　[양화]

향원은 능구렁이 같은 고약한 터줏대감이다. 겉으론 근후한 척하지만, 속으로는 더러운 세상에 영합하는 위선자를 일컫는다. 공자가 비판한 것은 그 이중적 처신이다. 겉으론 안 그런 척하면서 속으론 이익을 따지는 인간이다. 그런 사람은 어디에서고 사람다운 향기 보다는 썩은 내를 풍긴다. 탐욕스러운 속내 때문이다.

이 시대에는 어떨까. 공자가 말한 향원은 우리 사회 도처에 있다. 겉으론 공의로운 척하면서 뒤로는 사욕을 추구하는 사람, 겉으론 사회적 가치를 내세우면서도 속으론 탐욕을 부리는 사람, 겉으론 순정한 믿음을 입에 올리면서도 마음으로는 세상의 가치를 쫓는 타락한 사람 등등. 위선적 가짜들이다. 이런 예는 허다하다.

최근 '꼰대'라는 말이 유행한다. 입바른 소리를 하는 어른을 말하지만, 부정적인 뜻으로 쓴다. 겉으로는 입바른 소리를 하지만 실제로는 그렇게 살지 않기 때문이다. 이중적 처신에 대한 질타다. 또 눈높이 쌍방향 소통 보다는 고압적, 일방적 소통으로 일관하는 데 대한 어깃장이기도 하다. 서로의 입장을 존중하는 역지사지의 쌍방향 소통이 필요한데도 말이다.

공자가 말한 향원은 추악한 탐심을 감추고 겉으론 입바른 소리를 하는 기득권 세력을 겨냥한다. 이런 사람은 늘 경계의 대상이다. 겉으로는 안 그런 척하면서도 정작 속으론 사심을 추구하기 때문에 이들은 사회의 정의로운 발전을 가로막기 일쑤다. 이들을 물리칠 방도는 무엇일까. 선의를 추구하는 사람들의 사회적 연대가 답이다. 시민적 연대도 같은 말이다. 좋은 뜻을 가진 사람들의 의미적 연대가 늘어날수록 이런 향원들은 줄게 마련이다.

이런 사람이 군자다

군자는 의리로 바탕을 삼고, 예로 행하며, 겸손으로 표현하고, 믿음으로 완성한다. 이것이 군자다.

자왈子曰 군자의이위질君子義以爲質 예이행지禮以行之 손이출지孫以出之 신이성지信以成之 군자재君子哉

[위령공]

사람다움의 길을 추구할 것, 의리로 기본 바탕을 삼을 것, 예절로 행동거지의 기준을 삼을 것, 지혜롭게 분별하여 처신할 것, 믿음으로 사귐을 완성할 것. 이 다섯 가지를 오상(五常)이라고 한다. 유학의 다섯 가지 기본 가치, 곧 인·의·예·지·신이다.

　이 글에서는 오상의 덕목 중 의리, 예절, 믿음의 가치에 더하여 '겸손'을 말하고 있어 주목된다. 겉으로 표현하는 태도가 겸손하지 못하면 오만하게 비춘다는 경계의 뜻을 담고 있다. 『주역』에서 "공경으로 안(마음)을 곧게 하고, 의리로 밖을 바르게 한다."고 하였고, 조선의 선비들이 평생 공경의 태도와 몸가짐을 수신의 철칙으로 삼은 것도 같은 뜻이다.

　이 네 가지는 선후와 경중이 따로 있는 것이 아니다. 하나로 수렴된다. 의리는 근본 바탕을 말하고, 예절은 행위 양식을, 겸손은 표현의 태도를, 믿음은 관계의 성실함 말하기 때문이다. 따라서 이들은 군자라는 이상적인 인격체의 각기 다른 측면일 뿐이다.

　이 글에 비추어 보면 지금 세상은 어떨까. 상대방에 대한 배려와 존중,

겸손과 신실함을 찾아보기 어려운 세상은 마치 하나의 전쟁터 같으니 말이다. 배려하고 존중하기 보다는 오만과 독선이, 신실함 보다는 후안무치의 뻔뻔함이 판치는 한 세상은 퇴행할 뿐이다. 공자가 꿈꾼 세상은 이런 사람들이 사는 세상이 아닐 것이다.

이런 짓을 한다면 무슨 짓인들 차마 못하랴

공자가 계씨에 대해 말하기를 "팔일무를 집 뜰에서 행하니, 이런 짓을 차마 한다면 무슨 짓인들 차마 못하겠는가." 하였다.

공자위계씨孔子謂季氏 **팔일무어정**八佾舞於庭 **시가인야**是可忍也 **숙불가인야**孰不可忍也　　[팔일]

팔일무는 여덟 줄로 추는 춤으로 천자나 벌일 수 있는 춤이다. 당시 제후는 여섯 줄, 대부는 네 줄, 사는 두 줄 춤으로 구분되어 있었다. 그런데도 대부 신분인 계씨가 자기 집에서 천자의 팔일무를 추게 한 것이다. 예는 신분에 따른 구분을 근간으로 한다. '이 질서를 깬 계씨가 무엇인들 못하랴' 공자의 말은 그런 태도를 지적한 것이다.

　　비슷한 글이 또 있다.

삼가에서 제사상을 물리면서 옹시를 썼다. 공자가 말하기를 "제사를 돕는 벽공(제후)들, 천자의 모습 장중하네'라는 시를 어찌 삼가에서 쓴단 말인가." 하였다.

삼가자이옹철三家者以雍徹 **자왈**子曰 **상유벽공**相維辟公 **천자목목**天子穆穆 **해취어삼가지당**奚取於三家之堂　　　　　　　　　　　　　　　　　　　　　　　　　[팔일]

　　여기서 삼가란 노나라의 대부인 맹손, 숙손, 계손을 말한다. 윗글의 계씨가 계손씨다. 옹시는 『시경』에 나오는데 제사에 임한 천자의 장엄한 모습과 그 천자를 돕는 제후의 모습을 형용한 것이다. 삼가가 대부의 신분으로 천자의 예법에 준하는 『시경』의 구절을 갖다 쓰자, 공자가 그 참람함을 비판한 것이다.

신분에 합당한 예법 질서를 지키려는 마음과 참람한 일도 서슴없이 벌이는 마음이 같을 수는 없다는 뜻에서 두 글의 취지는 같다. 교만과 방종은 예나 지금이나 화를 부르는 지름길이라는 경계다.

공자는 제나라 경공이 정치에 대해 묻자 "임금은 임금답고 신하는 신하다우며 아비는 아비답고 자식은 자식답게 하는 것"이라고 했다. 마치 북극성이 제 자리에 있고 뭇 별들이 그 주위를 도는 것처럼 신분에 맞는 합당한 역할을 하는 것이 곧 예의 정치 원리라는 뜻이다. 이것이 공자가 말하는 '무위(無爲)의 다스림'이다.

다만, 상호 존중과 배려, 협력을 통한 공동 이익의 추구, 공의와 선의에 기초한 사회적 가치 실현이 우리 시대의 '나움'이다. 봉건 시대의 신분적 '다움'이 우리 시대의 '다움'과 다르다는 뜻이다. 그래서 사람의 처지는 이미 태중에 결정된다거나, 부와 권력을 세습하여 금수저, 흙수저 따위로 사람을 나누고 '갑질'하는 행태는 퇴행적이다. 사람의 처지는 얼마든지 바뀔 수 있으며 사회적 역할에는 반드시 책임이 따른다는 의미다. 『논어』를 바로 읽는 맥락이다.

인간관계를 해치는 세 가지 잘못

군자를 모실 때에는 세 가지를 조심해야 한다. 아직 말할 때가 아닌 데도 말하는 것을 '조급하다' 하고, 말할 때인 데도 말하지 않는 것을 '숨긴다'고 하며, 안색을 살피지 않고 말하는 것을 '어둡다'고 하는 것이다.

공자왈孔子曰 시어군자侍於君子 유삼건有三愆 언미급지이언言未及之而言 위지조謂之躁 언급지이불언言及之而不言 위지은謂之隱 미견안색이언未見顔色而言 위지고謂之瞽　　　　[계씨]

조급하다는 것은 때가 되지도 않았는데 성급하게 말한다는 뜻이다. 『중용』에서 "군자가 중용을 이룸은 때에 맞게 하기 때문이다."라고 하였다. 이른바 시중(時中)의 처세다. 때를 모르고 조급히 나서는 사람을 경망하다고 한다. 농사에도 때가 있고 형벌에도 때가 있다. 때를 기다리지 않고 시급히 형을 집행해야 할 만큼 죄가 무거운 경우를 부대시(不待時)라고 한다. 주로 반역죄가 그렇다.

　숨긴다는 것은 속내를 감추고 겉으로 위장한다는 뜻이다. 『순자』에서 "작다고 들리지 않는 소리가 없고, 숨긴다고 드러나지 않는 행동이 없다."고 하였다. '임금을 섬김에 숨김이 없어야 한다'는 이른바 무은(無隱)이다. 말해야 할 때 말하지 않고 숨기는 태도를 공자는 바람직하게 보지 않는다.

　어둡다는 것은 상대방의 안색을 살피지 않고 말하는 것은 그만큼 상대방을 가볍게 여긴다는 것이다. 상대방의 안색이나 상황을 무시하고 함부로 말을 한다는 뜻이기 때문이다. 원문에 맹인을 뜻하는 '고'를 쓴 것은 이런 상황을 드러낸다. 상대방의 안색을 살핀다는 것은 상대방에 대한 존중의 표시다.

이 글은 군자를 곁에서 모시는 측시(側侍)의 경우를 상정한 것이지만, 오늘날 인간관계에도 적용할 수 있는 말이다. 아무 때나 경솔히 말하는 사람, 속내를 숨기고 위장하는 사람, 상대방을 배려하지 않고 함부로 말하는 사람은 인간관계를 해치기 때문이다. 옛날 선비들이 '공경'으로 처신의 좌표를 삼은 뜻도 여기에 있다. 상대방에 대한 공경과 존중은 우리 시대에도 필요한 덕목이다. 때에 맞는 말, 진솔한 말, 상대방을 배려하고 존중하는 말을 하는 그런 사람이라면 오래 사귀고 싶지 않을까. 그러니 말은 곧 그 사람의 인품인 것이다.

자리를 훔친 자

장문중은 아마도 자리를 훔친 자일 것이다. 유하혜가 현명함을 알면서도 (그를 천거해) 조정에 함께 서지 않았으니 말이다.

자왈子曰 **장문중**臧文仲 **기절위자여**其竊位者與 **지유하혜지현이불여립야**知柳下惠之賢而不與立也

[위령공]

"장문중이, 현자를 알지 못했다면 밝지 못한 것이요, 알면서도 천거하지 않았다면 현자를 은폐한 것이다. 현자를 알지 못한 것은 작은 죄이나, 현자를 은폐한 것은 큰 죄이다. 그러므로 공자가 불인하게 여기고 자리를 훔친 자라고 한 것이다." 송나라 때의 범조우가 이 글 주석에서 한 말이다.

인사 추천은 공명정대해야 한다. 인사 추천은 공을 위해서 하는 것이지, 자신을 위해서 하는 것이 아니란 뜻이다. 사심에 의한 추천이라면 패거리를 짓는 것 밖에는 안 된다. 그러나 요즘에는 인간으로서 최소한의 부끄러움도 모르고 스스로의 행위를 견강부회하여 합리화하거나 자천도 마다하지 않는 사람들이 자리를 탐낸다. 그 용렬함이 믿음 사회의 근간을 해친다.

공자는 장문중의 행위를 '자리를 훔쳤다'고 평가했다. 백성들은 조정에 누가 천거되는가를 보고 정치를 평가한다. 능력도 없고 사심으로 가득한 자가 천거되면 조정에 대한 믿음을 거둔다. 백성들에게 믿음을 상실한 조정이 무엇에 의지할지는 불을 보듯 뻔하다. 공자가 추구하는 '덕치'는 백성들의 믿음에 기반한 것이다. 그러므로 조정에 어떠한 자들이 천거되는가는 '민심'의 척도가 되는 것이다. 인재 추천이 중요한 이유는 여기에 있다.

공직에 어떠한 인물이 있는가는 그 사회의 신뢰 정도를 결정한다. 선거에서 무능력자, 위선자, 선동가, 사심으로 가득한 자를 배제해야 할 이유이다. 선거는 자리를 탐하는 자를 뽑는 게 아니기 때문이다. 유하혜는 노나라 대부로, 성은 전, 이름은 획이다. 자가 금이요, 유하를 식읍으로 받고 시호를 혜라고 했기 때문에 통상 유하혜로 칭한다. 현자로 널리 알려진 인물이다. 유하혜는 길에서 추위에 떠는 여인을 보고 그 여인이 얼어 죽을까 봐 자신의 품에 앉게 하고는 솜옷으로 덮어 추위를 막아주었다. 여인을 품에 안고서도 난잡하지 않다는 좌회불란(坐懷不亂) 고사다. 그의 심성을 짐작케 한다.

터무니없는 말로 속일 수 없다

재아가 묻기를 "인한 사람은 비록 '우물에 사람이 빠졌다'고 해도 쫓아갈 겁니다." 하니, 공자가 말하기를 "어찌 그럴 리가 있겠는가? 군자를 우물에 가게 할 수는 있어도 빠지게 할 수는 없고, 속일 수는 있어도 터무니없는 말로 현혹시킬 수는 없다." 하였다.

재아문왈宰我問曰 인자仁者 수고지왈雖告之曰 정유인언井有仁焉 기종지야其從之也 자왈子曰 하위기연야何爲其然也 군자君子 가서야可逝也 불가함야不可陷也 가기야可欺也 불가망야不可罔也

[옹야]

상황이 급박하다고 핑계하여 일시적으로 속일 수는 있겠지만, 끝내 현혹시킬 수 없다. 합리적으로 사리를 따지면 시시비비를 가릴 수 있기 때문이다. 분별력이 있다면 끝내 미혹되지 않는다는 뜻이다.

분별력에는 합리적 사고력과 가치 기준이 필요하다. 합리적 사고력은 거짓에 현혹되지 않는 판단력을 뜻하고, 올바른 가치 기준은 삶의 방향성을 뜻한다.

올바른 분별력도 없이, 나라와 민생의 안위도 돌아보지 않은 채, 사리사욕과 당리당략에 빠져 행동하는 정치는 마치 미혹되어 우물에 사람이 빠지는 것과 같다. 성호 이익은 『성호전집』 중 '붕당론'이라는 글에서 당파 싸움의 원인을 밥그릇 싸움일 뿐이라고 했는데, 이 시대의 정치도 똑같은 우를 범하고 있다. 정치는 '자신의 이익을 따져' 내 편, 네 편을 가르는 것이 아니라, 백성의 삶을 편안하게 하는 안민이 그 본령이기 때문이다. 이 당연한 이치가 민심의 향배를 가르는 것이다.

공자가 말했듯 백성에게 믿음이 없으면 나라가 설 수 없다. 터무니없는 말과 거친 말로 분열을 부추기는 정치는 백성을 억지로 우물가로 끌고 가 빠뜨리는 꼴이다. 그런 정치에는 미래가 없다.

활쏘기는 과녁을 뚫는 것을 위주로 하지 않는다

활쏘기는 과녁 뚫는 것을 위주로 하지 않는다. 힘의 세기가 같지 않기 때문이니, 이것이 옛날의 도이다.

자왈子曰 사불주피射不主皮 위력부동과爲力不同科 고지도야古之道也 　　　　[팔일]

'정곡을 찌르다'라는 표현은 화살이 과녁의 한복판에 명중한 것을 말한다. 말이 핵심을 파고들어 적실할 때 쓰는 관용적 표현이다. 표적의 중심부에 가죽을 덧대어 그 중앙에 '곡(고니)'을 그려 넣었던 데서 유래한 것이다. 활쏘기는 바로 이 정곡을 얼마나 맞추는가로 우열을 가린다.

활쏘기 할 때 가죽을 뚫는 것을 위주로 하지 않고 과녁 중앙에 맞추는 것을 위주로 한다는 것은 힘의 차이를 고려한 뜻이다. 상대방에 대한 '배려'라고 할 수 있다. 이를 다른 말로 '덕성'이라고 한다. 육예의 하나인 활쏘기가 단지 힘자랑이 아니라 남자의 덕행을 수양하는 심신단련의 한 방법임을 나타낸다. 이는 공자가 말하는 예에도 바탕을 이루는 정신이다.

따라서 활쏘기에는 상호 존중과 배려의 정신이 바탕에 있다. 이것이 옛날의 도라는 것이다. 우리 사회가 이러한 존중과 배려의 정신을 바탕으로 '공정한 규칙'을 만들 수 있을까. 한 사회의 규칙이 힘 있는 자에게 유리하도록 만들어진다면 온갖 갑질과 편법, 불법이 판을 치는 사회가 될 것임을 경고하는 의미로, 이 글을 읽게 된다.

옛날에는 국가에 행사가 있을 때 임금이 신하들과 함께 활쏘기를 하는 국가의례로 대사례를 행했다. 정곡에 들어갈 동물 그림도 임금은 곰의 머리, 종친 이하 문무관은 사슴 머리를 사용해서 신분적 차이를 두었다. 이를 웅후, 미후라고 하는데, 사냥에서 유래한다. 또 대사례는 일종의 국가의 비상시를 대비하는 군사 훈련으로도 중요한 의미를 가지는 행사였다. 임금이 아닌 지방관이 주관하는 활쏘기 행사를 향사례라고 하여 구별한다.

7장

"마음"

에 대한 생각

마음을 지키는 것이 공부의 시작이다. 수심(守心)이다.

그러나 그 마음을 붙들어 지키기가 어렵다.

그래서 결국 공부는 마음공부라고 할 수 있다.

거리가 멀어서일까, 마음이 멀어서일까

'산앵두 꽃잎 바람에 살랑거리네. 어찌 그대를 생각 않을까만, 집이 너무 멀어서라네.' 공자가 말하기를 "생각하지 않아서이지 어찌 멀어서 그런 것이랴." 하였다.

당체지화唐棣之華 편기번이偏其反而 기불이사豈不爾思 실시원이室是遠而 자왈子曰 미지사야未之思也 부하원지유夫何遠之有 　　　　　　　　　　　　　　　　　　　　　　　　　　　[자한]

이 시는 현재 『시경』에는 수록되지 않은 일시(逸詩)이다. 공자는 이 시를 읽고 꼭 거리가 멀어서일까, 자문한다. 마음이 문제이지, 거리가 문제가 아니라는 뜻이다. 요는 '간절함'이 있다면 물리적 거리야 큰 문제가 되지는 않는다는 것이다.

　『논어』 첫머리에 "친구가 먼 곳에서 찾아오면 그 또한 기쁘지 않을까."라고 했다. 먼 곳에서 찾아온 친구라니 얼마나 반가울까. 또 옛사람들은 편지를 그 사람인양 소중히 간직했다. 이러저러한 사연을 담아서 보내온 편지는 그 무엇보다도 반가운 것일 수밖에 없었다. 연암 박지원은 아들에게 쓴 편지글에서 "고추장 작은 단지 하나를 보내니 사랑방에 두고 밥 먹을 때마다 먹으면 좋을 게다. 내가 손수 담근 건데 아직 완전히 익지는 않았다."라고 하였다.(『고추장 작은 단지를 보내니 - 연암 박지원이 가족과 벗에게 보낸 편지』, 박희병 옮김) 편지에 부친 건 소식만이 아니었다. 그 편지에 담긴 따뜻한 아버지의 마음이었다. 옛편지를 간찰(簡札)이라고 한다. 핸드폰 등 통신 수단이 발달한 요즘에는 이런 '간절한 기다림'의 정서를 느끼기 쉽지 않을 것이다.

공자는 민간의 시가 3,000여 편을 모으고 그 중 300여 편을 추려서『시경』을 엮었다. 공자는『시경』에 담을 시를 선별하면서 왜 이 시를 제외했을까? 짐작만 할 뿐이지만, 뜻이 부족해서는 아닐는지 싶다. 뜻이 부족하면 간절함이 없기 때문이다. 세상 이치가 그렇다.

군자의 마음과 소인의 마음, 마음 지키기

군자는 마음이 여유롭고, 소인은 늘 근심한다.

자왈子曰 군자君子 탄탕탕坦蕩蕩 소인小人 장척척長戚戚 　　　　　　[술이]

군자는 사람으로서 정직하고 성실한 길을 가는 사람, 그 순리를 따르기에 마음이 여유롭다는 것이다. 반면에 소인은 명분과 의리보다는 세상이 이욕을 좇아 살기에 늘 근심한다는 것이다. 순리를 따르는 삶과 이욕에 매여 있는 삶의 차이를 명징하게 드러낸 글이다.

윤동주는 「서시」에서 "하늘을 우러러 한 점 부끄러움이 없기를"이라고 했다. 그렇게 살아왔다는 뜻이 아니라, 그렇게 살겠다는 뜻은 아닐까. 사람으로서 자책과 후회가 없는 삶이 없기에, 공연히 근심한다고 풀릴 일도 아니다. 지나간 일, 지나간 시간은 되돌릴 수 없다. '사람으로서 내 할 일을 다할 뿐이라는 것'을 새삼 깨닫게 한다.

이욕을 끊고, 사람으로서의 정직과 성실의 도리를 좇으며 살고 싶어도, 그렇게 살지 못한다. 어느덧 세상의 이욕을 좇는 자신을 발견하곤 한다. 미혹되고 나약함에 원인이 있다. 마음의 중심을 굳건히 하지 못한 채 세상 유혹에 흔들리고, 집요한 욕망에 끌려간다. 누구를 탓할 수도 없다. 내 탓일 수밖에.

여유롭다는 것은 마음이 한결같다는 말이다. 그래서 조선의 선비들이 평생 그 마음을 한결같이 지키고자 했다. 곧 수심(守心)이다. 그 비결이 따로 있을 수 없다. 끊임없는 성찰, 즉 돌이킴이다. 한 때 이욕에 빠져 사람의 길에서 벗어났을지라도 자신을 성찰하고 돌이켜야 한다. 사람의 길은 여유롭고 근심이 없다. 죽는 순간에 "하늘을 우러러 한 점 부끄러움이 없기를" 그런 삶이기를 바란다.

남에게 너그러운 마음

자공이 묻기를 "한 마디 말로 종신토록 행할 만한 것이 있습니까?" 하니, 공자가 말하기를 "그건 '서(恕)'다. 자기가 하고 싶지 않은 것을 남에게도 시키지 않는 것이다." 하였다.

자공문왈子貢問曰 **유일언이가이종신행지자호**有一言而可以終身行之者乎 **자왈**子曰 **기서호**其恕
乎 **기소불욕**己所不欲 **물시어인**勿施於人   [위령공]

'서'는 타인에 대해서 너그러운 태도다. 공자는 부연하여 '서'를 "자기가 하고 싶지 않은 일을 남에게도 시키지 않는 것이다."라고 했다. 하지만 남에게 관대하다는 것, 이 말만큼 실행하기 어려운 말이 또 있을까. 이 의미는 글자 꼴에도 그대로 드러난다. 서는 '마음 심(心)' 위에 '같을 여(如)'가 있다. 즉, 남의 마음을 내 마음처럼 헤아리라는 뜻이기 때문이다.

공자의 도는 충직함과 용서라는 말로 일이관지할 수 있다고 하였다. 곧 자신에게 솔직하고 남에게 너그러운 태도를 말한다. 자신에게 솔직하기 위해서는 자신을 객관적으로 성찰할 수 있어야 하고, 남에게 너그럽기 위해서는 남의 허물을 덮어줄 수 있는 관용의 자세가 필요하다. 따라서 '자신의 모든 것을 다하는 믿음'과 '내 자신 같이 내 이웃을 사랑할 수 있는 마음'은 공자의 말과 같은 뜻이다.

공자는 인을 "사람을 사랑하는 것이다."라고 했다. '자기가 하고 싶지 않은 일을 남에게도 시키지 않는 것'이 인의 소극적인 표현이라면, 남을 사랑하는 것은 인의 적극적인 표현이다. 세상이 거칠수록 세상을 견디는 힘은 용서와 배려에서 나온다. 공자의 희망만은 아닐 것이다.

배려하는 마음

공자는 상복을 입은 사람, 관을 쓰고 관복을 입은 사람, 눈이 안 보이는 사람을 만나면 나이가 어릴지도 반드시 일어나셨으며, 그 앞을 지날 때에는 반드시 종종걸음으로 지나셨다.

자견자최자子見齊衰者 면의상자冕衣裳者 여고자與瞽者 견지見之 수소雖少 필작必作 과지필추過之必趨
[자한]

예의 정신은 겸양하는 데 있다. 겸손과 양보하는 태도다. 공자는 상을 당한 자, 공사를 맡은 관인, 앞 못 보는 장애인에게는 예를 다 하려고 하였다. 아픔을 함께 하려는 정신, 사회적 질서를 존중하려는 태도, 장애인을 배려하려는 마음은 사회적 가치를 높이는 원칙이다. 때문에 예는 우리 시대에도 여전히 필요한 덕목이다.

예는 마음을 중요시한다. 예절에 겸양하는 마음이 결여되어 있다면 그 예절은 형식에 지나지 않는다. 형식화된 예는 사회를 오히려 혼란스럽게 한다. 공자가 예를 강조한 뜻은 실상 그 마음에 있다. 형식화된 화려한 예절보다 오히려 진솔한 그 마음이 더 우리 사회를 풍요롭게 한다. 조선시대 첨예한 예송 논쟁도 겉으론 의식 절차를 내세운 파벌 싸움이었다. 그 마음에 자리 잡은 배타적 의식은 결국 모두를 불행하게 만들었고, 나라의 주권마저 내 주고 말았다.

"나는 우리나라가 세계에서 가장 아름다운 나라가 되기를 원한다. 가장 부강한 나라가 되기를 원하는 것은 아니다. (중략) 오직 한없이 가지고 싶은 것은 높은 문화의 힘이다. 문화의 힘은 우리 자신을 행복하게 하고, 나아가서 남에게 행복을 주겠기 때문이다." 김구 선생이 『백범일지』에서 말한 '내가 소원하는 나라'의 꿈에 나오는 글이다. 우리나라가 '높은 문화의 힘'을 가진 나라가 될 수 있을까. 문화의 나라는, 정신이 수준 높은 나라이지, 껍데기 예절로 도달할 수 있는 나라가 아니다.

　우리 사회의 진정한 행복은 아픔을 함께 하려는 정신, 사회적 질서를 존중하려는 태도, 장애인을 배려하려는 마음에 있다. 이것이 우리 사회의 중산층 기준이 되어야 한다. 몇 평 집에서 사느냐, 연간 소득이 얼마나 되느냐, 무슨 차를 타느냐가 기준이 되어서는 안 된다.

사람 살기 좋은 마을

마을이 인해야 아름답다. 가려서 인한 곳에 살지 않으면 어찌 지혜롭다 하겠는가.

자왈子曰 이인위미里仁爲美 택불처인擇不處仁 언득지焉得知 　　　　　　　　[이인]

마을이 인해야 한다는 말은 사람이 사람답게 살 수 있는 마을, 곧 인심이 좋다는 말이다. 결국 좋은 사람들이 모여 사는 마을이란 뜻이다.

조선 시대 인문지리서의 베스트셀러가 이중환이 쓴 『택리지』였다. 그중 살만한 곳의 기준을 제시한 장이 '복거총론'이다. '복거'는 살 만한 곳을 고른다는 뜻이다. 이중환이 꼽은 네 가지 조건 중 중에 하나가 동네 인심이다. 인심이 순박한 마을이 좋다는 것이다. 사람들이 야박하지 않고 배타적이지 않아서 정다운 이웃들이 사는 마을. 예나지금이나 이웃 좋은 곳이 살기 좋은 마을인 이치는 변함없다.

『택리지』에는 인심 외에 세 가지를 더 들고 있다. 첫째는 자연 지세, 곧 지리가 사람 살기 좋은 곳이어야 한다는 것이다. 바람의 피해를 막고 생활에 요긴한 물을 구하기 용이한 터, 곧 장풍득수(藏風得水)의 땅이다. 줄여서 풍수(風水)라고 한다. 둘째는 생리(生利)로서, 땅이 주는 이익을 말한다. 물산이 풍부해서 먹고 살기 용이한 땅이다. 지리산 일대가 늘 주목받는 이유도 물산이 풍부한 토산이기 때문이다. 나머지 하나가, 여가에 찾아가서 쉴 수 있는 산수 좋은 곳을 말한다. 힐링의 장소가 늘 가까이 있는 곳이 좋은 곳이라는 것이다.

도시화의 급속한 진행과 향촌의 붕괴를 목전에 두고 있다. 사람이 사라지면 향촌도 사라질 텐데 그 자리에 무엇이 남을까. 향촌의 안전망이 위협받고 있는 지금, 이 글의 의미를 성찰해 본다. 사람들의 인심이 좋은 마을 문화를 살리는 길은 무엇일까.

사랑이 먼저

재아가 묻기를 "삼년상은 1년만 해도 이미 오래하는 것 아닌가요? 군자가 3년이나 예를 행하지 않으면 예가 반드시 무너질 것이며, 3년이나 음악을 행하지 않으면 음악이 반드시 무너질 것입니다. 묵은 곡식이 다하고 햇곡식이 나오며, 불씨 만드는 나무도 새로 장만하니, 1년이면 족합니다." 하였다. 공자가 말하기를 "(상중에) 쌀밥을 먹고 비단옷을 입어도 너는 편안하냐?" 하니, 재아가 대답하기를 "편안합니다." 하였다. "네가 편안하면 그리 하라. 군자가 상중에는 맛난 것을 먹어도 달지 않고 음악을 들어도 즐겁지 않으며, 거처해도 마음이 편치 않기 때문에 하지 않는 것이다. 그런데도 지금 네 마음이 편안하면 그리 하라." 하였다. 재아가 나가자, 공자가 말하기를 "재아는 어질지 못하구나. 자식이 태어나서 3년이 지난 뒤에야 부모의 품을 벗어난다. 이 때문에 삼년상이 천하의 공통된 상례가 된 것이다. 재아도 그 부모에게서 3년의 사랑을 받았을 것이다." 하였다.

재아문삼년지상宰我問三年之喪 기이구의期已久矣 군자삼년君子三年 불위례不爲禮 예필괴禮必壞 삼년三年 불위악不爲樂 악필붕樂必崩 구곡舊穀 기몰旣沒 신곡新穀 기승旣升 찬수개화鑽燧改火 기가이의期可已矣 자왈子曰 식부도食夫稻 의부금衣夫錦 어여於女 안호安乎 왈曰 안安 여안즉위지女安則爲之 부군자지거상夫君子之居喪 식지불감食旨不甘 문악불락聞樂不樂 거처불안고居處不安故 불위야不爲也 금여안즉위지今女安則爲之 재아출宰我出 자왈子曰 여지불인야予之不仁也 자생삼년연후子生三年然後 면어부모지회免於父母之懷 부삼년지상夫三年之喪 천하지통상야天下之通喪也 여야유삼년지애어기부모호予也有三年之愛於其父母乎   [양화]

재아의 대답이 삐딱하다. 『논어』에 보면 제자들의 개성이 각각 드러나는데,

예를 들어, 안회는 거의 모범생의 이미지로 그려지는 반면, 자로는 공자에게 대들기 일쑤인 거칠고 행동이 앞서는 제자이나 친구 같은 제자로, 또 자공은 똑똑하고 달변가인 제자였지만 그 때문에 공자로부터 가끔 따끔한 소리를 듣는 제자로 그려지고 있다.

그런데 재아에 대해서는 부정적인 평가로 일관한다. 공자는 재아가 낮잠을 늘어지게 자는 것을 보고 "썩은 나무는 조각할 수 없고, 썩은 담장은 흙손질할 수 없다."고 혹독하게 평가하였고, 또 "재아로 인해 말 뿐만 아니라 그 행위도 살펴보게 되었다."라고 술회하고 있다. 공자가 보건대, 재아는 구제 불능의 제자였던 셈이다.

이 글의 요지는 마음 없이 치르는 예는 한갓 형식에 불과하다는 것이다. 형식적인 예가 마음의 상을 대체하는 것이 문제라는 것인데, 형식화된 요즘의 효 의식과 비교하면 공자의 지적은 가슴에 와 닿는다. '재아도 그 부모에게서 3년의 사랑을 받았으련만'이라는 공자의 탄식은 재아의 마음에 부모에 대한 사랑의 마음이 없는 것이 더 문제라는 지적이다. 그래서 그를 "어질지 못하다."고 한 것이다.

조선조에서 불효만큼 큰 불명예와 죄악은 없었다. 공자의 도가 효에 입각하기 때문에 불효를 큰 죄로 여긴 것이다. 그러나 공자의 말을 자구대로 교조적으로 수용하여 사랑 없이 경직화된 삼년상은 더 문제였지 않았을까. 심지어 삼년상을 치르느라 몸을 상하여 죽는 경우도 있었으니, 그것이 부모의 본의는 아니었을 듯하다. '형식화된 예'의 유폐였다. 노희경 작가는 『지금 사랑하지 않는 자, 모두 유죄』라는 책에서 "다시 생을 시작할 수 있다면 못다 한 효도부터 하리라."라고 했다. 예는 형식 보다 그 마음이 귀한 것이다. '사랑이 먼저'인 사람다운 사람의 길, 그게 공자가 추구한 인의 길이다.

악사 면이 공자를 만나러 오자

악사 면이 공자를 뵈러 왔다. 계단에 이르자 공자가 '계단'이라고 말하였고, 자리 이르러서는 공자가 '자리'라고 말하였다. 모두 자리에 앉자, 아무개는 여기에 있고 아무개는 여기에 있다고 말해 주었다. 악사 면이 나가자, 자장이 묻기를 "이것이 악사와 말하는 도리입니까?" 하니, 공자가 말하기를 "그렇다. 이것이 본래 악사를 도와주는 도리이다." 하였다.

사면師冕 현견現見 급계及階 자왈子曰 계야階也 급석及席 자왈子曰 석야席也 개좌皆坐 자고지왈모재사모재사子告之曰某在斯某在斯 사면師冕 출出 자장子張 문왈問曰 여사언지도여與師言之道與 자왈子曰 연然 고상사지도야固相師之道也

[위령공]

앞을 못 보는 악사 면에게 공자가 불편함이 없도록 세심하게 알려주었다. '장애물 앞에서 주의하도록 알려주는 것이야 그럴 수도 있지만, 자리 배치까지 일일이 알려 줄 필요가 있을까?' 제자 자장의 질문에는 그런 뉘앙스가 묻어난다. 그런 제자에게 공자는 '자리 배치까지 일일이 알려 주는 것이 악사를 도와주는 방법'이라고 말했다. 두 가지 뜻으로 읽힌다.

하나는, 악사에게 청중의 위치를 알려 주려는 배려이다. 음악을 연주하는 악사에게 청중의 자리 배치가 어떻게 되었는가는 중요한 정보다. 이를 모르고 음악을 연주하는 것은 앞을 못 보는 악사에겐 벽에 대고 음악을 연주하는 것과 같기 때문이다.

둘째는, 앞을 못 보는 악사를 배려하는 공자의 마음 씀씀이다. 자리 배치까지 세심하게 알려주어 악사로 하여금 머릿속에 그림을 그리 듯 신경을 쓰는 것은 마음을 다 하는 정성이다. 신체적 장애를 가진 사람들에 대해서는 더 세심한 주의가 필요할 테니 말이다. 공자의 행위가 어떤 의도에서 나왔을지 자명하다.

공자가 평소 강조한 것은 예치였다. 이는 신분에 따라 규정화된 위계적 질서를 존중하는 것을 기본으로 하는 정치 철학이다. 따라서 자장의 질문 의도는 앞을 못 보는 악사에 대한 공자의 처신이 이러한 예법에 맞는가를 묻고 있는 것이다.

그러나 장애인에 대한 배려는 신분적 예법 질서를 뛰어 넘는 것이다. 공자의 이 답변은 그러한 점을 일깨운다. 우리 시대의 장애인 정책은 어떨까. 공자의 배려와는 동떨어져 있을 때가 많지는 않을까.

자신의 마음을 미루어 남의 마음을 헤아린다

자공이 말하기를 "만일 백성에게 널리 은택을 베풀고 대중을 구제할 수 있다면 어떻겠습니까? 인이라 할 수 있습니까?" 하니, 공자가 말하기를 "어찌 인이다 뿐이랴. 그렇다면 필시 성인일 것이다. 요임금과 순임금도 오히려 부족하게 여겼을 정도다. 대저, 인한 사람은 자기가 서고자 하면 남도 서게 하고, 자기가 통달하고자 하면 남도 통달하게 해 준다. 가까운데서 취하여 비유할 수 있으면 인을 행하는 방법이라 할 수 있을 것이다." 하였다.

자공왈子貢曰 여유박시어민이능제중如有博施於民而能濟衆 하여何如 가위인호可謂仁乎 자왈子曰 하사어인何事於仁 필야성호必也聖乎 요순堯舜 기유병저其猶病諸 부인자夫仁者 기욕립이입인己欲立而立人 기욕달이달인己欲達而達人 능근취비能近取譬 가위인지방야이可謂仁之方也已

[옹야]

제자 자공이 인에 대해서 묻자, 공자는 그 방법을 '능근취비'라고 했다. 가까운 데서 취하여 비유할 수 있다는 말로, '자신의 마음을 미루어 남의 마음을 헤아린다'는 뜻이다. 즉, 가까운 자신의 마음에서부터 미루어 남에게로 넓혀가라는 의미다. 남을 자신처럼 여기라는 뜻이지만, 현실에선 결코 쉬운 일이 아니다. 어찌 보면 '입장을 바꾸어 생각한다'는 '역지사지'와 같은 뜻일 듯싶다.

사회에는 이기주의, 개인주의, 이타주의 등 갖가지 성향의 사람들이 혼재한다. 이기적인 사람들은 매사에 내 이익 위주로 행동한다. 따라서 갈등을 초래하고, 궁극에는 공동체의 유대를 훼손하는 사람들이다. 집단화되면 집단이기주의가 된다. 님비(NIMBY, Not In My Backyard '내 뒷마당에는 안 돼!') 현상도 이런 유이다.

  반면에 개인주의 경향의 사람들은 남과의 관계에서 개인의 개별성을 우위에 둔다. 상호 의존성보다 독립성을 추구하는 경향이 강하다. 다른 사람 일에 관여하지 않는 '불관(不關)'의 자세다. 이에 비해서 이타적인 삶을 실천하는 사람들은 남의 돕는 데 관심을 기울인다. 그 방법이 꼭 물질적인 것을 의미하지는 않는다. 이타적인 사람들의 사회는 공동체의 선을 위한 협력과 공생이 가능하다.

  공자가 생각하는 '인'도 '나를 희생해서 인을 이룬다'는 이타적인 살신성인에 기초한다. 사람다움의 가치를 사회적으로 실천하는 일이다. 생활 속에서 이타행을 실천하는 사람들이 많다. 남의 아픔에 공감하고 기부, 선행하는 사람들이 그런 사람들 아닐까 싶다. 공자는 "자기가 서고자 하면 남도 세워 주고, 자기가 통달하고자 하면 남도 통달하게 해 준다."라고 했다. 우리 사회에 그런 이타적인 삶을 사는 사람이 많아지기를 바란다. 공자가 생각하는 '인'의 길이다.

8장

"잘못"

에 대한 생각

잘못은 누구나 범할 수 있다.

그러나 누구나 잘못을 고치는 건 아니다.

잘못을 아는 것도 중요하지만, 잘못을 고치는 것이 더 중요하다.

나는 다행스럽구나

진나라 사패가 묻기를 "소공은 예를 아는 분입니까?" 하니, 공자가 말하기를 "예를 아는 분이오." 하였다. 공자가 물러간 뒤에, 사패가 (공자의 제자) 무마기에게 읍을 하고 나아와 말하기를 "내가 듣기로 '군자는 편당을 하지 않는다'고 하였는데, 군자도 편당을 하오? 소공이 오나라에 장가를 들었는데, 두 나라는 동성이기 때문에, 부인을 오맹자라고 불렀소. 이런 소공이 예를 안다면 누군들 예를 모르겠소." 하였다. 무마기가 그 일을 공자에게 고하자, 공자가 말하기를 "나는 다행스럽구나. 진실로 나에게 잘못이 있으면 남들이 반드시 아는구나." 하였다.

진사패문陳司敗問 소공昭公 지례호知禮乎 공자왈孔子曰 지례知禮 공자퇴孔子退 읍무마기이이揖 巫馬期而 진지왈進之曰 오문군자吾聞君子 불당不黨 군자君子 역당호亦黨乎 군君 취어오取於吳 위 동성爲同姓 위지오맹자謂之吳孟子 군이지례君而知禮 숙부지례孰不知禮 무마기이고巫馬期以告 자왈子曰 구야丘也 행幸 구유과苟有過 인필지지人必知之　　　　　　[술이]

사패는 벼슬 이름으로 법을 담당하는 관리다. 조선조의 형조판서에 해당한다. 공자가 선군인 소공이 예를 아는 인물이라고 답변하자, 공자가 조정에서 물러간 후에, 그가 공자의 제자 무마기에게 나아와 노나라 소공이 동성부인에게 장가들어 이를 숨기려고 '오맹자'라 한 것을 두고 "소공이 예를 안다면 누군들 예를 모르겠소." 하고 공자 답변의 잘못을 지적한 것이다. 노나라와 오나라 왕실은 성이 '희'로 동성이기 때문이다.

　제자인 무마기가 이 말을 고하자, 공자는 자신의 말이 잘못되었다고 인정한 것이다. 소공은 노나라 군주로, 예절에 밝다고 이름이 났었다. 그러므로 공자가 이렇게 답을 한 것이다. 그러나 공자인들 소공의 행위가 예에 어긋남을 몰랐을까 싶다. 다만, 자기 임금의 잘못을 드러내 놓고 말하지 않았을 뿐이다.

이 글의 취지는 소공의 비례에 있지 않다. 오히려 자신의 과실에 대한 비판을 기꺼이 받아들이는 공자의 열린 태도에 방점이 있다. 누구나 자신에 대한 비판을 듣고 선뜻 자신의 잘못을 인정하지 않는다. 공자는 "잘못을 모르는 것이 잘못이 아니라 잘못을 알면서도 고치지 않는 것이 잘못이다."라고 했다. 또 "잘못에 대해서는 과감히 고치기를 꺼리지 말아야 한다."고 했다. 자신의 잘못을 구차하게 변명하는 태도는 자기 발전에 아무런 도움이 되지 못한다.

자신의 잘못을 지적하는 말을 듣고 '다행이라'고 말한 공자의 태도는 이 시대에도 귀감이다. 무마기의 무마는 성이며, 기는 자, 이름은 시로, 공자의 제자다. 읍은 서서 자신의 두 손을 맞잡고 상대방에게 공손함을 표하는 인사 예절이다.

나도 그걸 부끄럽게 여긴다

듣기 좋은 말만 하고 얼굴빛을 꾸미며 지나치게 공손한 태도를 좌구명이 부끄럽게 여겼는데, 나도 그걸 부끄럽게 여긴다. 원망을 숨기고 그 사람과 벗하는 것을 좌구명이 부끄럽게 여겼는데, 나도 그걸 부끄럽게 여긴다.

자왈子曰 교언영색족공巧言令色足恭 좌구명左丘明 치지恥之 구역치지丘亦恥之 익원이우기인 匿怨而友其人 좌구명左丘明 치지恥之 구역치지丘亦恥之　　　　　　　　　[공야장]

부끄러움은 '치(恥)'다. '귀 이'와 '마음 심'의 합자다. 마음의 소리란 의미다. 이 마음이 곧 양심이다. 부끄러움은 사람을 사람답게 하는 감정이다. 부끄러움을 모르는 사람을 염치없는 사람이라고 한다. 사람노릇하기 어려운 부류다. 공자는 다른 글에서도 교묘한 말로 둘러대거나 얼굴빛은 꾸미는 태도를 거부했다. 그것이 그의 뜻과 맞지 않기 때문이다.

　　지나치게 공손한 태도도 옳지 않다. 겸양이 지나치면 비례이듯, 이런 태도는 비굴하게 보인다. 인격적 만남이 아니란 뜻이다. 사회는 어쩔 수 없이 위계적 특성을 띠지만, 그것은 어디까지나 그 질서에 대한 존중일 뿐, 지나친 공손과는 다른 태도이다. 사람과 사귈 때 속내를 숨기고 친한 척하는 태도도 옳지 않다. 이런 태도는 위선이고 위장이기 때문이다. 이런 거짓된 태도는 관계를 해친다. 공자가 추구하는 정직과 관용의 도리에 부합하지 않는 태도다.

　　좌구명은 춘추시대의 노나라 현인으로 이름이 난 인물이지만 생몰년은 미상이고, 그에 대해서는 여러 이설이 있어서 단정하기 어렵다. 다만, 공자가 그의 지향과 자신의 지향을 동일시 할 정도로 높이 평가한 인물이다.

중국에서는 청말에 리쭝우가 '후흑학(厚黑學)'을 주장했다. 후흑은 '면후심흑(面厚心黑)'의 약자다. '얼굴은 두껍고 마음은 음흉하다'는 뜻이다. 한마디로 철면피다. 자신이 한 말도 상황이 불리하면 뒤집고, 남에게 절대로 속을 드러내지 않는 태도다. 당시 서양 제국의 위력 앞에 풍전등화 같은 청나라의 위기를 보면서 구국의 방략으로 제창한 것이라서 개인에게 적용할 태도는 아니다. 개인의 처신은 명명백백하고 당당한 사람이라야 하지 않을까 싶다.

부끄러움을 아는 사회

정령으로 다스리고 형벌로 처벌하면 백성은 모면하려고만 할 뿐 부끄러워하지 않는다. 덕으로 인도하고 예로 단속하면 부끄러움을 알게 되어 또한 스스로 바로잡게 될 것이다.

자왈子曰 도지이정道之以政 제지이형齊之以刑 민면이무치民免而無恥 도지이덕道之以德 제지이례齊之以禮 유치차격有恥且格　　　　　　　　　　　　　　　　　　[위정]

법가는 법(法 정령), 술(術 조직), 세(勢 세력)를 통치의 근간으로 본다. 즉, 정령이나 형벌 등 외적인 강제력으로 사회의 질서가 유지된다고 생각했다. 패도의 통치술이 만연한 시대에는 분명 매력적인 치국방략일 것이다.

　　그러나 구성원들이 규범으로 내재화하지 않는다면 외적인 강제력에 의한 통치 방법은 오래갈 수 없다. 법가를 채용해서 진시황이 만든 통일제국 진나라도 결국 2세만에 멸망하고 말았다.

　　고대의 법 정신은 약법(約法)이다. 법은 간략해야 좋다는 것이다. 진나라를 무너뜨린 한고조 유방은 진나라 때의 가혹한 여러 법령들을 모두 없애고 이를 단 세 가지로 줄였다. 사람을 죽이는 자는 사형에 처하고, 남을 중상하는 자와 도둑질하는 자는 형벌에 처하겠다고 한 것이다. 이른바 약법삼장(約法三章)이다. 우리 역사에서 기자의 팔조법금(八條法禁)도 마찬가지다. 현대의 수많은 법률도 그때마다 다 사정이 있어서 제정된 것이겠지만, 법조문이 장황하다는 것은 그만큼 사회가 혼란하다는 역설이다. 심지어 법이 시대 발전을 가로막는 경우도 있다. 법령의 자구를 따지며 상식과 합리성을 무시하고 궤변을 마치 법 정신인양 늘어놓기도 한다. 법은 제정한 취지나 정신을 새기는 것이 중요하다.

공자도 말했듯, 법에 의지하지 않는 무위의 통치가 최상의 정치다. 시민들이 규범으로 내재화한 상식이 법보다 우위에 있는 사회, 법대로 하려는 사람보다 법 없이도 사는 사람들이 다수인 상식이 통하는 사회, 우리 사회가 그런 성숙한 사회가 되기를 바란다.

자책하는 자를 보지 못하였다

그만인가. 내가 능히 자기 잘못을 발견하고 안으로 자책하는 자를 보지 못하겠구나.

자왈子曰 이의호已矣乎 오미견능견기과이내자송자야吾未見能見其過而內自訟者也   [공야장]

발견은 의식이 수반된 깨달음이다. 자신의 잘못에 대한 객관적 인식의 차원, 그 발견의 과정이다. 또 자신의 잘못에 대한 책임 의식이 자책의 감정이다. 자신의 잘못에 대한 의식적인 발견의 과정이 있어야 한다는 뜻이다.

사람이 본능적 감각으로 자신의 잘못을 아는 존재라면 다행이겠지만, 불행하게도 그런 '고등한' 존재는 아닌 것 같다. 그렇다고 순자의 '성악설'에 동의하지도 않는다. 반드시 발견의 의식 작용으로서 잘못에 대한 자성의 감정이 있어야 한다.

그러나 자신의 잘못을 깨닫는 데 그쳐서는 안 된다. 이 글의 종지는 '개과(改過)'에 있다. 자신의 잘못을 '고친다'는 뜻이다. 잘못을 되풀이 하지 않는 것. 그래서 회개는 자신의 잘못에 대한 인식으로 행동을 '고친다'는 실천의 맥락이다.

한편, 자신의 잘못에 대해 자책하는 절실함이 없다면 고치는 데까지 이르지 못한다. 공자가 "그만인가."라고 탄식한 것도 자책의 절실함으로 잘못을 줄이거나 없애려는 실천의 도에 나아가지 못하는 한계를 지적한 것이다. 자신의 잘못을 고쳐 선한 사람으로 거듭나는 것을 개과천선(改過遷善)이라고 한다. 같은 뜻이다.

잘못을 고치는 것이 중요하다

바르게 일러 주는 말을 따르지 않을 수 있는가? 잘못을 고치는 것이 귀하다. 부드럽게 타이르는 말을 기뻐하지 않을 수 있는가? 그 말의 참뜻을 찾아내는 것이 귀하다. 기뻐하기만 하고 참뜻을 찾지 않거나 따르기만 하고 잘못을 고치지 않는다면 나도 어쩔 수가 없다.

자왈子曰 법어지언法語之言 능무종호能無從乎 개지위귀改之爲貴 손여지언巽與之言 능무열호能無說乎 역지위귀繹之爲貴 열이불역說而不繹 종이불개從而不改 오말여지하야이의吾末如之何也已矣

[자한]

잘못에 대해서 바른 말로 부드럽게 참뜻을 찾도록 깨우쳐 주어도 그 잘못을 고치지 않고 이유도 생각해 보지 않고 겉으로 면종(面從)만 한다면 나도 어쩔 수 없다는 뜻이다. 잘못을 실제로 고치고 참뜻을 찾는 자세가 중요하다는 경계의 글이다.

정언을 뜻하는 '법어'는 바른 말이란 뜻이고, '손언'은 부드럽게 타이르는 말이다. 따라서 이 글에서 바른 말이란 방향, 즉 사람의 도리를 말한 것이고, '부드럽게 타이르다'는 방법을 말한다. 방향이 옳더라도 말은 부드러워야 한다. 단호함은 어세의 강약에 있는 것이 아니라 뜻의 절직함에 있는 것이다.

또 '역'은 '찾다'라는 의미로 이 글에서는 '참뜻을 찾다'라는 뜻이다. 같은 잘못을 반복하지 않기 위해서 그 이유를 생각한다는 의미다. 사람은 자신의 잘못에 대해 자오하지 않으면 안 된다는 뜻이다. 자신의 회개를 남이 대신할 수 없기 때문이다.

거백옥이 공자에게 사자를 보내자 공자가 그 사자와 함께 앉아 묻기를 "선생께서는 무엇을 하고 계신가?" 하니, 사자가 대답하기를 "선생님은 잘못을 줄이려고 노력하는데 잘 안 되는 것 같습니다." 하였다. 사자가 물러가자, 공자가 말하기를 "훌륭한 사자구나. 참으로 훌륭한 사자구나." 하였다. 어쩌면 인생은 자신의 잘못을 끊임없이 줄여나가는 과정이 아닐까 싶다.

잘못을 보면 그 사람을 알 수 있다

사람의 잘못에는 각기 그 종류가 있으니, 잘못을 보면 그가 인한지를 알 수 있다.

자왈子曰 인지과야人之過也 각어기당各於其黨 관과觀過 사지인의斯知仁矣　　　　[이인]

잘못은 누구나 할 수 있다. 그러나 잘못도 잘못 나름이다. 상대방에게 후하게 하려다가 잘못하는 경우도 있고, 야박하고 인색하게 굴다가 잘못하는 경우가 있기 때문이다. 전자가 선의에서 나왔다면, 후자는 악의에서 나왔으니, 그 의도가 같을 수는 없다.

　우리는 덮어놓고 결과만 보고 남을 선불리 판단할 때가 있다. 하지만 이 글은 그 사람이 어떤 잘못을 범했는지를 보고 판단할 것을 주문한다. 그 의도를 보라는 것이다. 잘못을 보고 그 사람이 인한지를 알 수 있다는 '간과지인'은 그 뜻이다.

　자신의 잘못에는 너그럽고 남의 잘못에는 각박한 게 세태라지만, 그런 아시타비(我是他非)의 '내로남불'식 태도는 올바른 인격 형성과는 배치된다. 오히려 자신의 잘못에는 엄격하고, 타인의 잘못에는 너그러워야 하는 게 아닐까. 그래서 선인들은 '경(敬)'과 '의(義)'를 수신의 비결로 중시했다. 『주역』에 '공경으로 마음을 곧게 하고, 의리로 밖으로 행동을 반듯하게 한다'라고 한 것이 그 뜻이다.

　공자의 말처럼 "잘못을 깨달았으면 고치기를 꺼리지 말아야 한다." 자신의 잘못을 즉시 고치는 사람이 공자가 말한 군자다운 사람이다. 사람은 누구나 잘못을 범할 수 있지만, 그렇다고 누구나 잘못을 고치지 않는다. 잘못을 고치지 않으면 반복하게 된다. 그게 고질이 되고 습관이 되면 그때는 다른 사람의 잘못이 아니라 내 잘못일 뿐이다.

9장

"처세"

에 대한 생각

세상을 살아가는 방법을 처세라고 한다.

그러나 이 말이 처세술의 요령을 의미하지는 않는다.

오히려 세상에 대한 지향과 실천의 맥락을 갖는다.

남과 사귐을 잘하는 사람

안평중은 남과 사귐을 잘하는구나. 오래되어도 공경함을 잃지 않는구나.

자왈子曰 안평중晏平仲 선여인교善與人交 구이경지久而敬之　　　　　　　[공야장]

안평중은 제나라의 대부로, 이름은 영(嬰)이다. 아버지가 오래살기를 바라는 주술적 의미로 붙여준 이름이다. '어린아이'라는 뜻이다. 평중은 그의 자인데, 흔히 안자로도 불린다. 이름에 '자'를 붙이는 건 존칭의 의미다. 그만큼 안자에 대한 일화가 많이 전한다. 동양에서 역사가의 원조격인 사마천도 『사기』「열전」'관안편'에 관자(관중)와 함께 그에 대한 전기와 일화를 기록하여 존경을 표한 인물이다.

안자는 키가 6척쯤으로 지금 기준으로 135cm 정도의 매우 작은 키였다. 그러나 그의 많은 일화를 살펴보면 안자는 꽤 당찬 정치가였다. 무엇보다 권력의 위협에 굴하지 않고 할 말을 다 하는 그런 정치가였다. 그 점에서 사람들의 존경을 받았고, 공자도 그런 그를 존중했다. 그러나 세상의 관점으로 보면, 공자와 그는 결코 좋은 관계가 아니었다. 제나라를 찾아온 공자의 등용을 반대한 인물이 안자였고, 공자의 고국 노나라와 안자가 재상으로 있는 제나라는 우호적 관계가 아니었기 때문이다.

따라서 이 글을 문면대로 읽으면 '오래되면 친해지고, 친해지다 보면 함부로 대하기 쉽다. 그게 인지상정이다. 오래되어도 처음처럼 변함없는 사람은 드물다. 그러니 사람과 사귀는 요체는 오래되어도 한결같이 상대방을 공경하는 사람이다.'라는 뜻이다. 그러나 "오래되어도 그 사람을 공경한다."는 것은 '오래되어도 자신의 속마음을 보이지 않는다'는 뜻으로도 읽히는 대목이다. 서로 경계의 대상일 뿐, 신뢰의 대상은 아니란 뜻이다.

바로 여기서 공자와 안자의 위대함이 있다. 그들은 비록 현실적 판단을 달리했지만, 오히려 이를 극복하고 인격적 만남을 이루었다. 서로 존중하는 마음이다. 안자는 공자의 학문이 제나라의 현실 정치에는 유용하지 않음을 알고 공자를 반대했지만, 공자가 '현인 중의 현인'임도 알았다. 속 좁은 협량의 정치가가 아니라 관대한 도량의 소유자란 의미다. 겸덕을 구비한 두 인격의 만남. 그것이 군자가 추구하는 '화이부동'의 모습이다.

무도한 세상을 피한다

현명한 사람은 무도한 세상을 피하고, 그 다음은 어지러운 나라를 피하며, 그 다음은 임금의 안색을 보고 피하고, 그 다음은 임금의 말을 들어보고 피한다.

자왈子曰 현자賢者 피세避世 기차其次 피지避地 기차其次 피색避色 기차其次 피언避言　　[헌문]

현자가 기피하는 네 가지를 차례로 들었다. 무도한 세상을 피하는 피세, 어지러운 나라를 피하는 피지, 임금의 안색을 보고 피하는 피색, 임금의 말을 들어보고 피하는 피언이다. 꼭 순서대로인 것은 아니다. 현자의 처신을 아울러 말한 것이다.

어떤 것이 무도한 세상일까? 사람으로서의 도의 염치를 모르는 세상일까. 사람의 윤리 강상을 잃어버린 세상일까. 또 어떤 것이 어지러운 나라일까? 상식이 통하지 않고 억지스러운 주장이 통하는 나라, 극심한 분열로 다툼만 일삼는 나라. 이런 나라가 아닐까.

맹자를 만난 양혜왕이 대뜸 "선생은 우리나라에 무슨 이로움을 주겠소?" 하니, 맹자는 "왕은 하필 이로움을 말합니까?" 하고 반문했다. "왕은 인의가 있다는 것을 모르느냐?"는 물음이 이어진다. 서로 추구하는 바가 달랐던 것이다. 따라서 현자는 임금의 안색, 즉 태도를 살펴보고 말을 들어보아 그 처신을 결정한다는 뜻이다.

일에는 조짐이 있다. 조짐을 알면 그 일이 어떤 방향으로 진행될지 추측할 수 있다. 그것을 관찰하고 현명하게 처신하는 것, 현자의 처신 방법이다. 이 글로 보건대 무도한 세상이란 말과 태도가 거친 사람들이 사는 세상이 아닐까 싶다. 언행은 그 사람의 심중을 드러내기 때문이다. 그러니 현자는 그런 사람들이 사는 세상을 피한다는 뜻이 된다. 지금 이 세상에 은자는 어떤 사람들일까.

세 사람이 길을 가면

세 사람이 길을 가면 반드시 내 스승이 있다. 그중 선한 사람을 택하여 따르고, 불선한 사람을 보고 내 허물을 고치면 된다.

자왈子曰 삼인행三人行 필유아사언必有我師焉 택기선자이종지擇其善者而從之 기불선자이개지其不善者而改之
[술이]

세상에는 각양각색의 사람들이 어울려 산다. 그들 중에는 선한 이도 있고 그렇지 못한 이도 있다. 선한 이에게는 그 선한 점을 배우는 '타산지석', 그렇지 못한 이는 그 불선함을 보고 나도 그렇지 않을까 살펴서 자신의 허물을 고치는 '반면교사'의 성구가 그런 뜻이다.

공자는 누구에게나 배운다고 했다. 모르는 것을 깨우치는 데는 아랫사람에게도 배운다는 '불치하문'이 그런 뜻이다. 또 잘못된 습관이나 허물을 고치는 데 망설이지 말고 과감해야 한다는 '과즉물탄개'가 그런 뜻이다. 그것이 공자의 삶의 태도와 지향이다. 공자는 도가 다르면 같이 하기 어렵다고 했다. 이 말은 곧 도가 다르면 같은 길을 가는 동행이 되기 어렵다는 뜻이다.

'세 사람이 길을 가면 그 가운데 반드시 나의 스승이 있다.'는 말의 핵심은 '자성'에 있다. 자신의 허물을 살펴보는 것이다. 자신의 허물을 돌아보는 성찰은 '개선'을 의미한다. 오늘의 내가 어제의 나보다 나아지는 것, 스스로 성찰하지 않으면 불가능하다.

스승을 다른 말로 사표라고 한다. 모범이 된다는 뜻이다. 누구에게나 배울 점이 있다고 하지만, 사람은 또 누군가의 스승이 되기도 한다. 좋은 면으로 서로 배우고 닮고 싶은 사람이 많은 사회, 그런 사회가 건강한 사회다.

요즘 세상에서는 화를 면하기 어렵다

축관인 타의 말재주와 송나라 공자 조처럼 잘생긴 용모가 아니면 요즘 같은 세상에서는 화를 면하기 어렵다.

자왈子曰 불유축타지녕不有祝鮀之佞 이유송조지미而有宋朝之美 난호면어금지세의難乎免於今之世矣

[옹야]

'축관인 타'는 종묘의 제사를 주관하는 축관 벼슬을 맡은 '타'를 말한다. 타는 위나라 대부로 자는 자어이며, 말재주가 좋다고 알려진 인물이다. 또 '송나라 조'는 송나라 공자 '조'로 미색으로 이름이 난 인물이다. 모두 구변이 있거나 용모가 아름답거나 하여 세인들의 이목을 끌던 인물이다. 난세를 살아갈 때는 이런 말재주와 용모가 도움이 되련만, 공자의 말은 일종의 반어로 들린다.

공자의 말은 '요즘 세상'이라는 말과 '난을 피하기 어렵다'는 뜻을 새겨볼 필요가 있다. 주로 곧은 말을 잘하는 솔직한 사람은 화를 피하기 어려운 세상이란 뜻이다. 공자가 살던 춘추시대가 무도한 위난의 시대임을 말한다.

난세는 살아가는 것은 예나 지금이나 어렵다. 본의 아니게 난에 휘말리기도 쉽다. 때문에 신중하기를 거듭해야 한다. 패권 경쟁이 벌어지던 난세 춘추 시대를 살다간 공자도 여러 차례 곤욕을 치렀다.

지금 우리 세상은 어떨까. 위난의 시기일까. 평화의 시기일까. 위난의 시기일지라도 지혜롭게 처신하여 환란을 피할 것, 또 평화의 시기일지라도 화를 당하는 사람이 있기 마련이다. 모두 세상을 보는 안목과 슬기롭고 겸손한 처신에 달려 있을 뿐이지, 말재주와 잘생긴 용모에 달려 있는 문제는 아니라는 메시지다.

원망과 교만

가난하면서 원망하지 않기는 어렵고, 부유하면서 교만하지 않기는 쉽다.

자왈子曰 빈이무원貧而無怨 난難 부이무교富而無驕 이易   [헌문]

현실에선 둘 다 어려운 일이다. 쉽고 어려움을 따질 문제가 아니다. 그런데도 공자는 두 경우를 비교하여 쉽고 어려움을 구분하여 말하고 있다. 왜일까?

가난하면서도 원망하지 않기는 부족과 궁핍이 초래한 상황의 절박함 때문에 원망에서 벗어나기 어렵다. 사회의 구조적 문제로 인한 가난의 경우 스스로 노력한다고 해도 쉽게 벗어나기 어렵기에 더욱 그렇다. 또 상대적 궁핍으로 인해 괴로움을 느끼는 경우도 있다. 마음의 궁핍이다. 자족하는 마음의 여유가 없다면, 이런 상대적 궁핍의 올가미에서 자유로울 수 없다. 물질이든 마음이든 가난하면 원망하는 마음을 품기 쉽다. 때문에 그러한 처지를 원망하지 않기가 '어렵다'고 한 것이다.

반면, 부유하면서도 교만하지 않기는 물질적 부족과는 관계가 없는 선택의 문제다. 기득권을 놓지 않으려 하고 갑질을 예사로 부리는 현실은 부유하면서도 교만하지 않기가 쉽지 않음을 역설적으로 말해 준다. 그러나 부유하면서도 마음먹기에 따라서는 겸손한 나눔의 미덕을 실천하는 사람도 많다. '쉽다'고 한 것은 이 뜻이다.

이 글에서 두 가지 짚어볼 대목이 있다. 정직과 겸양의 자세다. 정직한 방법으로 부의 축적이 가능한 사회인가, 겸손과 양보의 미덕이 살아 있는 사회인가, 우리 사회의 구성원들은 이런 평가에 어떤 점수를 줄까.

'원망'과 '교만'이 사회를 요란시키기는 마찬가지이다. 경제적 불평등과 구조적 빈곤, 부자와 권력층의 갑질, 기득권의 공고화 등은 현대 사회가 풀어가야 할 과제이지만, 자기 성찰과 자족, 정직과 겸양의 태도가 뒷받침되지 않는다면 그 해결도 요원하다.

위태로운 시기에는

나라에 도가 있을 때에는 말과 행동을 꼿꼿하게 해도 되지만, 나라에 도가 없을 때에는 행동은 꼿꼿하게 하되, 말은 공손하게 해야 한다.

자왈子曰 방유도邦有道 위언위행危言危行 방무도邦無道 위행언손危行言孫   [헌문]

나라에 도가 없는 '방무도'한 시기는 '위태로운' 위난의 시기다. 역사에서는 이런 시기가 곧잘 있어서 때를 잘못 만나 희생당한 의인, 재사들이 많다. 다만, 이런 위난의 시기에는 말을 공손하게 하여 굳이 화를 당할 필요는 없다는 점을 강조한 것이다. 공자가 구별하여 말한 뜻은 여기에 있다. 그러나 나라에 도가 없건 있건 사람의 떳떳한 길을 가야한다는 것에는 다를 바 없다. 이 글을 바로 읽는 맥락이다.

『논어』태백 편에서 공자는 "위태로운 나라에는 들어가지 말고, 어지러운 나라에는 거주하지 말아야 한다. 천하에 도가 있으면 자기를 드러내고, 천하에 도가 없으면 숨어야 한다. 나라에 도가 있을 때에는 가난하고 천한 것이 부끄러운 일이요, 나라에 도가 없을 때에는 부하고 귀한 것이 부끄러운 일이다."라고 하였다. 두 글을 같이 읽으면 공자가 생각하는 처세의 진의를 알 수 있다.

사람의 말과 행동은 그 사람을 판단하는 척도가 된다. 말과 행동이 정직하고 공손한 사람은 사람들에게 신뢰를 주는 반면, 말과 행동이 정직하지 못하고 거친 사람은 사람들에게 배척을 당한다. 언동이 불순한 사람들은 자기들끼리 패거리를 짓고 다른 사람에게 해악을 끼친다. 이런 사람들의 정치가 소인배의 붕당 정치다.

공자의 함의는 세상의 시류에 영합하지 않는 처세에 있다. 높은 뜻을 품고 꼿꼿하게 행동하되, 무도한 때에는 말을 공손하게 하여 불필요한 화란을 피하라는 공자의 당부다. 지혜로운 처신이다. '위언위행'의 '위' 자는 이 경우엔 '꼿꼿하게' 또는 '당당하게'라는 뜻으로 새긴다.

이런 사람과는 도를 논할 수 없다

선비가 도에 뜻을 두고서도 나쁜 옷과 나쁜 음식을 부끄러워한다면 이런 사람과는 도를 논할 수 없다.

자왈子曰 사지어도이士志於道而 치악의악식자恥惡衣惡食者 미족여의야未足與議也   [이인]

나쁜 옷과 나쁜 음식이란 처지를 말한다. 그 사람이 처한 상황이다. 처지는 나쁠 수도 있고, 좋을 수도 있다. 그러나 처지란 변하기 마련이다. 그래서 『주역』에서 처지가 어려운 것을 나쁘게 보지 않고, 처지가 두루 형통한 것을 좋게 보지 않는다. 처지가 어려우면 통할 것이요, 통하면 좋게 변할 것이기 때문이다. 또 처지가 형통하면 교만하기 쉽고 교만하면 남에게 미움을 사고 추락하기 때문이다.

사람은 한결 같기가 어렵다. 유혹에 쉽게 마음이 흔들리기 때문이다. 그래서 유학에서는 '지혜로운 자는 미혹되지 않고 인한 자는 편안하다'고 한 것이다. 미혹되지 않고 편안하다는 것은 갈 길과 방향을 알기 때문이다. 사람다움의 길이 곧 그 길이다. 소위 공자가 말하는 군자가 가는 길이다.

반면에 사람들은 이목의 욕심에 흔들리기 십상이다. 처지가 궁하면 더 유혹에 흔들린다. 자기를 지키지 못하고 돈의 노예가 되는 길을 택한다. 심지어 모든 권력은 돈에서 나온다고 여기고 돈을 신처럼 섬긴다. 그 길에서 내려서기가 쉽지 않은 듯 노년에도 여전히 움켜쥐려고 아등바등한다. 그러나 그러한 삶이 편안할까. 삶은 어쩌면 안식을 향해 나아가는 나그네일 수도 있기 때문이다. 그래서 프랑스의 극작가 가브리엘 마르셀은 인간을 '여행하는 인간(Homo Viator)'이라고 정의한 것이다.

하늘에서 지구를 내려다본 사람들은 변한다고 한다. 조망 효과인 오버뷰 이펙트(The Overview Effect)다. 눈앞의 작은 욕심에 흔들리지 말고 큰 시각으로 세상을 보라는 뜻이다. 이 글은 처지에 흔들리는 사람과는 도를 논할 수 없다고 단언한다. 여기서 도란 사람이 가야 할 진리의 길이다. 사회에 해악을 끼치는 삶이 인간다운 삶일 수는 없다. 『성경』에도 "진리가 너희를 자유케 하리라." 하였다.

이적의 나라라도

이적에 임금이 있는 것이 중국에 임금이 없는 것보다 낫다.

자왈子曰 이적지유군夷狄之有君 불여제하지무야不如諸夏之亡也 　　　　　　[팔일]

공자가 중국과 다른 나라를 구별하고 있지만, 본뜻은 무도(無道)와 유도(有道)의 차이를 말하려는 데 있다. 중국이라도 상하가 '무분(無分)'하여 군주가 무력의 패도를 행하고 아래에서는 하극상의 참란한 일도 버젓이 행하는 당시 상황이 공자가 추구하는 왕도정치와는 맞지 않기 때문이다.

중국을 중심으로 주변 사방의 나라를 사이(四夷)라고 했다. 동이(東夷), 북적(北狄), 서융(西戎), 남만(南蠻)이다. 그 중 '이적'은 동이와 북적을 아울러 말한 것이지만 사이를 통칭하는 개념이다. 이 말은 결국 사이를 끌어다 당시 중국의 '무군'의 무도한 상황에 빗대서 한 말이다.

무군 즉 '임금이 없는 상황'이란 '임금다운 임금이 없고 신하다운 신하가 없다'는 말이다. 공자가 추구하는 예악의 정치를 행할 수 있는 상태가 아니라는 말이다. 주나라의 종주질서가 존중되고, 예악과 문물이 성대한 정치! 그런 정치와는 너무나 달리 약육강식의 패권정치가 만연한 당시 중국의 무도한 상황에 대한 경종의 말이다.

지금 세상에도 '협력과 공존'보다 자국우선주의를 앞세운 패권정치가 횡행한다. 자기 욕심을 마치 백성을 위한 정치인양 갖은 술수를 부리는 그런 사람들을 참된 정치라고 할 수 없을 것이다.『순자』'왕제' 편에 '군주민 수(君舟民水)'라는 말이 있다. '임금은 배요, 백성은 물이니, 물이 배를 뜨게도 하지만, 가라앉게도 할 수 있다'는 말이다. '망'은 이 글에서는 '무(無)'로 새기 며, 통용하는 글자다.

친구를 사귀는 방법

자공이 친구에 대해서 물으니, 공자가 말하기를 "진심으로 권고해서 좋은 길로 이끌어 주되, 듣지 않으면 그쳐서 욕을 당하는 일이 없어야 한다."하였다.

자공문우子貢問友 **자왈**子曰 **충고이선도지**忠告而善道之 **불가즉지**不可則止 **무자욕언**無自辱焉
[안연]

친구를 사귀는 일은 늘 어렵다. 사람은 변하기도 하지만, 변하지 않기도 하기 때문이다. 변하는 사람을 되돌리려는 것도, 변하지 않는 사람을 변하겠거니 하는 것도 다 무망하기는 마찬가지다.

　진심으로 하는 충고와 좋은 길로 이끄는 선도는 친구에 대한 선의이지만, 문제는 받아들이는 사람의 자세. 좋은 말도 고까울 때가 있으니 말이다. 그로 인해 화를 당하는 지경에는 이르지 말아야 한다는 것이다.

　따라서 이 글의 핵심은 '지'에 있다. 그친다는 뜻이다. 그러나 그칠 데를 알기 어려운 것이 또한 친구 관계다. 그럼에도 그 알기 어려운 것을 분별하여 아는 것이 지혜다.

　'근묵자흑'은 나쁜 친구를 사귀면 나쁜 물이 들기 쉽다는 경구이지만, 그 반대의 경우도 있다. 좋은 친구가 내 발전에 보탬이 되는 경우도 많다. 선의의 경쟁이란 말도 있다. 우호적 경쟁 관계다.

　따돌리고 괴롭히는 문화가 퍼지는 것도 사회 환경이 변한 탓일까. 친구를 사귀는 방법은 예나 지금이나 같지 않을까 싶다.

큰 의리, 작은 의리

자로가 말하기를 "군자가 용맹을 숭상합니까?" 하니, 공자가 말하기를 "군자는 의리를 으뜸으로 삼는다. 군자가 용맹함만 있고 의리가 없으면 난을 일으키게 되고, 소인이 용맹함만 있고 의리가 없으면 도적이 된다." 하였다.

자로왈子路曰 군자상용호君子尚勇乎 자왈子曰 군자의이위상君子義以爲上 군자유용이무의君子有勇而無義 위란爲亂 소인小人 유용이무의有勇而無義 위도爲盜   [양화]

군주와 백성을 향한 의리를 갖춘 장수 재목은 드물다. 우리 역사에서는 백제의 계백 장군과 조선 시대의 이순신 장군이 그런 인물이었다. 순암 안정복은, 우리 역사를 강목체로 정리한 『동사강목』에서 계백 장군을 이렇게 평가하였다.

"슬프다! 계백의 황산 싸움을 볼 것 같으면, 위급할 때 명을 받고서 5천명의 보잘것없는 군사를 이끌고 10만 명의 강한 적을 앞에 두었는데도, 거조에 조금도 혼란됨이 없었고 의기 또한 편안하였다. 험지에 의거해서 진영을 설치한 것은 지(智)요, 싸움에 임해서 무리에게 맹세한 것은 신(信)이며, 네 번 싸워 이긴 것은 용(勇)이요, 관창을 잡았다가도 죽이지 않은 것은 인(仁)이며, 두 번째 잡았을 때 죽여서 그 시체를 돌려보낸 것은 의(義)요, 중과부적해서 마침내 한번 죽는 것도 마다하지 않았으니 충(忠)이다. 삼국 때에 충신과 의사가 필시 많았지만, 역사서에 보이는 것을 가지고 말한다면 마땅히 계백을 으뜸으로 삼아야 할 것이다."

그런가하면, 정탁의 『약포집』에는 '이순신 옥사에 대한 의론'이란 글이 나온다.

　"지금 이순신과 같은 자는 또한 얻기가 쉽지 않습니다. 이순신은 오래도록 수군을 거느려서 변방의 정세를 자세히 알고 있고, 일찍이 극악한 왜적을 무찔러 위엄과 명성이 꽤 있습니다. 왜노들이 수군을 가장 두려워하는 것도 반드시 여기에 있습니다. 적들 가운데 이순신을 도모하려는 자는 진실로 하루도 마음에서 잊은 적이 없는데, 몇 냥의 황금도 쓰지 않고 하루아침에 가만히 앉아서 우리나라가 갑자기 죽이는 것을 보게 된다면, 적들의 행운이 될까 두렵습니다. 이순신은 죄 때문에 이미 의금부에 송치되어 있고 죄목도 매우 중대합니다. 만일 이 때문에 끝내 죽음을 면할 수 없게 된다면 적들이 이 소식을 듣고 반드시 술자리를 마련하여 서로 경하할 것이고, 또 남방 변경의 많은 장사들은 모두 맥이 빠지게 될 것이니 이것이 매우 염려됩니다. 일개 이순신의 죽음은 진실로 애석할 것이 못되나, 국사에 있어서는 크게 관계됨이 없지 않습니다." 정탁의 헌의가 올라가자 '사형을 감하라'는 선조의 특명이 내려졌다. 정탁은 퇴계 이황의 제자로서, 이순신을 구원한 인물로 유명하다.

　계백이나 이순신은 지리를 이용할 줄 아는 지략, 적들 앞에서 물러서지 않은 용기, 부하들의 고통을 이해하고 솔선수범하는 믿음의 리더십을 갖췄다. 무엇보다 그들의 흉중에는 의자왕과 선조에 대한 사의인 '작은 의리'가 아니라, 그 시대 조국과 백성들을 위한 대의인 '큰 의리'가 있었다. 공자가 강조한 의리도 그런 큰 의리였다.

함께 대화하기 어려운 사람

호향 사람들은 함께 대화하기 어려웠는데, 그 마을 젊은이가 공자를 찾아와 뵈니, 제자들이 의아해했다. 공자가 말하기를 "그가 나아온 뜻을 받아 준 것이지 그가 퇴행한 것까지 받아 준 것은 아니다. 어찌 그리 심한가. 사람이 스스로 깨끗이 하여 나아오면 그가 깨끗이 한것을 인정해 주면 되지 지나간 일을 담아둘 필요가 없는 것이다." 하였다.

호향互鄉 난여언難與言 동자현童子見 문인門人 혹惑 자왈子曰 여기진야與其進也 불여기퇴야不與其退也 유하심唯何甚 인人 결기이진潔己以進 여기결야與其潔也 불보기왕야不保其往也 [술이]

호향은 중국 고을 이름으로 하남성 녹읍이라는 설과 강소성 패현이라는 설이 있지만 확실하지는 않다. 공자 당시에 괴팍한 고을의 대명사로 불릴 만큼 기질이 드세서 함께 대화하기를 꺼렸던 고을이었던 듯하다. 그런데 그 마을에서 젊은이가 공자에게 찾아와 배움을 청한 것이다. 공자가 그를 만나주자 제자들의 반응은 당혹스러움과 의아함이었다.

　이 글은 우리에게 두 가지 측면에서 깨우침을 준다. 하나는 배우려고 나아온 뜻을 존중하라는 것이고, 또 하나는 지난 일을 허물하지 말라는 것이다. '발분망식'이라는 말이 있다. 마음에 강한 욕구와 흥미가 일어나서 밥먹는 것도 잊는다는 뜻이다. 공자가 자신을 평가하여 한 말이다. 호향의 젊은이가 비록 발분망식의 경지는 아닐지라도 공자의 소문을 듣고 배우기를 청한 뜻은 가상한 것이다. 공자는 그 뜻을 취한 것이다.

　또 개과천선이라는 말이 있다. 지난날의 잘못을 고쳐 선한 경지로 옮겨

간다는 뜻이다. 스스로 잘못을 뉘우쳐 새사람이 된다는 의미다. 그러니 지난날의 잘못을 마음에 담아둘 필요가 없다는 말이다.

이 글은 선입견과 편견을 갖고 사람을 대하지 말라고 말한다. 지난날 못된 짓을 했던 사람이라는 '선입견', 호향 사람은 다 그렇다는 '편견'을 두지 말라는 뜻이다. 이런 선입견, 편견은 의외로 사람의 행동을 좌우할 때가 많지만, 과거의 잣대로 사람을 평가하는 우를 범하지 말아야 한다는 것이다. 열린 자세 대신, 그런 선입견과 편견 속에 갇혀 산다는 것은 불행한 일이다. 진짜 함께 대화하기 어려운 사람은 따로 있다. 겉과 속이 다른 사람, 함부로 행동하는 사람, 억지를 부리는 사람이다. 이런 사람들이 설쳐대면 사회가 위태로워진다.

10장

"효도"

에 대한 생각

시대가 바뀌어도 변하지 않는 것이 있다.

천륜이다. 하늘이 맺어준 인연이란 뜻이다.

부모와 자식 간의 인연이 그렇다.

따라서 부모를 공경하고 봉양하는 효도는 백행의 근본이 된다.

부모에게 허물이 있더라도

부모를 섬길 때는 잘못에 대해서 부드럽게 말씀드려야 한다. 내 말을 따라주지 않더라도 또한 공경하고 거스르지 말아야 하며, 힘들더라도 원망하지 말아야 한다.

자왈子曰 **사부모**事父母 **기간**幾諫 **견지불종**見志不從 **우경불위**又敬不違 **노이불원**勞而不怨 [이인]

부모와 자식 사이는 천륜이다. 천륜은 하늘이 맺어준 관계라는 뜻이다. 요즘은 천륜도 저버리는 패륜 범죄가 버젓이 자행되기에 소름이 돋을 때가 많지만, 효는 모든 행위의 근본임은 예나지금이나 다를 게 없다. 화락한 가족은 집에서 큰 소리가 나오지 않는다. 큰 힘이 된다.

부모가 살아계시면 멀리 가지 말아야 하며, 가더라도 반드시 가는 곳을 밝혀야 한다.

자왈子曰 **부모재**父母在 **불원유**不遠遊 **유필유방**遊必有方　　　　　　[이인]

효의 근본은 그 마음에 있다. 요즘은 화상 통화 등 소식을 전하는 수단도 발달해서 부모에게 소식을 전하는 데 큰 문제가 없다. 부모는 예나지금이나 늘 자식의 소식을 기다린다.

부모의 나이를 몰라서는 안 된다. 한편으로는 기쁘고 한편으로는 두렵기 때문이다.

자왈子曰 부모지년父母之年 불가불지야不可不知也 일즉이희一則以喜 일즉이구一則以懼 [이인]

효를 애일지성(愛日之誠)이라고 한다. 날을 아낀다는 뜻이다. 부모님이 오래 사셔서 좋고 또 사실 날이 날로 줄어드니 두려운 것이다. 그것이 효의 정신이다. 아버지, 어머니 돌아가시면 통절한 후회가 밀려온다. 특히, 아버지 상을 천붕(天崩)이라고 한다. 하늘이 무너졌다는 뜻이다.

공자는 효를 자신이 생각하는 사람으로서의 기본 도리로 여겼다. 효자에 대한 칭송을 아끼지 않았다. 그 자신이 어려서 부친을 여의고 홀어머니를 모시고 어렵게 산 탓도 있겠지만, 효도하는 품성이 사회에 유익한 선한 영향력을 끼치고 인의 가치에도 부합하기 때문일 것이다. 세상의 모든 종교 치고 효를 근본 가치로 여기지 않는 종교는 없다. 아마 인류가 존재하는 한 효의 가치는 변하지 않을 것이다.

아버지의 뜰을 지나다

진강이 백어(공자의 아들. 이름은 이)에게 묻기를 "그대는 선생님께 특별한 가르침을 들은 것이 있는가?" 하니, 백어가 대답하기를 "없네. 일찍이 홀로 서 계실 때 내가 종종걸음으로 뜰을 지나는데 '시를 배웠느냐?' 하시기에 '배우지 못했습니다.' 하고 대답했더니 '시를 배우지 않으면 말을 할 수가 없다.'고 말씀하셨네. 그래서 나는 물러나와 시를 배웠네. 다른 날 또 홀로 서 계실 때 내가 종종걸음으로 뜰을 지나는데 '예를 배웠느냐?' 하시기에 '배우지 못했습니다.' 하고 대답했더니 '예를 배우지 않으면 설 수가 없다.'고 말씀하셨네. 그래서 나는 물러나와 예를 배웠네. 이 두 가지를 들었을 뿐이네." 하였다. 진강이 물러나와 기뻐하면서 말하기를 "하나를 물어서 세 가지를 얻었다. 시를 듣고 예를 듣고 또 군자가 자기 아들이라 하여 특별히 대하지 않는다는 것을 들었다." 하였다.

진강陳亢 문어백어왈問於伯魚曰 자역유이문호子亦有異聞乎 대왈미야對曰未也 상독립嘗獨立 이추이과정鯉趨而過庭 왈曰 학시호學詩乎 대왈對曰 미야未也 불학시不學詩 무이언無以言 이퇴이학시鯉退而學詩 타일他日 우독립又獨立 이추이과정鯉趨而過庭 왈曰 학례호學禮乎 대왈對曰 미야未也 불학례不學禮 무이립無以立 이퇴이학례鯉退而學禮 문사이자聞斯二者 진강陳亢 퇴이退而 희왈喜曰 문일득삼問一得三 문시문례聞詩聞禮 우문군자지원기자야又聞君子之遠其子也   [계씨]

조선 후기의 학자인 박종채가 아버지인 연암 박지원의 사후 펴낸 책이 『과정록(過庭錄)』이다. '과정'은 '뜰을 지나다'라는 뜻으로, 『논어』의 바로 이 구절에서 제목을 따 온 것이다. 공자가 뜰을 지나는 아들을 불러 세워 "시를 배웠느냐?", "예를 배웠느냐?"고 묻는 데서, 곧 아버지의 언행과 가르침을 뜻하는 말로 쓰인다. 이 책은 우리에게 연암의 모습을 생생하게 전해 준다.

공자는 아들이라고 하여 특별대우를 했던 것 같지는 않다. 뜰을 종종걸음으로 지나는 아들을 불러 세워 "시를 배웠느냐?", "예를 배웠느냐?"고 묻는 것이 전부다. 그런데 그 뒷말이 흥미 있다.

"시를 배우지 않으면 남과 말을 할 수가 없다."고 하였다. 또 "예를 배우지 않으면 설 수가 없다."고 하였다. 시를 모르면 자신의 뜻을 말하는 데 어렵다는 것이고, 예를 모르면 사람 노릇을 제대로 할 수 없다는 뜻이다.

그러나 제자인 진강이 진짜 묻고 싶었던 것은 무엇일까? "군자가 자기 아들이라 하여 특별히 대하지 않는다는 것을 들었다." 친자식이라고 특별히 친애하여 가르치지 않았다는 뜻이다. 그 믿음을 확인하고 싶었던 것은 아닐까. 믿음이 사라진 교육은 시대의 불행이다.

아버지의 얼굴

아버지가 살아 계실 때에는 그 뜻을 살피고, 아버지가 돌아가신 뒤에는 그 행적을 살펴야 한다. 아버지가 돌아가신 뒤에도 3년 동안 아버지가 하던 방식을 고치지 않는다면 진정한 효라고 할 수 있다.

자왈子曰 부재父在 관기지觀其志 부몰父沒 관기행觀其行 삼년三年 무개어부지도無改於父之道 가위효의可謂孝矣
[학이]

아버지의 부재는 자식에겐 더 이상의 큰 슬픔이 없다. 자식은 부모로부터 유전자만 물려받는 게 아니다. 생활 습관, 삶의 방식과 지향 등에 이르기까지 다른 듯 닮은 게 부모와 자식이기 때문이다. 나이가 들수록 불현 듯 형제 얼굴에서 '아버지의 얼굴'을 보는 것은 그 때문이다.

효도하지 않는 사람이 사회에 보탬이 되기는 어렵다. 때문에 불효를 앞세우거나 조장하는 사회나 국가, 종교는 없다. 천륜을 저버린 서글픈 소식이 넘쳐나지만 사람 도리의 근본이 효도에 있음은 불변이다.

공자가 3년이란 시간을 설정한 뜻은 부모가 자식을 키울 때에도 3년은 품에 안고 보듬어 정성을 다해 키우 듯, 적어도 3년은 부모의 부재를 슬퍼하여 그 마음과 정성을 다 해야 한다는 뜻이다. 그러나 이 3년을 경직되게 적용하여 부작용을 낳기도 한다. 그 대표적인 것이 과거의 '시묘살이'다. 부모가 돌아가셨을 때 자식이 묘 옆에 움막을 짓고 탈상할 때까지 3년 동안 묘소를 돌보는 일을 '시묘살이'라고 한다. 이로 인해 건강을 해치거나 죽는 일도 왕왕 있었는데, 이것이 부모가 원하는 일이었을까 싶다.

돌아가신 부모를 그리는 정을 '사친(思親)'이라고 한다. 누구도 자신이 효자라고 떳떳이 말하지 못한다. 돌아가신 후에는 못 해드린 후회만 남기 때문이다. 부모를 모시는 효도의 근본은 '공경'에 있다. 마음이 가면 자연 행위로 나타난다. 이 글도 그런 취지다.

우리 시대의 효란 무엇인가

공자가 효에 대해서 다양한 말을 하고 있지만, 효의 근본은 마음으로 공경하는 한 가지로 귀결된다. 마음이 가지 않으면 형식만 남기 때문이다. 아무리 시대가 변했다한들 형식화된 효를 진정한 효라고 할 수 있을까. 효에 대한 근본적인 고민이 필요한 문제다. 공자가 말하는 효의 의미를 되짚어 본다.

맹의자가 효에 대해서 묻자 공자가 말하기를 "어김이 없는 것이다." 하였다. 번지가 수레를 몰았는데, 공자가 말하기를 "맹손(맹의자)이 나에게 효에 대해 묻기에, 나는 '어김이 없는 것이다'라고 대답하였다." 하니, 번지가 말하기를 "무엇을 말한 것입니까?" 하였다. 공자가 말하기를 "살아 계실 때에는 예로써 섬기고, 돌아가시면 예로써 장사를 지내고, 예로써 제사를 지내는 것이다." 하였다.

맹의자문효孟懿子問孝 자왈子曰 무위無違 번지어樊遲御 자고지왈子告之曰 맹손孟孫 문효어아問孝於我 아대왈我對曰 무위無違 번지왈樊遲曰 하위야何謂也 자왈子曰 생사지이례生事之以禮 사장지이례死葬之以禮 제지이례祭之以禮

[위정]

　　노나라의 대부인 맹의자가 효에 대해 묻자 "어김이 없는 것이다."라고 하고, 제자인 번지에게 그 뜻을 자세히 일러주었다. "예절로, 섬기고 장례를 치르고 제사를 지내라."는 말은 곧 예절에 어긋나지 않는 것이 효라는 뜻이다. 예절로써 그 뜻을 편안하게 하는 것이 효의 본지라는 것이다.

맹무백이 효에 대해서 묻자 공자가 말하기를 "부모는 다만 자식이 아플까 봐 걱정한다." 하였다.

맹무백孟武伯 문효問孝 자왈子曰 부모父母 유기질지우唯其疾之憂 　　　　　[위정]

　　맹무백은 맹의자의 아들이다. 그가 효에 대해서 묻자 부모에게 걱정을 끼치는 행위가 불효라는 뜻으로 대답했다.

자유가 효에 대해서 묻자 공자가 말하기를 "지금의 효라는 것은 단지 봉양을 잘하는 것을 말하지만, 개나 말도 모두 양육할 줄 안다. 부모를 공경하지 않는다면 어떻게 구별하겠느냐." 하였다.

자유문효子游問孝 자왈子曰 금지효자今之孝者 시위능양是謂能養 지어견마至於犬馬 개능유양皆能有養 불경不敬 하이별호何以別乎 　　　　　[위정]

　　공자의 제자 자유가 효에 대해 물은 데 대한 공자의 답변이다. 부모를 공경하지 않고 봉양만한다고 효라고 할 수 있을까. 형식화된 효를 경계한 말이다.

자하가 효에 대해서 묻자 공자가 말하기를 "부모 앞에서 늘 좋은 얼굴을 하는 것이 어렵다. 일이 있을 때 자식들이 그 수고를 대신하고, 술과 밥이 있을 때 부형에게 먼저 드시게 한다고 효라고 하겠느냐?" 하였다.

자하문효子夏問孝 자왈子曰 색난色難 유사有事 제자복기로弟子服其勞 유주사有酒食 선생찬先生

饌 증시이위효호曾是以爲孝乎   [위정]

    제자 자하가 효에 대해 묻자 공자가 한 말이다. "수고를 대신하거나 맛
난 것을 드시게 한다고 효라고 할 수 있겠느냐"는 반문에는 그 뜻을 공경하
여 얼굴 표정을 온화하게 하는 것이 어렵다는 것이다. 공자가 말하는 효의
의미를 가늠케 한다.

    공자가 말하는 효의 근본은 마음으로 공경하는 한 가지로 일관된다. 우
리 시대의 문제도 내용과 유리되어 형식화된 효에 있다. 급속하게 고령화되
어 가는 사회에서 효에 대한 근본적인 고민이 필요한 때이지만, 그 해결책
은 난망하기만 하다. 효는 가족을 지키는 근간이다. 가족이 붕괴되고도 유
지된 국가나 문명이 존재하지 않는다. 천년 제국 로마도 가족의 붕괴로부터
멸망의 길로 들어섰다. 어느 종교도 불효를 미화하거나 권장하지 않는 것은
부모에게 공경하는 마음을 다 하는 심성이 가족을 지키는 바탕이 되기 때
문이다. 아무리 세상이 변해도 그 이치는 변하지 않을 것이다.

11장

"교육"

에 대한 생각

획일적 주입식 교육은 효과가 없다. 스스로 동기유발도 되지 않는다.

또 처지에 따라서 교육의 기회에 차등이 있어서는 안 된다.

공자의 교육관은 이러한 문제점의 대안이다.

가르쳐 주지 않은 적이 없었다

마른 포 한 묶음 이상을 예물로 가지고 온 자에게 내가 일찍이 가르쳐 주지 않은 적이 없었다.

자왈子曰 자행속수이상自行束脩以上 오미상무회언吾未嘗無誨焉 　　　　　[술이]

원문의 속수는 스승을 찾아 가르침을 청하는 최소한의 예물을 말한다. 마른 포 한 속(열 마리)이다. 최소한의 소박한 예물일망정 배우러 찾아오는 이들을 마다않고 가르침을 폈던 교육자 공자의 모습이 느껴진다. 교육자의 길은 험난하지만 제자를 가르치는 보람은 큰 것이다. 교육을 '백년대계'라고 하는 것은 뜻이 있는 것이다.

공자의 교육 방법은 세 가지로 요약된다. 첫째는 피교육자를 신분에 따라 차별하지 않았다. 누구든 제자의 예를 갖추어 찾아오면 물리치지 않고 가르쳐 주었다. 둘째는 스스로 깨우치는 '자득'이다. 한 모퉁이를 들어서 나머지 세 모퉁이를 스스로 깨우쳐 알지 못하거나, 스스로 알려고 발분하지 않으면 더는 가르쳐주지 않았다. 셋째는 맞춤식 교육이다. 같은 내용이라도 피교육자에 따라 다 다르게 가르쳤다.

이 세 가지 방법은 지금의 우리 교육 현장에도 시사하는 바가 많다. 피교육자를 차별하지 않는가. 스스로 깨우치는 공부보다 주입식 공부에 치중하지 않는가. 맞춤식 교육보다 획일식 교육을 위주로 하지 않는가. '어떻게 교육해야 하는가' 그 방법을 말해주는 것 같다.

한데, 교육에서 더 중요한 것은 '어떻게 가르치는가'보다 '무엇을 가르치는가' 하는 교육의 목표다. 공자는 서로 존중하고 배려하는 사회적 인간을 키우는 데 목표를 두었다. 그것이 예교(禮敎), 즉 인도(仁道)다. 교육을 보면 그 사회의 미래를 알 수 있다고 한다. 우리 사회는 어떤 교육을 하고 있을까. 어떤 사람을 키울 생각인지, 정말 걱정스럽다.

가르쳐야 한다

공자가 위나라에 갈 때 염유가 수레를 몰았다. 공자가 말하기를 "백성이 많구나." 하니, 염유가 말하기를 "백성이 많다면 다음에는 또 무엇을 더해야 합니까?" 하니, 공자가 말하기를 "부유하게 해야 한다." 하였다. 이에 염유가 말하기를 "부유해진 다음에는 또 무엇을 더해야 합니까?" 하니, 공자가 말하기를 "가르쳐야 한다." 하였다.

자적위子適衛 염유복冉有僕 자왈子曰 서의재庶矣哉 염유왈冉有曰 기서의旣庶矣 우하가언又何加焉 왈曰 부지富之 왈曰 기부의旣富矣 우하가언又何加焉 왈曰 교지敎之   [자로]

경제적 부로 치도가 완성되는 것은 아니다. 방점은 '가르쳐야 한다'는 것에 있다. 부유함은 현재를 말하는 것이고, 가르쳐야 한다는 것은 미래를 말하는 것이다. 미래 없이 유지되는 사회란 없다.

그런데, 무엇을 어떻게 가르쳐야 할까? 교육의 당위성에 대해서는 누구나 쉽게 동의하지만, 교육의 목적과 방법에 대해서는 여러 갈래로 갈라지기 일쑤이기 때문이다.

공자는 스스로 깨우치는 것을 교육의 요체로 들었다. 즉 대상에 따라 교육의 방법도 달라야 한다는 것이다. 맹자도 '진심장'에서 "군자가 사람을 가르치는 방법이 다섯 가지이다. 단비가 초목을 변화시키듯 하는 경우가 있고, 덕을 이루게 하는 경우가 있고, 재주를 통하게 하는 경우가 있고, 물음에 답하는 경우가 있고, 사숙을 통해 자신을 다스리게 하는 경우가 있다. 이 다섯 가지가 바로 군자가 사람을 가르치는 방법이다."라고 하였다.

대상과 상황에 따라 맞춤형 교육을 지향했다. 획일적 원리로 설명하지 않았다. 그러니 우리나라의 주입식 교육은 개인의 창의성을 끌어내기에는 한계가 있음이 자명하다.

교육의 목적에 이르면 그 차이가 더 크다. 더욱이 교육이 수단화되면 더 위험해진다. 시민이 도구적 존재로 전락하는 것이다. 민족주의적 목적성에 경도된 교육철학은 인류 보편적인 행복추구의 가치보다는 국가 전체주의적 사고를 확산할 뿐이다.

교육의 목적을 한마디로 단언할 수 없다. 그러나 그 핵심은 사람이 사람다움의 가치를 실현하는 길에 있다. 그것이 인도이고, 그러한 주장을 담은 책이『논어』다. 우리 시대에 다시『논어』를 읽어야 하는 이유다.

교육에는 차별이 없다

교육에는 차별이 없다.

자왈子曰 유교무류有敎無類 　　　　　　　　　　　　　　　　　　　[위령공]

공자는 교육 대상을 차별하지 않았다. 신분이 높거나 낮거나, 경제력이 있거나 없거나, 나이가 많거나 적거나, 출신지를 따져 차별하지 않았다. 또 제자를 맞아 가르치는 일을 게을리 하지 않았다. 다만 교육 방법에는 차이를 두었다. 즉 스스로 발분하지 않으면 더는 열어 주지 않았다. 이것이 공자 교육의 요지다.

『논어집주』를 편찬한 송나라 때 유학자 주희는 이 구절을 "군자가 교육을 펴면 선과 악의 구분이 없게 된다."고 해석하였다. 교육 대상의 차별 문제가 아니라, 선과 악이라는 교육 목적의 문제로 해석한 것이다.

그런데 자구적 해석을 넘어 이를 통합적 관점에서 보면 다르지 않다. 즉 대상을 차별하지 않고, 선의 추구를 목적으로 하는 것이 교육이라는 뜻이 되기 때문이다.

문제는 교육에 대한 현재적 관점이다. 우리는 교육 대상을 차별하지 않는가, 목적과 가치를 어디에 두고 있는가, 차별의 구조화, 목적과 가치의 상실, 이것이 현재 교육의 실상은 아닐까? 2500년 전 공자도 "교육에는 차별이 없어야 한다."고 하였다.

까투리가 좋은 때로구나

새가 사람 기색을 살피다가 날아올랐다가 다시 모여 들었다. 공자가 말하기를 "산의 다리에 있는 까투리가 좋은 때로구나, 좋은 때로구나." 하였는데, 자로가 잡아다 요리해서 바치니, 세 번 냄새를 맡고는 일어났다.

색사거의色斯擧矣 상이후집翔而後集 왈曰 산량자치山梁雌雉 시재시재時哉時哉 자로공지子路共之 삼후이작三嗅而作
[향당]

까투리는 암꿩을 일컫는 순우리말이다. 공자가 "산의 다리에 있는 까투리가 좋은 때로구나." 한 것은 그 자연의 정경이 좋아서 감탄으로 한 말이다. 또 때를 가리키는 '시'라는 말을 새겨보면, 그 말이 곧 군자의 '거취'와 관련된 비유의 속뜻이 있음을 알 수 있다. 그런데 행동파 자로가 이 말뜻을 한참 잘못 알아듣고 까투리를 잡아다 요리해 바쳤다. 공자의 입장에선 황망한 상황이다. '말뜻도 제대로 못 알아듣고 함부로 살생을 하는 제자를 탓해 무엇할까' 고생길에 함께 하는 제자를 탓하기 민망했던지 공자가 세 번 냄새를 맡고는 그대로 일어났다.

　　제자가 바친 음식을 맛보지 않고 냄새만 맡고 자리를 뜬 것은 행동으로 삼가는 뜻을 보여준 신교(身教)였다. 자로가 이에 대해 어떤 태도를 취했을지 『논어』에는 더 이상 언급이 없다. 이 글은 자로가 말뜻을 오해한 것보다 공자가 추구하는 도리와 어긋난 행동이 더 문제였음을 암시한다. 공자는 하늘(자연)의 섭리와 생명에 대하여 존중과 겸손을 중시했기 때문에 살생을 삼갔다. 제자 자로의 행동은 이에 대한 고려가 전혀 없었다.

이 글을 읽으면서 이 시대에도 마구잡이로 자연과 생명을 훼손하고 남획하는 사람들이 있어서 우려스럽다. 그런 남획이 초래한 상황이 사람들을 더 굶주리고 고통 받게 한다. 자연의 조화와 순환을 근본에서부터 파괴하기 때문이다.

경제적, 정치적 불균형 탓을 한다. 그러나 근본적으로는 인간 영혼의 빈곤 탓은 아닐까. 자연과 생명 앞에 교만한 사람들, 그들이 파괴하는 것은 자연과 생명만이 아니기 때문이다. 자연이 되돌려준 전염병 위기 앞에 속수무책인 상황을 보면서, 공자가 살생을 삼간 뜻을 생각해 본다. 진짜 우리를 피폐하게 하는 것은 자연을 먹을거리로만 여기는 사람들의 영혼의 빈곤이다.

꼭 옳다고 하지도 않고 안 된다고 하지도 않는다

군자는 천하의 일에 오로지 주장하는 것도 없고 안 된다고 하는 것도 없다. 오직 의리를 따를 뿐이다.

자왈子曰 군자지어천하야君子之於天下也 무적야無適也 무막야無莫也 의지여비義之與比 [이인]

원문의 '적'은 '간다'는 뜻이지만 여기서는 '오로지 주장한다'는 뜻으로 쓰인다. 이 것, 또는 이 방법이 옳다고 전적으로 주장하는 것을 말한다. '막'은 '안 된다', '비'는 '좇다'는 뜻이다. 따라서 이 글은 '군자는 오로지 이 방법이 옳다고 주장하는 것도 없고, 그렇다고 안 된다고 주장하는 것도 없으며, 오직 의리에 행위의 기준을 두고 좇을 뿐이다'라는 의미가 된다.

삶의 방식은 제각각이다. '무엇은 옳고 무엇은 그르다'는 시시비비도 마찬가지다. 세상일이란 흑백으로 재단하여 시비를 명확히 말할 수 있는 경우가 드물다. 이런 세상을 사는 데 '통효(通曉)'한 삶의 방식은 무엇일까. 공자의 말은 그 점에 묘처가 있다.

"군자는 인의의 길을 따르고, 소인은 이욕에 따라 산다."고 하였다. 군자는 사람답게 살고자 의리를 기준으로 살지만, 소인은 이익과 욕심에 따라 산다는 말이다. 그러나 인의를 기준으로 사는 삶이란 군자가 아닌 보통 사람들은 도달하기 어려운 경지다.

치우친 견해를 갖고 그것이 옳은 줄 착각하며 사는 것을 경계한 말이다. 어느 한 쪽, 극단으로 치우치는 삶의 방식이 아니라 균형적인 처세가 곧 '중용'이다. 공자도 어려워한 길이다.

나머지 세 모퉁이를 스스로 깨우치지 못하면

분발하지 않으면 열어주지 않았고, (표현을 못해) 답답해하지 않으면 일러주지 않았다. 한 모퉁이를 들었는데, 나머지 세 모퉁이를 스스로 알아내지 못하면 다시 가르쳐 주지 않았다.

자왈子曰 불분不憤 불계不啓 불비不悱 불발不發 거일우擧一隅 불이삼우반不以三隅反 즉불부야
則不復也 　　　　　　　　　　　　　　　　　　　　　　　　　　　　　　　　　[술이]

'분발한다는 것'은 마음으로는 알려고 간절히 구하나 그 뜻을 이해하지 못하는 경우이고, '답답해한다는 것'은 뜻은 이해했으나 그것을 적절한 말로 표현하지 못하는 경우다. 따라서 그 뜻을 '열어준다'고 한 것이고, 그 말을 '일러준다'고 한 것이다. 그 뜻과 말을 알 수 있도록 힌트를 준다는 의미다.

공자는 스스로 원리를 깨우치도록 유도한다. "한 모퉁이를 들어주어 나머지 세 모퉁이를 스스로 깨우치지 못하면 더는 일러주지 않았다."고 한 '삼우반'의 고사는 그 뜻이다. 이를 '자득'이라고 한다. 요즘말로 '자기주도 학습'이다. 조선 초기 사숙재 강희맹의 '도자설'은 도둑 아비와 자식의 이야기를 통해 이러한 '자득의 묘'를 깨우치는 글이다.

교육은 한 사회의 미래 세대를 키워내는 일이다. 사람마다 교육에 대한 입장, 방법이 다르지만, 분명한 것은 스승의 '인내'와 학생의 '자득함'이 없다면 그 교육은 죽은 교육이라는 것이다. 미래는 결정되어 있는 것이 아니라, 그들이 만들어 갈 '모습'이기 때문이다. 교실을 보면 그 사회의 미래가 보인다고 하는 것은 그 뜻이다.

스스로 알려고 분발하지 않거나 표현하려고 답답해하지 않는 사람을 가르친들 무슨 유익이 있을까. 그래서 '다시 가르쳐 주지 않았다'는 공자의 단호함은 피교육자의 태도와 관련된다. 스스로 깨우치기보다 주입식 교육에 익숙한 우리 교육에 대한 경종이라고 할 수 있다.

남의 자식을 망치는구나

자로가 자고를 비읍의 수령이 되게 하였다. 공자가 말하기를 "남의 자식을 망치는구나." 하니, 자로가 말하기를 "백성이 있고 사직이 있습니다. 굳이 독서한 뒤에라야 배운다고 하겠습니까?" 하였다. 이에 공자가 말하기를 "이래서 말로 둘러대는 자를 미워하는 것이다." 하였다.

자로사자고子路使子羔 위비재爲費宰 자왈子曰 적부인지자賊夫人之子 자로왈子路曰 유민인언有民人焉 유사직언有社稷焉 하필독서연후何必讀書然後 위학爲學 자왈子曰 시고是故 오부영자惡夫佞者

[선진]

『맹자』공손추에는 조장(助長)이라는 고사가 나온다. "어떤 농부가 모를 낸 벼가 빨리 자라지 않자 볏대를 뽑아 그것을 잡아 늘린 다음 다시 꽂고는 '오늘 참 피곤하다. 싹이 자라나는 것을 내가 도와주었다.' 하였는데, 이 말을 듣고 그 아들이 깜짝 놀라 논으로 달려가 보았더니 곡식은 이미 다 말라 죽어있었다."라는 내용이다. 스스로 성장하도록 서서히 키워 나가야 한다는 점을 송나라 농부의 우화로 비유한 것이다. 지금 이 글이 경계한 것도 제자 자로의 그 성급함이다.

자로의 행동은 첫째 명분에 맞지 않고, 둘째 상황을 고려하지 않으며, 셋째 그 결과를 생각하지 않을 때가 많았다. 거기에다가 교묘한 변명까지 더하니 공자인들 두고 볼 수 있었을까.

그러나 이 글의 목적이 핑계 대는 자로를 탓하는 걸로만 들리지 않는다. 오히려 지금의 교육 방식에 대한 경고로 들린다. 남을 이기는 순위 경쟁, 편법으로 쌓은 스펙이 결코 교육적일 수 없다. 이렇게 교육 받은 사람이 늘어나면 갑질로 사회와 국가를 망치게 된다. 요즘은 자식을 망치는 게 남이 아니라 오히려 부모일 때가 많으니 더 문제다. 그러니 정직한 방도로 인내하며 자식을 가르칠 것. 그것이 이 구절의 요지다.

　세계 최대의 부를 축적한 빌 게이츠의 자녀 교육법은 그런 점에서 시사하는 바가 크다. "큰돈을 물려주면 결코 창의적인 아이가 되지 못한다. 부잣집 아이라고 결코 곱게 키우지 말라. 어린 시절의 다양한 경험은 자라서 든든한 사업 밑천이 된다." 직접 터득한 경험이야말로 값진 밑천이 된다는 것이다. 또 부를 대물림하는 상속을 거부하고 공익 법인을 만들었으며, 상속세 폐지 반대에도 힘을 보태고 있다. 자신의 경험을 통해 스스로 깨우치는 교육이야말로 올바른 교육의 핵심이라는 것이다. 스스로 클 때까지 기다릴 줄 알아야 한다는 의미다.

내가 뭘 숨긴다고 생각하느냐

너희들은 내가 뭘 숨긴다고 생각하느냐? 나는 숨기는 게 없다. 행하면서 너희들에게 보여주지 않는 것이 없는 사람이 바로 나다.

자왈子曰 이삼자二三子 이아위은호以我爲隱乎 오무은호이吾無隱乎爾 오무행이불여이삼자자吾無行而不與二三子者
시구야是丘也   [술이]

스승과 제자가 서로 숨기고 감추는 게 있다면 그 관계는 서로 믿지 못하는 불신의 관계일 뿐이다. 그런 교육이 성공한 예는 없다. 다만 공자의 교육 방법은 스스로 얻는 '자득'을 강조하여 스스로 분발하지 않으면 더는 가르쳐 주지 않았다. 때문에 제자들 가운데 이러한 문제 제기가 있었던 것 같다.

제자는 스승을 따라 하면서 배운다. 지식 전수만이 교육은 아니다. 또 말로 하는 교육만이 교육은 아이다. 어떤 면에서 직접 몸으로 솔선수범하는 신교(身敎)가 더 중요한 교육일지도 모르겠다. 스승을 모범을 보인다는 의미에서 사범, 사표라고 하는 뜻도 여기에 있을 것이다. 교육자와 피교육자가 상호 신뢰하는 교육이 최고의 교육인 신교(信敎)라고 할 수 있다.

공자는 피교육자를 차별하지 않았다. 누구나 제자의 예를 갖추어 찾아오면 받아들여서 가르치기에 게을리 하지 않았다고 술회하였다. 다만, 피교육자의 이해도 차이에 따라 교육 방법을 달리 하는 맞춤식 교육을 폈다. 획일적 교육으로 가르치고 평가하는 지금의 교육과는 다른 것이다.

또 교육의 목적도 달랐다. 공자가 가르친 것은 '사람다움'의 가치다. 그런 점에서 경쟁 위주의 우리 교육을 성찰하게 된다. 교육은 이 사회의 미래다. 약육강식의 정글 서바이벌이 우리의 미래일까. 원문의 '이삼자'는 너희들이란 뜻으로 제자들을 가리킨다.

높은 도를 말할 수 없다

보통 이상인 사람에게는 높은 도를 말할 수 있으나, 보통 이하인 사람에게는 높은 도를 말할 수 없다.

자왈子曰 중인이상中人以上 가이어상야可以語上也 중인이하中人以下 불가이어상야不可以語上也

[옹야]

불가에서 '불립문자(不立文字)'라고 했다. 도의 전수는 문자적 차원이 아니라는 뜻이다. 요지는 문자라는 형식과 틀에 집착하거나 빠지는 것을 경계하는 뜻이다. 그런가하면 또 노자는 '도가도비상도(道可道非常道)'라고 했다. 도는 어떠한 말로도 규정할 수 없다는 뜻이다. 도는 일정하게 객관화할 수 없다는 의미다. 이 글에서 공자가 말한 '높은 도'와 일맥상통하는 말이다.

그런데 공자는 이 글에서 사람의 자질을 구분하여 '보통 이상인 사람'과 '보통 이하인 사람'을 구분한다. 이 말 때문에 공자를 차별주의자로 오해하기도 하지만, 그것은 본의와는 다르다. 사람의 자질은 각각 다르다는 판단과 사람을 차별하는 태도는 다르기 때문이다.

공자는 교육 대상을 차별하지 않았다. 신분적 고려를 하지 않았다는 뜻이다. 누구나 제자의 예를 갖추어 찾아오면 받아들여 가르치기를 게을리 하지 않았다. 다만 공자는 획일식, 주입식 교육 대신에 맞춤식 교육을 적용하여 피교육자의 정도에 따라 달리 설명하곤 했다. 스스로 깨우쳐 간절한 마음으로 묻고 가까운 곳부터 깊이 생각하는 '절문근사(切問近思)'하는 태도로 조금씩 높고 원대한 경지로 나아도록 이끌었다. 그것이 공자가 생각하는 참 공부였다.

　누구나 교육받을 권리는 있지만, 그렇다고 누구에게나 같은 방법으로 교육해서는 안 된다. 피교육자의 상태를 고려하지 않는 일방적인 교육은 해로울 뿐이다. 오히려 평범한 우리 모두가 '선량한 차별주의자'일 수 있다.

돌아가자, 돌아가자

공자가 진나라에 있을 때 말하기를 "돌아가자, 돌아가자. 우리 고을의 젊은이들이 뜻은 크나 일에는 소략하고, 문장은 그럴듯해도 바른 도리로 재단할 줄 모르는구나." 하였다.

자재진子在陳 왈曰 귀여귀여歸與歸與 오당지소자광간吾黨之小子狂簡 비연성장斐然成章 부지소이재지不知所以裁之 　　　　　　　　　　　　　　　　　　　　[공야장]

당시 공자는 고국인 노나라를 떠나 주유천하 중이었다. 그러나 어느 나라에서도 공자의 왕도정치, 도덕정치를 실행하고자 하는 나라는 없었다. 이 글은 이러한 때를 배경으로 한다. 현실정치에 대한 꿈을 접고 이제 고국인 노나라로 돌아갈 참이다. 교육을 통해 자신의 도를 전수하려는 생각에서다.

　공자는 고국에 두고 온 제자들이 아직 '인재'로서 영글지 못했음을 탄식한다. '광간'은 뜻이 큰 데 비해 경험이 일천해서 일처리에 치밀하지 못한 것을 말한다. 한마디로 거칠고 서툰 것이다. 나이가 젊다는 것은 여러 가지 가능성에도 불구하고 혼란스러운 시기다. 세상을 성급히 흑백 논리로 재단하고 이상적으로 보기 쉽다. 한 측면만을 보기 때문이다. 쉽게 이단에 빠지는 것도 그러한 이유다. 하늘은 한 번에 두 가지를 다 주지 않는다고 한다. 우리 속담에 '젊어 고생은 사서도 한다'고 했다. 경험을 통해 스스로 깨닫고 배우는 게 삶이란 뜻이다.

　또 "문장은 그럴듯해도 바른 도리로 재단할 줄 모르는구나."라는 말도, 문장은 바야흐로 문리(文理)를 갖추어 외형상 논리는 그런대로 갖추었으나,

정작 바른 도리로 뜻을 재단하지 못하는 것에 대한 안타까움이 묻어나는 표현이다. 문장이 한갓 수식에 그치는 것이 아니라는 의미다. 공자가 말하는 '바른 도리'란 극단에 치우치지 않는 중도를 말한다.

세상에는 허황된 꿈으로 나이를 헛먹는 사람들이 있다. 또 때론 사람들을 선동하여 자신의 사욕에 이용하는 위선적이며 '능구렁이' 같은 사람들도 있다. 요즘 같은 디지털 시대에는 그 해악이 더 크다. 공자는 유혹에 흔들리지 않는 것을 지혜라고 했다. 또 마흔 살을 '불혹'이라고 했다. 큰 스승 공자는 교육을 통해 바른 도리가 세상에 전해지기를 원했다.

말로 하는 것만이 교육은 아니다

유비가 공자를 뵙고자 하였는데, 공자가 병이 있다고 사절하였다. 명을 전하는 자가 문을 나가자, 슬을 가져다 타면서 노래를 불러 그에게 듣게 하였다.

유비욕견공자孺悲欲見孔子 공자사이질孔子辭以疾 장명자출호將命者出戶 취슬이가取瑟而歌 사지문지使之聞之
[양화]

유비는 공자에게서 상례를 배웠던 제자였다. 훗날 유비가 뵙기를 청하자, 공자가 병을 핑계 대며 사절하고 만나지 않았다. 또 명을 전하는 자가 문을 나가자 그가 듣게 슬을 타고 노래를 불렀다. 아픈 사람이 슬을 타고 노래를 부를 수는 없다. 더구나 노래 소리를 명을 전하러 온 자에게 듣게 한 뜻은 무엇일까.

유비에 대해서는 잘 알려져 있지 않다. 다만, 유비가 공자에게 상례를 배운 것으로 보아 스승과 제자의 관계였음을 알 수 있다. 그런데도 공자가 이렇게 행동한 것은 유비가 무언가 무례를 범했음을 짐작하게 한다. 그 무례가 전날의 것이든, 지금의 것이든 관계없이, 문제는 유비가 그 잘못을 깨닫지 못했거나, 아니면 또 거듭 무례를 범하고 있음을 알 수 있다. 더욱이 스승에게 직접 나아오지 않고, 명을 전하는 자를 보낸 것도 예에 맞지 않는 행동이다.

공자는 예절을 중시했지만 그 속에 담긴 정신과 내용을 더 중시하였다. 예의 본질은 그 정신에 있기 때문이다. 예절은 겸손과 사양의 정신이 있을 때 의미가 있다. 유비에게는 그 점이 결여되어 있다. 공자가 슬을 타고 노래를 불러서 명을 전하는 자에게 듣게 하여 거절의 뜻을 알게 한 뜻도 여기에 있다.

공자는 네 가지로 가르쳤다고 하였다. 문(文), 행(行), 충(忠), 신(信)이다. 각기 글, 행위, 참됨, 믿음을 의미한다. 유비의 잘못을 깨우치려는 공자의 깊은 뜻이 이 행위에 담겨 있다. 말로 하는 것만이 교육은 아니다. 말로만 하는 교육을 언교(言敎)라고 한다. 때론 행위로 보여주는 신교가 더 효과적일 때가 있다. 이때가 그런 경우다.

말을 하지 않겠다

공자가 말하기를 "나는 말을 하지 않겠다." 하였다. 자공이 말하기를 "선생님께서 말씀을 안 하시면 소자들이 무엇을 전술하겠습니까?" 하니, 공자가 말하기를 "하늘이 무슨 말을 하더냐. 사계절이 운행하고 만물이 자랄 뿐이다. 하늘이 무슨 말을 하더냐." 하였다.

자왈子曰 여욕무언予欲無言 자공왈子貢曰 자여불언子如不言 즉소자하술언則小子何述焉 자왈子曰 천하언재天何言哉 사시행언四時行焉 백물생언百物生焉 천하언재天何言哉　　　　[양화]

조선 후기 때의 학자 성호 이익의 격물치지(格物致知) 공부는 자연과 사물을 치열하게 관찰한 결과였다. 성호의 「관물편(觀物篇)」은 그 관찰의 결과였다. 모두 77조의 단문으로 구성되어 있는 「관물편」은 성호가 자연과 일상생활 가운데 격물치지의 공부를 통해 깨달은 사실을 메모 형태로 적은 것으로, 18세기 소품 문학의 걸작 가운데 하나다.

　『성호사설』 제5권 '만물문'에는 '관물'이라는 제목의 이런 글이 있다. "내가 어느 날 우연히 늪가에 나갔더니 물새가 떼를 지어 모여드는데, 기러기와 오리 따위가 모두 온 늪을 메우다시피 하였다. 이런 미물도 다 물을 좋아하고 무엇을 구하는 것이 있기 때문이다. … 한 기러기가 일어나 가면 뭇 기러기가 따르고, 한 오리가 모여들면 여러 오리가 뒤이어 온다. 날아갈 때는 하나가 동쪽으로 가면 모두 그 뒤를 따라 동쪽으로 가고, 하나가 서쪽으로 가면 역시 그렇게 해서 서로 떼를 짓는다. 이는 사사로운 마음이 없는 듯하며, 또 깃들여서 잘 때는 모인 떼가 많지 않으면, 집에서 내려가고 싶어도 내려가지 않고 반드시 여럿이 모인 곳을 찾아간다. 서로 화합하면서 기쁜 모습을 짓는 듯하다. '생물을 보면 깨달음이 있다'는 옛 이야기가 어찌 헛말이겠는가?" 이는 기러기와 오리의 생태를 관찰하여 당시 끼리끼리 모여 붕당을 짓는 당동벌이의 정치 행태를 비판한 것이다. '사물을 관찰해 이치를 깨닫는다[觀物察理]'의 지혜이다.

격물치지는 중국 송나라 때의 주희가 『대학장구』에서 '사물의 이치를 궁구해서 나의 지식을 극진하게 하는 것'이라고 한 이래로 유학의 주요 주제가 되었다. 따라서 격물치지는 종래 유학의 자장 안에 있는 것이지만, 성호의 격물치지는 자연과 사물에 대한 치밀한 관찰을 바탕으로 스스로 깨우치는 열린 공부였다. 이는 궁극적으로는 세상을 바라보는 시각과 통한다. 따라서 성호를 이전의 경전의 해석 중심의 학술적 경향과 구분 짓고, 경세치용과 이용후생을 중시한 실학의 문을 연 대학자로 평가하는 것도 이 때문이다.

공자가 제자들에게 던진 '나는 말을 하지 않으련다'는 메시지도 이와 무관치 않다. 스스로 깨달은 공부가 참 공부라는 뜻이기 때문이다. 스스로 깨우치지 않고 순위 경쟁에 매몰되는 지금의 주입식 교육에 대한 경구가 아닐까 싶다.

더욱이 격물치지의 공부는 자신의 운명에 대한 성찰로 확장된다. 겨울이 가면 봄이 오고, 서리가 내리면 두꺼운 얼음이 어는 것이 자연의 이치다. 변화하는 가운데 변하지 않는 자연의 이치를 잘 관찰하여 자신의 운명을 바꾸는 것, 그것이 『주역』의 원리다. 자연과 사물은 말이 없는 스승이다.

배우고 가르치는 일

말없이 간직해 두고, 배우기에 싫증을 내지 않으며, 남을 가르치는 데 게을리 하지 않는 일이라면 나에게 무슨 어려움이 있으리오?

자왈子曰 묵이지지默而識之 학이불렴學而不厭 회인불권誨人不倦 하유어아재何有於我哉 [술이]

평생 배우고 가르치는 일에 힘쓴 공자의 진솔한 고백이다. 특히 "남을 가르치는 일에 게을리 하지 않았다."라는 말에 마음이 간다.

　남송의 유학자 주희는 이 구절을 "이 세 가지 중 어느 것이 내게 있으리오."라는 겸사로 풀었고, 다산 정약용은 "이 세 가지라면 나에게 무슨 어려움이 있으리오."라는 정반대 뜻으로 풀었다. 공자가 『논어』 다른 글에서 학문과 교육으로 자임하였기에 후자의 해석이 더 타당해보인다.

　남을 가르치면서 자신의 부족함을 안다. 그렇기에 스승의 길은 끊임없이 겸손한 자세로 배우는 과정이기도 하다. 또, 교육은 단지 지식의 전수만을 의미하지 않는다. 인격이 뒷받침되지 않으면 참스승이라고 부르기 어렵다.

　제자를 위한 헌신은 사도의 근본이다. 그래서 사표라고 한 것이다. 매년 5월 15일을 '스승의 날'로 기리는 것은 세종대왕을 겨레의 '큰 스승'으로 추모하는 뜻이다. 세종대왕의 탄신일인 이 날을 '스승의 날'로 정한 것이다.

배우지 않으면

공자가 말하기를 "유(자로)야, 너는 육언과 육폐에 대해서 들어보았느냐?" 하니, 자로가 대답하기를 "아직 듣지 못하였습니다." 하였다. "앉거라. 내 너에게 말해 주겠다. 어질기만 좋아하고 배우기를 좋아하지 않으면 그 폐단은 어리석게 되는 것이다. 총명만 좋아하고 배우기를 좋아하지 않으면 그 폐단은 방탕하게 되는 것이다. 믿음만 좋아하고 배우기를 좋아하지 않으면 그 폐단은 남을 해치게 되는 것이다. 정직만 좋아하고 배우기를 좋아하지 않으면 그 폐단은 꼬이게 되는 것이다. 용맹만 좋아하고 배우기를 좋아하지 않으면 그 폐단은 어지럽게 되는 것이다. 굳셈만 좋아하고 배우기를 좋아하지 않으면 그 폐단은 경솔하게 되는 것이다." 하였다.

자왈子曰 유야由也 여문육언육폐의호女聞六言六蔽矣乎 대왈對曰 미야未也 거居 오어여吾語女 호인불호학好仁不好學 기폐야우其蔽也愚 호지불호학好知不好學 기폐야탕其蔽也蕩 호신불호학好信不好學 기폐야적其蔽也賊 호직불호학好直不好學 기폐야교其蔽也絞 호용불호학好勇不好學 기폐야난其蔽也亂 호강불호학好剛不好學 기폐야광其蔽也狂 [양화]

공자는 먼저 어짊, 총명, 믿음, 정직, 용맹, 굳셈의 육언(六言)을 말하고 '배우기를 좋아하지 않으면'이라는 조건절을 붙인 다음, 그에 따르는 여섯 가지 폐단인 육폐(六蔽)를 말하고 있다. 어리석음, 방탕, 해침, 꼬임, 혼란, 경솔함이다.

각각 '어질기만 추구하고 배우지 않으면 어리석게 되고, 총명만 추구하고 배우지 않으면 방탕하게 되고, 믿음만 추구하고 배우지 않으면 남을 해치게 되고, 정직만 추구하고 배우지 않으면 꼬이게 되고, 용맹만 추구하고 배우지 않으면 난을 일으키게 되고, 굳셈만 추구하고 배우지 않으면 경솔하게 된다'는 뜻이다.

육언은 누구에게나 있는 기질이지만 이를 잘 발현하는 사람도 있고, 그렇지 못한 사람도 있다. 육폐는 후자의 경우다. 요는 배움의 과정이 없는 육언의 기질은 사회적 가치와 부합되기 힘들다는 말이다. 공자가 강조한 '중용'의 원리와도 통한다.

공자가 성질 급한 자로에게 맞춤형으로 설명한 글이다. 이 글에서 말한 '호학'은 배우기를 좋아하는 것인 바, 배움의 과정은 인내를 필요로 한다. '마루에는 올라왔지만 방에는 들어오지 못한' 제자 자로에게 부족한 '인내심'을 채워주려는 스승 공자의 뜻이다.

배움이 없다면 육언이 여섯 가지 폐단으로 바뀌기 쉽다는 고언은 우리 시대 교육을 다시 생각하게 한다. 교육은 '가려진 것을 깨우치고' 바른 인성을 가르치는 사회적 인내의 과정이기 때문이다.

배우지 않으면 위태롭다

배우기만 하고 생각하지 않으면 어리석게 되고, 생각하기만 하고 배우지 않으면 위태롭게 된다.

자왈子曰 학이불사즉망學而不思則罔 사이불학즉태思而不學則殆　　　　　[위정]

배운 것을 그대로 따라가는 묵수(墨守)의 자세는 바람직하지 않다. 배운 것을 곱씹어 보고 비판적으로 사고해야 한다. 그래야 한 걸음 더 나아갈 수 있다. 배우고 묻는 과정을 통하여 자신의 지식이 객관화된다. 자신만의 주관적인 지식은 위험하다. 위태롭다 한 것은 그 뜻이다.

　성리학(주자학)이 고려 말 조선 초에는 새로운 질서를 세우는 데 유용한 이데올로기가 되었지만, 조선 중기 이후로는 교조화되고 경직화되어 성현의 경전은 '일점일획'도 고칠 수 없는 '금과옥조'가 되었다. 다른 해석을 하면 '사문난적'으로 몰았다. 이런 학문 풍토는 사회 발전에 오히려 장애가 되었다. 임진왜란 때 파견된 명나라 장수 중에는, 성리학 일변도의 이런 조선의 학문 풍토를 답답해하는 사람이 있을 정도였다. 조선이 세계사적 흐름에 뒤처져 '은둔의 나라'가 된 데에는 이런 경직된 학문 태도도 한 몫 했다.

　배움은 도전이다. 틀을 깨고 나와야 한다. 사고하지 않는 학문, 아집에 빠진 학문은 죽은 학문이다. 죽은 학문은 사회 발전에 기여하기보다 해독이 된다.

배움은 사유가 아니다

내가 일찍이 종일토록 밥을 먹지도 않고 밤새도록 잠을 자지도 않으면서 생각에 빠져본 적이 있었다. 그러나 무익하기만 할 뿐 배우는 것만 같지 못하였다.

자왈子曰 **오상종일불식**吾嘗終日不食 **종야불침**終夜不寢 **이사**以思 **무익**無益 **불여학야**不如學也

[위령공]

공자의 배움은 지식의 차원이 아니다. 실천의 차원이다. 삶을 통해 끊임없이 배우고 스스로 깨우치는 삶이 공자가 추구하고 베풀려는 가르침이었다. 이것이 겉으로 드러난 이 글의 요지다. 그런데 공자가 그렇게 배우고자 갈망한 것은 무엇이었을까. 어쩌면 그것이 이 글은 핵심 요지가 아닐까 싶다.

공자의 언행록인 『논어』를 읽다보면 '인(仁)'이란 글자의 어의를 어떻게 해석해야 할지 하는 문제와 바로 맞닥뜨린다. 그 만큼 인의 해석 문제는 공자 사상을 이해하는 핵심적인 말이라고 할 수 있다. 흔히 인을 '어질다'라고 풀지만, '어질다'라는 말은 '너그러움'의 뉘앙스를 강하게 풍길 뿐, 인이 갖고 있는 본질적인 속성을 드러내기에는 한계가 있다.

오히려 인은 어떠한 장애에도 불구하고 사람이 사람으로서 사람답게 추구해야 할 도리와 가치를 추구하는 일관된 자세에 가깝다. 때문에 그 길이 순탄하지만 않기에 그 어려움을 헤쳐 갈 결심과 용기, 혜안을 두루 필요로 한다. 그 도리를 일러 인도(仁道)라고 한다. 공자가 추구한 인도주의는 그래서 사람 중심의 인도주의(人道主義)가 되고, 이를 사회적으로 확장하여 예교의 덕치주의(德治主義)가 되고, 정치적으로 확장하여 왕도정치(王道政治)가 된다. 유학이 군왕의 내성외왕(內聖外王)의 학문을 강조하는 것도 군왕의 통치도 이 치도에 입각해야 함을 말한 것이다.

따라서 이 구절은 공자가 추구한 배움이란 단지 지식 차원에서 머무는 것이 아니라 실천의 차원이 되고, 그렇기 때문에 배움이란 사유로 완성되는 것이 아니란 것을 거듭 강조한 것이다. 배움의 길은 평생토록 끊임없이 배우는 과정이다. 배운 것을 실천하여 익히는 것이 진정한 배움이라는 뜻이다. 이 글의 궁극적인 지향은 거기에 있다.

배움이란 미치지 못하듯 하는 것

배움은 미치지 못할 듯, 잃을까 두려워하듯 해야 한다.

자왈子曰 학여불급學如不及 유공실지猶恐失之 　　　　　　　　[태백]

공자가 말하는 배움은 오히려 일상 속 의절을 익히는 과정에 가깝다. 그러므로 과거 우리나라에서 배움의 차서를 말할 때, 일상의 의절을 다룬 『소학』을 먼저 배우고, 큰 강령인 『대학』으로 나아가는 것을 당연시 했다. 배움의 기본이 사회적 관계에 바탕이 되는 일상적 예절을 익히는 데 있음을 알게 된다.

더 나아가 배움의 참 뜻은 사회적 공익인 '덕'의 실천에 있다. 『주역』에 "덕에 나아가며 학업을 닦는다."는 '진덕수업(進德修業)'은 그런 의미다. 따라서 '미치지 못한다'는 것은 그 경지인 '지선'의 상태에 도달하지 못한 것을 말한다. 이로 보면, 사람으로서 바로 서기 위해서 필요한 도리를 익히고, 사회적 공익을 실천하기 위한 노력이 공자가 말한 배움의 참 뜻인 셈이다.

공자는 또 배워서 스스로 이치를 깨우치면 즐거워하기를 그치지 않았다고 했다. 때로는 침식도 잊을 정도였다. 남에게 보이기 위한 위인지학이나, 남이 시켜서 억지로 하는 공부를 참 공부로 여기지 않고, 스스로 깨우치는 '자득의 공부'를 참 공부로 여겼다는 뜻이다. 또 술회하기를 평생 배우기를 힘썼다고 했다. 죽는 순간까지 배우는 것이 사람이다. 배움에는 중단이 없다는 것이다. 후인의 말처럼 배움은 물을 거슬러 올라가는 배와 같아서 앞으로 나아가지 않으면 퇴보하기 마련이다.

　이 글은 어떠한 자세로 배움에 힘써야 하는가를 말하려는 의도이지만, 우리 시대의 맥락으로 보면, 지식을 쌓는 것도 궁극적으로는 지혜로운 사회적 인간으로 바로 서기 위한 단계라는 점을 알 수 있다. 지혜란, 어쩌면 언콘텍트 환경이 일상화된 인공지능 시대를 살아가야 하는 인류가 갖추어야 할 덕목이 아닐까. 약육강식의 정글이 우리의 미래일 순 없지 않을까 싶다.

빨리 크려고만 하는 자

궐당의 동자에게 손님과 주인의 말을 전하는 장명의 일을 맡기자, 어떤 사람이 묻기를 "학문에 진전이 있는 아이입니까?" 하니, 공자가 말하기를 "나는 그가 어른의 자리에 앉는 것을 보고, 그가 선생과 나란히 하여 걷는 것을 보았소. 그러니 학문에 진전이 있는 아이가 아니라 빨리 크려고만 하는 아이요." 하였다.

궐당동자장명關黨童子將命 혹或 문지왈問之曰 익자여益者與 자왈子曰 오견기거어위야吾見其居於位也 견기여선생병행야見其與先生竝行也 비구익자야非求益者也 욕속성자야欲速成者也 [헌문]

궐당은 당명이고, 동자는 관례를 올리지 않은 아이를 칭하는 말이다. 공자가 주인과 손님에게 명을 전하는 '장명'의 역할을 맡겨서 아이의 학문이 어느 정도인가를 시험한 것이다. 공자는 이 아이가 어른과 아이의 차례를 지키는가, 절하며 겸손한 태도를 취하는가를 관찰했다. 결과는 아니었다. 어른의 자리에 앉고 선생과 어깨를 나란히 하여 걷는 등 예절과는 동 떨어진 아의의 행동거지를 보고, 이 아이가 학문에 진전이 있는 아이가 아니라 빨리 크는 데 더 관심이 많다고 한 것이다.

공자가 시험을 통해 보려고 한 것은 아이의 총이한 자질이 아니다. 공자가 추구한 학문은 배우고 익히는 일상성에 초점이 있다. 그러므로 『소학』에서 물을 뿌려 쓸고 응대하는 '쇄소응대'의 일상 예절을 익히고, 『대학』의 강령인 큰 학문으로 나오는 것이다.

따라서 피교육자의 인성 함양을 도외시 한 채 총이한 자질만을 주목하는 우리 시대의 교육은 절름발이 교육일 뿐이다. 초등학교 교실을 보면 그 사회의 미래가 보인다고 한다. 우리 사회가 갈수록 각박해지는 건 이 때문이 아닐까 싶다. 헤르만 헤세의 말대로 '수레바퀴 밑에서' 아직도 많은 학생들이 신음하고 있다. 교육의 목적은 전인격적인 완성을 지향해서 사회적 인간을 양성하는 것에 있지, 성적순으로 사람을 줄 세우는 데 있지 않기 때문이다. 공자의 이 글이 현재를 사는 우리에게 주는 교훈이다.

　교육은 교사와 피교육자 간에 상호작용으로 이루어진다. 공교육의 부활은 그래서 종합적으로 접근해야 하는 어려운 과제라고 할 수 있다. 조선 말의 혜강 최한기가 『인정』의 '교인(敎人)' 장에서 가르치는 이의 자질과 태도가 피교육자의 그것 못지않게 중요함을 역설한 뜻도 여기에 있다. 가르치는 이의 정성과 혜안이 사람을 만들기도 하지만, 그 반대인 경우 사람을 망치기도 하기 때문이다. 사람은 빨리 크는 것보다 제대로 크는 것이 중요하다.

세상의 목탁

의 땅의 변경을 지키는 사람이 공자 만나기를 청하여 말하기를, "군자가 이곳에 오면 내가 만나보지 않은 적이 없었다." 하니, 제자들이 만나게 해주었다. 나와서 말하기를, "여러분은 어찌 선생이 지위를 잃었다고 걱정하는가? 천하에 무도하게 된 지 오래되었다. 하늘이 장차 선생으로 목탁을 삼을 것이다." 하였다.

의봉인儀封人 청현왈請見曰 군자지지어사야君子之至於斯也 오미상부득견야吾未嘗不得見也 종자현지從者見之 출왈出曰 이삼자二三子 하환어상호何患於喪乎 천하지무도야구의天下之無道也久矣 천장이부자天將以夫子 위목탁爲木鐸 　　　　　　[팔일]

고난 없는 인생이란 한 개인을 위해서는 다행일 것이나, 세상의 사표가 되기는 어렵다. 공자는 어려서부터 고생하면서 자랐다. 공자가 스스로 술회한대로, 많은 기예를 갖게 된 것도 생활을 위한 방편이었다. 요즘 말로 하면 '알바 인생'이다.

　청년 공자는 처지의 곤란함에 굴하지 않았다. 열다섯 살부터 학문에 뜻을 두고 치열하게 노력해서 젊은 나이임에도 이름이 났다. 최한기가 『인정』 '측인(測人)' 장 중 '감평(鑑枰)'에서, 사람을 평가하여 1024가지 유형으로 나누어 점수화하면서, 기품(氣品) 4점, 심덕(心德) 3점, 체용(體容) 2점, 견문(見聞) 1점을 배점하여 10점을 완인(完人)으로 하되, 처지(處地)는 0.5점을 배점하여 과외로 하였다. 처지가 사람 마음먹기에 따라서 얼마든지 극복할 수 있다고 생각했기 때문이다.

공자가 비록 현실 정치에서는 뜻을 이루지 못했지만, 만대의 사표로서 세상의 목탁이 되었다. 고난이 오히려 유익이 된 경우다.

원문의 '의봉인'은 의 땅 변경을 지키는 현자다. 변경은 꼭 영토상의 문제만은 아니다. 우리 마음에도 영토가 있다. 『성경』'잠언'에도 "마음을 지키는 자가 성을 빼앗는 것보다 낫다."고 한 것은 이 때문이다. 마음이 곧 도요, 길이다.

스스로 만든 한계

염구가 "선생님의 도를 좋아하지 않는 것은 아닙니다만, 힘이 부족합니다." 하자, 공자가 말하기를, "힘이 부족한 자는 중도에 그만둔다. 지금 너는 스스로 한계를 긋고 있구나." 하였다.

염구왈冉求曰 비불열자지도非不說子之道 역부족야力不足也 자왈子曰 역부족자力不足者 중도이폐中道而廢 금여今女 획畫   [옹야]

자신의 적은 자신이다. 스스로 한계선을 긋는 것도 자신이기 때문이다. 공자는 스스로 한계를 깨고 나오려고 하지 않으면 더는 가르쳐주지 않았다. 스스로 깨우쳐 얻는 공부가 참 공부라고 여겼기 때문이다.

'메가 트렌드'로 유명한 미국의 미래학자 존 나이스비츠는 『마인드 세트』에서 이렇게 말했다. "그렇다면 말이야, 만약에 자네 말대로 미래가 현재 안에 놓여 있다면, 내가 지금 세상에서 무슨 일이 벌어지고 있는지 조심스럽게 지켜보기만 하면 자네와 똑같은 결론을 예측할 수 있어야 하잖아? 하지만 사실은 그렇지 않단 말이야. 그럼 도대체 왜 그런 차이가 발생하는 거지? 내 생각에는, 아마 마인드 세트 때문인 것 같네."

마음가짐이나 태도에 미래가 달려 있다는 뜻이다. 미래는 우리가 만들어 가는 것이다. 스스로 한계선을 긋는 것은 우리를 현재에 가두는 것이다. 미래를 향해 열린 시각, 열린 행동이 필요하다. 공자의 일침은 시대를 초월한다.

스승의 이름으로

안연이 깊이 탄식하며 말하기를 "우러러 볼수록 더욱 높고, 파고들수록 더욱 단단하며, 바라보면 앞에 있는가 싶더니 어느덧 뒤에 있구나. 선생님께서는 차근차근 잘 이끌어 주시어, 문으로 나의 식견을 넓혀 주시고 예로써 나의 행동을 단속하게 해 주셨다. 그만두려 해도 그만둘 수 없어 나의 재주를 다했더니, 선생님의 도가 우뚝하게 내 앞에 서 있는 것 같았다. 따라가려 해도 어떻게 해야 할지 모르겠구나." 하였다.

안연顔淵 위연탄왈喟然歎曰 앙지미고仰之彌高 찬지미견鑽之彌堅 첨지재전瞻之在前 홀언재후忽焉在後 부자순순연선유인夫子循循然善誘人 박아이문博我以文 약아이례約我以禮 욕파불능欲罷不能 기갈오재既竭吾才 여유소립如有所立 탁이卓爾 수욕종지雖欲從之 말유야이末由也已 [자한]

조선 유학사에서 가장 맞수를 들라면 단연코 퇴계 이황과 남명 조식이다. 두 사람은 같은 해에 태어난 동갑내기였고, 사는 곳도 경상도 내 도산과 산청으로 멀지 않은 땅이었건만, 평생 만나지도 않았고, 서로 인정하지도 않았다. 퇴계는 잠깐이긴 해도 조정에 출사한 반면, 남명은 끝내 조정에 출사하지 않았다.

　학문하는 태도와 제자 교육에서도 퇴계는 자상했고, 남명은 추상같았다. 두 사람에게 모두 사사한 바 있는 한강 정구는 그의 문집에서, 퇴계는 오솔길 같아서 그 가르침을 따라가다 보면 길이 보이고, 남명은 천애절벽 앞에 선 듯해서 어디를 부여잡고 올라가야 할지 모르겠다고 했다. 그 만큼 서로 기질이 달랐다.

공자가 가장 아낀 제자 안연(안회)의 탄식은, 이런 퇴계와 남명이 마치 한 몸인 듯싶은 게 이 글에서 보이는 스승 공자의 모습이다. 늘 다니던 오솔길 같은 퇴계의 가르침과 천애절벽 같은 남명의 가르침은 스승이 갖추어야 할 두 가지 모습은 아닐까. 곧 너그러운 자상함과 결연한 단호함이다.

　안연은 스승 공자의 도가 무궁무진함을 깨닫고 깊이 탄식한 것이다. "문으로 나의 식견을 넓혀 주시고, 예로써 나의 행동을 단속한다."는 박문약례(博文約禮)는 공자 교육의 차서요, 요체를 말한 것이다. 전자는 '사물을 관찰하여 그 이치를 깨닫는' 격물치지, 후자는 '나의 사심을 이기고 예의 상태를 회복하는' 극기복례를 말한 것이기 때문이다. 유학의 요체는 이 두 가지로 귀결된다. 우리 시대 교육도 이러한 이치에서 벗어나지 않는다.

왜 시를 배우지 않느냐

공자는 뜰을 지나는 아들을 불러 세워 "시를 배웠느냐?"고 물었다. 아들이 "아직 시를 배우지 못했다."고 하자 "시를 배우지 않으면 남과 말을 할 수 없다."고 하였다. 아래 글에서 '시를 배우지 않으면 담장에 얼굴을 대고 서 있는 것과 같다'는 말도 같은 뜻일 것이다.

공자가 백어에게 말하기를 "너는 주남과 소남을 배웠느냐? 사람으로서 주남과 소남을 배우지 않으면 담장을 바로 마주보고 서 있는 것과 같다." 하였다.

자위백어왈子謂伯魚曰 여위주남소남의호女爲周南召南矣乎 인이불위주남소남人而不爲周南召南

기유정장면이립야여其猶正墻面而立也與   [양화]

주남과 소남은 『시경』의 편명이다. 그러니 "주남과 소남을 배웠느냐?"는 물음은 "시를 배웠느냐?"는 물음과 같은 뜻이다.

공자가 말하기를 "너희들은 어째서 시를 배우지 않느냐? 시를 통해 감흥을 불러일으키고, 물정을 살필 수 있으며, 여러 사람들과 어울릴 수 있고, 원망을 발산할 수 있으며, 가까이는 어버이를 섬길 수 있고, 멀리는 임금을 섬길 수 있으며, 새와 짐승, 풀과 나무의 이름을 많이 알게 한다." 하였다.

자왈子曰 소자小子 하막학부시何莫學夫詩 시詩 가이흥可以興 가이관可以觀 가이군可以群 가이

원可以怨 이지사부邇之事父 원지사군遠之事君 다식어조수초목지명多識於鳥獸草木之名　[양화]

　　감흥을 불러일으킨다는 것은 순수한 감정의 발로를 말한다. 공자가 시를 "생각함에 사악함이 없다."고 한 말도 이와 관련하여 음미해볼 말이다. 물정을 살피게 한다는 것은 정치와 세상 물정의 득실을 살필 줄 알게 된다는 말이다. 시를 '뜻을 말한다'라고 한 이유도 여기에 있다. 관련하여, 외교 현장에서 시를 모르면 외교적 대응이 어려웠다. 함축적이며 비유적인 시어가 외교적 수사에 적합했다는 말이다.

　　여러 사람들과 어울리게 한다는 것은 사람들과 어울려 서로 말을 나눈다는 것이고, 원망을 발산하게 하게 된다는 것은 함부로 분노하여 원망하지 않게 된다는 뜻이다. 또 가까이는 어버이를 섬기고, 멀리는 임금을 섬길 수 있게 한다는 것은 사람의 기본 도리로서 인륜의 충효에 대해서 알게 된다는 뜻이며, 새와 짐승, 풀과 나무의 이름을 많이 알게 한다는 것은 시가 조수초목에 대한 지식을 넓혀주는 효용이 있다는 것이다.

　　조선은 시의 나라였다. 문사의 자격을 논할 때 시재(詩才)를 우선시했다. 시 짓는 데 필요한 운서와 참고서들은 늘 베스트셀러였고, 각지에서는 시회(詩會)가 열리곤 하였다. 시격이 높으면 그 사람에 대한 대우도 달라졌다. 그런데 지금은 시인의 숨결이 너무나 미약하다. 시인은 '말과 생각의 밭'을 가꾸기에, 이 사회에 '빛과 소금' 같은 존재다. '시인이 죽은 사회'는 '말밭'이 거칠어진다. 그러니 "너희들은 왜 시를 배우지 않느냐?"는 공자의 물음은 꼭 그 시대만의 물음은 아닐 것이다.

자식을 사랑하는 방법

자식을 사랑한다면 고생을 시키지 않을 수 있겠는가. 충직하다면 잘못을 깨우쳐 주지 않을 수 있겠는가.

자왈子曰 애지愛之 능물노호能勿勞乎 충언忠焉 능물회호能勿誨乎　　　　　　[헌문]

조선 초기의 사숙재 강희맹은 '자식을 가르치는 다섯 가지 이야기'를 지었다. 그 중 하나가 '도자설'이다. 아비 도둑이 자식 도둑을 가르치는 내용이다. "어느 날 아비 도둑이 아들을 데리고 도둑질하러 갔는데, 아들도 제법 솜씨가 늘어서 아버지보다 낫다고 스스로 만족하고 있었다. 아비 도둑은 아들과 함께 부잣집 곳간을 털다가 슬그머니 밖으로 나와서 문을 잠가버리고는 일부러 소동을 일으켜서 집 안 사람들을 깨웠다. 이에 놀란 아들 도둑이 위급한 상황에서 스스로 기지를 발휘해 도망쳐 나온 후, 아비 도둑에게 따져 물었다. 이에 아비 도둑이 껄껄 웃으며 너는 이제 스스로 깨우쳤으니 큰 도둑이 될 것이다." 스스로 깨우치는 '자득의 이치'를 강조한 것이다. 누구나 자식을 사랑하는 마음이야 같겠지만, 방법에는 차이가 있다. 끼고도는 사랑이 능사는 아니다.

　『맹자』'진심장'에 "먹이기만 하고 사랑하지 않으면 돼지를 기르는 것과 같고, 사랑하되 공경하지 않으면 동물을 기르는 것과 같다." 하였다. 자식을 하나의 인격체로, 건강한 사회인으로 자립할 수 있도록 돕는 것이 진정한 부모의 역할이다. 자식의 부모의 애완물이나 소유물이 아니다. 공자가 말한 자식 교육의 뜻과 맹자가 말한 '사랑'과 '공경'의 의미를 새겨보면 좋겠다.

'충'의 의미를 지금 시대에 봉건적 의미로 해석해서는 안된다. 충은 사회적 공의에 충실한 태도를 말하는 것으로 넓게 새기는 것이 옳을 것이다. 공직자가 잘 새겨들어야 할 가치다. 권력에 영합하는 영혼 없는 처신, 복지부동하는 자세는 자신을 위해서나 사회를 위해서 결코 바람직하지 않다.

공자가 스스로 깨우치는 교육의 힘, 자신의 소신을 주장하는 태도를 강조한 뜻은 이 시대에도 여전히 유효하다. 사람답게 살기 위해서 필요한 가치다.

젊은이를 사랑으로 품으련다

안연(안회)과 계로(자로)가 공자를 모시고 있었다. 공자가 말하기를 "각자 너희들의 뜻을 말해보거라." 하였다. 자로가 말하기를 "수레와 말, 가벼운 가죽옷을 친구와 함께 쓰다가 닳더라도 서운함이 없기를 원합니다." 하였다. 안연이 말하기를 "잘한 것을 자랑하지 않고 공로를 과시하지 않기를 원합니다." 하였다. 자로가 말하기를 "선생님의 뜻을 듣기를 원합니다." 하니, 공자가 말하기를 "노인은 편안하게 하고, 친구는 믿음이 가게 하며, 젊은이는 사랑으로 품어주겠다." 하였다.

안연계로시顏淵季路侍 자왈子日 합각언이지盍各言爾志 자로왈子路日 원거마願車馬 의경구衣輕裘 여붕우공與朋友共 폐지이무감敝之而無憾 안연왈顏淵日 원무벌선願無伐善 무시로無施勞 자로왈子路日 원문願聞 자지지子之志 자왈子日 노자안지老者安之 붕우신지朋友信之 소자회지少者懷之

[공야장]

공자가 말한 뜻은 소박한 듯 보이지만 현실정치에서 이를 구현하기란 쉬운 일이 아니다. 노인을 편안하게 모신다는 것은 고령화 시대를 맞은 이 시대의 현안이고, 친구에게 믿음을 준다는 것은 서로 믿지 못하는 이 사회의 불신 풍조에 대한 경종이며, 젊은이를 사랑으로 품어주겠다는 것은 한창 꿈 많을 나이에 꿈을 잃고 어깨가 처진 우리 시대 젊은이들에 대한 위로로 읽히기 때문이다.

노년 인구가 급속히 늘어나는 고령사회, 서로 믿지 못하고 경쟁 일변도로 치닫는 불신사회, 꿈과 희망을 포기한 상실사회, 현재와 미래의 불안이

동거하는 불안사회가 우리의 모습은 아닐까.

『예기』'예운편'에 이렇게 말했다. "대도가 행해지는 세계에서는 … 나이든 사람들이 그 삶을 편안히 마치고 젊은이들은 쓰여 지는 바가 있으며 어린이들은 안전하게 자라날 수 있고 홀아비, 과부, 고아, 자식 없는 노인, 병든 자들이 모두 부양된다." 대동(大同) 세상의 꿈이다.

노인이 편안한 사회, 서로 믿는 사회, 청년의 실패를 관용하고 배려하는 사회. 공자의 그런 생각에 나도 한 표를 더하고 싶다.

지나친 것과 미치지 못하는 것

자공이 묻기를 "사(자장)와 상(자하) 중에 누가 더 어집니까?" 하니, 공자가 말하기를 "사는 지나치고 상은 미치지 못한다." 하였다. 이에 자공이 말하기를 "그렇다면 사가 더 낫습니까?" 하니, 공자가 말하기를 "지나친 것과 미치지 못하는 것은 같다." 하였다.

자공문子貢問 사여상야숙현師與商也孰賢 자왈子曰 사야師也 과過 상야商也 불급不及 왈曰 연즉
사유여然則師愈與 자왈子曰 과유불급過猶不及   [선진]

자공이 같은 제자인 자장과 자하에 대하여 공자에게 묻는 장면이다. 주석에 의하면, 자장은 재주가 많고 뜻이 커서 구차하거나 어려움도 마다하지 않는 성품으로 이 때문에 항상 중도에 지나치다는 평가를 들었다. 반면에, 자하는 믿음에 돈독하고 지키는 바에 충실하여 규모가 크지 못하여 항상 미치지 못하는 경향이 있었다. 공자가 이 때문에 자장은 '지나치고', 자하는 '미치지 못한다'고 표현한 것이다.

  그러자 자공이 이번에는 "그러면 자장이 더 낫다는 말씀입니까?"라고 재차 묻자, 공자가 '지나친 것과 미치지 못하는 것은 같다'고 답하였다. 이를 뜻하는 원문 '과유불급(過猶不及)'은 널리 회자되는 말이다. 공자가 귀하게 여긴 것은 중도의 실천이다. 곧 중용이다. 지나치거나 미치지 못함은 결국 중도의 벗어난 점에서는 같기 때문이다.

  그런데 여기서 말하는 '중용'의 실천이 이외로 쉽지 않다. 이는 '적당히'라는 말보다 '적절히' 하는 처세에 더 가까운 말이다. 한 쪽으로 쏠리는 극단

적인 태도를 배제하고, 지혜롭고 분별력 있는 합리성이 중용의 요체이기 때문이다. 즉 '중용'의 사회적 실천 덕목을 처세의 중요한 가치로 여긴 연유다.

한 사회가 잘 유지되려면 '지나침'도 '모자람'도 적절치 않다. 과중(過中)도 불급(不及)도 적절치 않다는 말이다. 누구나 자신의 일을 즐기면서 행복한 삶을 누리는 것, 공자가 말한 '중용'은 그 이상도 이하도 아니다. 그러나 역사에서는 이를 실현한 사회나 국가를 찾기 힘들다. 왜일까. 중도를 취하기보다 한 쪽으로 쏠리기 때문이다. 중도는 집단의 인내를 필요로 한다. '인내'는 참고 견디는 힘이다. '참을 인(忍)' 자는 '마음(心)' 위에 '칼날(刃)'이 있는 형국이다. 자기희생에 대한 성찰과 절제 없이는 오를 수 없는 경지라는 의미다. 우리 사회가 그런 경지에 오를 수 있을까. 개인도 마찬가지다.

12장

"배움"

에 대한 생각

배움에 첩경은 없다. 뜻을 갖고 꾸준히 노력하는 것, 그것이 정도다.

배움은 무권이다. 게으름이 없다는 뜻이다.

아랫사람에게 묻는 것도 부끄러워하지 않고

평생 배움에 부지런한 것이 공자였다.

나는 나면서부터 아는 사람이 아니다

나는 태어나면서부터 아는 사람이 아니다. 옛것을 좋아해서 부지런히 구하는 사람이다.

자왈子曰 아비생이지지자我非生而知之者 호고好古 민이구지자야敏以求之者也　　　[술이]

공자를 호고주의자, 복고주의자로 모는 사람들이 있으나 그것은 올바른 관점이 아니다. 이 글의 방점은 배움에 '부지런하다', '민첩하다'에 있다. 호고는 취향일 뿐, 삶의 자세나 태도가 아니기 때문이다. '나는 나면서부터 아는 사람이 아니다'라는 말은 그런 맥락에서 해석해야 한다.

공자가 말한 '나면서부터 아는 자'라는 '생이지지자'는 어떤 사람일까. 천재, 영재가 그런 부류일까. 그러나 천재, 영재가 그런 부류라면 공자가 말한 취지와 동떨어진 게 아닐까. 물론 공자도 '나면서 아는 자', '배워서 아는 자', '곤경을 통해서 배우는 자' 등으로 등차를 두어 설명하곤 있으나, 그게 어디 박학다식한 사람을 가리켜서 한 말일까. 맥락이 다른 얘기다. 지식을 많이 안다고 인격이 성숙한 것은 아니란 뜻에서 그렇다. 공자가 추구한 군자상은 겸덕을 갖추고 자신의 일에 부지런히 노력하는 사람에 더 가깝다.

동양의 역사관은 일종의 퇴행사관이다. 하·은·주의 삼대가 이상적인 시기에 해당하고 시대가 내려올수록 퇴행한 시대라는 뜻이다. 서구의 발전사관과 대비한 말이다. 동양은 도의, 서양은 가술 문명이 앞섰다는 동도서기식 사고가 이런 유형의 편향된 사고다. 요는 공자가 옛것을 추구했던 것은 고대의 그 이상 속 정치 원리에 대한 추구였지 단순히 복고주의자나 호고주의자였기 때문은 아니다. 공자를 그렇게 보는 것은 좁고 잘못된 시각이다.

공자는 옛것을 통해서 새로움을 안다는 뜻으로 온고지신(溫故知新)이라고 했다. 법고창신(法古創新)도 같은 말이다. 이어령 선생은 이 두 성어를 조합해서 '온고창신(溫古創新)'이라는 말을 썼다.(『이어령의 보자기 인문학』) 과거를 참고하되 그 틀에 갇히지 않고 새로운 것, 미래를 만든다는 뜻에서 한 말이다. '지난 일을 이어받아서 앞날을 개척한다'는 계왕개래(繼往開來)도 같은 뜻이다. 과거는 미래로 가는 길임을 알았던 사람이 공자였다.

나만큼 배우기를 좋아하는 사람은 없을 것이다

열 집이 모여 사는 마을에도 반드시 나만큼 충직하고 믿음직한 사람은 있을 테지만, 나만큼 배우기를 좋아하는 사람은 없을 것이다.

자왈子曰 십실지읍十室之邑 필유충신必有忠信 여구자언如丘者焉 불여구지호학야不如丘之好學也

[공야장]

조선 시대에 초학자들의 교과서가 된 책이 율곡 이이가 펴낸 『격몽요결』이다. 이 책에서 이이는 "배움이란 특별한 지식을 쌓은 것이 아니라 생활 가운데 실천하는 것이다."라고 하였다. 즉 배움이란 생활 속에서 사람으로서 바른 도리를 깨우쳐 아는 것이란 뜻이다.

그러니 배움이 단지 지식만을 의미하지는 않을 것이다. 공자도 제자들에게 이런 배움을 게을리 하지 말라고 늘 당부하곤 했다.

배움에는 끝이 없다. 죽는 순간에도 깨우쳐 아는 것이 인간이다. 겸손한 태도로 끊임없이 배울 뿐이다. 그게 인생이다. 그러니 교만은 금물이다. 이 글에서 공자가 "나만큼 배우기를 좋아하는 사람은 없을 것이다."라고 한 것도 그 뜻 아닐까. 더 배울 것이 없다고 생각하는 것이야말로 위태로운 것이다.

스스로 깨우쳐 아는 기쁨으로 초지일관한 사람이 공자다. 중국 고대 은나라의 시조 탕왕은 세숫대야에 이런 글을 새겼다고 한다. "진실로 새로워지기 위해서는, 날마다 새로워야 하고 또 새로워야 한다." 이를 '반명(盤銘)'이라고 한다.

몇 해만 더 살게 해준다면

하늘이 나를 몇 해만 더 살게 해서 『주역』배우기를 끝마칠 수 있다면 큰 과오가 없을 것이다.

자왈子曰 가아수년加我數年 졸이학역卒以學易 가이무대과의可以無大過矣　　　　［술이］

역은 『주역』을 말한다. 주나라 역이란 뜻이다. 죽간을 묶은 가죽 끈이 세 번 끊어졌다는 고사가 말해 주 듯, 공자는 『주역』 공부에 심취했다. 『주역』의 십익(十翼)은 공자가 붙인 글이라고 한다. 하나라와 은나라도 나름의 '역'이 있었을 것이다.

　'역'은 세 가지 의미를 갖는다. 첫째는 '바뀐다'라는 뜻이다. '궁하면 통하고, 통하면 변하는' '궁즉통 통즉변'의 이치처럼 인간의 운명은 자신의 태도에 따라 얼마든지 변할 수 있는 것이니, 처지가 궁하다고 실망할 필요가 없다. 반면, 너무 잘나가는 것을 경계하기도 한다. 둘째는 정반대로 '바뀌지 않는다'는 뜻이다. 인간을 둘러싼 자연환경은 변하지 않는다. 사계절이 순환하는 이치가 그렇고, 밤낮이 바뀌는 이치가 그렇다. 서리가 내리면 꽁꽁 얼음이 어는 때가 멀지 않은 것이니, 세상의 바뀌지 않는 이치를 잘 살펴서 미리 대비하면 길하다는 것이다. 셋째는 '쉽다'라는 말이니 간이하다는 뜻이다. 세상의 이치가 64괘상 안에 다 있다는 것이니, 간략함으로 치자면 이보다 더 좋은 텍스트가 없다. 서양에서도 『주역』이 널리 알려져 독일의 라이프니츠가 기계식 계산기를 발명할 때도 『주역』을 참고했다고 한다.

　『주역』은 인간의 운명을 숙명인 듯 결정론적으로 말하지 않는다. 오히려 인간의 운명은 각자의 마음가짐에 달린 것이라고 한다. 『주역』은 세상사는 이치와 원리를 깨우치는 책이지, 결코 장수와 발복의 기술이나 테크닉을 배우는 책이 아니다. 공자가 수명 연장을 통해 『주역』 배우기를 끝마칠 수 있도록 기원한 뜻도 다르지 않다.

밤낮으로 그치질 않는구나

공자가 시냇가에서 말하기를 "가는 것이 이와 같구나. 밤낮으로 그치질 않는구나." 하였다.

자재천상왈子在川上曰 **서자여사부**逝者如斯夫 **불사주야**不舍晝夜 　　　　　[자한]

공자가 꼽은 물의 속성은 '불식(不息)'이다. 쉼 없이 그치질 않는다는 것이다. 선덕을 쌓는 일과 학문을 연마하는 일이 그렇다는 뜻이다. 즉, 나태함에 대한 경계라고 할 수 있다. 배우는 자가 수시로 성찰하여 털끝만큼이라도 그쳐서는 안 된다는 경계의 뜻을 담고 있는 말이다.

반면, 노자는 물의 속성을 낮은 데로 흘러 모이는 겸덕으로 보았다. "최고의 선은 물과 같다."는 상선약수(上善若水)가 그 뜻이다. 겸손으로 처신하는 사람은 자신을 낮추어 세상을 품는다. 관대한 도량이 그 미덕이라는 것이다. 겸손한 덕성을 가리키는 말이다.

따라서 한 순간도 멈추지 않는 물처럼 끊임없이 노력해야 하는 존재가 사람이요, 사람은 낮은 데로 흘러서 모이는 물처럼 자신을 낮추어 세상을 품는 큰 도량을 가져야 한다는 것을 말한다. 이런 미덕을 가진 사람이 군자요, 현인이다.

세상의 성공이란 무엇일까. 불법과 편법, 위선과 교만도 마다않고 성공한 듯 행세하는 사람들을 보면, 그들의 성공이 진정한 것일까 의심스럽다. 가치와 기준이 다르니 말이다. 그러니 공연히 교만할 일도 아니다. 사람의 품성과 배움도 마찬가지다. 평생 겸허히 배울 뿐이다. 그러니 공자나 노자의 뜻이 달라 보이지 않는다.

생각에 사악함이 없다

『시경』삼백 편에 담긴 생각을 한마디로 말할 수 있으니, 생각에 사악함이 없다는 것이다.

자왈子曰 시삼백詩三百 일언이폐지一言以蔽之 왈사무사曰思無邪   [위정]

『시경』에는 왕가로부터 서민의 모습까지 온갖 삶의 희로애락의 정서가 담겨 있다. 초저녁 혼례의 기쁨도 있고, 소박맞아 쫓겨나는 아낙의 슬픈 노래도 있다. 가슴 설레는 남녀 간의 만남도 있고, 짙은 성애를 묘사하는 장면도 있다. 『시경』을 읽다보면 사람들이 사는 모습은 예나지금이나 같다는 것을 알게 한다.

공자는 시어로 형상된 정서의 밑자락에 '생각에 사악함이 없다'고 했다. 사람이 갖는 희로애락의 정서에 삿됨이 없다는 뜻이니, 기쁠 때는 기쁨을, 슬플 때는 슬픔을, 즐거울 땐 즐거움을 솔직하게 드러내는 시를 꼽았다는 뜻이다. 화려하게 보이려고 겉으로 문장을 꾸미지 않았다는 뜻이다. 공자의 도가 '진솔함', 즉 '정직함'에 바탕을 두고 있는 것과 맥을 같이 한다.

공자가 공을 들여 모으고 그 중에서 300편을 골라 엮은 책 『시경』은 시사(詩史)의 첫머리를 차지한다. 네 글자로 된 노랫말이다. 요즘의 트로트 가사와 같다. 중국에서는 당나라를 일컬어 시의 시대라고 한다. 이 시기에 시성 두보와 시선 이백 등 뛰어난 시인들이 앞서거니 뒤서거니 출현했다. 또 이 시기에 시의 형식도 5언과 7언으로 정착되었기 때문이다.

시를 짓는 모임을 시회(詩會) 또는 시사(詩社)라고 한다. 일종의 커뮤니티

요, 조선판 살롱인 셈이다. 더욱이 과거제도를 통해 그 토대가 굳건히 유지되었다. 시만 잘 지어도 문사로 행세하는 데 지장이 없던 시대였다. 운(韻)을 띄워 시로 합(合)을 겨루던 시대였다.

시 삼백 편을 외우고도

시 삼백 편을 외우고도 정치를 맡아서 제대로 해내지 못하거나 외국에 사신으로 나가서 혼자서 일을 처리하지 못한다면, 시를 많이 외운다 한들 무슨 소용이 있으리.

자왈子曰 송시삼백誦詩三百 수지이정授之以政 부달不達 시어사방使於四方 불능전대不能專對 수다雖多 역해이위亦奚以爲   [자로]

시를 다른 말로 '언지(言志)'라고 한다. '뜻을 말한다'는 의미다. 정치와 외교 현장에서 시적 수사로 자신의 뜻을 대신할 때가 많다. 함축적이고 다의적이기 때문이다. 따라서 시를 모르면 외국 사신과 수작할 수 없다. 공자가 뜰을 지나는 아들을 불러세워 "시를 배웠느냐?"고 묻고는 "시를 배우지 않으면 남과 말을 할 수가 없다."고 말한 것도 이 뜻이다. 시를 배우는 목적이 감정의 순화만이 아니라는 것이다.

이 300편의 시를 다 배워서 암송하고도 정치와 외교 자리에서 스스로 처신할 수 없다면, 장구(章句)나 암송했을 뿐, 치용(致用)에는 아무 도움도 없다는 말이니, 그 배움도 헛된 것이라는 뜻이다.

배움에는 효용 가치가 있다. 배움의 궁극적인 목적은 인격의 완성에 두어야 하지만, 또 배움을 통하여 여러 가지 유익을 얻게 된다. 시를 배우면 외교 자리에서 응대 수작(酬酌)할 때 유용하다는 의미다. 그러나 잘 새겨야 할 것은 배움의 부수적 효용이 아니다. 배움의 주체다. 외국에 사신으로 파견되는 것은 주군을 대신하여 전대(專對)한다는 의미가 있다. 때문에 스스로

서는 자립(自立)이 전제되지 않으면 외교 자리에서 그 뜻을 펴 보일 수 없다. 시가 '뜻을 말한다'고 한 것은 그 메시지의 중요성 때문이다.

일본의 유학자 사토 잇사이는 『언지록(言志錄)』을 남겼다. 지행합일과 마음을 중시하여 양명학자로도 불리는 그가 마흔 두 살부터 40년 동안 쓴 금언을 모은 책이다. 일본의 고전 중 잠언의 백미다. 그가 가장 사랑한 책이 공자의 『논어』였다.

아랫사람에게 묻는 걸 부끄러워하지 않았다

자공이 묻기를 "공문자의 시호를 '문'이라고 한 것은 무엇 때문입니까?" 하니, 공자가 말하기를 "공문자는 명민하면서도 배우기를 좋아하였고, 아랫사람에게 묻는 걸 부끄러워하지 않았다. 그래서 '문'이라 한 것이다." 하였다.

자공子貢 문왈問曰 공문자孔文子 하이위지문야何以謂之文也 자왈子曰 민이호학敏而好學 불치하문不恥下問 시이위지문야是以謂之文也

[공야장]

공문자는 위나라 대부로, 이름은 어다. 중숙어로도 나온다. 공자가 위나라에 있을 때 공자를 후원한 인물로 알려져 있다. 그러나 자공이 공자에게 그에게 왜 '문(文)'이라는 시호를 붙였는지를 물은 것은 좋은 뜻이 아니다. 당시 정치가로서 공문자에 대해서 부정적인 평가가 있었기 때문이다. 공자도 이 글에서 그를 언급한 것은 대개 '배움'에 한정하고 있다. 시호를 논하는 시법에 '근학호문(勤學好問)'을 '문'이라고 한다고 하였다. 배우기를 힘쓰고 묻기를 좋아한다는 뜻이다. 자질이 명민하면 흔히 배우는 데 게을리 하는 경우가 많아서라고 할 수 있다.

아무리 배우기를 좋아한다 하더라도 아랫사람에게 묻는 '불치하문'하기 쉽지 않다. 스승이나 연장자에게 모르는 것을 묻는 것은 당연하지만 아랫사람에게 고개를 숙여 묻는 것은 어렵고 또 그런 행위를 아무렇지도 않은 듯 부끄러워하지 않는 태도라니 더욱 그렇다.

보통 사람들은 '척'을 한다. 모르면서도 아는 척, 아니면서도 그런 척 하기 일쑤다. 스승이나 연장자를 높이는 문화와 결합되어 때론 '조직적 침묵'을 강요하기도 한다. 사회적 침묵, 체념적 침묵, 방어적 침묵이 일반화되어 부정적 역기능을 한다. 이런 위선적인 행태는 하나의 양식, 스타일이 되어 우리 사회의 건강한 소통을 방해한다. 속어로 '아는 놈이 장땡'이리고 한다. '아는 놈'이 겸덕을 갖춘다면 미덕이지, 잘난 체한다고 부정적으로 볼 일이 아니런만 은연 중 그런 분위기가 조장되었다.

공자는 배움에 대해서 "배우고 때때로 익히면 즐겁지 않겠느냐?"고 했다. 배움과 즐거움을 연결시키고 있다. 모르는 것은 배우는 것이 즐거운 일이라는 뜻이다. 사람은 평생 모르는 것을 즐겁게 배울 뿐이란 의미다. 그러니 모르면 아랫사람에게라도 묻고 배워야 할 일이지 그게 결코 부끄러운 일은 아닐 것이다.

온고지신이란

옛 것을 익히고 연구해서 새로운 것을 안다면 스승이 될 수 있다.

자왈子曰 온고이지신溫故而知新 가이위사의可以爲師矣 [위정]

"하늘 아래 새로운 것은 없다."고 말한다.『성경』전도서에 나오는 말이다. 조금씩 다를 뿐이다. 다만 그 차이를 아는 것이 중요하다. 그 차이를 분별해서 새로운 것을 알려면 마음속에 쌓인 공부가 없이는 불가능하다. 이 글귀의 참 뜻은 거기에 있다.

『논어』를 처음 완독할 때 특히 '온고지신' 네 글자가 마음에 들었다. 인생의 경구였다. 온고는 옛 것을 온축한다는 말로, 익히고 연구(궁구)한다는 뜻이다. 중국 경전 영역으로 유명한 영국인 선교사 제임스 레게는 '온고'를 마음속에 간직하는 것으로, '지신'을 지속적으로 새로운 것을 획득하는 것으로 풀어서 좀 더 해석이 명료하다.

이 말을 공자의 복고주의, 상고주의, 호고주의 취향의 예로 사용하는 경우도 있지만, 그것은 맞지 않는 주장이다. 공자는 단순히 과거를 지향한 것이 아니라 과거를 통해 미래를 지향하고 있기 때문이다. '지난 일을 이어 받아서 미래를 열다'란 뜻의 '계왕개래', '옛것을 본받아 새로운 것을 창조한다'란 뜻의 '법고창신'이 이 말의 본의에 더 가깝다. '과거는 미래로 가는 길'이란 경구가 새삼스럽지 않다. 어쩌면『논어』는 함께 나이 드는 인생의 책일지 모르겠다.

이단의 폐해

이단을 전공하면 해로울 뿐이다.

자왈子曰 **공호이단**攻乎異端 **사해야이**斯害也已 　　　　　　　　[위정]

여기서 말하는 이단은 유학과는 다른 주장을 펴는 이설을 말한다. 공자가 살았던 2500년 전 춘추시대는 전국시대보다 앞선 시대로, 이때에 다양한 사상적 분화가 있었다. 역사에서는 이를 아울러 '여러 가지 사상이 꽃 피듯 하는 시대'라는 의미로 '백화제방'이라고 하지만, 이는 듣기 좋은 말이고, 그 만큼 혼란한 시대였음을 방증하는 말이다.

공자와 맹자처럼 인의(仁義)를 위주로 한 왕도정치 주장 외에, 노자와 장자처럼 피세적 은일을 추구하거나, 양주와 묵적처럼 극단적인 이기주의와 겸애의 극단적인 이타주의 주장을 펴는 다양한 사상들이 있었다. 여기서 공자가 말한 이단은 다른 이설을 총칭하는 말이다.

지금 세상에도 갖가지 이념과 사상, 주장이 난무하여 혼란을 준다. 이런 주장에 개인이나 사회가 흔들려서 현혹되거나 포퓰리즘에 휩싸이기 쉽다. 따라서 여기에 현혹되지 않으려면 이를 잘 분별하는 지혜가 필요하다. 이단의 주장은 밑도 끝도 없는 것이 아니라, 처음에는 현실의 약점을 교묘히 파고들어 끝에서야 본색을 드러내기 때문에 해롭고 위험하다. 공자가 극단을 배제하는 중용의 도리를 중시한 것도 이 때문이다. 중용의 도리의 핵심은 중정(中正)에 있다.

어느 시대나 이단이 있기 마련이다. 이단은 분열과 갈등을 야기하고, 사회의 공익보다는 해되는 짓도 서슴없이 한다. 자신의 신념이 마치 금과옥조인양 교조적인 주장도 마다 않는다. 이런 맹신과 불신에 빠져 극단적인 주장을 펴는 사람들은 결국 사회에 큰 해악을 끼치기 십상이다. 그러고도 반성과 성찰이 없다. 이단은 주로 사람들의 허점을 공격하기 때문에, 개인이나 사회가 건강하고 지혜로울수록 이단이 자리 잡을 여지가 없다. 따라서 이단이 설치는 것은 그 만큼 사회에 병이 깊다는 의미다. 치병(治病)의 슬기가 필요한 때이다. 이 글에서 '공'은 '공격하다'의 의미가 아니라, '전공하다'는 뜻으로 새긴다.

자신을 위한 학문

옛날의 학자들은 자신을 위한 학문을 했는데, 지금의 학자들은 남에게 보이기 위한 학문을 한다.

자왈子曰 고지학자古之學者 위기爲己 금지학자今之學者 위인爲人 　　　　[헌문]

자신의 수양과 성장을 위한 학문인 위기지학(爲己之學), 남에게 보이기 위한 학문인 위인지학(爲人之學)을 비교하여 말한 것이다.

조선 시대 사림은 '위인지학'의 행태에 지극히 부정적이었다. '위기지학'을 추구하며 과감히 과거를 보기 위한 공부와 단절하고 평생을 자신을 위한 학문인 '위기지학'에 힘쓴 사람들이 많았다. 그중에는 은일로 이름이 나서 조정에 천거되기도 하였다.

그러나 유학의 종지가 자신의 학문을 닦아 남을 이롭게 하는 '수기'와 '치인'에 있음을 생각한다면, '위기지학'과 '위인지학'의 구분을 넘어서 자신의 학문을 어떻게 사회적으로 실천할까 자문해보아야 한다.

같은 유학자라도 퇴계에 비해 경세적 측면이 강한 율곡 이이는 학문의 사회적 실천에 방점을 두었다. 때문에 임란 후 새로운 학풍을 진작시키는 데 율곡의 사상이 큰 기여를 하였다. 그것이 역사에서 말하는 경세치용, 이용후생의 실천적 학문, 곧 실학이다.

공자의 '위기지학'은 바로 그 지점에서 깨우침을 준다. 즉, 자신의 학문이 사욕과 영달을 위한 도구라면 진정한 학문의 도리와는 거리가 멀다는 것이다. '천리를 보존하고, 욕심을 없애는 것'은 유학 '위기지학'의 바탕이다. 결국 학문의 효용은 '위기지학'을 바탕으로 사회적 공익을 실천하는 데 있다.

이 글을 다시 읽으면 이렇다. '학문은 자신을 위한 것이지, 남에게 보이기 위한 것이 아니다.' 사람을 성적순으로 서열화하고 자신의 성공만을 위한 지금의 교육 풍토에 대한 공자의 경종이다.

전술하되 창작하지 않는다

전술하되 창작하지 않으며 옛것을 믿고 좋아하는 것을 삼가 우리 노팽에게 견주어 본다.

자왈子曰 술이불작述而不作 신이호고信而好古 절비어아노팽竊比於我老彭 　　　[술이]

노팽은 공자가 흠모했던 은나라 어진 대부로, 현자였던 것 같다. 옛것을 좋아해서 전술한 인물로 통한다. 그 외에 노팽에 대해서는 자세히 알려진 게 없다. 다만, 공자가 '우리 노팽'이라고 친근하게 일컬었던 것을 보면, 당시 호고(好古)의 대명사로 칭송되던 인물로 보인다.

　술이부작(述而不作)의 '술(述)'은 옛것을 전술한다는 의미요, 조술(祖述)도 같은 뜻이다. '부작(不作)'은 함부로 창작하지 않는다는 의미이다. 이런 '술이부작'의 태도는 양면성이 있다. 호고주의, 상고주의와 맞물려 옛것을 함부로 개작하지 않으려는 태도는 긍정적이나, 그로 인한 부정적 영향이 더 컸기 때문이다. 동양에서 특히 훈고학, 주석학의 전통이 강한 것은 여기에 연유가 있다. 중국에서는 청나라 후기가 되어서야 실증주의적 고증학이 발달하고, 우리나라에서도 조선후기에 실학이 무르익으면서, 이러한 교조적 학문 태도에 대한 비판적 성찰이 가능하게 되었다.

　그러나 술이부작을 좁게 해석하여 옛것을 그대로 묵수(墨守)하는 태도로 귀결시키는 것은 공자의 의도와는 다른 것이다. 공자는 스스로 발분하지 않으면 더는 열어주지 않았다. 즉 학습자의 자발적인 동기부여 없이는 더는 가르쳐주지 않았다는 뜻이다. 공자는 스스로 깨우치는 공부를 진짜 공부로 여겼다.

 공자가 전술하려고 한 것은 옛것에 담긴 그 뜻, 그 정신이었다. 시서(詩書)를 산정하고, 예악을 확정하고, 주역을 찬수하고, 춘추를 수찬한 것은 이러한 의도다. 제자가 스승을 뛰어넘는 청출어람(靑出於藍), 후인의 가능성을 말한 후인가외(後人可畏)의 교훈을 새길 때다. 미래는 교육혁명에 의해서 이루어진다.

진정한 배움이란

젊은 사람들은 집에서는 효도하고 밖에서는 공손하며, 삼가고 믿음직스럽게 행동하며, 널리 사람들을 사랑하되 사람의 도리를 아는 사람을 가까이 해야 한다. 그렇게 행하고도 힘이 남으면 그때 글을 배울 일이다.

자왈子曰 제자입즉효弟子入則孝 출즉제出則弟 근이신謹而信 범애중汎愛衆 이친인而親仁 행유여력行有餘力 즉이학문則以學文 　　　　　　　　　　　　　　　　　　　　[학이]

'효'는 부모에게 정성을 다 하는 것, '제'는 몸가짐을 공손하게 하는 것, '근'은 행동거지를 함부로 하지 않고 삼가는 것, '신'은 말한 바를 지키는 믿음직한 사람이 되는 것이고, '범애중'은 널리 사람을 사랑하는 것, '친인'은 사람다운 도리를 실천하는 사람을 가까이 하는 것이니, 요는 글을 배우기에 앞서 먼저 사람의 도리를 배우라는 뜻이다. 그러니 이 글은 진정한 배움이란 무엇인가 그 핵심을 묻는 글인 셈이다.

온통 '시험의 기술', '이기는 기술' 위주로 쏠린 우리 시대의 교육 환경에서 보면 좀 뜬금없는 얘기일지도 모르겠다. 더구나 "그렇게 행하고도 힘이 남으면 그때 글을 배우라."는 말은 현실을 모르는 먼 이야기로 들리기까지 한다.

그러나 교육의 참 목적과 가치는 '똑똑한' 소수를 키우는 데 있지 않다. '더불어' 살 줄 아는 여럿을 키우는 데 있다. 바른 배움을 통해 '내성'의 자기 수양이 안 된 사람이 '치국평천하'에 나서면 그런 사람들로 인해 큰 혼란이

온다. 우리 교육은 그 당연한 이치를 외면하고 있다.

공자는 인생의 세 가지 즐거움 중에 하나로 '학이시습지'를 들었다. "배우고 때때로 익힌다."는 뜻이다. 생활 속에서 사람의 도리를 깨우치고 '때때로 익히는' 시습이 인생의 즐거움이고 진정한 배움이라는 의미다. 사람은 평생 겸손하게 사람의 도리를 배울 뿐임을 깨닫게 하는 글이다.

13장

"실천"

에 대한 생각

지행의 합일, 언행의 일치는 모두 생각과 행동의 문제를 다룬다.

즉 실천의 문제다.

상황과 시기를 불문하고 말한 바를 지키는 것,

그것이 실천의 사회적 맥락이다.

두 번이면 된다

계문자는 세 번 생각을 한 뒤에 행하였다. 공자가 듣고 말하기를 "두 번이면 된다." 하였다.

계문자季文子 삼사이후행三思而後行 자문지子聞之 왈曰 再斯可矣재사가의 　　　　[공야장]

공자는 같은 말도 사람에 따라 다르게 했다. 너무 과감하면 신중함을 더하고, 너무 신중하면 과감하기를 더하는 식이다. 그 방도는 현대 교육에서도 적용한다. 모든 사람에게 같은 수준을 획일적으로 요구하는 게 더 이상한 교육은 아닐까. 따라서 이 글은 얼핏 보면, 신중함도 좋지만 때론 신중함 때문에 실기하는 우를 범하지 않기를 바라는 뜻에서 과감한 결단을 촉구하는 말로 들린다.

그러나 주석에서 정자는 "악한 짓을 하는 자는 애당초 생각함이 있음을 알지 못한다. 생각함이 있다면 선을 행할 것이다. 그러나 두 번 생각함에 이르면 이미 살핀 것이요, 세 번 하면 사사로운 뜻이 일어나 도리어 미혹된다. 그러므로 부자(공자)가 이를 나무란 것이다."라고 하여, 공자의 비판을 좀 다른 뉘앙스로 본다. 요는 신중함이 지나쳐 못 미치는 것을 비판하기보다는, 생각이 지나쳐서 도리어 사의가 일어나 미혹되는 것을 경계한 맥락이다.

자신의 짐작만으로 상대방의 의중을 읽어내는 것을 흔히 독심술이라고 한다. 정신심리학에서는 이러한 태도를 투사(投射)라고 하여 자신이 의중을 타인의 것인양 짐작하는 태도로서 일반적으로는 부정적인 현상으로 비판한다. 현대인에게 흔한 우울증의 발병 원인 중 하나로서, 이는 결국 사람과의 관계를 해치고 나를 해친다. 또 딜레마에 처하여 이러지도 저러지도 못하고 주저하며 결단하지 못하는 사람을 '햄릿형 인간'이라고 한다. 생각 없이 행동을 앞세우는 행동파도 문제지만, 생각만 하면서 우물쭈물 행동하지 못하는 '결정장애'를 가진 사람은 더 문제다. 공자는 그 점을 지적한 것이다. 대면 소통보다는 비대면 소통의 시대, 우리는 혹시 다양한 소통대신 자신의 생각만으로 '짐작하고 주저하며' 세상을 사는 건 아닐까.

계문자는 노나라의 대부로 이름은 '행보'다. 공자 당시에는 이미 그가 죽은 뒤였기 때문에, 공자가 계문자의 행동을 전해 듣고 한 말이다. 계문자는 일찍이 진나라에 사신으로 가면서 진나라 임금이 병을 앓는다는 말을 듣고 혹시 상을 당할 경우를 대비하여 사신으로서 행해야 할 예절을 미리 다 찾아보고 간 인물이다. 과감하게 행동해야 할 때 주저하며 머뭇거리는 태도에 대한 비판이다.

뜻을 실행한다는 것

자장이 '행'에 대해서 물었다. 공자가 말하기를 "말을 충직하고 신실하게 하며, 행동을 돈독하고 공경하게 하면, 비록 만맥의 나라라 하더라도 뜻이 행해질 수 있겠지만, 말이 충직하지 못하거나 신뢰할 수 없으며, 행동이 돈독하지 못하거나 공경스럽지 못하다면, 비록 내가 사는 고을일지라도 뜻이 행해질 수 있겠는가. 서 있을 때에는 (정직함, 신뢰함, 돈독함, 공경함이) 눈앞에 참여한 듯해야 하고, 수레에 있을 때에는 그것이 멍에에 기대어 있음을 보아야 한다. 그렇게 해야 뜻이 행해질 수 있는 것이다." 하였다. 자장이 이 말을 허리띠에 써넣었다.

자장子張 문행問行 자왈子曰 언충신言忠信 행독경行篤敬 수만맥지방雖蠻貊之邦 행의行矣 언불충신言不忠信 행부독경行不篤敬 수주리雖州里 행호재行乎哉 입즉견기참어전야立則見其參於前也 재여즉견기의어형야在輿則見其倚於衡也 부연후행夫然後行 자장子張 서저신書諸紳 [위령공]

'행'은 뜻을 다한 실천을 의미한다. 공자는 "말은 충신하게, 행동은 독경하게"라는 구체적 지침을 제자인 자장에게 주었다. 충신은 말을 정직하고 신뢰할 수 있게 하라는 것이고, 독경은 행동을 돈독하고 공경하듯 하라는 것이다. 따라서 이 말을 한 뜻은 실행한다는 것에 대해서 정직함, 신뢰함, 돈독함, 공경함의 근본 가치를 말한 것이다. 공자가 다른 글에서 자신의 도를 자신에게 엄격하고 남에게 너그러운 태도로 설명한 것과 같은 맥락이다.

공자는 또 "군자는 잘못의 원인을 자신에게서 찾고, 소인은 이와 반대로 한다."고 했다. '자기 성찰'의 태도를 표현한 말이다. 따라서 유학의 이상적인 인격체인 군자는 이러한 '충신독경'의 속성과 자기 성찰의 태도로 뜻을 실천하는 존재라는 의미가 된다. 수신의 요체가 이 구절 속에 있는 셈이다. 그것이 모여서 나타난 것이 인격이다.

이 구절은 결국, 한 순간이라도 그 '충신독경'의 생각에서 떠나지 않고 어디에서든 그대로 실행하여 일상 중 눈앞에서 본 듯 행동해야, 비로소 말과 행동이 '충신독경'의 상태를 떠나지 않게 된다는 경계를 담고 있다. 그 경계를 잊지 않고자 자장이 허리띠에 적고 힘썼다는 것이다. 만맥은 남만과 북적을 아울러 말하는데, 동이, 서융과 함께 중국을 둘러싼 사방의 주변 나라를 일컫는 말이다.

말이 어긋나면 행동도 어긋나기 쉽다. 말을 경망하게 하고 막말하는 사람, 아무 말이나 생각 없이 내뱉듯 하는 사람을 신뢰하기 어렵다. 그런 사람의 행위는 그 말에서 크게 벗어나지 않을 것이다. 역사에서 망국을 초래한 간신은 대부분 교묘한 자기변명식 수사에 능한 사람들이었다.

먼저 해야 할 일

번지가 공자를 따라 무우 아래에서 노닐다가 말하기를 "덕을 높이고 악을 없애며 의혹을 분별하는 방법에 대해 감히 묻습니다." 하니, 공자가 말하기를 "질문이 좋구나! 할 일을 먼저하고 얻는 것을 뒤로 하는 것이 덕을 높이는 방법이 아니겠느냐. 자신의 악을 다스리고 남의 악을 다스리지 않는 것이 악을 없애는 방법이 아니겠느냐. 한 때의 분노로 자신을 망치고 부모에게 화가 미치게 하는 것이 의혹된 것이 아니겠느냐." 하였다.

번지종유어무우지하왈樊遲從遊於舞雩之下曰 감문숭덕수특변혹敢問崇德修慝辨惑 자왈子曰 선재문善哉問 선사후득先事後得 비숭덕여非崇德與 공기악攻其惡 무공인지악無攻人之惡 비수특여非修慝與 일조지분一朝之忿 망기신忘其身 이급기친以及其親 비혹여非惑與　　　　　　　[안연]

나는 가끔 이 글을 거꾸로 읽어본다. "의혹을 변별하려면 분노를 경계하여야 하고, 악함을 없애려면 남을 공박하기에 앞서 자신을 먼저 살펴야 하고, 덕을 높이려면 옳은 일에 대가를 따지지 말아야 한다." 분노하여 자신의 감정에 휘둘리는 것을 먼저 경계한 말이다. 이런 사람은 유학이 지향하는 가치와는 동떨어진 사람이다.

　『주역』64괘 중 57번째 괘가 손괘(巽卦)다. '겸손하다'라는 의미다. 그 설명에 "산 아래에 못이 있는 것이 손괘이니, 군자가 이 괘를 보고 분노를 경계하고 욕심을 막는다."라는 공자의 말이 나온다. 유학자들이 즐겨 쓴 휘호 중에 '분노를 경계하고 욕심을 막는다'는 뜻의 '징분질욕(懲忿窒慾)'이라는 글귀가 있는데, 여기서 나온 말이다.

분노와 욕심을 먼저 버리는 것이 수양의 기초라는 것이다. 감정에 휘둘리는 분노, 대가를 바라고 일을 하는 욕심이야 말로 위험하다는 뜻이다. 선공후사의 사회적 가치다.

번지는 공자의 제자다. 질문을 보면 질문하는 사람의 지향과 수준 등 여러 가지를 알 수 있다. 공자가 번지의 질문에 대해 답변에 앞서 "질문이 좋구나!"라고 표현한 것은 그런 점에서 새겨볼 대목이다.

번지는 다른 글에서 스승 공자에게 묻는다. '인이 무엇인가요?' '지혜로움은 무엇인가요?' 핵심을 묻는 제자의 질문에 공자도 에둘러 표현하지 않고 명료하게 답한다. '인은 사람을 사랑하는 것이다.' '지혜로움은 사람을 아는 것이다.' 무우는 기우제를 지내는 제단이다.

습관이란

타고난 성품은 서로 비슷하다. 다만, 습관에 따라 서로 멀어지게 된다.

자왈子曰 성상근야性相近也 습상원야習相遠也 　　　　　　　　　[양화]

'습'은 날짐승 새끼가 날기를 배우 듯 반복적인 행위를 통해서 익숙하게 되는 것을 말한다. 글자의 꼴도 이를 상형한다. 『논어』 첫 구절 '배우고 때때로 익히면'의 '습'이 같은 뜻이다.

　　"늙은 환자들에게 백지를 주고, 거기에 뭔가를 기록하느냐 그렇지 않느냐를 기준으로 그들이 수술에서 회복되는 정도의 차이를 파악하는 실험을 했다. 석 달 후 환자들을 다시 찾은 영국 심리학자는 두 집단 사이에서 놀라운 차이를 확인했다. 백지에 계획을 착실하게 기록한 환자들은 그렇지 않은 환자들에 비해 두 배나 빨리 걷기 시작했고, 세 배나 빨리 누구의 도움도 받지 않고 휠체어를 타고 내렸다." 두 집단의 차이를 만든 것은 기록하는 습관이었지만, 이 습관을 만든 그들의 내면에는 큰 차이가 있었다. 한 집단은 현재의 상황을 극복하려는 적극적인 열망과 의지가 있었고, 다른 집단은 그렇지 못했다. 때문에 습관은 마음가짐, 태도와 관련이 깊다고 할 수 있다. 이 둘은 표리를 이룬다. 마음가짐이 곧 그 사람의 태도를 결정하기 때문이다. 찰스 두히그가 쓴 『습관의 힘』에 나오는 내용이다. 이 책에는 '반복되는 행동이 만드는 극적인 변화'라는 부제가 붙어 있다. 무슨 원대한 계획이나 행동보다도 일상의 작은 습관이 자신의 삶을 극적으로 바꿀 수 있다는 것이다.

　매일 아침을 긍정적인 생각으로 출발하는 사람과 부정적인 생각으로 출발하는 사람의 결과가 같을 수 없다. 본성이 선천적인 것이라면 습관은 후천적인 것이다. 개인의 마음가짐과 노력에 의하여 얼마든지 바꿀 수 있다는 것이다.

　자신의 습관에 대한 자각과 바꾸려는 노력이 관건이다. 때론 습관이 운명을 만들기도 한다. 지나친 말일까.

이익에 따라 행동하면 원망이 많다

이익에 따라 행동하면 원망이 많다.

자왈子曰 방어리이행放於利而行 다원多怨 　　　　　　　　[이인]

이익 앞에 돌변하는 사람이 있다. 평소에는 숨기고 있다가 이익 앞에서 본색을 드러내는 사람들이다. 안면 몰수하고 이익을 다툰다. 그동안의 인간관계는 아랑곳하지 않는다. 물질적 욕망을 숨기지 않는 세태와 관련이 깊다. 이런 사람과는 더는 사귀지 말아야 한다.

　　또 누가 이익을 보면 반드시 손해를 보는 사람이 있기 마련이다. 그게 세상의 이치다. 모두가 이익인 경우는 드물다. 모두가 이익인 경우를 만들 줄 아는 사회가 성숙한 사회라고 할 수 있지만, 인간 세상에서 그런 경우가 있을까 싶다.

　　『맹자』 '공손추' 장에는 화살 만드는 시인(矢人)의 비유가 나온다. "화살 만드는 장인이 어찌 갑옷 만드는 장인에 비해 어질지 않았으리요? 화살 만드는 장인은 오로지 사람을 상하게 하지 못할까 걱정하고, 갑옷 만드는 장인은 오직 사람이 상할까 걱정한다." 일을 신중히 선택해야 하는 이유이다. 남을 해치면서까지 자신의 이익을 도모하는 경우는 원망이 많을 수밖에 없으니 그렇다.

　　물질적 욕망으로 남의 것을 빼앗는 삶이 행복을 보장해줄까. 결코 아닐 텐데도 요지부동으로 물질적 욕망으로 가득차서 남과 비교하며 산다. 유종하는 순간에 어떤 말을 남길까. 진짜 부자는 나눔으로 더욱 풍성한 삶을 산다. 나눌수록 더 보태지는 이치를 깨우친 삶이다.

중도를 행하는 사람과 함께 할 수 없다면

중도를 행하는 사람을 얻어 함께 할 수 없다면 반드시 광자(狂者)나 견자(狷者)와 함께 하겠다. 광자는 진취적이고, 견자는 소극적인 데가 있다.

자왈子曰 **부득중행이여지**不得中行而與之 **필야광견호**必也狂狷乎 **광자**狂者 **진취**進取 **견자**狷者 **유소불위야**有所不爲也　　　　　　　　　　　　　　　[자로]

광자는 뜻만 커서 경솔한 사람을 말하고, 견자는 자수하는 바에 구애되어 융통성이 부족하고 실천에 소극적인 사람을 말한다. 요는 두 경우가 모두 중도를 행하는 중용의 도에는 부합하지 않는 부류라고 할 수 있지만, 그럼에도 공자는 "중도를 행하는 사람과 함께 할 수 없다면, 반드시 광자나 견자와 함께 하겠다."고 하였다.

　여기서 중도, 곧 중용의 도를 행하는 사람이란 공자가 최고의 경지로 여긴 '인도'를 실천하는 사람을 말한다. 사람다운 사람의 길이다. 그런데 공자는 '중도를 행하는 사람과 함께 할 수 없다면'이라는 단서를 달아 광자, 견자와 함께 하겠다고 하였다. 따라서 이 말은 광자, 견자와 다른 부류가 있다는 뜻이 된다.

　그렇다면 공자가 '중도를 행하는 사람' 다음으로 광자, 견자를 구별하여 말한 것에는 어떤 함의가 있을까. 비록 그 경솔한 진취성과 자수하여 융통성 없는 소극적 태도는 문제이지만, 그 진정성은 평가한다는 말이다. 진정성만 있다면 그 부족한 점을 열어주어 정치를 함께 할 수 있다는 생각이다. 반면에 이런 진정성이 없다면 그 사람은 거짓과 위선으로 정치를 하려는 부류다. 이런 사람들은 공자가 추구하는 정치에는 부합하지 않는다.

중도를 행하는 중용의 도는 조화의 실천 원리다. 갈등과 대립, 배척과 독선의 태도가 아닌 공존의 실천 원리를 말한다. 관련하여 공자는 "군자는 조화를 추구하되 끼리끼리 어울리는 것을 추구하지 않으며, 소인은 끼리끼리 어울리되 조화를 추구하지 않는다."고 하였는데, 이 말 속에 조화의 정치 원리에 대한 핵심이 있다. 협력과 조화의 정치가 곧 협치다.

중용의 지혜, 즐거워하되 지나치지 않는다

『시경』관저의 시는 즐겁지만 지나치지 않으며, 슬프지만 상심하게 하지 않는다.

자왈子曰 관저關雎 낙이불음樂而不淫 애이불상哀而不傷　　　　　　　[팔일]

'관저'의 시는 『시경』의 첫머리로 '꾸우꾸우 우는 물수리'라는 뜻이다. "노래하는 한 쌍의 물수리, 황하의 물가에서 노니는구나. 요조숙녀는 군자의 좋은 짝이로다."로 시작하는데, 주로 청춘 남녀의 사랑을 생동감 있게 묘사하고 있다. 우리가 아는 '요조숙녀'란 용어는 이 구절에서 따온 것이다.

　이 구절의 묘미는 '낙이불음 애이불상'이라는 해석에 있다. "즐거워하되 지나치지 않고 슬퍼하되 상하지 않는다."는 뜻으로 중정(中正), 곧 중용의 덕을 말한 것이다. 한 쪽으로 치우치지 않는 삶의 지혜를 말한 것이다. 영국의 버트런드 러셀이 『중용』을 영문으로 번역하면서 책 제목을 'Good Sense'라고 한 이유도 이 뜻을 취한 것이다.

　공자가 추구한 화이부동(和而不同)의 정신이 중용의 덕에 가깝다. 따라서 끼리끼리 어울리는 동이불화(同而不和)는 반중용적인 처신이다. '화'는 조화의 포용 정신이지만, '동'은 끼리끼리 어울리는 배척의 뜻이다. 당이 같으면 어울리고 당이 다르면 공격한다는 당동벌이(黨同伐異)가 그 뜻이다. 이런 극단적인 사고는 사회를 불안하게 한다. 극단은 극단을 낳고 화가 화를 부르기 때문이다.

　공자는 한 쪽으로 치우치지 않는 중용의 덕을 높이 샀다. 한 쪽으로 치우치면 그 극단이 '음란 음'이고 '상처 상'이란 뜻이다. 인간다움의 '정(正)'과 조화의 '화'를 상실한다는 의미라고 할 수 있다. 어떤 사람들은 이 시를 남녀 간 성적 교합에 따른 열락의 은유적 텍스트로 읽기도 한다. 원문의 유(流), 채(采), 모(芼)의 해석은 그래서 다의적이다. 글자대로 하면 성행위가 점점 고조되다가 '금슬지우'와 '종고지락'의 절정을 맞는 것으로 이해할 수 있기 때문이다. 더욱이 『시경』의 시들은 당시 민간의 속가 중 채록한 것이기에 그럴 여지가 충분히 있다고 할 수 있다. 그러나 그 속에 관통하고 있는 정신은 인간의 진솔한 정서이며 쾌락의 유희적 추구가 아니다. 그것이 『시경』에 수록할 시들을 고른 공자의 '사무사' 정신이다. 생각에 사악한 욕망이 없다는 뜻이다.

관저

꾸우꾸우 우는 물수리   관관저구 關關雎鳩
황하의 물가에서 노니는구나   재하지주 在河之洲
요조숙녀는   요조숙녀 窈窕淑女
군자의 좋은 짝이로다   군자호구 君子好逑

물 위의 마름풀   삼치행채 參差荇菜
이리저리 헤치네   좌우유지 左右流之
요조숙녀는   요조숙녀 窈窕淑女
자나깨나 찾았네   오매구지 寤寐求之

찾아봐도 못 만나   구지부득 求之不得
자나깨나 그렸네   오매사복 寤寐思服
언제나 만날까   유재유재 悠哉悠哉
잠 못 이루네   전전반측 輾轉反側

물 위의 마름풀   참치행채 參差荇菜
이리저리 뜯었네   좌우채지 左右采之
요조숙녀는   요조숙녀 窈窕淑女
금슬 타며 짝했네   금슬우지 琴瑟友之

물 위의 마름풀   참치행채 參差荇菜
이리저리 고르네   좌우모지 左右芼之
요조숙녀는   요조숙녀 窈窕淑女
종과 북 울리며 즐겼네   종고락지 鍾鼓樂之

14장

" 제자 "

에 대한 생각

제자라고 해도 같을 수는 없다.
학문적으로 뛰어난 제자도 있고, 이재에 밝은 제자도 있다.
그런가 하면 용맹하고 드세지만 친구 같은 제자도 있다.
그러나 언제나 스승으로서 공자의 면모는 한결 같았다.

고가 모가 나 있지 않으면

고(觚)가 모가 나 있지 않으면 고이겠느냐, 고이겠느냐.

자왈子曰 고불고觚不觚 고재고재觚哉觚哉　　　　　　　　[옹야]

이 글은 제사 그릇인 모난 그릇 '고'를 비유로 들고 있지만, 본지는 '실형(失
形)'에 있다. 형태, 즉 본질을 잃은 것이다. 따라서 이 비유는 사람의 도리를
잃은 데 대한 경구라고 할 수 있다. 꼭 누구를 지목하여 말하지 않은 듯, 스
스로에게 묻는 듯, 공자의 탄식이다.

공자가 생각하는 사람다움의 가치는 '효제'를 말한다. 효도와 우애다.
이를 사회적으로 확장한 것이 '공경하는 마음'이다. 따라서 나를 닦는 '수신'
과 집안을 평안하게 하는 '제가'가 그 기초가 된다고 할 수 있다. 패가망신하
고 사회에 민폐를 끼치는 사람들은 대개 이 '수신'과 '제가'가 안 된 사람들
이다. 모난 그릇인 '고'가 모가 나지 않으면 '고'라고 할 수 없듯, 사람이 사람
다움을 잃으면 '비인(非人)'일 뿐이라는 일침이다.

한편, 『대학』에서는 올바른 학문의 차서로서 "사물의 이치에 통달해야
아는 것이 지극해지고, 아는 것이 지극해진 뒤에야 뜻이 성실해지고, 뜻이
성실해진 뒤에야 마음이 바르게 되고, 마음이 바르게 된 뒤에야 몸이 닦여
지고, 몸이 닦여진 뒤에야 집안이 평온해지고, 집안이 평온해진 뒤에야 나
라가 다스려지고, 나라가 다스려진 뒤에 천하가 화평해진다."고 하였다. 격
물(格物), 지지(至知), 성의(誠意), 정심(心正), 수신(修身), 제가(濟家), 치국(治國), 평천

하(平天下)다. 이 차서가 꼭 순차적인 것은 아니겠지만, '수신'과 '제가'가 그 요체임은 분명하다. 따라서 유학이 말하는 학문은 인격의 완성을 뜻하는 개념이다. 즉, 모가 나 있는 '고'라는 의미다.

나는 좋은 값을 기다리는 사람이다

자공이 말하기를 "여기에 아름다운 옥이 있다면 궤 속에 넣어 감추어 두겠습니까, 아니면 좋은 값을 받고 파시겠습니까?" 하니, 공자가 말하기를 "팔아야지, 팔아야지. 나는 좋은 값에 살 사람을 기다리는 사람이다." 하였다.

자공왈子貢曰 유미옥어사有美玉於斯 온독이장저韞匵而藏諸 구선가이고저求善賈而沽諸 자왈子曰 고지재沽之哉 고지재沽之哉 아我 대가자야待賈者也　　　　　　　　　[자한]

공자와 자공의 대화는 겉으로는 '좋은 옥'을 소재로 하고 있지만, 속뜻은 도에 있다. 즉, 자신을 연마하는 목적이 사람들에게 유익을 끼치는 '사회적 쓰임'에 있다는 것이다. 자공의 질문도 질문이지만, 공자의 '팔아야지, 팔아야지.'라는 답변에서 유학의 본령인 수기치인을 떠올리게 한다.

　　자공과 공자의 말은 '좋은 값'이라는 단서를 달고 있어 더욱 의미심장하다. 이 말은 '헐값에는 팔지 않겠다'는 뜻이기 때문이다. 따라서 이 글은 인재를 알아보고 합당한 자리에 쓸 줄 아는 용인술에 맥이 닿는다. 공자가 제자 자유를 보며 "닭 잡는 데 어찌 소 잡는 칼을 쓰는가."라며 안타까워 한 것도, 용도에 맞지 않는 인재 임용을 가리키는 말이다. 이를 요즘에는 인사행정이라고 한다.

　　'정사'라는 말은 일반적으로 '정치'를 뜻하는 말로 쓸 때가 많지만, 전통시대에 이 말은 인사행정을 이르는 말로, 정기인사인 '도목정사'의 줄임말이다. 정치가 올바른 인사행정으로부터 시작한다는 의미다. '인사가 만사'

라는 말도 회자되는데, 그만큼 공정한 인사가 바른 정치의 요체라는 뜻이다. 조선시대, 당파 싸움이 치열할 때 왜 이조전랑 자리를 서로 차지하려고 다투었는지 짐작하게 한다. 그 자리가 인사행정의 요직이었기 때문이다.

'좋은 옥' 같이 귀한 물건을 좋은 값을 받고 팔고 싶은 것처럼, 인재도 합당한 쓰임이 있다는 것을 강조한 글이다. 이 글은 그 점을 비유한 중의적 표현이다. 사람을 알아보는 식견, 즉 지인지감의 안목이 절실한 때다. 잘못된 인사행정은 그 폐해가 심각하기 때문이다.

나아가는 것만 보았고 멈추는 것은 보지 못했다

공자가 안연에 대해서 말하기를 "애석하구나, 나는 그가 나아가는 것만 보았고 멈추는 것은 보지 못했다." 하였다.

자위안연왈子謂顔淵曰 석호惜乎 오견기진야吾見其進也 미견기지야未見其止也　　　　[자한]

공자가 나아감의 '진'과 멈춤의 '지'를 대비하여 제자 안연의 학문적 자세를 높이 평가한 글이다. '애석하다'는 것은 그런 제자가 이미 죽었기 때문이다.

공자에게 배움이란 완성이 없고 평생 노력하는 것이다. 배움이 지식의 축적이 아니라 생활 속 실천과 관련된 문제이기 때문에 그렇다. 학업을 닦는 것을 '진덕수업'이라고 한다. 이 말이 윤리에 기반한 내적 품성인 '덕에 나아가고' 이를 바탕으로 외적인 '업을 닦는다'란 의미이고 보면 그 이치는 더욱 분명해진다.

서계 박세당은 『사변록(思辨錄)』에서 이 글에 대해서 이런 말을 했다. "공자는 안연에게 오히려 그의 덕이 이미 성취되었다고는 말하지 아니하고, 오직 그가 나아가기만 하고 멈추지 않는 것을 칭찬하였다. 후세의 학자들이 자기가 인(仁)하다고 여기는 바를 칭찬할 적에 '이미 극진한 곳에 이르렀다.' 하고, 자기가 하는 것은 '일찍이 배움을 잃었다. 지금은 때가 늦었다.' 하니, 이 또한 공자의 뜻과는 다르다." 스스로 분발하여 진취하지 않는 데 대한 경계라고 할 수 있다.

안연의 경우는 문일지십의 명석한 제자였다. 하나를 가르쳐주면 열 가지를 스스로 깨우쳐 알았다는 뜻이다. 타고난 재능이 뛰어나면 노력을 등한시하는 경우가 많은데, 안연은 그렇지 않았다. 타고난 자질도 뛰어났지만 끊임없이 노력하는 제자였다. 배움이란 중도에 폐지할 수 없는 것이니, 멈추면 그 자리에 있는 것이 아니라 오히려 퇴보한다는 것을 아는 그런 제자였다.

너는 소인 같은 선비는 되지 마라

공자가 자하에게 말하기를 "너는 군자다운 선비가 되고 소인 같은 선비는 되지 마라." 하였다.

자위자하왈子謂子夏日 여위군자유女爲君子儒 무위소인유無爲小人儒 　　　　　[옹야]

원문의 '군자다운 선비'를 뜻하는 '군자유'와 '소인 같은 선비'를 말하는 '소인유'라는 표현이 의미심장하다. '유'를 통상 선비라고 번역하지만, 일반적으로 학자에 대한 호칭이다. 다만, 여기서의 '학자'는 지식 위주의 학자와는 좀 다른 의미다. 오히려 일상을 통한 인성적, 실천적 의미에 가깝다. 때문에 공자가 다른 글에서 자기를 위한 위기지학과 남에게 과시하기 위한 위인지학을 구분하여, 요즘 사람들은 '위인지학'을 한다고 탄식한 것도 이런 맥락으로 읽어야 한다.

　군자유와 소인유를 구별하는 요점은 자기 발전을 위한 것인지, 남에게 보여주기 위한 것인지에 달려 있다. 자신을 닦는 수기를 바탕으로 사람들에게 유익을 끼치는 치인으로 나아가는 것이 유학의 대의요, 큰 학문이라는 뜻이기 때문이다. 따라서 개인의 사심을 품은 소인유로는 사회적 공의의 군자유로 나아갈 수 없음이 자명하다.

　군자가 의(義)의 길을 간다면, 소인은 이(利)의 길을 따른다. 사람답게 사는 의로운 길을 사는 것이 군자요, 개인의 이익을 따져 사는 것이 소인의 길이란 것이다. 공자는 도가 다르면 더불어 행동하기 어렵다고 했다. 군자유와 소인유가 그럴 것이다.

　공자가 제자인 자하에게 이 말을 한 의도는 명백하다. 문학에는 소질을 보이는 제자가 원대한 학문의 길에서 사욕에 빠져 헤매지 말고 사람다운 대의를 따르기를 당부한 것이다. 여운이 남는 큰 스승의 당부다.

녹봉은 그 안에 있는 것

자장이 녹봉을 구하는 방법을 배우려 하였다. 공자가 말하기를 "많이 듣되 의심스러운 것은 빼놓고 그 나머지만 신중히 말한다면 잘못이 적을 것이다. 많이 보되 위태로운 것은 빼놓고 그 나머지만 신중히 행한다면 후회가 적을 것이다. 말에 잘못이 적고 행함에 후회가 적다면 녹봉은 그 안에 있는 것이다." 하였다.

자장子張 학간록學干祿 자왈子曰 다문궐의多聞闕疑 신언기여愼言其餘 즉과우則寡尤 다견궐태多見闕殆 신행기여愼行其餘 즉과회則寡悔 언과우言寡尤 행과회行寡悔 녹재기중의祿在其中矣

[위정]

무엇이 근본이고 무엇이 그 결과인지 공자의 말이 자세하다. 제자인 자장이 녹봉을 구하는 방법을 알려하자 녹봉을 구하지 말고 본연의 일을 힘쓰다보면 녹봉은 자연히 따라오는 것이라는 당부다.

우리가 세상을 살면서 결과만을 보고 쫓고 있는 건 아닌지 묻게 된다. 물질과 명예는 좋아하는 일을 즐기다 보면 합당한 자에게 일의 결과로서 따라 오는 것이지 목적이 아니다. 본말을 도착하는 삶이 결코 행복할 수 없다. 본말을 거꾸로 하면 불행이 따라 붙는다.

이 경구는 위정자가 특히 조심해야 할 경구다. 녹봉에만 관심이 있는 영악한 사람들이 자리를 차지하면 민생은 안전에 없게 된다. 그런 정치가 만연하면 사람들은 정치에서 등을 돌린다. 때문에 정치의 요체는 용인에 달려 있다고 한 것이다. 먼저 바른 사람이 되라는 뜻이다.

누구와 함께 할까

공자가 안연에게 말하기를 "등용해주면 나아가 도를 행하고, 등용해주지 않으면 은거하는 일은, 오직 나와 너만이 할 수 있겠지." 하니, 자로가 말하기를 "선생님께서 삼군을 지휘하신다면 누구와 함께 하시겠습니까?" 하였다. 공자가 말하기를 "맨손으로 호랑이를 때려 잡고 맨몸으로 황하를 건너다가 죽더라도 후회하지 않을 자와는 내가 함께 하지 않겠다. 반드시 일에 임하여 두려워하고, 계획하기를 좋아하여 이루려는 자와 함께 할 것이다." 하였다.

자위안연왈子謂顔淵曰 용지즉행用之則行 사지즉장舍之則藏 유아여이유시부惟我與爾有是夫 자로왈子路曰 자행삼군子行三軍 즉수여則誰與 자왈子曰 포호빙하暴虎馮河 사이무회자死而無悔者 오불여야吾不與也 필야임사이구必也臨事而懼 호모이성자야好謀而成者也　　　　[술이]

스승 공자가 안연에게 하는 말을 듣다가 자로가 불쑥 끼어들었다. '삼군을 지휘하려면 누구와 하겠습니까?' 삼군은 대국의 군대를 말한다. 군대를 지휘하는 경우라면 당연히 자신과 함께 할 거라고 생각한 자로의 질문이다. 용맹으로 자부한 자로다운 말이다. 그러나 공자는 자로의 용기가 만용에 지나지 않는다고 일침을 놓는다.

　　용감하다고 장수의 재목으로 치지 않는다. 장수는 지략과 용기와 통솔력을 함께 갖추어야 비로소 삼군을 통솔할 수 있다. 지략이 많은 지장(智將), 적 앞에서 물러서지 않는 용장(勇壯), 덕으로 군사를 통솔할 줄 아는 덕장(德將)의 자질이다. 그래서 옛말에 "천만 대군은 쉽게 얻을 수 있으나 한 명의 장수는 구하기 어렵다."고 한 것이다.

역사에서는 일국의 존망(存亡)이 장수에게 달려 있는 경우를 자주 본다. 자로에게 부족한 '신중함과 지략'의 덕목을 깨우치려는 공자의 교시다. 그러니 자로의 우문에 대한 공자의 현답인 셈이다.

한편, 안연에게 한 공자의 말은 등용해 주면 자기가 아는 도리를 다하고 등용되지 못하면 물러나 은둔하면 그 뿐인 것을, 구차하게 행위할 필요는 없다는 것을 말하지만, 그 처신이 쉽지 않음에 공자가 그런 뜻을 드러낸 것이다. 물러날 때를 알고 물러나는 것, 세상에서 드문 처신이다. 그렇지 못하면 구차해진다.

자로의 이름은 중유로, 자로는 그의 자이다. 계로라고도 한다. 공자의 제자 중 최연장자여서 군기반장 노릇을 할 때가 많았다. 또 공자가 기원전 551년 출생이니 자로와는 나이 차도 얼마 나지 않아서 때론 공자에게 서슴없이 따질 때도 많았다. 공자에겐 친구 같은 제자였다. 공자가 때론 싫은 소리도 많이 했지만, 공자와 14년의 주유천하와 망명생활을 같이 했다. 후에 위나라 정변에 연루되어 비참하게 죽었다. 그의 유해는 젓갈로 담가졌는데, 이 소식을 들은 공자는 크게 슬퍼하여 집안에 있는 '젓갈'을 모두 내다 버렸으며, 이후에도 젓갈 종류의 음식만 보면 "젓갈로 담가지다니!"라고 탄식했다고 한다.

닭 잡는 데 어찌 소 잡는 칼을 쓰느냐, 공자의 농담

공자가 무성에 가서 악기 타고 노래 부르는 소리를 들으셨다. 공자가 빙그레 웃으며 말하기를 "닭 잡는 데 어찌 소 잡는 칼을 쓰느냐?" 하니, 자유가 대답하기를 "예전에 제가 선생님께 들으니 '군자가 도를 배우면 사람을 사랑하고, 소인이 도를 배우면 부리기가 쉽다.' 하셨습니다." 하였다. 공자가 말하기를 "얘들아, 언(자유)의 말이 옳다. 방금 한 말은 농담일 뿐이다." 하였다.

자지무성子之武城 문현가지성聞弦歌之聲 부자완이이소왈夫子莞爾而笑曰 할계割鷄 언용우도焉用牛刀 자유대왈子游對曰 석자昔者 언야문저부자偃也聞諸夫子 왈군자학도즉애인曰君子學道則愛人 소인학도즉이사야小人學道則易使也 자왈子曰 이삼자二三子 언지언시야偃之言是也 전언희지이前言戲之耳   [양화]

무성은 자유가 다스리는 노나라의 변방 작은 읍이다. 공자가 제자인 자유를 만나러 가는 도중 거리에서 악기를 타고 그에 맞춰 노래 부르는 소리를 듣자 "닭 잡는 데 어찌 소 잡는 칼을 쓰느냐?" 하였다. 공자의 말뜻은 자유와 같은 인재가 무성 같은 작은 읍을 다스리기에는 어울리지 않는다는 뜻이다. 예악을 중시한 자신의 정치철학을 잘 구현하는 제자가 대견하고 애석해서 한 말이다.

그런데 자유는 이 말을 오해하여 '무성 같은 작은 읍을 다스리면서 대도인 예악의 정치를 쓸 필요가 있겠느냐?'라는 뜻으로 받아들였다. 그리고 정색을 하고 대답하기를 '사람을 사랑하는 도리는 한결 같다'는 것을 스승인 공자에게 배웠노라고 한 것이다. '누구에게나 인애의 정치를 펴면 될 뿐이라'는 뜻이다.

제자의 이 답변에 분위기가 썰렁해지자 공자가 곧 농담이라고 둘러댔지만, 사실은 제자의 지적에 한 방 먹은 것이다. 말을 함부로 할 수도 없으니 스승 노릇도 어렵다. 스승과 제자가 나눈 일절이다.

『삼국지』 등 수많은 문학작품에서 이 구절을 인용하고 있는데, 애초의 상황과는 달리 '작은 일에 굳이 호들갑을 떨 이유가 있으랴'라는 부정적인 뉘앙스로 쓸 때가 많다. 요즘에는 통상 목적과 도구가 어울리지 않을 때 이 말을 쓴다. 주로 인재를 적재적소에 활용하지 못하는 경우다. 우리 사회는 과연 어떨까.

뒤에 올 사람을 두려워해야 한다

뒤에 올 사람을 두려워해야 하니, 그들이 지금의 우리만 못할 줄 어찌 알겠는가. 그러나 마흔, 쉰흔이 되어도 알려지지 않는다면 또한 두려워할 것이 못 된다.

자왈子曰 후생가외後生可畏 언지내자지불여금야焉知來者之不如今也 사십오십이무문언四十五十而無聞焉 사역부족외야이斯亦不足畏也已　　　　　　　　　　　　[자한]

사람의 가능성은 무궁무진하다. "뒤에 올 사람을 두려워해야 한다."는 '후생가외'는 그런 뜻이다. 우리 사회가 뒤에 올 '후생'들의 꿈을 열어주는 사회일까. 선뜻 대답이 나오질 않는다. 미래를 꿈꾸는 것은 청년의 특권이다. 노년에 가장 갖고 싶은 것은 '시간'이라는 설문조사도 있다. '이번 생은 망했다'는 '이생망', 연애와 결혼과 출산의 꿈을 포기한 '삼포세대'가 결코 답이 될 수 없다. 진입장벽은 더 높아지고 디디고 올라갈 사다리는 드물지만, 그것이 꿈을 포기할 이유가 되지는 않는다. 인생은 누구에게나 소중하기 때문이다.

　청년이 꿈을 잃으면 사회의 미래가 없다. 그게 두려운 것이다. 다른 맥락에서 공자의 '후생가외'를 읽게 된다. 역사와 시대, 사람과 그들의 미래에 대한 겸손과 존중이 필요하다. 누구나 '좋아하는 일'을 찾고 자아를 실현하도록 돕는 사회가 되어야 한다.

　그렇지 못한 사회는 '집단적 회고주의'에 빠져든다. 무기력해지고 극단적으로는 퇴행적이 된다. 상대방에 대한 금도와 존중 없이 막말을 쏟아내는 사람들이 설처대는 배경에는 이런 풍조가 만연하는 것과 무관하지 않다. 그들의 내면에는 콤플렉스와 끝없는 증오만 가득하다. 그로 인해 사회, 세계는 점점 더 험악해 간다.

한편, 이 글에 나오는 나이 마흔, 쉰흔에 강박을 가질 필요는 없다. 공자의 시대와 지금은 다르기 때문이다. 하지만 '불혹', '지천명'이라고 한 공자의 뜻은 바뀌지 않는다. 마흔 살에도 외부의 유혹에 쉽게 흔들리고, 쉰흔 살에도 하늘의 소명을 깨닫지 못한다면 그 후의 인생은 더 볼 것이 없다는 말이기 때문이다. 나이를 잊고 사회에 유익을 끼치는 사람이 행복한 사람이고, 지혜로운 사람이다.

마루에는 올랐지만 방에는 들어가지 못했다

공자가 말하기를 "유(자로)의 슬 소리가 어찌 내 문에서 나느냐?" 하였다. (이 말을 듣고) 문인들이 자로를 공경하지 않았다. 이에 공자가 말하기를 "유는 마루에는 올랐으나 방에까지는 들어오지 못했을 뿐이다." 하였다.

자왈子曰 유지슬由之瑟 해위어구지문奚爲於丘之門 문인門人 불경자로不敬子路 자왈子曰 유야由

也 승당의升堂矣 미입어실야未入於室也   [선진]

공자의 제자 중 자로는 좀 특이한 경우다. 공자와 나이 차도 얼마 나지 않아서 제자들 중에는 선배 그룹에 속한다. 성정이 용맹하여 나서기 잘하는 타입으로, 용감하나 생각 없이 무모할 때가 많아서 공자가 늘 그 점을 안타깝게 여기고 깨우쳐 주려고 했다.

악기는 연주하는 이의 성정을 드러낸다. 같은 곡조라도 연주자에 따라곡 해석과 주법이 다르다. 슬은 금과 함께 '금슬'로 부르는 악기로, 금이 소리도 쟁쟁하고 크기도 커서 남성적이라면, 슬은 소리가 청아하고 크기도작아서 여성에 비유된다. 따라서 두 악기를 합칭하여 부부간의 정이 좋을때 '금슬이 좋다'라고 관용적으로 표현한다. 그러나 자로의 슬 연주는 그의성정대로 살벌한 기운이 있었다.

공자는 '예악의 교화'에 바탕한 정치를 추구했다. 예와 악을 합칭하는이유는 예의 '분(分)'과 악의 '화(和)'를 바탕으로 한 하모니(Harmony)에 지향이있기 때문이다. 다른 말로 공자의 정치가 조화와 질서의 가치를 추구한다는 뜻이다. 그런 점에서 자로의 음악은 공자가 추구하는 예악의 정치에 부합하지 않는다. 자로가 타는 '살벌한' 슬 소리를 듣고 공자가 일갈한 것은 이 때문이다.

이 말을 듣고 제자들이 자로를 가볍게 여기자, 자로보다 못한 너희들이 함부로 자로를 평가하지 말라는 뜻으로, 자로는 '이미' 마루에는 올랐으나 '아직' 방에는 들어오지 못한 것일 뿐이라고 했다. 자로의 학문이 이미 고명(高明)한 단계엔 이르렀으나 아직 정미(精微)한 단계엔 미치지 못했다는 뜻이다. 제자 자로의 입장을 배려한 스승 공자의 일침이기도 하다.

남 말을 쉽게 한다. 악담, 독설, 막말도 예사로 한다. 이 '승당미입실(升堂 未入室)'의 깨우침은 함부로 남 말부터 하는 경박한 세태에 대한 경계의 글이다. 지금은 남 말하기에 앞서 나를 돌아보고 성찰할 때다. 자신을 지키는 것은 자수(自守)하는 '마음'이다.

방에는 들어가지 못한 사람들

자장이 착한 사람들의 도에 대해서 물으니, 공자가 말하기를 "악한 데 빠지지는 않았지만, 또한 방에는 들어가지 못했다." 하였다.

자장子張 문선인지도問善人之道 자왈子曰 불천적不踐迹 역불입어실亦不入於室　　[선진]

착한 사람들은 옛사람의 도(방식)를 배우지는 못했지만 악한 지경에는 빠지지 않는 사람들이란 뜻이다. 그러나 '방에는 들어가지 못했다'는 것은 배우지 못하였기에 그 '미묘한' 경지를 스스로 깨우쳐 성인의 경지에는 들어가지 못한 사람들이란 뜻이기도 하다. 공자에게 '입실(入室)'은 경지에 든다는 말이기 때문이다.

공자는 '지고(至高)'의 경지에 나아가고 못 나아가고는 외부 환경이나 신분적 차이라고 생각하지 않는다. 그 경지에 나아가고 못 나아가는 것은 스스로 만든 한계 때문이라고 말한다. 애당초 그 한계를 만든 것은 자신이라는 의미로 한 말이다.

싹만 틔우고 꽃을 피우지 못하는 경우도 있고, 꽃은 피었지만 열매를 맺지 못하는 경우도 있다. 또 한 삽이 모자라서 봉우리를 이루지 못한다고 했다. 모두 공자의 말이다. 모든 게 내 탓이요, 처지 탓, 남 탓할 문제가 아니란 뜻이다.

미국의 경영 컨설턴트 짐 콜린스는『좋은 기업을 넘어 위대한 기업으로』에서 '좋은 것은 위대한 것의 적이다'(good is the enemy of great)라고 했다. '이만

하면' 하고 남들은 만족할 때 어떤 사람들은 한 발 더 나아가기에 '위대함'
을 성취한다는 말이다.

산천의 신령이 그대로 놓아두겠느냐

공자가 중궁에 대해서 말하기를 "얼룩소의 새끼가 털이 붉고 뿔이 반듯하면, 비록 희생으로 안 쓰려 해도 산천의 신령이 그대로 놓아두겠느냐." 하였다.

자위중궁왈子謂仲弓曰 **이우지자성차각**犁牛之子騂且角 **수욕물용**雖欲勿用 **산천**山川 **기사저**其舍諸

[옹야]

중궁은 공자의 제자인 염옹을 말한다. 중궁은 그의 자다. "비록 희생으로 안 쓰려 해도 산천의 신령이 그대로 놓아두겠느냐?"라는 말은 '주머니 속의 추'처럼 숨기려 해도 저절로 드러나는 것을 비유한 말이다. 같은 글이 『사기』'중니제자열전'에도 보인다.

공자는 염옹에 대해서 제자들 중 유일하게 "남면(南面)할만하다."고 했다. 신하가 북면(北面)하는 것에 대비하여 남면한다는 것은 임금 노릇을 한다는 뜻이다. 공자가, 말솜씨도 없고 또 신분도 미천한 염옹을 이렇게 높게 평가한 이유는 그가 임금 자리에 앉을만한 능력과 인품을 갖췄다는 뜻이다.

한번은 염옹이 공자에게 자상백자에 대해서 물은 적이 있었다. 이때 공자는 "그는 소탈해서 괜찮다."고 했다. 공자가 제자들과 함께 그를 만나러 갔을 때 옷차림이 평소같이 소탈했으므로 공자가 그를 두둔하여 이런 말을 한 것이다. 성품이 대범하여 자잘한 예절에 매이지 않는다는 뜻이다. 그렇지만 이에 대해서 염옹이 "공경을 근본으로 하여 소탈하게 행하여 그 백성에게 임해야 옳지 않습니까? 소탈함에 근본을 두고 소탈하게만 행한다면 너무 소탈한 것이 아니겠습니까?" 하고 되물었다. 소위 '거경이행간(居敬而行簡)'과 '거간이행간(居簡而行簡)'의 차이를 말한 것이다. 존중과 배려의 공경하는 마음 없이 소탈하게만 백성들을 대한다면 문제가 있지 않느냐는 뜻이다. 그러자 공자가 "옹의 말이 옳다." 하였다. 그의 인품을 짐작할 수 있는 일화다.

"유사(담당)에게 먼저 시키고 작은 허물을 용서해 주며, 덕과 재능이 있는 어진 인재를 등용해야 한다." 염옹이 공자에게 정치에 대해서 묻자 한 말이다. 또 염옹이 "어떻게 어진 인재를 알아서 등용합니까?"라고 하자 "네가 아는 어진 인재를 등용하면 네가 미처 모르는 자를 남들이 내버려두겠느냐?" 하였다. '너그러운 정치인 관정(寬政)을 펴라, 능력을 위주로 인재를 쓰라'는 조언이다. 군주의 치도에 관한 말을 제자에게 하고 있는 것이다.

삼년을 배우고도

삼년을 배우고도 녹봉에 생각이 없는 사람을 얻기란 쉽지 않다.

자왈子曰 삼년학三年學 부지어곡不至於穀 불이득야不易得也 　　　[태백]

입신양명하는 것이 배움의 동기인 것은 예나 지금이나 같지만, 그것만으로는 행복을 보장하진 않는다. 공자가 『논어』 첫머리에서 '배우고 때때로 익히는' '학이시습지'를 인생의 세 가지 즐거움 중 첫째로 꼽은 이유는 '배움' 그 자체에 즐거움이 있다는 뜻이다.

공자가 어느 날 제자인 칠조개에게 벼슬에 나가도록 권했는데, 칠조개가 대답하기를 "저는 아직 벼슬할 자신이 없습니다." 하자, 공자가 기뻐하였다고 한다. 벼슬을 어렵게 여긴 제자의 자세에 대한 스승의 흡족함이라고 할 수 있다. 그 담담한 무욕의 경지가 그런 찬탄을 부른 것이다.

'곡'은 곡식이나 양식의 뜻이지만 이 경우엔 벼슬을 의미한다. 벼슬을 해야 녹봉을 받기 때문이지만, 이런 식록(食祿)이 애당초 배움의 초지는 아니었을 것이다. 공자는 또 "꼭 벼슬을 해야만 정치하는 것이 되겠는가."라고 되묻고 있는데, 정치는 '치인'의 사회적 효용보다 자신을 닦는 '수기'가 먼저란 것을 강조한 취지다.

지금, 우리 시대에 배움과 벼슬, 또는 정치는 어떤 관계일까. 스펙 경쟁으로 치닫는 배움의 길은 좋은 녹봉을 얻기 위한 무한 경쟁은 아닐까. 또 그런 끝에는 어떤 결말이 있을까. 사욕을 위해 자신의 학문적 소신을 굽히는

'곡학아세', 사욕을 위해 세상 사람들을 기망하는 '혹세무민'이 판을 치는 세상에서 참된 학문은 무엇일까. 사람은 초심을 잊으면 변하기 마련이다. 그 점을 경계하는 글이다.

이 시대의 자로들에게

자로가 군자에 대해서 물으니, 공자가 말하기를 "공경으로 자신을 닦는 사람이다." 하니, 자로가 말하길 "그뿐입니까?" 하였다. 공자가 말하기를 "자신을 닦아서 남을 편안하게 하는 사람이다." 하니, 자로가 말하기를 "그뿐입니까?" 하였다. 공자가 말하기를 "자신을 닦아서 백성을 편안하게 해야 하니, 자신을 닦아서 백성을 편안하게 하는 일은 요임금과 순임금도 어렵게 여겼다." 하였다.

자로문군자子路問君子 자왈子日 수기이경修己以敬 왈日 여사이이호如斯而已乎 왈日 수기이안인修己以安人 왈日 여사이이호如斯而已乎 왈日 수기이안백성修己以安百姓 수기이안백성修己以安百姓 요순堯舜 기유병저其猶病諸 [헌문]

자로의 물음은 한번으로 끝나는 적이 드물다. 꼭 캐물어서 스승인 공자를 이겨보려고 한다. 공자는 '공경으로 자신을 수양하고, 그 선덕으로 백성을 편안하게 하는 사람'이 유학이 생각하는 이상적인 인격체 곧 군자라고 한다. "백성을 편안하게 한다."에 방점을 두었다. 그래도 자로가 승복하지 않자, 이상적인 정치를 구현한 요임금과 순임금도 이를 어렵게 여겼다고 마무리를 한다.

유학의 근본 덕목은 수기와 안인(安人)으로 요약된다. 우리가 익숙히 알고 있는 '수신, 제가, 치국, 평천하'의 실천 강령도 이 말로 수렴된다. 즉 자신을 수양하는 목적이 '안인'에 있는 것이다. '사람을 편안하게 한다'는 뜻의 '안인'은 '백성을 편안히 한다'는 '안민(安民)'과 같은 말이다.

공자는 자신을 닦는 수양의 방법으로 공경을 들었다. 공경의 본질은 타인에 대한 존중에 있다. 그 핵심은 정성이다. 즉 말한 것을 이루려는 신뢰의 태도다. 때문에 둘을 합하여 '성경(誠敬)'이라고 한다. '하나로 일관한다'라고 한 공자의 충서(忠恕)의 가치와 서로 부합하는 말이다. 자신에 대한 엄격함과 남에 대한 관대함이다. 백성을 생업에 편안하게 종사하게 하는 안민의 정치가 그것이다. 다른 말로 하면 인애를 바탕으로 하는 덕치다. 그 반대가 혹정이다.

조선의 유학자들이 평생 가장 공을 들여 공부하고 실천하려고 했던 것도 바로 이 '경(敬)'이었다. 경 즉 공경은 무엇보다 상호 존중과 믿음을 기반으로 한다. 우리 시대에도 여전히 유효한 가치다. 수양이 안 된 사람은 스스로 절제하여 '안민'의 자리에 나아가지 말아야 한다. 그 사심이 사회를 병들게 하기 때문이다. 성격 급한 이 시대 자로들에게 공자가 던지는 경구다.

이 자는 우리 무리가 아니다

계씨가 주공보다 부유한데도 염구가 그를 위해 세금을 거두어 재산을 더 늘려주었다. 공자가 말하기를 "이 자는 우리 무리가 아니다. 너희들은 북을 울려 그의 죄를 성토해야 한다." 하였다.

계씨부어주공季氏富於周公 이구야위지취렴이부익지而求也爲之聚斂而附益之 자왈子曰 비오도야非吾徒也 소자小子 명고이공지가야鳴鼓而攻之可也　　　　[선진]

'이 자는 우리 무리가 아니다'란 말은 공자의 말치고는 센 표현이다. 곧 파문이다. 백성들에게 세금을 더 거두어 실권자인 계씨의 배를 불려준 일을 제자인 염구가 한 것이다. 이런 일은 공자가 지극히 미워하는 위정자의 행태였다.

'가혹한 정치는 호랑이보다 무섭다'고 하였다. 가혹한 정치는 민생을 파탄 내기 때문이다. 공자가 제나라 가는 길에 태산을 지나다가 한 여인이 슬피 우는 소리를 들었다. 공자가 제자인 자로를 보내 사연을 물은 즉, "예전에 시아버지가 호랑이에게 잡아먹혔는데, 이제 남편과 아들마저 호랑이에게 잡아먹히고 말았습니다." 하였다. 이에 자로가 "그 지경이 되도록 왜 이사하지 않았습니까?" 하고 물으니, 그 여인이 "그래도 이곳에는 가혹한 정치가 없기 때문입니다." 하였다. 자로가 이 말을 공자에게 전하니, 공자가 탄식하며 말하기를 "가혹한 정치는 호랑이보다 무섭구나!" 하였다.

공자는 다른 글에서 염구를 평가하여 "그가 인한지는 모르겠다."고 평하였다. 공자의 평가가 예사롭게 들리지 않는다.

재물을 독점하는 행태는 사회의 공생 구조를 무너뜨린다. 재물을 독점하면 재물도 그 가치를 잃는다. 재물을 가치 있게 쓰는 사람이 귀한 것이다.

저는 어떻습니까

자공이 묻기를 "저는 어떻습니까?" 하고 물으니 공자가 말하기를 "너는 그릇이다." 하였다.
"어떤 그릇입니까?" 하니, 말하기를 "호련이다." 하였다.

자공문왈子貢問曰 사야賜也 하여何如 자왈子曰 여기야女器也 왈曰 하기야何器也 왈曰 호련야瑚

璉也
[공야장]

당돌한 질문이다. 공자는 '군자불기(君子不器)'라고 했다. '군자는 그릇이 아니
다'란 뜻이다. 공자는 인 사상을 실천할 이상적인 인격체를 군자라고 했는
데, 이는 군자는 그릇처럼 한 가지 용도로 규정될 수 없다는 뜻이다. 그런데
도 공자는 제자인 자공더러 "너는 그릇이다."라고 했다. 따라서 이 말을 꼭
칭찬이라고만 할 수 없을 것이다. 이 때문인지 자공은 공자에게 연이어 질
문을 던진다.

"그러면 저는 어떤 그릇입니까?" "너는 그릇 중에 호련이다." 호(瑚)와 연
(璉)은 모두 종묘 제사에서 서직(黍稷)을 담는 그릇이다. 그릇 중에 귀중하고
화려한 것이다. 종묘 제사는 나라의 큰 제사로서 귀하게 여긴다. 따라서 거
기에 쓰이는 옥그릇이니 공자의 평가가 높은 편이다.

자공은 비상한 현실 감각을 보유하여 재능이 뛰어났고, 장사 수완을 발
휘하여 많은 재산을 축적했으며, 정치적으로는 위나라와 노나라의 재상을
지냈고, 공자의 부탁을 받고 외교적 언변으로 노나라를 위기에서 구한 인
물이다. 그런 자공은 공자에게 어떤 제자였을까. 공자도 때때로 그에게 경

제적 도움을 받을 정도였으니, 스승 공자로서도 아끼는 제자가 아니었을까. 실제 공자가 죽은 뒤 자공은 6년 간 상을 지냈다고 한다. 공자를 존경하는 마음에서다.

그러나 자공에게는 남의 단점을 덮어주거나 포용하는 아량이 부족했다. 공자는, 자공이 남들의 단점을 말하는 것을 보자 "사(자공)는 현명하구나. 나는 그럴 겨를이 없다."라고 했다. 제자의 단점을 꼬집고 있다. 다 가진 듯 겸손한 점이 없는 제자에게 겸덕을 채워주려는 공자의 생각이다. 옛말에 '석복(惜福)'이라는 말이 있다. '복을 아낀다'는 뜻이다. 겸손한 이는 복을 아낀다. 이 글은 그런 맥락에서 읽어야 할 글이다.

제명에 죽지 못할 것 같구나

공자를 옆에서 모실 때 민자건은 온화한 모습이었고, 자로는 과감한 모습이었고, 염유와 자공은 강직한 모습이었다. 공자가 즐거워하였다. "유(자로)는 제명에 죽지 못할 듯하구나." 하였다.

민자閔子 시측侍側 은은여야誾誾如也 자로子路 항항여야行行如也 염유자공冉有子貢 간간여야 侃侃如也 자락子樂 약유야若由也 부득기사연不得其死然 　　　　　　　　　[선진]

원문의 '부득기사'는 죽을 자리에서 죽지 못한다는 뜻으로 제명에 죽지 못한다는 말이다. 공자가 제자 자로를 두고 한 말이다. 자로는 물불 안 가리고 용맹하지만 성급하고 나서기 잘 하는 행동파였다. 공자도 늘 그 점을 염려하여 행동하기에 앞서 신중할 것에 대하여 다짐을 두곤 했다.

공자는 곁에 있는 제자들을 보며 어엿한 모습에 뿌듯해 했다. 민자건은 온화하고, 자로는 과감하고, 염유와 자공은 강직하다고 했다. 이들 제자가 후에 자신이 생각하는 인도의 정치를 구현해주리라. 그런 흐뭇함이 묻어나는 글이다.

공자는 자신의 주장을 현실 정치에서 구현하려고 했지만, 당시 부국강병의 치국방략으로서 패권정치가 도저한 세상에서 공자의 덕치는 설자리가 없었다. 공자가 인재 육성에 힘을 기울인 것도 미래를 생각하고 제자들이 자신의 정치 이상을 구현해주리라 믿었기 때문이다.

그런데 공자는 난데없이 자로가 제명대로 못 살 것이라고 했다. 자로는 공자의 말처럼 뒷날 위나라의 정변에 연루되어 비참한 최후를 맞았다. 포를 뜨듯 살점을 도려내어 죽이는 형벌이었고, 그 주검도 젓갈로 담가졌다고 한다. 과감한 행동파다운 죽음이었지만 자로에게 부족한 것은 겸손한 태도와 신중한 처세였다. 지혜로운 자는 화를 피한다고 했다.

제자 안회 이야기

『논어』 속 안회에 대한 이야기를 모아 보았다. 안회는 공자가 가장 아끼던 제자였고, 성인 공자에 버금간다는 뜻에서 '아성(亞聖)'으로 불린 인물이다. 공자도 자신의 도가 안회를 통해 후세에 전해지리라고 생각했지만, 그는 젊어서 요절하였다.

내가 회(안회)와 종일토록 얘기해 보면, 내 말을 어기지 않는 게 어리석은 듯했다. 그러나 물러간 뒤에 그가 생활하는 것을 살펴보면 또한 내 말을 잘 드러내고 있었다. 회는 어리석지 않구나.

자왈子曰 오여회吾與回 언종일言終日 불위여우不違如愚 퇴이성기사退而省其私 역족이발亦足以發 회야불우回也不愚   [위정]

  우보천리(牛步千里), 소 걸음으로 천 리를 간다.

회는 나를 도와주는 사람이 아니다. 내 말을 기쁘게 받아들이지 않는 것이 없구나.

자왈子曰 회야回也 비조아자야非助我者也 어오언於吾言 무소불열無所不說   [선진]

  교학상장(敎學相長), 가르치고 배우면서 함께 성장한다.

안회는 그 마음이 석 달이 되어도 인을 어기지 않았다. 나머지 사람들은 하루에 한 번이나 한 달에 한 번 인에 이를 뿐이다.

자왈子曰 회야回也 기심其心 삼월불위인三月不違仁 기여즉일월지언이이의其餘則日月至焉而已矣 [옹야]

인(仁), 최고의 경지다.

현명하다, 회야. 한 대그릇의 밥과 한 표주박의 물을 마시며 누추한 집에서 살면, 사람들은 그 근심을 견디지 못하는데, 회는 그 즐거움을 바꾸지 않는구나. 현명하다, 회야.

자왈子曰 현재賢哉 회야回也 일단사一簞食 일표음一瓢飮 재누항在陋巷 인불감기우人不堪其憂 회야불개기락回也不改其樂 현재賢哉 회야回也   [옹야]

안빈낙도(安貧樂道), 가난도 개의치 않는다.

공자가 광 땅에서 포위되어 어려운 일을 당했다. 이때 안연이 뒤쳐졌다가 뒤에 도착했다. 공자가 말하기를 "나는 네가 죽은 줄 알았다." 하니, 안연이 말하기를 "선생님이 계신데 제가 어찌 감히 죽겠습니까?" 하였다.

자외어광子畏於匡 안연顔淵 후後 자왈子曰 오이여위사의吾以女爲死矣 왈曰 자재子在 회하감사回何敢死   [선진]

인명재천(人命在天), 하늘을 믿고 담대히 나아간다.

공자가 자공에게 말하기를 "너와 회 중에 누가 더 나으냐?" 하니, 자공이 대답하기를 "제가 어찌 감히 회를 바라볼 수 있겠습니까. 회는 하나를 들으면 열을 알고, 저는 하나를 들으면 둘을 아는 정도입니다." 하였다. 이에 공자가 말하기를 "같지 않겠지. 나도 네가 '그보다 못하다'는 것을 인정한다." 하였다.

자위자공왈子謂子貢曰 여여회야女與回也 숙유孰愈 대왈對曰 사야賜也 하감망회何敢望回 회야回也 문일이지십聞─以知十 사야賜也 문일이지이聞─以知二 자왈子曰 불여야弗如也 오여여吾與女 불여야弗如也　　　　　　　　　　　　　　　　　　　　　　　　　[공야장]

문일지십(聞─知十), 하나를 가르쳐주면 열을 안다.

안연이 죽자, 공자가 말하기를 "아아, 하늘이 나를 버리는구나. 하늘이 나를 버리는구나." 하였다.

안연사顔淵死 자왈子曰 희噫 천상여天喪予 천상여天喪予　　　　　　　　　　　[선진]

내 도(道)도 끝났구나.

안연이 죽자, 공자가 비통하게 곡하였다. 모시고 있던 사람들이 말하기를 "선생님, 지나치게 애통해하십니다." 하니, 공자가 말하기를 "너무 애통해 하였느냐? 이 사람을 위해 애통해 하지 않고 누구를 위해 애통해 하겠느냐." 하였다.

안연사顔淵死 자곡지통子哭之慟 종자왈從者曰 자통의子慟矣 왈曰 유통호有慟乎 비부인지위통
非夫人之爲慟 이수위而誰爲   [선진]

애통하고 애석하다.

안연이 죽자, 문인들이 후하게 장사를 지내려 하였다. 공자가 말하기를 "옳지 않다." 하였
다. 그래도 문인들이 후하게 장사지냈다. 공자가 말하기를 "회는 나를 아버지처럼 보았는
데, 나는 그를 아들같이 대하지 못했구나. 이는 내 탓이 아니라 너희들 탓이다." 하였다.

안연사顔淵死 문인門人 욕후장지欲厚葬之 자왈子曰 불가不可 문인門人 후장지厚葬之 자왈子曰
회야回也 시여유부야視予猶父也 여부득시유자야予不得視猶子也 비아야非我也 부이삼자야夫
二三子也   [선진]

산자들의 허례(虛禮)일 뿐, 그것은 죽은 자의 뜻이 아니다.

안연이 죽자, 그의 아버지 안로가 공자의 수레를 팔아 곽 사기를 청하였다. 공자가 말하기
를 "재주가 있건 없건 또한 각자 제 자식을 말하는 법인데, 내 아들 이가 죽었을 때에도 관
만 있었고 곽은 없었다. 그때 내가 그냥 걸어 다니기로 하고 그의 곽을 살 수도 있었지만 그
렇게 하지 않은 것은, 내가 그래도 말석이나마 대부의 신분이었으므로 그냥 걸어 다닐 수
없었기 때문이다." 하였다.

안연사顔淵死 안로청자지거顔路請子之車 이위지곽以爲之槨 자왈子曰 재불재才不才 역각언기
자야亦各言其子也 이야사鯉也死 유관이무곽有棺而無槨 오부도행吾不徒行 이위지곽以爲之槨 이

오종대부지후_{以吾從大夫之後} 불가도행야_{不可徒行也}　　　　　　　　　[선진]

예절과 인정 사이에서.

계강자가 묻기를 "제자 가운데 누가 배우기를 좋아합니까?" 하니, 공자가 대답하기를 "안
회라는 제자가 있어서 배우기를 좋아하였는데, 불행히도 단명하여 죽었습니다. 지금은 그
런 사람이 없습니다." 하였다.

계강자문_{季康子問} 제자숙위호학_{弟子孰爲好學} 공자대왈_{孔子對曰} 유안회자호학_{有顔回者好學} 불
행단명사의_{不幸短命死矣} 금야즉무_{今也則亡}　　　　　　　　　　　　　　[선진]

호학(好學), 배우기를 좋아한 제자.

　　스승의 가르침을 묵묵히 따르는 제자. 가난한 처지를 탓 하지 않고 학
문에만 정진하는 제자, 영민하지만 겸덕을 구비한 제자, 공자도 그런 제자
의 죽음에 더 이상 희망이 없는 듯, 하늘을 원망하며 크게 상심하고 통곡했
다. "하늘이 나를 버리는구나." 제자들의 만류도 소용없었다.
　　제자들은 안회의 장례를 성대히 치르고자 했다. 그러나 그게 어디 안회
의 소원이랴. 끝내 제자들을 말리지 못했다. '그들을 탓해 무엇하랴. 안회는
나를 아비 같은 마음으로 대했건만, 끝내 아들 같은 제자의 소원을 저버렸
구나.' 탄식만이 마음을 파고든다. '아들의 장례도 곽 없이 치뤘건만, 안회의
아비는 찾아와 수레를 팔아달라고 한다. 아들의 장례에 곽을 살 돈이 없다
면서. 그러나 수레마저 팔면 어쩌랴. 예절을 차릴 수 없는데.'

스승을 믿고 주유천하 고생길에 동행한 제자, 인을 즐거워했던 제자, 배우기를 누구보다 좋아했던 제자, 그런 제자가 안회였다. 공자는 세상에 오직 '인'과 '불인'만이 있을 뿐이라고 했다. '인(人)'과 '비인(非人)'이다. 가난해도 인에 즐거이 처할 줄 알았던 제자, 안회는 공자에게 그런 제자였다.

짐작을 하면 자주 맞았다

회(안연)는 도에 가까웠지만, 자주 굶주렸다. 사(자공)는 천명을 받아들이지 않고 재산을 늘렸지만, 짐작을 하면 자주 맞았다.

자왈子曰 회야回也 기서호其庶乎 누공屢空 사賜 불수명不受命 이화식언而貨殖焉 억즉누중億則屢中
[선진]

화식(貨殖)은 재물을 늘리는 것을 말한다. 자공은 안연에 비해서 재물을 늘리는 데 관심이 많았던 것 같고, 그런 만큼 세상사에 민감했으리라. 반면, 안회는 세상사에 둔감했다. 재물을 늘리는 일에는 도통 관심을 두지 않았다. 이런 태도를 '안빈낙도'라고 한다. '가난함도 편안히 여기고 도를 즐긴다'라는 뜻이다. 그런 지향이 두 사람의 차이를 만들었다.

그런데 이 구절을 이해하기가 쉽지 않다. 어쩌면 이 구절대로 살기가 쉽지 않기 때문은 아닐까 싶다. 안회는 공자가 가장 아끼는 제자였다. 그가 젊은 나이에 죽자, 공자는 "하늘이 나를 버리는 구나."라고 탄식하였다. 안회는 영양실조로 죽었다. 굶기를 밥 먹듯이 하고 학문에만 몰두한 결과였다. 그가 죽었을 때 아버지는 집이 가난하여 아들의 관조차 마련할 돈이 없었다.

이와 달리 자공은 영리하게 세상을 살았고 이재에도 밝았다. 세상 돌아가는 이치에 밝았다는 뜻이다. 스승 공자가 어려울 때마다 경제적 도움을 주는 제자였다.

그러나 안회더러 자공처럼 살라 하고, 자공더러 안회처럼 살라 한들 그게 가능할까. 안회는 안회처럼 살았고, 자공은 자공처럼 살았을 뿐이다. 어떤 면에서 삶은 누구에게나 공평하다. 천명을 알고 안분하는 삶이라야할까. 어떻게 살아야 할까. 삶은 자신의 몫이다.

15장

" 도리 "

에 대한 생각

도리는 사람으로서 당연히 해야 할 일이요, 길이다.

하지만 이 길을 가기가 쉽지 않다.

공자가 말한 인의 길이란 이 당연한 사람의 도리를 다하는 것이다.

곤궁하면 못하는 짓이 없는 사람

위나라 영공이 공자에게 군대의 진 치는 방법을 묻자, 공자가 말하기를 "제사 예절은 들은 적이 있습니다만, 군대의 일은 아직 배우지 못했습니다." 하고, 다음날 마침내 위나라를 떠났다. 진나라에 있을 때 양식이 떨어져 종자들이 병들어 일어나지 못하였다. 자로가 성난 얼굴로 공자에게 말하기를 "군자도 궁할 때가 있습니까?" 하니, 공자가 말하기를 "군자도 진실로 궁할 때가 있다. 하지만 소인은 궁하면 함부로 한다." 하였다.

위령공衛靈公 문진어공자問陳(陣)於孔子 공자대왈孔子對曰 조두지사俎豆之事 즉상문지의則嘗 聞之矣 군려지사軍旅之事 미지학야未之學也 명일明日 수행遂行 재진절량在陳絶糧 종자병從者病 막능흥莫能興 자로온현왈子路慍見曰 군자역유궁호君子亦有窮乎 자왈子曰 군자君子 고궁固窮 소 인小人 궁사람의窮斯濫矣   [위령공]

공자가 위나라를 떠난 이유는 영공이 자신의 뜻과는 달랐기 때문이다. 당시 는 군주들이 패도에 관심을 기울여 공자의 덕치가 발붙이기 어려웠다. 뒤 이어 이어진 글귀는 겉으로는 다른 내용인 듯싶지만, 군자와 소인의 처세 관이 다름을 통해 군주의 잘못된 지향을 비판하고 있기 때문에 맥락으로는 같다.

공자가 처한 상황은 자로의 말을 들어보면 절박한 궁핍이 초래한 상황 으로 보인다. 왜, 잘 사는 위나라에 더 붙어있지 않고 떠나와서 이 지경을 초래하느냐고 불만스러운 듯 따져 묻는 자로에게 공자는 "군자도 진실로 궁할 때가 있다. 하지만 소인은 궁하면 함부로 한다."고 단언한다.

사람의 처지는 늘 바뀌기 마련이라서 궁핍할 때도 있고, 득의할 때도 있다. 처지가 바뀐다고 그때마다 다른 처신을 한다면 사람 노릇을 제대로 할 수 없다. 그 일관성이 곧 그 사람의 품성이고, 평판이기 때문이다.

처지가 바뀌었다고 돌변하여 사람으로서 못 할 짓을 함부로 하는 사람은 '상황이 그렇기 때문에'라는 논리로 얼마든지 손바닥 뒤집듯 세상을 산다. 하지만 이런 상황 논리로는 사람들에게 신뢰를 줄 수 없다. 공자가 말하는 '서른 살 자립, 마흔 살 불혹'은 상황이 어떠하더라도 변하지 않는 주관적 논리를 말한 것이다. 주관이 서려면 안, 곧 마음이 바로서야 한다.

절대적 궁핍은 부지런한 노력으로 벗어날 수 있고, 상대적 궁핍은 마음을 다스려 벗어날 수 있다. 자족함이 행복한 삶을 열어 주는 비결이다.

길에서 듣고 바로 길에서 말해 버리면

길에서 듣고 바로 길에서 말해 버리면 덕을 버리는 것이다.

자왈子曰 도청이도설道聽而塗說 덕지기야德之棄也 　　　　　　　　[양화]

공자가 '길에서 듣고 바로 길에서 말해 버린다'라고 한 것은 '속에 간직하여 자신의 것을 삼지 않는다'라는 부정적인 뉘앙스로 한 말이다. '도리를 듣고 생각하여 온축하지 않고 함부로 말해 버리는 경박한 자세로는 올바른 덕성을 함양하기 어렵다'는 뜻에서 한 말이다.

　일본의 작가 겸 번역가로 유명한 무라카미 하루키가 그의 에세이에서 '스루풋(throughput)'이란 용어를 썼다. 영어의 through와 put의 합성어다. 원래 이 용어는 통신 용어로 네트워크에서 단위 시간당 디지털 데이터 전송으로 처리하는 양을 말하는 것으로 처리율에 해당한다. 하루키가 이 용어를 문학적으로 차용하고 있는 셈이다.

　하루키가 이 용어를 쓴 이유는 인풋(Input 입력)과 아웃풋(Output 출력)의 개념으로는 설명할 수 없는 초스피드 시대, 정보의 홍수와 정보 이용의 새로운 흐름을 설명하기 위해서였다. 요컨대 매 시간 쏟아지는 수많은 정보 속에서 언제 '인풋, 아웃풋'하겠느냐는 것이다. 한 번 보고 그 의미를 알아차려야 한다는 뜻인데, 불교 용어의 '간취(看取)'가 그런 뜻에 가깝지 않을까 싶다.

　공자의 입장에선 하루키의 '스루풋'이라는 말이 어떻게 들릴까. 공자의 '신중함'에 비하면 하루키의 태도는 너무 '가벼운' 것은 아닐까. 그렇지만 둘은 하나의 공통점을 갖고 있다. 바로 '외물'에 흔들리지 않는 '주견(主見)'이다. 정치가, 사상가, 교육자로서 공자나, 작가로서의 하루키는, 다 '주견'을 갖고 시대의 문제를 고민한다는 점에선 같다는 것이다. 이 '주견'은 어떻게 길러질까. 공자는 그 방법을 '온고지신'이라고 했다. '옛 것을 온축하여 새 것을 안다'는 글귀인데, '온고'가 없이는 '지신'할 수 없다는 뜻이다. '지신'은 지식의 확장을 의미하지 않는다. 새로운 단계로의 도약적 변화다.

길이 같지 않으면

길이 같지 않으면 함께 도모하지 말아야 한다.

자왈子曰 **도부동**道不同 **불상위모**不相爲謀 [위령공]

길이 다르다는 것은 목적과 추구하는 방법에 차이가 있다는 것이다. 그러니 예나지금이나 길이 다른 사람과 같이 일을 꾀할 수는 없다는 것은 그 이치로 볼 때 자명한 말이다.

그런데 이 말이 심상하게 들리지 않는다. 목적과 방법이 다름에도 '어울렁 더울렁' 사는 게 현명한 듯이 말하기 때문이다. 그게 마치 포용인 듯 말한다. 그러나 이 글은 그런 태도에 대해 단호하게 '아니다'라고 말한다.

인의를 추구하는 사람과 이욕을 추구하는 사람이 같은 길을 갈 수 없다. 서로 목적하는 바가 다르기 때문이다. 선과 공의를 추구하는 사람들이 모이면 화락한 기운이 감돌고 삿된 욕심을 추구하는 사람들이 모이면 분란을 조장하기 마련이다. 길이 다르면 목적지가 다른 것이 세상 이치다.

한자 '도(道)'로 쓰면 좀 더 철학적 뉘앙스가 강하고, 우리말 '길'이라고 하면 철학적 맛이 떨어질까. 길과 도는 같은 말일 텐데 '다르게 쓰고 보는 것'도 편견 아닐까 싶다.(『이 땅에서 우리말로 철학하기』 이기상)

나는 모르겠다

원헌(자사)이 묻기를 "이기려는 것, 자랑하는 것, 원망하는 것, 욕심 부리는 것을 하지 않으면 인이라 할 수 있습니까?" 하니, 공자가 말하기를 "어려운 일이라 할 수는 있으나, 인인지 나는 모르겠다." 하였다.

극벌원욕克伐怨欲 불행언不行焉 가이위인의可以爲仁矣 자왈子曰 가이위난의可以爲難矣 인즉오
부지야仁則吾不知也 　　　　　　　　　　　　　　　　　　　　　　　　　　[헌문]

남과 다투거나 경쟁하여 이기려는 호승심, 자신의 능력과 공을 자랑하고 싶은 자긍심, 자신을 반성하기 보다는 남 탓으로 돌리고 원망하는 분노, 자신이 가진 것이 만족하지 않고 남의 것을 더 가지려고 욕심 부리는 탐심. 각기 극(克), 벌(伐), 원(怨), 욕(欲)이다. 물론 이 네 가지를 안 하는 것도 훌륭한 태도다. 이 네 가지는 자신을 망치고 남에게 해악을 끼치기 때문이다.

　그런데 이런 소극적인 태도가 올바른 구인(求仁)의 자세가 아니라는 데 핵심이 있다. 자신의 사욕을 극복하는 '극기'로는 부족하고, 적극적으로 예의의 상태를 회복하는 '복례'에 궁극의 목적이 있다는 뜻이다. 적극적인 자세로 인을 추구해야 함을 말하려는 게 공자의 진의이다.

　이 말을 좀 더 확장해 보면, 겸손하고 자신을 성찰하는 사람, 평온하고 굳건한 사람, 너그럽고 여유로운 사람, 공정하고 절제하는 사람이 더 인에 적합한 사람이라는 의미가 된다. 굳이 남에게 지지 않으려는 마음, 자랑하지 않으려는 마음, 원망하지 않는 마음, 욕심 부리지 않는 마음일 필요가 있

겠느냐는 깨우침이다.

　제자 헌문의 질문은 그런 점에서 본말과 선후를 거꾸로 한 셈이 된다. 스승 공자가 그 점에 대해서 '나는 모르겠다'고 에둘러 표현하고 있을 뿐이다. 무엇을 '안 하겠다'는 태도보다는 이렇게 '하겠다'는 적극적인 태도가 인을 구하는 올바른 방도요, '인의 완성'이라는 뜻이다.

　요즘 '소확행'이라는 말이 유행하고 있다. 일본의 소설가 무라카미 하루키가 『랑게르한스 섬의 오후』에서 처음 쓴 말이다. 남과 비교하는 불행보다, 일상에서 자신만의 소소한 행복을 추구하는 삶의 태도를 말한다. 남과 비교하지 말고, 당당히 자심만의 길을 가라는 뜻일 테니, 어찌 보면 이 말의 의도와도 상통할 듯싶다.

나다운 삶

제나라 경공이 공자에게 정치에 대해서 물었다. 공자가 대답하기를 "임금은 임금답고 신하는 신하다워야 하며 아버지는 아버지답고 자식은 자식다워야 합니다." 하였다. 경공이 말하기를 "좋군요! 진실로 임금이 임금답지 못하고 신하가 신하답지 못하며 아버지가 아버지답지 못하고 자식이 자식답지 못하면 비록 곡식이 있다하더라도 내가 그것을 먹을 수 있겠습니까." 하였다.

제경공齊景公 문정어공자問政於孔子 공자대왈孔子對曰 군군신신부부자자君君臣臣父父子子 공왈公曰 선재善哉 신여군불군信如君不君 신불신臣不臣 부불부父不父 자불자子不子 수유속雖有粟 오득이식저吾得而食諸
                                                                [안연]

공자의 어법은 때로 지나치게 진술하여 한문 문리로는 이해되지 않을 때가 있다. 이 글의 '군군신신부부자자'가 그런 경우다. 이 구절에 중첩되는 말은 '답다'라는 말이다.

　내가 자식다웠나, 아버지다웠나, 생각해 보면 후회가 더 많이 남는다. 지금이라도 아들 노릇, 아버지 노릇을 제대로 할 수 있을까. 공자의 말은 실천하기 어려울 때가 많다. 이 말은 '나다운 삶'의 문제를 묻고 있다. 그 귀결점은 결국 나이지 남이 아니다.

　또 사람은 사회적 존재다. 때문에 인간이라고 한다. 『논어』에서 말하는 '인'도 사회적 존재로서 사람다움의 가치를 실현하는 길을 제시하고 있다. 사람 사이의 사회적 관계 속에 개인의 삶이 놓여 있다는 뜻이다.

개인과 사회는 불가분의 관계에 있다. '군군신신부부자자'의 논리를 이 시대에 맞게 해석하면 자신의 사회적 가치를 실현하는 일이다.

제경공이 정치의 본질을 묻자 공자는 그 뜻으로 답하였다. 나다운 삶의 가치를 실현할 수 있도록 돕는 것이 정치의 본령이다.

도가 있는 세상과 도가 없는 세상

천하에 도가 있으면 예악과 정벌이 천자에게서 나오고, 천하에 도가 없으면 예악과 정벌이 제후에게서 나온다. 제후에게서 나오면 대개 10세만에 나라가 망하지 않는 경우가 드물고, 대부에게서 나오면 5세만에 나라가 망하지 않는 경우가 드물며, 가신이 국정을 잡으면 3세만에 나라가 망하지 않는 경우가 드물다. 천하에 도가 있으면 정권이 대부의 손에 있지 않고, 천하에 도가 있으면 일반 백성이 정치를 논하지 않는다.

공자왈孔子曰 천하유도즉예악정벌天下有道則禮樂征伐 자천자출自天子出 천하무도즉예악정벌天下無道則禮樂征伐 자제후출自諸侯出 자제후출自諸侯出 개십세蓋十世 희불실의希不失矣 자대부출自大夫出 오세五世 희불실의希不失矣 배신陪臣 집국명執國命 삼세三世 희불실의希不失矣 천하유도즉정부재대부天下有道則政不在大夫 천하유도즉서인天下有道則庶人 불의不議   [계씨]

공자가 비록 천자, 제후, 가신으로 층차를 두어 설명하고 있지만, 그것이 본뜻은 아니다. 공자가 추구하는 예치의 '구분'은 사회 질서에 대한 존중으로서의 조화, 즉 하모니에 바탕을 둔다. 민심은 천심이라고 했다. 정치는 민심을 헤아리는 것이라는 뜻이다. 같은 취지로 맹자는 "하늘을 거스르는 자는 망하고 하늘의 도를 따르는 자는 흥한다."고 했다. 하늘을 거스르는 것은 역리(逆理)이고, 하늘을 존중하는 것이 순리(順理)라는 말이다.

　　따라서 이 글을 바로 읽는 맥락은 질서의 존중을 바탕으로 한 인화에 방점이 있다. 맹자가 역성 혁명을 말하는 것은 지도자가 지도자로서 정당성을 잃었을 때이다. 그 정당성은 사회적 총의인 공의에서 나온다. '충'의 개념도 개인에 대한 무조건적인 충성이 아니라, 그 지위에서 합당한 공정성이 전제된 의미의 사회적 충이다. 결국 도가 있는 세상과 도가 없는 세상의 차이를 만드는 건 사람들의 믿음이다. 그 믿음은 명분에서 나온다. 공자가 말하려는 뜻은 여기에 있다.

순리를 거스르는 무리한 일에는 반드시 화가 따른다. 사람들의 인화를 해치기 때문이다. 그래서 "천하에 도가 있으면 서민들이 정치를 논하지 않는다."는 끝말이 무섭다. 천하에 도가 없으면 서민들이 정치를 입길에 올려 비난한다는 뜻이기 때문이다. 명분이 없는 정치인을 사람들은 신뢰하지 않는다. 말과 행동이 다르고 위선적이기 때문이다. 그런 사람들이 하는 정치는 위태로울 뿐이다.

인은 스승에게도 양보하지 않는다

인을 실천하는 일은 스승에게도 양보하지 않는다.

자왈子曰 당인當仁 불양어사不讓於師　　　　　　　　　　　[위령공]

글 뜻이 명확하여 이 글을 달리 해석할 여지는 없을 것 같다. 문제는 공자 사상의 최상위 개념으로서 '인'에 대한 해석 문제다. 통상 이 인을 우리말로 '어질다'라는 뜻으로 풀지만, '어질다'에는 '너그러울 관(寬)', '어질 현(賢)', '착할 선(善)', '덕 덕(德)', '밝을 명(明)'의 뜻을 두루 포함하기 때문에 '어질다'란 한 마디 말로 이 모든 개념을 설명하는 데는 한계가 있는 것이다. 즉 기질 상의 너그러운 품성과 일처리의 명철함과 합리적인 사리분별력이 모두 이 인의 개념 속에 들어 있다는 뜻이다.

『논어』에서는 공자의 도가 '정직과 너그러움'을 뜻하는 '충서'로 일관한다고 하였다. 때문에 충서의 도는 인도(仁道)와 연결되고, 이는 다시 사람의 도리를 실천하는 길인 인도(人道)와 연결된다. 그러니 인의 정신은 호승심을 앞세우기보다 스스로 성찰할 문제인 것이다.

유학이 추구하는 최상의 가치인 인의 정신은 자신을 수양하고 사회를 유익하게 하는 '수기치인'이다. 이를 군주의 도덕적 수양과 왕도의 치도로 구현한 것이 안으로는 성인의 덕을 갖추고 밖으로는 제왕의 능력을 갖춘다는 이른바 '내성외왕'의 정신이다. 퇴계 이황이 선조에게 『성학십도』를 지어 올린 뜻도 여기에 있다.

개인의 내재화된 도덕 관념, 사회적으로 확장된 예의의 실천 개념, 정치적으로 안민의 치도 정신이 모두 이 인의 가치에 부합한다. 여기에 대응하는 것이 부지런할 '근(勤)', 존중과 배려의 '경(敬)', 공정한 태도의 '공(公)'의 실천 태도다. 이 세 가지는 이 시대에도 꼭 필요한 행동 양식이다.

인이 멀리 있느냐

인이 멀리 있는 것인가? 내가 인을 실천하고자 하면 인이 오는 것이다.

자왈子曰 인원호재仁遠乎哉 아욕인我欲仁 사인지의斯仁至矣 [술이]

'멀다'라는 말은 거리(distance) 개념이다. 객관적 거리를 말할 때도 있고, 주관적 거리, 즉 심리적 거리를 말할 때도 있다. 객관적 거리는 고정불변이지만, 주관적 거리는 자신의 의지로 얼마든지 줄일 수 있다. 문제는 자신의 마음가짐이다.

인은 사람다움을 실천하려는 마음이다. 어떤 종교든 마음의 주재에 주안을 둔다. 특히, 조선 창업의 중심 이념이었던 성리학은 더욱더 '심성이기'를 주제로 한 마음공부로 시종한다.

성리학의 큰 학자로 일컬어지는 퇴계 이황이 가장 아꼈던 책이 『심경(心經)』이다. 본연의 마음을 지키는 수심이 학문의 근본이라는 것이다. 또 퇴계가 지은 『성학십도』를 독해하여 2018년에 책을 낸 한국학중앙연구원의 한형조 교수는 "『성학십도』는 제왕이 감당해야 할 심학(心學), 즉 마음의 경작법을 그림 열 장으로 정리한 것이다."라고 정의하고, '자기 구원의 가이드 맵'이라는 부제를 붙였다. '통념과는 달리 유교가 규범을 일방적으로 강요하는 윤리학이 아니라, 치유와 성장의 비밀을 간직한 구원의 매뉴얼임을 발견하게 될 것'이라는 저자의 희망과 함께 말이다.

요즘은 자신의 마음조차 붙잡지 못하고 사는 사람들이 너무나 많다. 마음을 빼앗기고 성공한 사례가 없다. 사람의 길에서 먼 것은 자기 마음 때문은 아닐까. 이 구절을 다시 읽으며 드는 생각이다. 공자도 말했듯 "도가 사람을 넓히는 것이 아니다. 사람이 도를 넓히는 것이다."

즐거움이란

도를 아는 자는 도를 좋아하는 자만 못하고, 도를 좋아하는 자는 도를 즐기는 자만 못하다.

자왈子曰 지지자불여호지자知之者不如好之者 호지자불여낙지자好之者不如樂之者　　　[옹야]

알아야 좋아하게 되고 좋아하다 보면 즐기게 된다. 그게 세상 이치다. 다만, 지식으로 아는 것과 좋아 하는 것은 '미득(未得)'의 차원이지만, 즐기는 것은 '소득(所得)'의 차원이다. 즐기는 경지는 대상과의 일체라야 가능하다는 것을 말한다.

즐거워함이 향락과 쾌락을 의미하지 않는다. 오히려 고진감래에 가깝다. 즐길만한 자에게 즐길 권리가 있다는 뜻이다.

그래서 『주역』에 군자는 '자강불식(自强不息)'이요, '후덕재물(厚德載物)'이라고 했다. '군자는 스스로 노력하여 쉬지 않고, 후덕한 마음으로 사물을 포용해야 한다'는 뜻이다. 하늘의 운행이 부단히 쉬지 않음과 땅의 기운이 후덕하여 포근함을 본받아 군자는 자강불식하고 후덕재물해야 함을 말한 것이다. 이 이치에 '즐거움'이 있다는 것이다.

이 구절을 대입해서 삶의 의미를 생각해 본다. 빈부격차 등 사회의 구조적 문제가 고착화되고, 디지털 신기술로 미래가 불확실할지라도 자기 삶의 긍정성은 하늘과 땅 만큼 더 본원적이라는 뜻이 된다. 즉 자연의 이치를 알고 자기 삶을 긍정하는 가운데 스스로 중단 없이 노력하며 문제를 포용하는 태도가 삶의 즐거움이라는 뜻이다.

하나의 이치로 꿰다

공자가 말하기를 "사(자공)야, 너는 나를, 많이 배워서 기억하는 사람이라고 여기느냐?" 하니, 대답하기를 "그렇습니다. 아닙니까?" 하였다. 공자가 말하기를 "아니다. 나는 하나의 이치로 모든 것을 꿰뚫었을 뿐이다." 하였다.

자왈子曰 사야賜也 여이여女以予 위다학이지지자여爲多學而識之者與 대왈연對曰然 비여非與 왈비야曰非也 여予 일이관지一以貫之 [위령공]

공자가 말한 '하나의 이치'와 관련하여, 그 내용을 파악하는 데 도움이 되는 구절이 '이인편'에 나온다. 내용은 이렇다.

"공사가 말하기를 '삼(증삼, 증자)아, 나의 도는 하나로 꿰뚫어져 있다.' 하니, 증자가 말하기를 '그렇습니다.' 하였다. 공자가 나가자 문인들이 묻기를 '무엇을 말씀하신 것입니까?' 하니, 증자가 말하기를 '선생님의 도는 충서일 뿐이다.' 하였다."

모든 것을 충서라는 하나의 이치로 꿰뚫었다는 뜻으로, 공자가 추구한 도의 요체를 말한 것이다. '충'은 진실함을, '서'는 너그러움을 말한다. 진실함은 나에게 수렴되고, 너그러움은 남에게 확장되는 개념이다. 자신과 남에게 진실하고 너그러운 태도는 좋은 사회, 믿음 사회의 근간이 된다.

조선의 선비들이 평생 정성과 공경으로 수신의 지표를 삼은 이유도 여기에 있고, 맹자가 "진실한 것은 하늘의 도이고, 진실하기를 생각하는 것은 사람의 도이다."라고 한 뜻도 여기에 있다. 공히 거짓과 외식으로는 유학이 추구하는 목적에 도달하기 어렵다는 뜻이다.

지금 세계에는 분노가 넘쳐 난다. '성낼 분(忿)' 글자는 '마음 심(心)' 위에 '나눌 분(分)' 자가 형국이다. 즉 마음이 진정되지 못하고 천 갈래 만 갈래라는 뜻이다. 이런 마음은 더불어 사는 공존을 모색하기 보다는 상호 분열을 부추길 뿐이다.

잃어버린 마음을 찾는 '구방심'이 유학의 공부의 요체다. 공자는 그 길이 '진실함과 너그러움'이라는 것이다. 자신의 마음을 찾는 여정이 곧 인생이다.

함께 길을 갈 사람

함께 배울 수는 있어도 같이 도에 나아갈 수 없고, 함께 도에 나아갈 수는 있어도 함께 설 수는 없으며, 함께 설 수는 있어도 함께 권도를 행할 수는 없다.

자왈子曰 가여공학可與共學 미가여적도未可與適道 가여적도可與適道 미가여립未可與立 가여립可與立 미가여권未可與權 [자한]

세상에는 여러 부류의 사람이 있다. 또 사람은 처지와 환경에 따라 변하게 마련이다. 그러므로 겪어보기 전에는 사람을 알 수 없는 노릇이다. 위 글은 두 가지 맥락을 내포한다. 사람은 더불어 사귀되 한계가 있다는 것과 결국은 자신의 문제라는 것이다. 이 두 가시 문제를 슬기롭게 처리하는 것이 처세의 공부다. 그래서 처세는 술수의 차원이 아니라 삶의 지향과 태도라고 할 수 있다.

도는 목적과 과정을 함께 말한다. 도는 곧 길이 된다. 때문에 공자도 도가 다르면 더불어 일을 하기 어렵다고 한 것이다. 사람이 선다는 것은 뜻이 굳게 선 자립을 의미한다. 뜻이 굳게 선 이후에는 같은 길을 가야 하니 더욱 그럴 것이다.

우리 역사에서는 백사 이항복과 한음 이덕형이 그런 사람들이다. 임진왜란이라는 국난의 시기를 같이 헤쳐 간 두 사람의 우정은 죽는 날까지 변치 않았다. 그들은 같은 길을 함께 걷는 동지였다. 그러니 돌아가는 임시방편의 권도라도 함께 갈 수 있는 것이다. 목적지가 같기 때문이다. 그러니 길은 곧 도인 셈이다. 평생의 동지는 그 길을 함께 갈 사람이다.

16장

" 지혜 "

에 대한 생각

지혜는 어떤 상황에도 흔들리지 않는 사고 작용이다.

그래서 공자는 지혜로운 이는 흔들리지 않는다고 한다.

그것은 통달한 것이 아니다

자장이 묻기를 "선비가 어때야 통달했다고 할 수 있습니까?" 하니, 공자가 말하기를 "무엇이냐? 네가 말하는 통달이라는 것이." 하였다. 자장이 대답하기를 "나라에서도 반드시 소문이 나며, 집안에서도 반드시 소문이 나는 것입니다." 하니, 공자가 말하기를 "그것은 소문이 나는 것이지 통달한 것이 아니다. 통달한다는 것은 바탕이 곧고 의를 좋아하며, 남의 말과 얼굴빛을 관찰하여 배려하면서 자신을 낮추는 것이다. 그렇게 되면 나라에서도 반드시 통달할 것이며 집안에서도 반드시 통달할 것이다. 소문이 난다는 것은, 얼굴빛은 인한 척하되 행실은 어긋나는데도 거처하면서 이를 의심하지 않는 것이다. 그러면 나라에서도 반드시 소문이 나고 집안에서도 반드시 소문이야 나겠지." 하였다.

자장문子張問 사하여士何如 사가위지달의斯可謂之達矣 자왈자曰 하재何哉 이소위달자爾所謂達者 자장子張 대왈對曰 재방필문在邦必聞 재가필문在家必聞 자왈子曰 시是 문야聞也 비달야非達也 부달야자夫達也者 질직이호의質直而好義 찰언이관색察言而觀色 여이하인慮以下人 재방필달在邦必達 재가필달在家必達 부문야자夫聞也者 색취인이행위色取仁而行違 거지불의居之不疑 재방필문在邦必聞 재가필문在家必聞

[안연]

통달은 정통함을 말하고, 소문은 명성을 의미한다. 통달은 자신으로부터 사회에 유익을 끼치는 내실(內實)의 지향을, 소문은 외부에 자신의 이름이 널리 알려지는 외화(外華)인 명성을 추구한다는 점에서 변별점이 있다.

공자가 제자인 자공에게 "네가 말하는 통달이라는 것이 무엇이냐?"고 질문의 내용을 되물어 본 것은 제자로 하여금 자신의 질문이 어디에서 잘못된 것인가를 깨우쳐 주려는 의도다. 학문에 바른 뜻을 확고히 세우지 않으면 명예와 명성을 추구하는 길로 가기 쉽다는 점을 일깨우는 글이다.

공자는 통달을 '바탕이 정직하면서 의를 좋아하고, 남의 말과 표정을 잘 관찰하여, 배려하면서 자신을 낮추는 것'이라고 했다. 정직, 의리, 배려, 겸손을 그 미덕으로 꼽은 것이다. 현대 사회에서도 이러한 자세는 '사회적 선(Social Good)'을 이루는 요체이다. 반면에 제자인 자공의 질문에는 그 점이 없고, 오히려 명성을 추구하려는 자세가 본질을 흐리고 있었다. 공자가 꼬집은 것은 이런 내빈(內貧)의 실상이다.

그런데 이처럼 본말을 전도하여 '명성'을 추구하는 학문 태도가 일반적일 때가 많다. 공자가 "요즘 사람들은 자신을 위한 공부인 위기지학보다 남에게 보여주기 위한 공부인 위인지학을 할 때가 많다."는 탄식도 같은 맥락이다. 정직하게 의를 지향하는 태도, 말과 안색을 살펴서 배려하면서 겸손한 태도가 선비가 갖추어야 할 태도라는 것이다. 공자의 말대로라면, 명성은 따라오는 것이지 처음부터 추구의 대상은 아닌 셈이다.

너 자신을 알라

자공이 말하기를 "저는, 남이 나에게 하지 않기를 바라는 일을 저 또한 남에게 하지 않겠습니다." 하니, 공자가 말하기를 "사(자공)야, 그것은 네가 미칠 수 있는 일이 아니다." 하였다.

자공子貢 **왈**曰 **아불욕인지가저아야**我不欲人之加諸我也 **오역욕무가저인**吾亦欲無加諸人 **자왈**子
曰 **사야**賜也 **비이소급야**非爾所及也   [공야장]

'내가 싫은 일을 남에게도 시키지 않는 태도'는 인의 최고의 경지로서 인의 실제 모습에 가깝다. 공자 스스로도 어려워했던 일이다. 그런데도 자공이 자랑하듯 이런 태도로 자부하자, 제자에게 인이야말로 겸손하게 평생을 추구해도 도달하기 어려운 경지임을 일깨운 것이다. 제자의 한계에 중점을 두고 한 말이 아니다.

자공은 공자의 제자 중 이재에 밝은 인물이다. 공자가 어려울 때 경제적 도움도 곧잘 주었다. 남을 부리는 '사인(使人)', 즉 남에게 일을 시키는 데 능하다는 뜻이다. 그러나 이것이 꼭 복일까. 자칫하면 교만하기 쉽기 때문이다. 공자의 말은 이 점을 짚고 있는 것이다.

역지사지라는 말이 있다. 상대방의 입장에서 생각해보란 말이다. 상대방을 배려하는 태도라고 할 수 있다. 자기만의 아집과 독선을 경계한 말이다. 우리가 흔히 범하기 쉬운 잘못이다. '내가 싫어하는 일'이 행위의 기준이된다.

남의 눈에 있는 티끌은 보아도 제 눈에 있는 들보는 못 보는 게 세상 인심이다. 또 남의 눈에 눈물 내면 제 눈에는 피눈물이 나는 법이다. 자신의 잘못을 성찰하여 겸손한 태도로 한결 같은 사람. 그게 인의 길, 곧 사람다움의 길이다.

먼 계책이 없으면 반드시 가까이 걱정이 생긴다

사람이 먼 계책이 없으면 반드시 가까이 걱정이 생긴다.

자왈子曰 인무원려人無遠慮 필유근우必有近憂 　　　　　　　　　[위령공]

공자는 이 글에서 원려(遠慮)와 근우(近憂)를 대비한다. '먼 계책'과 '가까운 걱정'이다. 그리고 '반드시'라는 말로 이 둘을 단단히 옭아맨다. 개인이나 국가 모두 이런 이치는 마찬가지다. 먼 계책이 없는 개인, 먼 계책이 없는 국가는 후일을 생각하지 않기에 눈앞의 현상에 허둥대거나 당장의 욕심에 현혹되기 쉽다는 뜻이다.

　같은 뜻에서 역사를 거울에 비유한다. 사감(史鑑)이라고 한다. 역사를 경계로 삼는 뜻은 지난 역사를 통해 내일을 대비하라는 의미다. 그 지혜를 역사에서 얻기 때문이다. 유성룡이 임진왜란 후에 고향에 은거하며 지은『징비록(懲毖錄)』은 이런 뜻을 담았다.『시경』에 "미리 징계하여 후환을 경계한다[豫其懲而毖後患]."에서 따온 말로, 다시는 이런 전쟁을 겪지 말라는 뜻이다. 그러나 이런 당부에도 불구하고 조선은 다시 참혹한 병자호란의 병화를 겪었다. 그 와중에도 사대부들은 사색당파로 갈라져 국가와 민생보다는 당리당략을 앞세워 지독한 내부 싸움에 매몰되었다.

　국가가 패망하는 이유는 여러 가지가 있지만, 제도를 살펴보면 그 조짐을 미리 알 수 있다. 조선은 이미 태생적으로 제도의 한계가 뚜렷했다. 조선의 제도는 신분적 '분(分)'에 입각하는데, 이 구분이 차별로 작용했다. 사·농·

공·상의 사민(四民) 차별, 양반과 상민의 반상(班常) 차별, 양민과 천민의 양천(良賤) 차별, 처의 자식과 첩의 자식에 대한 적서(嫡庶) 차별, 남성과 여성의 남녀(男女) 차별이 일상적이었고, 형률, 의료, 외교 통역 등은 중인(中人)에게, 지방행정은 무급의 세습적인 서리(胥吏)에게 맡겼다. 그러고도 국가의 지도층인 양반 사대부는 군역 등 일체의 신역을 부담하지 않았다. 권한만 누리고 책임을 지지 않았다. 양반이 빠진 군대는 허울뿐이었다. 사대부는 사림과 훈구로 분열하더니 급기야는 동인과 서인, 북인과 남인, 노론과 소론 등 사색당파로 나뉘어 당쟁이 고질이 되었다. 그것도 모자랐는지 끝내는 몇몇 문중이 인사를 독점하여 세도정치로 전락했다. 권력의 중심은 끝없이 좁아졌고 그 과정에서 인재는 설 자리를 잃었다. 민생은 파탄 났고 국가는 패망했다. 망국의 군주 고종은 무능했고, 조선의 '국모' 명성황후는 사치로 국가재정을 거덜 냈다. 대책 없는 나라 조선은 그 끝에서 망국을 맞았다. 조선의 패망은 어쩌면 '먼 계책'도 없이 근본적인 제도 개혁은 도외시 하고 내부 싸움에만 몰두한 당연한 결과였다.(『국가는 왜 실패하는가(Why Nations Fail)』 대런 애쓰모글루, 제임스 A. 로빈슨, 시공사, 2020.)

조선은 방대한 기록 유산을 남겼다. 27대 임금의 실록인 '조선왕조실록', 대통령비서실 기록인 『승정원일기』, 국가의 국정 일록인 『일성록』은 그 가치를 평가하여 유네스코 세계기록유산으로 등재되었다. 개인 문집 등 여타 기록은 더 말할 나위도 없다. 그러나 이러한 규모의 역사기록에도 불구하고 이를 교훈 삼지 못한 대가는 컸다. 역사는 기록하는 데 의의가 있는 게 아니라 이를 참고하여 뒷날을 대비하는 데 더 큰 뜻이 있다. 방대한 분량의 역사가 결코 자랑이 될 수 없다. 역사에서 배우지 못한 나라는 그 잘못을 반복하게 된다.

본말의 분별

군자는 도를 도모할 뿐 밥을 도모하지 않는다. 밭을 갈아도 굶주림은 그 가운데 있으며, 학문을 해도 녹봉은 그 가운데 있으니, 군자는 도를 걱정할 뿐 가난을 걱정하지 않는다.

자왈子曰 군자君子 모도謀道 불모식不謀食 경야耕也 뇌재기중의餒在其中矣 학야學也 녹재기중의祿在其中矣 군자君子 우도憂道 불우빈不憂貧　　　　　　　[위령공]

사람들이 밭을 가는 목적은 배불리 먹기 위함이지만, 그래도 농사를 짓다보면 굶주리게 되는 경우가 있다. 또 학문을 하다보면 발탁되어 녹봉을 받게 될 수는 있지만, 녹봉 자체가 목적이 되어서는 안 된다는 뜻이다.

공자는 '위정편'에서 제자인 자장이 녹봉을 구하는 방법을 배우려 하자 "많이 듣고 의심스러운 것은 빼놓고 그 나머지만 신중히 말한다면 과실이 적을 것이다. 많이 보고 합당하지 못한 것은 빼놓고 그 나머지만 신중히 실행한다면 후회가 적을 것이다. 말에 과실이 적고 행실에 후회가 적다면 녹봉은 그 안에 있는 것이다."하였다. 같은 뜻이다.

우리 속담에 '모로 가도 서울만 가면 된다'는 말이 있다. 방법이야 어찌되었든 결과만 좋으면 된다는 속언이다. 그러나 과연 그럴까. 그 과정이 거짓되었다면 그 인생도 거짓된 것이다. 결과는 과정의 축적이기 때문이다.

공자는 그래서 '자신의 도가 충직함, 곧 솔직함에 바탕한다'고 하였다. 조선의 선비들이 홀로 있을 때도 삼가는 '신독'을 강조한 이유도 스스로는 속일 수 없기 때문이다. 그 이치는 시대가 바뀌어도 절대 변하지 않는다. 인생은 스스로 정당한 방법으로 노력할 뿐이다.

우리 사회의 고질적인 문제는 방법과 목적이 거꾸로 된 본말의 전도다. 이욕 앞에서 분별심을 잃는다. 방법이 정당하지 않은 목적 추구는 바람직하지 않다. 정당한 과정을 통한 합당한 목적의 추구가 우리 사회의 기본 가치가 되어야 한다. 부와 권력의 공공연한 대물림은 그쳐야 한다. 기회의 평등, 과정의 공정, 결과의 정의는 표리를 이루는 말이다. 공자가 말은 시대를 초월한다. 여전히 유효하다.

불신의 벽을 넘어서는 현명함

남이 나를 속일 것이라고 넘겨짚지 말고, 남이 불신한다고 억측하지 말아야 하지만, 또한 이를 먼저 깨닫는 사람이 현명한 사람이 아니겠는가.

자왈子曰 **불역사**不逆詐 **불억불신**不億不信 **억역선각자**抑亦先覺者 **시현호**是賢乎   [헌문]

남이 나를 속일 것이라고 넘겨짚는 속단과 나를 믿지 않으리라는 억측은 다 불행을 자초하는 행동이다. 속단과 억측으로 세상을 살 수 없기 때문이다. 그러나 속이려고 하는 자에게 속지 않고, 믿지 않으려는 자에게 믿도록 하는 것이 더 현명한 처신이다. 이때 필요한 것이 상대방의 말과 행동을 살펴보아 그 숨은 의도를 아는 변별의 지혜다.

이 글은 다른 맥락에서도 교훈을 준다. 속단과 억측은 모두 미연의 상황에 대한 주관적인 판단으로서, 소극적인 방어 기제라고 할 수 있다. 하지만 선입견을 가지고 남을 섣불리 판단하고 합리적 근거 없이 짐작으로 억측한다면, 다른 사람과의 관계가 어떻게 될까. 속단과 억측의 위험성을 간과한 이러한 행동은 인간 상호간의 신뢰 관계 구축을 어렵게 한다. 이런 사람이 정상적으로 사회생활을 영위하기 어려움은 자명하다.

또 사람은 상황에 따라 얼마든지 변할 수 있음도 깊이 고려할 필요가 있다. '늘 한결같은 사람'이란 말은 사람됨을 칭찬하는 최고의 표현 중 하나이지만, 그만큼 현실에선 드물기 때문에 이런 찬사가 뒤따르는 것이다. 어떤 상황에도 불구하고 자신이 한 말을 지키려는 사람은 상대방에게 신뢰를 준다. 신뢰할 수 있는 사람이 모여 서로에 대한 믿음과 존중으로 만든 사회가 신뢰사회다.

　속단과 억측이 만연한 불신사회는, 공자가 추구한 믿고 존중하는 사회상과는 거리가 멀다. 탐욕과 이기심, 갑질과 기득권으로 얼룩진 사회이기 때문이다. 남을 속이려는 자에게 속지 않고, 불신과 억측의 벽을 넘어서, 옥과 돌을 다 태우는 '옥석구분(玉石俱焚)'에 빠지지 않고, 사려 깊은 현명함으로 이 사회를 바꾸어야 한다. 그게 불신사회를 바꾸는 힘이다.

앎과 모름

유(자로)야, 너에게 안다는 것이 무엇인지 알려주마. 아는 것을 안다고 하고 모르는 것을 모른다고 하는 것, 이것이 바로 아는 것이다.

자왈子曰 유由 회여지지지호誨女知之乎 지지위지지知之爲知之 부지위부지不知爲不知 시지야是知也 　　　　　　　　　　　　　　　　　　　　　　　　　　　　　　　　　　　　　　　[위정]

'역설'은 서로 모순되는 명제가 진실을 포함하고 있는 경우다. '앎'과 '모름'은 정반대의 말이지만, '모르는 것을 모른다고 하는 것이 참으로 아는 것'이라는 역설의 수사를 통해 진리로 거듭 난다. 이 말의 함의는 배우려는 자의 태도를 지적한 것이다.

　때문에 앎과 모름은 지식의 수준 문제가 아니라 앎과 모름의 태도 문제가 된다. 모르면서도 아는 척하는 태도는 자기 발전에는 하등의 도움이 안 될 뿐이요, 더욱이 이러한 태도가 습관으로 굳어지면 그때는 고치기 어렵게 된다는 경계다. 그런데 이 말을 성질 급한 자로에게 한 공자의 의도는 무엇일까. 그 생각이 궁금한 글이다. 자로는 용맹한 성정으로 인해 사리 분별을 못하고 행동이 앞서기 일쑤였다. 즉, 사리를 따져서 인내하는 것이 부족한 제자 자로에게 그 분별 없는 무모함에 대해 말하고 있는 것이다. 행동하기 전에 먼저 자신을 객관적으로 성찰하라는 뜻이다.

　앎과 모름의 분별은 배움의 시작이다. 모르는 것을 배우는 과정이 학문이기 때문이다. 거짓과 위선으로 큰 깨달음에 도달할 수 없다.

지혜, 어짊, 믿음

지혜로운 사람은 미혹되지 않고, 어진 사람은 걱정하지 않고, 용기 있는 사람은 두려워하지 않는다.

자왈子曰 지자知者 불혹不惑 인자仁者 불우不憂 용자勇者 불구不懼 　　　　　[자한]

눈앞의 유혹에 흔들리는 것은 판단이 분명하지 않기 때문이다. 이치를 분별할 줄 아는 지혜가 있다면 이러한 유혹에 흔들리지 않게 된다. 유혹에는 화란이 따라옴을 알기 때문이다. 그러므로 지혜로운 사람은 미혹되지 않는 것이다.

높은 처지에서 교만할수록 '위태롭다'고 『주역』에서는 경고한다. 어진 사람은 낮은 자세로 겸손하게 처신할 줄 안다. 자신의 사욕을 이기고 겸손하게 처신하므로 걱정할 게 없다는 것이다. 화와 복은 교만과 겸손에서 갈리기 때문이다.

안으로 살펴서 떳떳한 것을 내성(內省)이라고 한다. 하늘을 믿고 자신의 운명을 믿기 때문이다. 용기는 이러한 믿음에서 나온다. 반면에 믿음이 없는 사람은 불안정하다. 용기 있는 사람은 믿음이 있기에 두려워하지 않는다는 것은 그 뜻이다.

이 세 가지는 모두 '마음'과 관련된다. 자신을 성찰할 줄 아는 깨달은 삶의 자세를 말한다. 조선의 선비들이 평생 '마음공부'를 중시한 것도 같은 뜻이다. '마음을 지킨다'는 수심이 그 뜻이다. 유학의 교과서로 통하는 책이

'마음을 다스리는 경전' 『심경』인 것도 마찬가지다. 수심의 비결은 종교마다 다 다를 수 있겠지만 그 원칙은 하나가 아닐까. 자신의 잘못을 돌아볼 줄 아는 한결같은 겸허한 마음이라야 자신을 굳게 지킬 수 있기 때문이다.

지혜란 무엇인가

번지가 지혜에 대해 묻자, 공자가 말하기를 "백성의 사람다운 의리에 힘쓰고, 귀신을 공경하면서도 멀리한다면 지혜롭다 할 수 있다." 하였다. 인에 대해서 묻자, 말하기를 "인한 사람은 어려운 일을 먼저하고 이득을 뒤로 하니, 이러하다면 인이라 할 수 있을 것이다." 하였다.

번지문지樊遲問知 자왈子曰 무민지의務民之義 경귀신이원지敬鬼神而遠之 가위지의可謂知矣 문인문인問仁 曰왈 인자선난이후획仁者先難而後獲 가위인의可謂仁矣　　　　[옹야]

번지는 먼저 지혜란 무엇인가를 물었다. 이에 대해 공자는 귀신을 공경하되 멀리하여 맹신하지 말라고 했다. 그것이 지혜라는 것이다. 같은 뜻으로 공자는 『중용』에서 "지혜로운 사람은 유혹에 흔들리지 않는다."고 하였다. 사리를 분별하여 눈앞의 허상에 흔들리지 말라는 것이다.

　　또 번지가 인에 대해서 묻자, "어려운 일을 먼저하고 얻는 것을 뒤로 돌리는 사람이다."라고 했다. 자기의 이기심을 이기는 '극기'를 말한 것이다. 솔선수범, 선공후사하는 태도다. 자기 욕심부터 앞세우는 사람을 신뢰하기는 어렵다. 공자는 『중용』에서 "인자한 사람은 걱정하지 않는다."고 하였고, 맹자는 "인자는 적이 없다."고 하였다. 천도를 따르기에 오늘 죽어도 좋다는 마음이다.

　　결국 공자가 생각하는 지혜와 인은 초지일관하여 사람의 도리를 실천하는 길이다. 이 길에서 벗어나지 않고 한결 같은 사람을 말한 것이다. 그게 결국 지혜로운 사람이고 인자한 사람이라는 뜻이다. 사람은 어려움에 처하면 갈피를 못 잡고 우왕좌왕하기 쉽다. 통계적인 확률로 살 것이 아니라 뜻을 갖고 의지적인 삶을 살아야 한다는 뜻이다.

번지가 다른 글에서 인과 지혜에 대해서 묻자 공자는 '사람을 사랑하는 것'이 인이라고 했고, '사람을 아는 것'이 지혜라고 했다. 인간관계에 중점을 두고 한 말이다. 그런데도 번지가 그 내용을 이해하지 못하자, "정직한 사람을 들어 쓰고 모든 부정한 사람을 버리면 부정한 자로 하여금 곧게 할 수 있는 것이다." 하였다.(『논어』 안연) 사람이 어울려 사는 인간 사회에서는 사람을 사랑하는 인의 마음과 사람을 아는 지혜가 서로 관련되어 있다는 뜻이다.

지혜로운 사람은 물을 좋아하고 인한 사람은 산을 좋아한다

지혜로운 사람은 물을 좋아하고 인한 사람은 산을 좋아한다. 지혜로운 사람은 동적이고 인한 사람은 정적이다. 지혜로운 사람은 즐겁고 인한 사람은 오래 산다.

자왈子曰 지자요수知者樂水 인자요산仁者樂山 지자동知者動 인자정仁者靜 지자낙知者樂 인자수仁者壽
[옹야]

"지혜로운 사람은 물을 좋아하고 인한 사람은 산을 좋아한다." 모르는 사람이 없을 정도로 유명한 말이지만, 막상 그 뜻을 물으면 선뜻 답변이 쉽지 않은 말이다. 공자는 왜 "지혜로운 사람은 물을 좋아하고 인한 사람은 산을 좋아한다."고 했을까. 더구나 이 말에 "지혜로운 사람은 동적이고 인한 사람은 정적이다. 지혜로운 사람은 즐겁고 인한 사람은 오래 산다."고 덧붙인 것은 또 무슨 뜻일까.

물의 속성은 '유流'다. 흐른다는 뜻이다. 때문에 "지혜로운 사람은 동적이다."라고 한 것이다. 뒤에 즐거움을 뜻하는 '낙樂'을 덧붙인 것은 '동動'을 전제로 한 것이다. 반면에 산의 속성은 '정靜'이다. 고요하다는 뜻이다. 이리저리 움직이기 보다는 한 장소에 머문다는 뜻이다. 공자가 인을 자기 집처럼 편안하게 여긴다는 것은 이 정거靜居의 뜻이다. 편안하기에 장수한다는 것이다. '수壽'를 쓴 것은 그 뜻이다.

그런데 이를 뒤집으면 어떻게 될까. 물은 흐르기를 그치고 산은 움직인다면 말이다. 우리 속담에 '고인 물은 썩는다'고 했다. 물은 흘러야 정화 작용을 한다. 그래서 노자가 "최고의 선은 물과 같다."고 한 것이다. 물은 높은 데서 낮은 데로 흐르며 대해를 이룬다. 겸덕을 말한 것이다. 그래서 지혜로운 이는 높은 자리를 피한다. 위태롭기 때문이다. 하늘이 놀라고 땅이 움직일만 일을 '경천동지'라고 한다. 그러니 땅이 움직인다는 것은 결코 좋은 일이 아니다. 물이 변화라면 산은 불변을 상징한다. 그 둘이 조화되어 산수가 된다. 그것이 자연이다.

선인들은 산수 유람기에 등산(登山)이라는 이름보다 유산(遊山)이라는 이름을 붙였다. '산수 간에 노닌다'는 의미다. 이러한 기록을 유기(遊記) 또는 산수유기(山水遊記)라고 한다.(『한국역대산유기취편』, 『산문기행_조선의 선비 산길을 가다』) 노년에 번잡한 세상의 일에서 물러나 한가롭게 산수 간에 노니는 것은 최고의 호사로 여겼다. 조선 후기 산수를 완상하기 위한 와유첩의 유행, 이 시대 '자연인'을 보는 사람들이 많은 것도 좋은 산수를 찾아 그 속에 노닐고 싶은 심성의 발로는 아닐까 싶다. '풍류 악'은 '좋아할 요', '즐거울 낙'으로 각각 쓰임에 따라 음이 다르다.

현명함이란

자장이 현명함에 대해 묻자 공자가 말하기를 "물이 스미듯 하는 참소와 피부에 닿을 듯 하는 하소연이 행해지지 않는다면 현명하다고 할 수 있다. 물이 스미듯 하는 참소와 피부에 닿을 듯 하는 하소연이 행해지지 않는다면 멀리까지 내다본다고 할 수 있다." 하였다.

자장문명子張問明 자왈子曰 침윤지참浸潤之譖 부수지소膚受之愬 불행언不行焉 가위명야이의可謂明也已矣 침윤지참浸潤之譖 부수지소불행언膚受之愬不行焉 가위원야이의可謂遠也已矣 [안연]

멀리 보는 사람은 가까운 말에 휘둘리지 않는다. 겉으로 드러난 현상을 보지 않고 원리나 이치를 보기 때문이다. 조선 초기에 세종은 김종서를 오랫동안 북변에 파견하여 두만강을 경계로 조선의 국경선을 확정하였다. 그 과정이 지난하였을 것은 말할 나위가 없다. 김종서가 북변에 파견되어 있는 동안 온갖 참소하는 말과 비방이 뒤따랐지만 세종은 꿈적도 하지 않았다. 김종서를 믿고 북변을 맡긴 세종의 원려, 즉 멀리 보는 혜안이 있었기 때문에 가능했다. 김종서도 그런 세종의 뜻에 부응했다.

역사에서는 참소하는 말에 휘둘려 분별력을 잃고 패망한 사례가 많다. 역사가 반면교사의 감계가 되는 까닭이다.

현명한 사람은 남의 말에 쉽게 휘둘리지 않는다. 사리를 분별할 줄 아는 판단력, 객관적 상황 인식, 합리적 추론과 관찰력이 있기 때문이다. 반면 어두운 사람은 사리를 분별하지 못하고 감정에 휩쓸리기 쉽다. 참소하는 말은 은근하여 그럴 듯 하고, 하소연은 절박하다. 이럴 때 앞뒤 없이 덤벼드는 사람을 결코 현명하다고 할 수 없다. 그러나 현실에서는 이런 사람들이 꽤 많다. 눈앞의 감정과 이익만 살필 뿐, 멀리 내다보는 안목이 없다.

17장

" 정치 "

에 대한 생각

공자는 정치의 조건에 대해 두 가지를 들었다.
정치는 바른 것이라는 것과 정치는 사람이 하는 것이란 조건이다.
이를 합하면 정치는 바른 사람이 적재적소에 등용되어
백성을 편안하게 하는 것이란 뜻이다.

계씨가 전유국을 정벌하려 하였는데

계씨가 부용국인 전유국을 정벌하려 하자, 염유(구)와 계로(자로)가 공자를 뵙고 말하기를 "계씨가 전유국을 치려합니다." 하였다. 공자가 말하기를 "구야, 이것은 너의 잘못이 아니냐? 저 전유국은 옛날 선왕께서 동몽산의 제주로 봉하셨고, 우리나라 영역 안에 있으니, 이는 사직을 지켜주는 신하이다. 어떻게 정벌할 수 있느냐?" 하였다.

이에 염유가 말하기를 "계손이 그렇게 하려는 것이지, 저희 두 신하는 다 원치 않는 일입니다." 하니, 공자가 말하기를 "구야, 옛날 사관이었던 주임이 '힘을 기울여 직무를 행하다가 능력이 안 될 때는 그만두라.'고 하였다. 위험한데도 붙잡아주지 못하고 넘어져도 부축해주지 않는다면 그런 안내자를 장차 어디에다 쓰겠느냐? 그리고 네 말이 잘못되었다. 호랑이나 들소가 우리에서 뛰쳐나오고, 점치는 거북이나 구슬이 상자 속에서 망가졌다면 누구의 책임이겠느냐?" 하였다.

염유가 말하기를 "지금 저 전유국은 성곽이 견고하고 계씨의 식읍인 비읍에서 가까운 곳에 있습니다. 지금 취하지 않으면 후세에 반드시 자손의 우환거리가 될 것입니다." 하니, 공자가 말하기를 "구야, 군자는, 원하지 않는다고 말해놓고 굳이 그것에 대해 변명하는 것을 싫어한다. 내가 듣기로는, 나라를 소유하고 집을 소유한 자는 백성이 적은 것을 근심하지 않고 고르지 못한 것을 걱정하며, 백성이 가난한 것을 걱정하지 않고 백성이 편안하지 못한 것을 걱정한다고 한다. 고르면 가난할 리 없고, 화목하면 백성이 적을 리 없으며, 편안하면 나라가 기울 리가 없다. 그러므로 먼 지방 사람들이 복종하지 않으면 문덕을 닦아서 귀의해 오게 하고, 이미 왔으면 편안하게 해줘야 하는 것이다. 그런데 지금 유(자로)와 구는 계씨를 도우면서, 먼 지방 사람이 복종하지 않는데도 귀의해 오게 하지 못하고, 나라가 분열되어 무너지고 쪼개지는데도 지키지 못한 채, 창과 방패를 나라 안에서 쓰려고 하고 있으니, 나는 계손의 우환이 전유국에 있지 않고 그 내부에서 생길까 걱정스럽다." 하였다.

계씨장벌전유季氏將伐顓臾 염유계로현어공자왈冉有季路見於孔子曰 계씨장유사어전유季氏將
有事於顓臾 공자왈孔子曰 구求 무내이시과여無乃爾是過與 부전유夫顓臾 석자昔者 선왕先王 이위
동몽주以爲東蒙主 차재방역지중의且在邦域之中矣 시사직지신야是社稷之臣也 하이벌위何以伐爲
염유왈冉有曰 부자욕지夫子欲之 오이신자吾二臣者 개불욕야皆不欲也 공자왈孔子曰 구求 주임
周任 유언왈진력취열有言曰陳力就列 불능자지不能者止 위이부지危而不持 전이불부顚而不扶 즉
장언용피상의則將焉用彼相矣 차이언且爾言 과의過矣 호시출어합虎兕出於柙 귀옥龜玉 훼어독중
毀於櫝中 시수지과여是誰之過與 염유왈冉有曰 금부전유고이근어비今夫顓臾固而近於費 금불취
今不取 후세後世 필위자손우必爲子孫憂 공자왈孔子曰 구求 군자君子 질부사왈욕지疾夫舍曰欲之
이필위지사而必爲之辭 구야丘也 문유국유가자聞有國有家者 불환과이환불균不患寡而患不均 불
환빈이환불안不患貧而患不安 개균蓋均 무빈無貧 화和 무과無寡 안安 무경無傾 부여시고夫如是故
원인遠人 불복즉수문덕이래지不服則修文德以來之 기래지즉안지旣來之則安之 금유여구야今由
與求也 상부자相夫子 원인遠人 불복이불능래야不服而不能來也 방분붕이석이불능수야邦分崩離
析而不能守也 이모동간과어방내而謀動干戈於邦內 오공계손지우불재전유이재소장지내야吾恐
季孫之憂不在顓臾而在蕭墻之內也　　　　　　　　　　　　　　　　　　[계씨]

『논어』에서는 다소 긴 글이다. 당시 노나라의 실권자 계손씨가 노나라의 부
용국인 전유국을 공격하려 한 일이 배경이다. 계손씨의 가신 노릇을 하는
염구가 자로까지 끌어들여 스승인 공자를 찾아가서 이 사건에 대한 자신들
의 입장을 변명하고 마지막에는 전유국을 공취(攻取)하여 화근을 없애려는
주장을 펴고 있다.

　　참람한 짓을 일삼는 계손씨를 돕는 제자 염구의 행동이 못마땅한 마당

에, 처음에는 계손씨의 행동이 자신들의 생각과 다르다고 하고, 끝내는 전유국을 공격하려는 것이 옳다는 주장으로 속내를 드러내어 공자를 열 받게 하고 있다. 이때 자로도 계손씨의 가신으로 있었기 때문이 같이 스승인 공자를 같이 찾은 것인데, 자로가 무슨 말을 했는지는 언급이 없다.

공자의 요지는 이렇다. 정치는 힘으로 강제하는 것이 아니다. 이른 바 덕치란, 가까운 자는 기뻐하고 먼 데 있는 자는 찾아오게 하는 것이다. 정치가 빈부의 균(均 균분), 민생의 안(安 안민), 사회의 화(和 화합)에 기초하여야 한다는 것이다. 이 점에서 염구의 정치관은 근본적으로 공자와 달랐다.

또, 군주가 잘못된 길을 가려고 하면 참모의 역할을 그 잘못을 바로잡는 것이지, 같이 거기에 영합하여 부화뇌동한다면 그런 참모를 무엇에 쓰랴. 공자가 그 잘못에 대해 엄하게 꾸짖고 있다. 군주에게 잘못을 간하다가 들어주지 않으면 그 자리를 그만두라는 말이다. 하지만, 염구는 그럴 뜻이 전혀 없었다. 그는 심지어 백성들에게 재물을 더 거두어 계손씨에게 보태주기까지 하여 공자로부터 성토 대상이 되었다.

국가의 힘

정나라는 사명(외교문서)를 작성할 때, 비침이 초고를 만들고, 세숙이 검토하고, 행인(외교 담당관)인 자우가 고치고, 동리에 사는 자산이 윤색하였다.

자왈子曰 위명爲命 비침裨諶 초창지草創之 세숙世叔 토론지討論之 행인자우수식지行人子羽修飾
之 동리자산東里子産 윤색지潤色之   [헌문]

이 글에서 공자가 말하려고 한 뜻은 외교문서의 작성 과정을 통해 정나라의 탄탄한 국가 시스템을 말하려는 데 근본 뜻이 있다. 즉, 정나라의 국가 시스템을 통해 '국가의 힘'의 원리를 설명한 것이다. 이런 상세하고 정밀한 체재를 갖춘 국가는 실패할 염려가 적기 때문이다.

　비침이 초고를 만드는 과정은 구상에 해당한다. 획득한 정보를 바탕으로 방향과 골격을 정하는 단계다. 초고를 만든다는 것은 그런 뜻이다. 건축물의 초석을 놓은 것과 같은 일이다. 따라서 이 과정이 잘못되면 엉뚱한 결과가 초래된다. 이어서 세숙이 검토하는 과정은 깊이 따져보는 '토(討)'와, 점검하고 의론하는 '논(論)'의 과정을 통칭한다. 다양한 의견 개진과 합리적 의사 결정 과정이 이 단계에서 이루어지는데, 이를 논의라고 하며 일종의 의견 수렴 과정이다. 그 다음은 외교를 담당하는 행인 벼슬인 자우의 수식 과정이다. 외교문서로서의 형식이 갖추어지고 적의한 수사가 이 때 첨가된다. 따라서 이 과정 쯤 오면 외교문서로서 거의 완성된다. 마지막으로 자산의 윤색 과정을 거친다. 글을 윤이 나도록 매만져 곱게 한다는 사전적 정의로,

글을 매끄럽게 다듬는 과정이다. 윤문이라고도 한다. 글에 문채를 더 한다는 뜻이다.

조선 시대에도 외교문서의 작성은 국가의 대사였다. 따라서 외교문서의 작성은 문필을 맡은 예조에서 전적으로 담당하여, 당대의 문장가에게 의뢰하여 작성되곤 하였다. 그런데, 조선의 외교는 국가 시스템으로 정규화되지 못하고 개인의 역량에 의존하는 경우가 많았다. 조선 후기로 갈수록 그 한계는 더 명확해졌다. 중국과의 '좁은 외교'만을 오로지한 결과는 망국이었다. '우물 안 개구리' 같은 외교의 결과였다.

군자는 조화를 추구한다

군자는 조화를 추구하고 끼리끼리 어울리지 않는데, 소인은 끼리끼리 어울리고 조화를 추구하지 않는다.

자왈子曰 군자君子 화이부동和而不同 소인小人 동이불화同而不和 　　　　　[자로]

서로 주장이 다를지라도 조화를 추구하는 것을 '화(和)'라 하고, 끼리끼리 모여서 배타적인 편당을 짓는 것을 '동(同)'이라고 한다. '화'와 '동'의 차이를 표현한 절묘한 말이다. 요는 조화를 추구하는 군자의 정치와 편당을 짓는 소인의 정치를 비교하여 핵심을 말한 것이다. 때문에 끼리끼리 편당을 짓는 붕당 정치는 소인의 정치로 간주되어 지극히 부정적인 정치 행태를 뜻하였다. 중국『후한서』에 나오는 당동벌이(黨同伐異)도 이런 소인의 정치를 표현한 말이다. 대의보다는 자기가 속한 당의 당리당략이 행동의 기준이다.

　조선의 당파는 율곡 이이 때 동인과 서인의 분당으로 시작되어 끝내는 북인과 남인, 소북과 대북, 소론과 노론 등 사색당파로 분열되었다. 당색이 다르면 서로 상종조차하지 않는 고질이 되었다. 탕평책도 당파싸움으로 얼룩진 정치판을 근본적으로 바꾸지는 못했다. 왜 이처럼 지독한 싸움이 되었을까. 뒷날의 성호 이익은 '붕당론'에서, 당파 싸움의 본질을 밥그릇 싸움이라고 일갈했다. 밥그릇을 차지할 사람은 많은데 밥그릇은 한정적이니 조그만 일로도 싸움이 일어나고 목소리 큰 싸움꾼이 대접을 받는다는 것이다.

　상호 협력의 정치를 협치라고 한다. 공생과 공존을 모색하는 군자의 정치다. 목적이 같다면 방법상 차이는 극복할 수 있을 것이지만, 목적이 다르면 협치(協治)는 불가능하다. 서로 적이기 때문이다. 그 파국적 결말이 두려울 뿐이다.

공자는 이 글에서 군자와 소인을 뚜렷이 대비시키고 있다. 군자는 정치의 득실을 멀리 보고 화합을 추구한다. 반면에 소인은 화합하지 못하고 눈앞의 이익에 집착한다. "군자는 두루 넓게 대하고 당파를 만들지 않으며 소인은 당파를 만들고 두루 넓게 대하지 않는다."는 말도 같은 취지다. 이런 소인의 정치로는 미래를 열어갈 수 없다. 시대를 초월하는 공자의 경구다.

그 나라를 알려면

하나라의 예에 대해서는 내가 능히 말할 수 있지만 기나라의 예에 대해서는 근거할만한 자료가 부족하고, 은나라의 예에 대해서는 내가 능히 말할 수 있지만 송나라의 예에 대해서는 근거할만한 자료가 부족하다. 문헌이 부족하기 때문이다. 문헌이 충분하다면 내가 말한 것을 증빙할 수 있다.

자왈子曰 하례夏禮 오능언지吾能言之 기부족징야杞不足徵也 은례殷禮 오능언지吾能言之 송부족징야宋不足徵也 문헌文獻 부족고야不足故也 족즉오능징지의足則吾能徵之矣　　　　　[팔일]

『동사강목』, 『열조통기』 등을 지어 우리 역사를 정립한 순암 안정복이 『동사강목』 서문에서 역사가의 대법의 하나로 '전장(典章)'을 자세히 하는 것'을 들었다. 여기서 '전장'은 곧 예로 대표되는 문물제도를 말한다. 이 글에서 공자가 기나라와 송나라가 문헌이 부족하여 고증할 수 없었다고 한 뜻과 같은 맥락이다.

　기나라는 하나라의 후예이고, 송나라는 은나라의 후예로서, 각기 하나라와 은나라의 제도를 모방했지만, 고증할 '문헌'이 전하지 않음을 말한 것이다. 원문의 '문헌'이라는 용어는 일반적으로 '전적'을 일컫는 뉘앙스가 강하다. 하지만 이 글에서 '문'은 전적을 말하고, '헌'은 현인을 말한다. 아무리 전적이 있다고 해도 이를 알아볼 현인이 없다면 어떻게 될까. '문헌'은 그런 뜻을 내포하고 있다. 동양에서 현인으로 꼽는 노자도 일설에는 지금의 국립도서관장을 지냈다고 한다. 곧 국가 전적을 다루는 곳이다.

대개 한 나라의 제도는 그 이전 나라의 유제를 따라서 '줄이거나 보태는 게' 상례다. 이를 보통 '손익(損益)'이라고 하는데, 원래는 음악에서 음가를 조율할 때 쓰는 방법이다. 그 '손익'한 바를 살펴볼 수 있는 문헌이 있다면, 그 후대의 나라의 예를 유추해 볼 수 있다는 것이다. 다만 공자의 말은 표면적인 현상의 관찰보다도, 그 이면의 국가 경영의 원칙과 지향을 살피려는 데 깊은 뜻이 있다. 국가 경영에 대한 위정자의 생각과 태도다. 주의를 요하는 대목이다.

　그러나 세상에 아주 딴판인 새나라는 없다. 모방을 통해 새것이 생겨나는 것은 변할 수 없는 이치이기 때문이다. 『서경』에 나오는 '홍범구주' 제3조 팔정(八政), 곧 '여덟 가지 정사'가 지금도 여전히 국가 경영의 핵심 아젠다인 것도 같은 이치이다. 여덟 가지는 인사, 재정, 제사, 교육, 형벌, 외교, 양병, 땅 문제다. 이 여덟 가지 정사를 어떻게 펴는가는 불변의 판단 기준이다. 따라서 민생이 안정된 나라라야 사회적 질서인 예도 안정되는 것이다.

그 자리에 있지 않으면

그 자리에 있지 않으면 그 정사를 도모하지 말아야 한다.

자왈子曰 부재기위不在其位 불모기정不謀其政 　　　　　　　[헌문]

『논어』의 이 구절을 문자대로 하면 '일을 모르면서 함부로 나서지 말라'는 데 있다. 하지만 승자 독식의 '보호무역'을 앞세운 패권의 흐름 속에서 활간(活看)하면 보다 깊은 맥락이 읽힌다. 외부적 변화에 경솔히 대응하지 말고 내부의 총의를 모아서 먼 미래를 준비하며 착실히 나아갈 것. 그것이 이 구절의 속 깊은 함의다. 내부 분란을 조장하는 경솔한 말과 처신을 삼가라는 뜻이다.

　미국의 컬럼니스트인 토머스 프리드먼이『세계는 평평하다』를 쓴 해가 2005년이다. '자유무역주의자' 프리드먼은 이 책에서 '세계를 평평하게 만드는 10가지 이유'를 들고 있지만, 그의 낙관적인 견해에 대해서 반론도 많았다. 주로 세계화가 세계를 평화롭고 자유롭게 만들었다는 그의 주장에 대한 이의 제기였다. 또 프리드먼이 주장하는 세계화가 애초부터 불공정한 상황에 기인한 것이다. '평평함'과는 거리가 멀다는 뜻이다.

　다시금 세계는 패권을 앞세운 민족주의, 보호무역주의가 득세하고 있다. 2019년 오늘의 세계, 과연 '세계는 평평하다'는 프리드먼의 견해에 동의할 수 있을까? 2500년 전, 각 나라가 패권을 추구하던 춘추 시대에 '인간다움의 길'을 가고자 했던 공자가 당대에는 얼마나 '시대에 뒤 떨어져' 보였을까. 그럼에도 공자는 '시대를 깨우는 목탁'이 되었다.

지금은 '각분기직(各分其職)'할 때다. 직분과 위계에 따라 일의 범위와 책임이 다르다. 그 일을 맡지 않으면 알 수 없는 부분이 있다. 함부로 말할 일이 아니다. 경솔한 댓거리 말보다는 '인간다운 삶의 가치'를 믿는 자세가 필요하다.

한반도는 대륙과 해양 세력이 교차하는 지역이다. 그런 특성 때문에 늘 지정학적 리스크를 안고 산다. 지정학적 리스크를 지정학적 기회로 전환하려는 자세와 지혜가 필요하다.

나라를 나라답게 하는 방도

안연이 나라를 다스리는 방도를 묻자, 공자가 말하기를 "하나라의 책력을 행하고, 은나라의 수레를 타며, 주나라의 면류관을 쓰고, 음악은 순임금의 소무를 쓰며, 정나라의 음악을 추방하고 말 잘하는 사람은 멀리하는 것이다. 정나라 음악은 음란하고 말 잘하는 사람은 위태롭다." 하였다.

안연문위방顔淵問爲邦 자왈子曰 행하지시行夏之時 승은지로乘殷之輅 복주지면服周之冕 악즉소무樂則韶舞 방정성放鄭聲 원영인遠佞人 정성鄭聲 음음淫 영인佞人 태태殆　　　　　[위령공]

때를 알리는 책력의 반포, 수레 등 제반 제도와 의관복식의 정비는 모두 믿음의 정치를 위한 중요한 조건이다. 또 조화를 추구하는 정악(正樂)으로서 소무의 악을 취한 것은 이런 점을 총화(總和)하여 예악의 정치를 표상한다. 그 속을 관통하여 흐르는 것은 조화의 정신이다.

　반면, 정나라 음악인 정성(鄭聲)은 음란한 음악의 대명사로 일컬어진다. 정악인 소무가 화평을 추구한다면 정성은 인간의 감정을 자극하여 마음을 어지럽힌다. 음악이 어지러우면 사람들의 마음도 어지럽다. 공자의 생각이다. 그래서 정나라 음악을 '악'이라고 하지 않고 단지 '성'이라고 한 것이다. 어지러움은 곧 분열의 정치를 말한다.

　또 말 잘하는 사람은 권력과 시류에 영합하여 자신의 이익을 추구하기 십상이다. 이런 태도는 모래 위에 집을 짓는 것 같이 위험하다. 사회적 공공의 신뢰와는 거리가 멀기 때문이다. 그래서 위태롭다 한 것이다. 나라의 경영을 이런 사람에게 의지할 수 없다. 난세에는 말이 험해지고 간신이 득세한다. 경계할 일이다.

이 글을 통해서 보면 공자는 나라 경영의 기초를 믿음과 조화로 생각했던 같다. 우리 시대에도 이 원리는 같다.

등용의 원칙

애공이 묻기를 "어떻게 하면 백성이 복종합니까?" 하니, 공자가 대답하기를 "정직한 사람을 등용하고 부정직한 사람들을 버리면 백성들이 복종하고, 부정직한 사람을 등용하고 정직한 사람들을 버리면 백성들은 복종하지 않습니다." 하였다.

애공哀公 문왈問曰 하위즉민복何爲則民服 공자대왈孔子對曰 거직조저왕擧直錯諸枉 즉민복則民服 거왕조저직擧枉錯諸直 즉민불복則民不服
[위정]

'민복'을 두고 노나라 군주인 애공과 공자가 나눈 대화의 일절이다. '어떻게 하면 백성이 복종하겠는가?' 물론 당시 다른 나라가 하듯 힘으로 백성을 통제하면 될 일이지만, 이 글의 취지는 그런 형식적인 복종이 아니라, 심복(心服)에 있다. 마음으로부터의 복종이다.

　이에 대해 공자는 등용의 원칙을 가지고 답변하고 있다. 곧 인사의 원칙이다. '정직한 자를 등용하고, 부정직한 자를 버려라. 그러면 백성이 심복할 것이다.' 공자가 제시한 '민복'의 원칙은 너무나 당연해 보이기까지 한다. 그러나 현실에선 지극히 어려운 일이다. '악화가 양화를 구축한다'는 그레샴의 법칙(Gresham's law)처럼 '정직한 자'보다는 '부정직한 자'가 득세할 때가 많기 때문이다.

　부정직한 자는 공의에 부합하지 않는 비뚤어진 사람이다. 사심으로 개인의 욕심을 채우려는 사람, 공명심으로 가득한 사람, 솔선하기보다는 윗사람에게 영합하는 사람, 기회적인 처신과 보신적인 처신에 능한 사람이다.

이런 사람은 민생에 관심이 없거나 무능하기 일쑤다.

윗자리에 이런 사람이 앉으면 그 조직도 그렇게 되어, 이런 조직을 백성들은 신뢰하지 않는다. 이 평범한 원칙이 왜 어려울까. 봉건 시대에는 군주가 바로 서야 하는 이유이고, 현대 민주주의 시대에는 시민이 바로 서야 하는 이유이다. 예나 지금이나 백성들은 부정직한 자들이 조정에 서서 행세하기를 바라지 않는다. 그런 조정을 신뢰하지 않고, 따르지도 않는다.

만일 나를 써주는 자가 있다면

공산불요가 비읍에서 반란을 일으키고 부르자 공자가 가려고 하였다. 자로가 못마땅해 하면서 말하기를 "가실 곳이 없으면 그만이지, 하필이면 공산씨에게 가려고 하십니까?" 하니, 공자가 말하기를 "나를 부르는 자가 어찌 공연히 부르겠느냐. 만일 나를 써주는 자가 있다면 나는 장차 동쪽의 주나라로 만들겠다." 하였다.

공산불요이비반公山弗擾以費畔 소명召 자욕왕子欲往 자로불열왈子路不說曰 말지야이未之也已 하필공산씨지지야何必公山氏之之也 자왈子曰 부소아자夫召我者 이기도재而豈徒哉 여유용아자如有用我者 오기위동주호吾其爲東周乎　　　　　　　　　　　　　[양화]

"왜 굳이 공산불요에게 가려합니까?" 제자 중 맏형 격인 자로가 나서서 못마땅한 얼굴로 공자에게 따지고 들었다. 앞서 양호가 불렀을 때에는 "장차 출사하겠노라."고 완곡한 거절의 뜻을 표했지만, 공산불요의 부름에는 선뜻 길을 나서려는 공자였다. 공산불요가 공자를 부른 것은 공문(孔門)의 후원이 정치적 안정에 이용가치가 있다는 뜻일 텐데, 공자가 비난을 무릅쓰고 이 부름에 응한 것은 이외였다. 더욱이 양호의 요청에는 시큰둥했던 공자 아니었던가.

공산불요에 대해서는 공자와 자로의 입장이 선명하게 갈린다. 공자는 노나라 실권을 장악한 삼환(三桓) 세력을 못마땅해 하였고, 자로는 삼환 중 하나인 계손씨에게 벼슬하고 있던 처지였다. 따라서 삼환에 대항해 반란을 일으킨 공산불요에 대해 공자는 긍정적인 반면, 자로는 부정적일 수밖에 없었다.

　공자는 동주(東周)의 정치를 구현해보이겠다고 했다. 공자가 가장 이상 시한 나라가 주나라였다. 종주질서에 입각한 주나라의 정치, 예악문물이 성 대한 주나라의 정치를 구현해보겠다는 뜻이다. 공산불요는 거사가 실패로 돌아가자 제나라로 망명해버렸기 때문에 공자는 결국 공산불요에게 가지 못했다. 뒤에 진나라의 필힐이 중모에서 반란을 일으키고 공자를 부르자 이 번에도 공자가 가려고 했는데, 이때도 자로가 나서서 공자에게 따지고 들 며 반대했다. 따라서 이 사건들을 연결해보면 그만큼 공자가 현실 정치에 대해서 참여하고픈 욕구가 컸음을 알 수 있다.

　그러나 세상은 무력을 앞세운 패도정치가 도저했다. 인의의 도덕정치 를 펴려는 공자의 꿈은 이상론에 불과했다. 현실과 괴리된 꿈. 전 생애를 통 해 그 실의의 과정을 고스란히 겪어온 공자였다. 그러나 득의한 인생이 꼭 선망인 것은 아니다. 공자는 교육을 통해 그 꿈을 실현할 많은 인재를 길러 냈기 때문이다. 공자를 만대의 사표라고 하는 것은 이 때문이다.

먼저 명분을 바로잡겠다

자로가 말하기를 "위나라 군주가 선생님을 기다려서 정치를 하려는데, 선생님께서는 무엇부터 먼저 하시겠습니까?" 하였다. 공자가 말하기를 "반드시 명분부터 바로잡겠다." 하였다. 이에 자로가 말하기를 "이렇다니까요. 선생님께서는 세상 물정을 모르시네요. 어떻게 명분을 바로잡겠습니까?" 하였다. 공자가 말하기를 "유(자로)야, 한심하구나. 군자는 자기가 알지 못하는 일은 말하지 않는 게다. 명분이 바르지 않으면 말이 불순하고, 말이 불순하면 일이 이루어지지 않고, 일이 이루어지지 않으면 예악이 흥기하지 않고, 예악이 흥기하지 않으면 형벌이 정도에 맞지 않고, 형벌이 정도에 맞지 않으면 백성들은 어떻게 해야 할지 모르게 된다. 그래서 군자가 명분을 바르게 하면 반드시 말을 할 수 있게 되고, 말을 하면 반드시 행할 수 있게 되는 것이다. 군자는 그 말에 구차스러움이 없을 뿐이다." 하였다.

자로왈子路曰 위군衛君 대자이위정待子而爲政 자장해선子將奚先 자왈子曰 필야정명호必也正名乎 자로왈子路曰 유시재有是哉 자지우야子之迂也 해기정奚其正 자왈子曰 야재野哉 유야由也 군자어기소부지君子於其所不知 개궐여야蓋闕如也 명부정즉언불순名不正則言不順 언불순즉사불성言不順則事不成 사불성즉예악흥事不成則禮樂不興 예악불흥즉형벌부중禮樂不興則刑罰不中 형벌불중즉민무소조수족刑罰不中則民無所措手足 고故 군자명지君子名之 필가언야必可言也 언지言之 필가행야必可行也 군자어기언君子於其言 무소구이이의無所苟而已矣

[자로]

공자가 '명분부터 바로 잡겠다'고 하자, 제자 자로가 기다렸다는 듯이 '세상 물정을 모르는 말씀이라'고 받아 친다. 이 글의 핵심은 우활하다는 '우(迂)' 자다. 공자도 자로의 말에 조금 열을 받은 모양이다. '이런 한심한 친구 같으니'라며 보탠 말이 길다. 자로의 말도 이해는 간다. 공자가 정치를 하려면 명분부터 바로잡아야 한다고 했으니, 우격다짐 같은 세상에 얼마나 현실과 동 떨어진 얘기였을까.

공자는 이 구절에서 말과 행동의 근본으로서 명분을 바로잡는 '정명(正名)'을 주장한다. 그래야 언행에 구차스러움이 없다는 것이다. 거짓과 위선으로 하는 정치는 백성을 혼란스럽게 한다. 백성이 분열되는 까닭이다.

우리 역사에서 이 '우'자를 제목으로 쓴 책이 있다. 유수원의 『우서(迂書)』다. 여기서 '우'는 우활하다는 말로 세상 물정을 모른다는 뜻이니 『논어』의 이 말과 같은 뜻이다. 이 책에는 치국방략의 개혁 방안이 담겨 있다. 그의 주장에는 현실을 미봉하지 말고 근본적인 개혁을 요구하는 것이었다. 겉만 다스리는 치표(治標)보다는 근본을 고치는 치본(治本)에 힘쓰라는 것이다.

그의 호는 농암(聾巖)이다. 귀머거리라는 뜻이니, 그 의미도 심상치 않다. 중국 사마광이 1057년에 쓴 『우서(迂書)』도 있다. 문답식 격언집이다. 같은 형식, 같은 제목이다. 사마광의 호는 우수(迂叟)다. 세상물정을 모르는 늙은이라는 뜻이다. 둘 다 세상물정 모르고 외길을 가기는 마찬가지였다.

영조도 유수원의 『우서』를 일독하고 그의 과감한 주장을 칭찬해 마지 않았다. 이 책은 당시 지식인들에게 큰 영향을 끼쳐 『동서(東書)』로도 불렸다. 그러나 유수원이 역적으로 몰려 비운의 생을 마감하면서 이 책도 금서가 되었다. 만약 『우서』에서 주장한 개혁방안이 현실정치에 구현되었다면 어땠을까. 속절없는 가정이지만 안타까울 때가 많다.

무위의 정치

무위로 천하를 다스린 사람은 순임금일 것이다. 무엇을 하였는가? 자기 몸을 공손히 하고 바르게 남면을 하였을 뿐이다.

자왈子曰 무위이치자無爲而治者 기순야여其舜也與 부하위재夫何爲哉 공기정남면이이의恭己正
南面而已矣   [위령공]

『예기』에 임금은 남쪽을 향하여 남면하고 신하는 북쪽을 향한다고 북면한다 하여, 남면은 임금을 북면은 신하를 상징한다. 따라서 이 글은 임금다운 임금의 모습을 형용한 글이다. 공자가 제경공의 질문에 답하여 '임금이 임금답고, 신하가 신하답다'고 한 것도 같은 뜻의 글이다.

　이를 거꾸로 한 것이 참람의 정치다. 당시 주나라 종주 질서가 무너지고 여기저기 힘에 의한 패권적 하극상이 벌어지는 현실을 목도한 공자는, 요순 시대의 이상적인 정치 질서를 구현하고자 꿈꿨다. 그게 성인에 의한 정치, 곧 요순 치세의 정치로 돌아가는 것이었다.

　순임금은 요임금의 선위로 천하를 다스리는 자리에 올랐다. 선위는 양위를 의미한다. 무력에 의하지 않고 평화적 방법으로 정권 교체가 이루어졌다는 뜻이다. 그런 순임금의 치덕(治德)을 칭송한 이 구절을 보면, 포용력과 공정함의 함의를 읽게 된다. 즉, 자신을 '공손하게' 낮추어 널리 인재를 품는 관대함과 임금으로서의 '바른 자세로 남면하는' 공정성을 담보하는 덕성이다.

이 말을 가지고 우리 시대의 정치를 보면 어떨까. 인재를 널리 구하기보다 내 편 네 편부터 가르는 정치, 사심과 편향된 일처리로 공정성을 잃은 정치가 허다하다. 이런 상황에서는 통합과 협력의 정치는 공허한 수사에 불과하다. 정치의 요체인 안민이다. 사람들이 편안하게 생업에 종사하는 정치다. 순임금의 무위의 정치는 그런 이상을 표현한 것이다. 이 구절에서 공자가 하려는 말이다. 사람들이 그런 정치에 대한 희망을 버리고 있다. 그 무서움을 정치인들이 알았으면 한다.

무위 사상은 도가와 더 친숙한 말이다. '무위자연'에서 보듯 도가가 자연의 섭리에 더 초점이 맞춘다면, 유가는 무위의 유위지치(有爲之治)에 더 관심을 둔다. 그 궁극은 사람의 정치다. 사람 사는 사회에 더 초점을 맞춘다고 할 수 있다.

미녀 악단

제나라에서 여악을 보내 왔는데, 계환자가 받아들이고서 사흘 동안 조회를 열지 않았다. 이에 공자가 떠났다.

제인齊人 귀여악歸女樂 계환자수지季桓子受之 삼일불조三日不朝 공자행孔子行   [미자]

미인계는 삼십육계 중 제31계로서, 여색을 통해 적국을 공략하는 전술을 말한다. 역사에서는 월나라의 범려가 오왕 부차에게 미녀 서시를 바쳐 멸망을 피하고, 나중에는 오히려 오나라를 멸망시킨 사례가 대표적이다. 서시 같은 미녀를 경국지색(傾國之色)이라고 하는 것도 한 나라를 무너뜨릴 만큼 아름다운 여자라는 뜻이다.

제나라에서 노나라에 80명의 미녀 악단인 여악을 보낸 것도 이러한 미인계의 일환이었다. 이는 이웃 노나라가 일신(一新)하여 새로운 경쟁상대로 등장하기 전에 그 싹을 자르려는 제나라의 숨은 의도였다. 이를 간파하지 못하고 당시 노나라의 실권자인 계환자는 이 미녀 악단에 빠져 사흘 동안이나 조회를 열지 않았다. 조회는 나라의 공사를 논하는 자리였는데, '조회를 열지 않았다'는 것은 나랏일을 돌보지 않았다는 뜻이다.

그러자 공자는 고국인 노나라에 더 이상 희망이 없다고 판단하여 떠났다. 즉 여색을 통해 그 조짐을 미리 내다본 것이다. 다시 주유천하 길에 오른 공자의 이 노정은 13년간 계속되었다. 공자는 말년에 노나라에 돌아와서 현실을 바꾸기보다 미래를 위한 제자 교육에 힘쓰다가 73세를 일기로 세상을 떠났다.

'여색을 경계하는 것'을 색계(色戒)라고 한다. 대비책인 경계에 방점이 있다. 조짐을 통해 앞날을 짐작할 수 있기 때문에 조짐을 알면 대비책을 강구할 수 있다는 뜻이다. 문제는 현실에 대한 각성이다. 혼란에 빠져 우왕좌왕하는 우리 사회에 제대로 된 각성이 있을까.

민의 세 가지 병폐

옛날에는 백성에게 세 가지 병폐가 있었는데, 지금은 그것마저 없어졌구나. 옛날의 뜻이 큰 사람은 자잘한 예절에 구애되지 않았는데, 지금의 뜻이 큰 사람은 너무 방탕할 뿐이다. 옛날의 자긍하는 사람은 모가 났는데, 지금의 자긍하는 사람은 걸핏하면 화를 내고 다툰다. 옛날의 어리석은 사람은 고지식했는데, 지금의 어리석은 사람은 간사하기만 할 뿐이다.

자왈子曰 고자古者 민유삼질民有三疾 금야今也 혹시지무야或是之亡也 고지광야古之狂也 사肆 금지광야今之狂也 탕蕩 고지긍야古之矜也 염廉 금지긍야今之矜也 분려忿戾 고지우야古之愚也 직直 금지우야今之愚也 사이이의詐而已矣

[양화]

공자는 옛날의 백성에게는 뜻이 큰 사람, 자긍하는 사람, 어리석은 사람에게 각각 병폐가 있다고 보았다. 뜻이 큰 사람은 방탕하고, 태도가 당당한 사람은 자잘한 예절을 무시하며, 어리석은 사람은 고지식하다는 것이다. 그러나 옛사람에 비해 지금의 사람은 이마저도 없고, 모나고, 화내며 다투고, 속이는 타성이 고질적인 습성이 되었다고 본 것이다. 시대가 지남에 따라 오히려 퇴행한 것으로 본 것이다.

교산 허균은 그의 문집인 『성소부부고』 중 「호민론(豪民論)」에서 백성을 순종적인 항민, 불만을 가진 원민, 행동하는 호민으로 구분하였다. "대저 이루어진 것만을 함께 즐거워하느라, 항상 눈앞의 일들에 얽매이고, 그냥 따라서 법이나 지키면서 윗사람에게 부림을 당하는 사람들이란 항민이다. 항민이란 두렵지 않다. 모질게 빼앗겨서, 살이 벗겨지고 뼈골이 부서지며, 집 안의 수입과 땅의 소출을 다 바쳐서, 한없는 요구에 제공하느라 시름하고 탄식하면서 그들의 윗사람을 탓하는 사람들이란 원민이다. 원민도 결코 두렵지 않다. 자취를 푸줏간 속에 숨기고 몰래 딴 마음을 품고서, 천지간을 흘겨보다가 혹시 시대적인 변고라도 있다면 자기의 소원을 실현하고 싶어 하는 사람들이란 호민이다. 대저 호민이란 몹시 두려워해야 할 사람이다. … ″

허균이 말한 호민은 '나라의 허술한 틈을 엿보고 일의 형세가 편승할 만한가를 노리다가, 팔을 휘두르며 밭두렁 위에서 한 차례 소리 지르면서' 일어서는 사람이다. 허균은 호민이 세상을 바꾼다고 하였다. 공자가 백성을 세 부류로 구분한 것 가운데 '뜻이 큰 사람'은 그중 호민에 가깝지 않을까 싶다. 그러나 이런 과격한 주장은 조선의 군주정 하에서는 위험한 일이었다. 허균은 끝내 역적으로 몰려 능지처참되었다.

서양 철학사에서는 중우정치가 등장하여 '눈앞의 이익에만 급급한 어리석은 민중이 참여하는' 정치의 폐단을 지적한다. 공자가 말한 '어리석은 백성'에 의한 통치 체제다. 아테네의 말기적 현상이었다. 플라톤은 『국가론』에서 이런 중우정치의 정체(政體)를 반대하고, 생산자인 농민, 수호자인 군인, 통치자인 철인왕으로 이루어진 이상 국가를 내세웠다. 그러나 이는 일인 독재와 소수의 독점적 통치로 기울 공산이 크다. 조선의 경우, 몇몇 문중이 정치를 독점한 세도정치는 그 표본이었다.

반면에, 중우정치에 대한 염려에도 불구하고 민주주의를 긍정한 아리스토텔레스는 중간 계급에 의한 중산정치를 내세웠다. "적은 양의 물은 쉽게 썩지만, 많은 양의 물은 쉽게 썩지 않는다." 그가 내세운 주장이다. 현대 민주주의의 대의정치 원리와 가깝다. 가난하지도, 부유하지도 않은 중산층을 중심으로 한 정치, 옳고 그름을 분별하여 판단할 수 있는 중산층이 정치를 주도해야 한다고 보았다.

공자는 한쪽으로 치우친 극단을 배제하고 중도를 취했다. 공자가 주장한 것은 중용의 정치 원리였다. 사회가 중용, 통합의 원리를 취하지 않고, '분노와 다툼'이 일상화된 분열의 양상을 보이는 것은 말기적 현상이다. 이 구절은 그러한 사회에 대한 경구라고 할 수 있다. 정치가 이를 조장해서는 결코 안 된다.

바꾸려 하지도 않았을 것을

장저와 걸닉이 함께 밭을 가는데 공자가 지나다가 자로에게 나룻터가 어디인지 묻게 하였다. 장저가 말하기를 "저 수레 고삐를 잡고 있는 이는 누구요?" 하니, 자로가 말하기를 "공구입니다." 하였다. 장저가 말하기를 "저 이가 노나라의 공구요?" 하니, 자로가 말하기를 "그렇습니다." 하였다. 장저가 말하기를 "저 이는 나룻터를 알 것이오." 하였다. 걸닉에게 물으니, 걸닉이 말하기를 "댁은 누구요?" 하였다. 자로가 말하기를 "중유라 합니다." 하니, 걸닉이 말하기를 "그렇다면 노나라 공구의 무리요?" 하였다. 자로가 그렇다고 대답하니, 걸닉이 "도도한 물결로 천하가 모두 그런데, 이것을 누구와 함께 바꾼단 말이요. 또 그대는 사람을 피하는 선비를 따르면서 어찌 세상을 피하는 선비를 따르지 않소?" 하고는 흙으로 씨를 덮는 일을 멈추지 않았다. 자로가 돌아와서 아뢰니, 공자가 쓸쓸히 탄식하기를 "조수와 무리지어 살 수는 없는 것이니, 내가 이 세상 사람들과 함께 살지 않고 누구와 더불어 살겠는가. 천하에 도가 있다면 내가 바꾸려 하지도 않았을 것을." 하였다.

장저걸닉長沮桀溺 우이경耦而耕 공자과지孔子過之 사자로使子路 문진언問津焉 장저왈長沮曰 부집여자위수夫執輿者爲誰 자로왈子路曰 위공구爲孔丘 왈시노공구여曰是魯孔丘與 왈시야曰是也 왈시지진의曰是知津矣 문어걸닉問於桀溺 걸닉桀溺 왈자위수曰子爲誰 왈위중유曰爲仲由 왈시노공구지도여曰是魯孔丘之徒與 대왈연對曰然 왈도도자천하개시야曰滔滔者天下皆是也 이수이역지而誰以易之 차이여기종피인지사야且而與其從辟人之士也 기약종피세지사재豈若從辟世之士哉 우이불철耰而不輟 자로행子路行 이고以告 부자무연왈조수夫子憮然曰鳥獸 불가여동군不可與同群 오비사인지도吾非斯人之徒 여與 이수여而誰與 천하유도天下有道 구불여역야丘不與易也

[미자]

사람을 피하는 선비와 세상을 피하는 선비. 전자는 공자를, 후자는 은자인 자신들을 비유한 말이다. 장저와 걸닉은 공자 시대의 은자들이다. 무도한 세상을 피할 것인가. 고통 받는 백성들을 위해 세상을 개혁할 것인가. 누구와 더불어 길을 갈 것인가. 공자의 쓸쓸함이 묻어나는 글이다.

『논어』에는 곧잘 은자들이 등장한다. 대개는 '무도한 세상인데, 뭐 하러 쓸 데 없이 애를 쓰느냐'고 묻곤 한다. 때론 현실 정치의 꿈을 놓지 않는 공자에게 비루하다고 타박을 준다. 그러나 공자인들 자신의 꿈이 당대 현실에선 이루어지기 어렵다는 것을 몰랐을까.

이 글에서 흥미로운 것은 사람을 피하는 선비와 세상을 피하는 선비라는 이분법이다. 사람을 피한다는 말은 패도를 추구하는 위정자를 피하고 덕치에 합한 정치적 이상을 공유하는 군주를 찾는다는 뜻이지만, 패도의 도도한 물결 앞에서 무망한 일이다.

반면에, 세상을 피한다는 뜻은 무도한 세상과의 단절인 피세를 지향한다. '애초에 불가능한 꿈을 꾸지 말고 무도한 세상을 피해 살면 될 것을, 뭐 저리 애 쓸 것이 있으랴'라는 뜻이다. '세상에는 잘못된 위정자 탓에 고통 받는 사람들이 너무 많은 데 어쩔거냐' 공자의 항변이 쓸쓸하다.

맹자가 '여민동락(與民同樂)'이라고 했다. 백성들과 즐거움을 함께 한다는 말이다. '동락'하기 위해서는 '동고'가 먼저다. 백성과 괴로움을 함께 할 줄 아는 사람이 즐거움도 함께 한다. 위정자는 예나지금이나 솔선수범해야 한다.

바람이 불면 풀이 쓰러지듯

계강자가 공자에게 정치에 대해서 묻기를 "만일 무도한 자를 죽임으로써 백성들을 도에 나아가게 한다면 어떻습니까?" 하니 공자가 대답하기를 "그대는 정치를 하면서 어찌 죽이는 방법을 쓰려고 합니까? 그대가 선하고자 하면 백성도 선해질 것입니다. 군자의 덕은 바람 같고, 소인의 덕은 풀과 같아서 풀 위에 바람이 불면 풀은 반드시 쓰러집니다." 하였다.

계강자문정어공자왈季康子問政於孔子曰 여살무도如殺無道 이취유도以就有道 하여何如 공자대왈孔子對曰 자위정子爲政 언용살焉用殺 자욕선子欲善 이민而民 선의善矣 군자지덕君子之德 풍風 소인지덕小人之德 초초草 초상지풍草上之風 필언必偃 　　　　[안연]

공자가 지적한 것은 마음가짐의 문제다. 정치는 백성을 평안하게 생업에 종사하게 하는 것, 즉 백성을 살리는 것을 위주로 해야지, 하필 죽이는 살도(殺道)로 정치를 하려고 하느냐고 질타한 것이다.

　계강자는 공자 당시에 노나라 실권자 중 한 명이었다. 공자는 계강자의 정치 행태에 대해 비판적이었다. 이 글에서도 그런 뉘앙스가 느껴진다. 공자는 다른 글에서 계강자에게 '정자정야(政者正也)'라고 해서 '정치는 바르게 하는 것'이라고 하였다. 사도(邪道)로 정치를 행하려는 계강자에게 정도(正道)로 정치를 펼칠 것을 말한 것이다.

　현실에선 계강자처럼 민을 통제하는 정치가 대접을 받는 것 같다. 법가처럼 말이다. 그러나 공자의 답은 '아니다'다. 그런 정치로는 백성들을 진정으로 변화시키기 어렵다고 본 것이다. 때론 출발점이 목적지를 가리킬 때가 있다. 계강자가 지향한 정치는 위세로서 굴복을 강요하는 패권의 정치였다. 그 말로가 어땠을까.

공자는 바람이 불면 풀이 쓰러지 듯, 정명(正明)한 덕의 정치를 펴면 백성들이 그에 동화한다고 하였다. 우리 음악의 '여민락'은 그 예악 정치 이상을 담은 것이다.

한편, 『노자』에도 비슷한 말이 나오는데, 그 뜻은 전혀 다르다. "천지는 불인하여 만물을 강아지풀처럼 다룬다."라고 한 말이다. 민을 마치 바람에 쓰러지는 풀처럼 묘사해서, 공자가 말한 개념과 대척점에 선다. 인위적 정치를 거부하고 무위적 삶을 추구한 뜻이겠지만 바로 이런 점 때문에 아이러니하게도 법가가 지향한 치도와 맥이 닿는다. 때문에 『한비자』를 『노자』의 주석서라고 하는 것이다.

배려와 공의의 정신_신하를 예로 대하라

정공이 묻기를 "임금이 신하를 부리고 신하가 임금을 섬기는 방도를 어떻게 해야 합니까?" 하니, 공자가 대답하기를 "임금은 예로써 신하를 부리고 신하는 충으로써 임금을 섬겨야 합니다." 하였다.

정공定公 문問 군사신君使臣 신사군臣事君 여지하如之何 공자대왈孔子對曰 군사신이례君使臣以禮 신사군이충臣事君以忠

[팔일]

노나라 군주인 정공이 공자에게 신하를 부릴 때의 방도를 묻자 "예절로 해야 한다."고 답했다. 예절은 일종의 약속이다. 이를 어기고 내 뜻대로 한다면 난정이 되고 폭정이 된다. 그런 군주를 따를 사람은 없다. 예절은 관계의 질서로서 그 비롯됨은 자신에게 달려 있다는 뜻이다.

현대 사회에도 이런 이치는 그대로 적용된다. 인격적 배려심 없이 갑질을 예사로 부리는 경영자나 상사를 따를 사람은 없기 때문이다. 인재를 얻으려면 그 마음을 얻어야 한다. 그게 세상의 법칙이다. 의리대신 욕심에 따라 돈과 권력만 좇는 인생은 말로가 뻔하다.

또 신하가 군주를 섬길 때는 '충성으로 해야 한다'고 하였다. 충성은 신분제 질서에서는 군주에 대해 숨기는 것이 없는 '무은(無隱)'의 태도이나, 현대에서의 충성은 사회적 공의에 대한 태도로서 읽는 것이 타당하다. 국가에 대해서도 마찬가지다. 전체주의나 국가주의 등 그 집단성에 대한 맹목적인 추종이 아니라, 개인의 민주적 판단에 근거한 국가에 대한 헌신이라는 의미다.

공자가 군자 최고의 실천 덕목으로 '살신성인'을 제시한 이유를 음미해 볼 필요가 있다. 군자는 자신을 희생해서라도 인을 이룬다는 뜻으로, 곧 사회적 공의에 대한 헌신이자 사람다움을 실천하고자 하는 지향이라고 할 수 있다. 또 자로가 공자에게 "위나라 군주가 선생님을 맞아들여 정치를 하게 된다면 선생님은 무엇부터 하시렵니까?" 하고 묻자, 공자가 말하기를 "명분부터 바로 잡겠다." 하였다. 그러니 명분을 바로잡는 '정명'과 자신을 희생해서라도 인을 이루는 '살신성인'은 공자가 추구하는 정치의 시작과 끝인 셈이다.

백성은 따르게 할 수는 있어도

백성은 따르게 할 수는 있어도 알게 할 수는 없다.

자왈子曰 민가사유지民可使由之 불가사지지不可使知之 　　　　　[태백]

논란이 많은 글이다. 차별의 뉘앙스로 들리기 때문이다. 이 글에서 따르게 할 수는 있어도 알게 할 수는 없다는 것은 '그 도리'와 '그 원리'를 말한다. 즉, 그 도리가 이루어진 '소이연'이다. 그래서 후대의 학자들은 이 글을 좀 더 명확하게 '그 원리를 알게 강요할 수 없다'고 해석한다. '원리를 설명할 필요가 없다'는 말과 '원리를 알도록 강요할 수 없다'는 뜻은 전혀 다르다. 전자가 백성을 우민으로 보는 시각이라면 후자는 선택적, 의지적 상황을 강조한 말이기 때문이다. 공자가 우민의 말을 했을 리가 없다는 생각에서 비롯된 것이다.

공자가 말하는 덕치가 조화와 포용의 협화 정치를 의미하기에 차별적 의미로 이 말을 읽는 것은 사리에 맞지 않는다는 문제의식이다. 반면에 피지배 계급을 힘으로 강제하여 의도대로 따르도록 하는 정치인 패도를 신봉하는 사람들이 있다. 일종의 전체주의적 사고로 이런 사람들이 차별주의에 가깝다.

그러나 한 가지 주의할 점이 있다. 공자가 왜 사람의 도리에 대한 교화를 중요하게 여겼을까 하는 점이다. 따라서 '그 원리'에 대한 '소이연'을 몰라도 된다는 뜻으로 읽는 것은 옳은 맥락이 아니다. 백성에게 그 원리를 알게 강요할 수는 없지만 물질적으로 유복하다고 능사가 아니란 뜻이다.

중국의 덩샤오핑은 '흑묘백묘론'을 주장했다. 검은 고양이건 흰 고양이든 쥐만 잘 잡으면 된다는 논리다. 공산주의든 자본주의든 인민만 잘 살게 하면 된다는 뜻이다. 그러나 교화를 등한시한 이런 태도가 시진핑 시대에 '중국몽'의 패권주의, 민족주의와 결합되면서 지금 중국은 세계적 민폐 국가가 되었다. 이것을 소강사회로 가는 하나의 과정, 단계라고 할 수 있을까. 인의 교화를 바탕으로 한 대동(大同) 세계가 공자의 꿈이었다. 우리나라의 널리 인간을 이롭게 한다는 홍익인간의 사상을 다시 생각하게 한다.

백성을 버리는 것이다

가르치지 않고 백성을 나가 싸우게 하면, 그들을 버리는 것이다.

자왈子曰 이불교민전以不敎民戰 시위기지是謂棄之　　　　　　　　　　[자로]

덕치주의를 실현하고자 한 공자의 정치 철학은 패도를 추구한 당시의 정세에서는 이상론에 불과했다. 백성은 위정자의 정치적 목적을 위한 도구에 지나지 않았다. 맹자도 "백성을 가르치지 않고 전쟁에 쓰는 것을 백성에게 재앙을 입힌다고 말하니, 백성에게 재앙을 입히는 자는 요순의 세상에는 용납되지 못한다." 했다. 같은 말이다.

　자신이 왜 전쟁에 나가야 하는지도 몰랐던 백성들을 거느린 군주! 이런 부류의 리더는 이 시대에도 많다. 특히 목적 지향성이 강한 사람일수록 그런 경향이 농후하다. 사람마저 도구화하는 목적 중심의 사고는 위험하다.

　우리 시대에는 이런 목적 지향의 경영보다는 관계 지향 경영을 중시한다. 공동체의 사회적 가치에 더 충실한 조직 역량이다. 협동과 협력, 정직과 존중의 경영 논리, 곧 파트너십이다. 이는 정직과 존중을 바탕으로 하는 공자의 덕치주의 가치와 같은 것이다.

　이 글에 담긴 '가르치지 않음'의 내용은 무엇일까. 수단이 되는 '전쟁의 기술'이 아님은 자명하다. '가르치지 않고 백성을 나가 싸우게 하는' 그런 보스형 군주는, 맹자의 말처럼 '지극히 가벼울' 뿐이다. 새로운 시대의 리더십은 협동과 협력의 파트너십이다.

북극성과 정치의 원리

덕으로 정치를 하는 것은 비유하면 북극성이 제자리에 있고 모든 별들이 그 주위를 도는 것과 같다.

자왈子曰 위정이덕爲政以德 비여북신譬如北辰 거기소거其所 이중성공지而衆星共之 [위정]

북극성은 늘 제 자리를 지키기 때문에 방향을 잡을 때 이를 기준으로 삼는다. 정치의 원리도 마찬가지다. 북극성이 늘 같은 자리에 있으리라는 '믿음'이 있기에 길잡이의 좌표로 삼는 것처럼 정치의 근본은 정위(正位)의 믿음이다. 공자의 말처럼 그 믿음이 깨지면 나라도 유지될 수 없기에 그렇다. 때문에 믿음이 없는 불신의 정치는 극심한 분열과 갈등에 빠진 채 혹독한 대가를 치르기 마련이다.

그리고 그 믿음은 덕으로 완성된다. 그것이 관용의 정치인 덕치요, 그런 정치가 곧 왕도정치라고 할 수 있다. 조선조에 왕일지라도 안으로는 성인이며 밖으로는 임금의 덕을 겸비한 사람이 되는 '내성외왕'의 공부가 반드시 필요하다고 여긴 이유는 여기에 있다.

왕도정치의 반대말은 힘으로 하는 패도정치다. 이들은 하나같이 부국강병책을 구사하며 패권적 질서를 구축하려 했다. 공자시대에 제나라 환공, 진나라 문공, 송나라 양공, 진나라 목공, 초나라 장공이 이러한 정치를 행한 대표적인 제후였고, 이들을 묶어 춘추5패라고 한다. 그러나 그런 정치를 백성들은 신뢰하지 않는다. 백성을 통제하고 희생을 강요하며 단지 수단으로 보기 때문이다.

그런 패권 추구가 현대사회에도 벌어진다. 그 중에서도 중국은 더 퇴행적이다. 또 무력으로 '중국적 세계질서(Chinese World Order)'를 재현하려는 이른바 '중국몽'이라는 헛된 꿈을 버리지 않는다. 더욱이 그 최전선에 '공자학당'을 내세우고 있으니, 공자가 언제 패권정치를 추구했던가를 생각하면 이런 위선이 따로 없다.

역사에서 보듯 백성의 믿음을 상실한 정치권력은 끝내 실패하고 만다. '하늘의 중심'으로서 북극성이 제자리를 지킬 때 뭇별들이 그 주위를 도는 '중성공지'의 덕치는 백성의 믿음을 기반으로 한다.

분란을 일으키는 정치

용맹을 좋아하고 가난을 싫어하면 난을 일으키고, 사람이 불인을 심하게 미워해도 난을 일으킨다.

자왈子曰 호용질빈好勇疾貧 난야亂也 인이불인人而不仁 질지이심疾之已甚 난야亂也　　[태백]

이 글에서 공자는 호용심, 물질적 탐욕, 지나친 흑백논리를 경계한다. 이 세 가지는 세상을 어지럽게 하는 요인이다. 세상이 어지러우면 도리가 없다. 밑도 끝도 없이 남을 욕하거나 미워한다. 대책 없는 악순환에 빠져든다. 이쯤 되면 사람들의 걱정을 덜어주어야 할 정치가 오히려 분란을 일으키는 진앙지가 된다. 역사에서도 망국은 언제나 내부 분란에서부터 비롯되었다.

　　때문에 정치는 한쪽으로 치우치지 않고 중도를 걸어야 한다. 중도는 곧 중용의 도리다. 중용은 극단을 배제한다. 중용에는 남과 다투기보다 더불어 사는 지혜를 중시한다. '화이부동'의 정신이다.

　　우리는 존중과 배려 없이 너무 쉽게 남을 재단하고, 막말을 해댄다. 분란을 일삼는 거친 말의 정치를 그쳐야 한다. 정치가 분란을 일으키면 종국에 모두를 파탄으로 몰아간다. 상호 존중하고 배려하는 사회를 만들기 위해서 정치가 제 역할을 해야 한다.

　　『서경』에서는 '란亂'의 뜻을 정반대인 '치治'로 본다. 그 말이 왜 전변되었을까. 잘 생각해 볼 일이다.

빨리 이루려고 하지 마라

자하가 거보의 수령이 되어 정치에 대해 물으니, 공자가 말하기를 "빨리 하려고 하지 말고, 작은 이익을 돌아보지 마라. 빨리 하려고 하면 잘 되지 않고, 작은 이익을 돌아보면 큰일을 이루지 못한다." 하였다.

자하위거보재子夏爲莒父宰 문정문政 자왈子曰 무욕속無欲速 무견소리無見小利 욕속즉부달欲速則不達 견소리즉대사불성見小利則大事不成

[자로]

'빨리 하려고 하지 마라!' 공자는 한 고을의 수령으로 나가는 제자 자하에게 '정치란 성과를 내려고 급히 서두를 일이 아니다'라고 주문한다. 원문은 '욕속부달'이다. 일은 원칙과 순서가 중요한데, '급하면 바늘허리에 실 매어 쓸까'라는 속담처럼, 빨리빨리 이루려고 서두르면 잘 되지 않고 목표에 도달하지 못 한다는 말이다. 원칙과 순서가 뒤바뀌면 사람들을 혼란스럽게 할 뿐이다.

　자하는 이름이 복상으로 공문십철 중 한 명이다. 문학에 뛰어나서 공자도 더불어 『시경』을 논할 만하다고 칭찬한 제자다. 그러나 '과유불급'의 고사에서 보듯, 자하는 성품이 지나치게 신중하여 언제나 '미치는 못 한다'는 평가가 있었다.

　때문에 공자는 눈앞의 작은 일에 구애되기보다는 멀리 크게 보라고 뒤이어 다짐을 준다. 때로는 신중함이 지나쳐 꽉 막힌 듯 눈앞의 일에 몰두하는 제자에 대한 맞춤형 처방이라고 할 수 있다. 실제 행정에서 눈앞의 작은 이익에 집착하는 '근소(近小)'의 자세는 바람직하지 않기 때문이다. 더욱이 여기에 사심마저 개입되면 작은 것을 탐하다가 큰 것을 잃기 십상이다. 소탐대실이다.

공자의 말은 제자의 부족한 면을 보완해주려는 깊은 뜻에서 나온 것이다. 신중하여 늘 '못 미친다'는 평가를 듣는 자하에게 정치를 하려면 먼저 큰 원칙과 방향을 세우고 매사를 조급하게 효과를 보려고 서두르지 말고 차근차근 행할 것을 주문한 것이다. 스승 공자의 사려 깊은 충고다. 원칙과 방향성 없이 조급하게 서두르는 사람들이 새겨들었으면 좋겠다.

선한 사람이 백 년 동안 나라를 다스리게 된다면

선한 사람이 백 년 동안 나라를 다스리게 된다면 잔악한 행위를 이기고 사형을 없앨 수 있다.'고 하였는데, 참되다, 이 말이.

자왈子曰 선인善人 위방백년爲邦百年 역가이승잔거살의亦可以勝殘去殺矣 성재誠哉 시언야是言也

[자로]

이 글은 '선한 사람이 연이어 나라를 다스리는 경우'를 상정한 것이지만, 인간 세상에서는 존재하기 힘든 경우다. 더욱이 혈연에 의한 권력 승계라면 더더욱 그렇다. '선한 사람이 대를 이어 1백 년 동안 나타날 확률'은 거의 없기 때문이다. 중국사에서 청나라 때 강희제, 옹정제, 건륭제의 3대 치세를 '백년 성세'라고 일컫지만, 다 허장성세일 뿐이다. 실제로는 채 1백 년이 못 될뿐더러 이마저도 '서세동점'의 거대한 파고로 청나라는 침몰하는 배였기 때문이다.

　　역사에서 '정체(政體)'는 늘 문제였다. 정체는 정치 시스템을 말한다. 요임금, 순임금, 우임금으로 이어지는 권력 승계는 동성의 혈연적 계승보다는 민의에 의한 선위였다. 백성의 삶에 요긴한 치수(治水)의 성패가 민심의 추이를 좌우했던 것이다. 애초에 혈연은 중요한 판단 기준이 아니었던 셈이다. 공자가 말한 뜻도 같은 것이다. 그러니 어찌 보면 후대의 혈연적 승계는 오히려 퇴보한 것이다. 그렇지만 이런 혈연적 승계 전통이 한번 확립되면 동양이건 서양이건 그 시스템은 강력해서 국가와 통치자를 동일시하여 교묘하게 '충성'의 이데올로기를 강조했다. 그 최악이 '백두혈통'을 내세운 북한식 모델이다.

정체와 관련하여 플라톤은 과두 그룹에 의한 철인정치를 이상적인 정체로 보았으나, 그 제자 아리스토텔레스는 조금 달랐다. 그는 '덕성(윤리)을 지닌 시민이 공동체의 사안에 대하여 함께 얘기하고 결정하며 행위하는 정치'인 시민정치를 이상적인 정체로 보았기 때문이다. 이 말은 민주주의가 꼭 옳은 것은 아니지만 그래도 그 선택에 책임질 수 있는 '집단의 선택'이라는 점을 함의한다.

공자는 '선한 사람이 나라를 다스린다면'이라고 했다. 이 글에서 말한 '선한 사람'이 꼭 착하기만 한 사람은 아닐 것이다. 지혜로운 사람, 겸손한 사람, 부지런한 사람일 것이다. 지혜로운 사람은 남의 말에 흔들리지 않고, 겸손한 사람은 함부로 행동하지 않고, 부지런한 사람은 무책임하게 자신의 일을 방기하지 않고 솔선수범하기 때문이다. 선공후사하는 사람이다. 이런 사람이 아니라면 맹자가 말한 '역성혁명'도 정당한 것이 아닐까.

세상을 훔치려는 큰 도둑에게

계강자가 도둑을 걱정하여 공자에게 묻자 공자가 대답하기를 "진실로 그대가 욕심을 부리지 않는다면 비록 상을 준다 해도 훔치지 않을 것이오." 하였다.

계강자환도季康子患盜 **문어공자**問於孔子 **공자대왈**孔子對曰 **구자지불욕**苟子之不欲 **수상지**雖賞之 **불절**不竊

[안연]

노나라에는 삼가(三家)가 있다. 계손, 숙손, 맹손 세 집안을 가리키는 말이다. 삼환이라고도 하는데, 이 들 세 집안의 조상이 노 환공에게서 나왔기 때문이다. 공자 때에는 계강자가 노나라의 실권을 쥐고 군주 자리도 좌지우지할 정도로 그 세력이 막강했다. 이들이 벌인 범상(犯上)의 참람한 짓은 한두 가지가 아니었다. 공자가 이들의 행태를 달가워할 리 없었다.

   이런 계강자가 어느 날 공자에게 도둑 걱정을 늘어놓았다. 그러자 공자는 '그대부터 욕심을 버리라'고 쓴 소리를 하였다. 계강자가 이 말에 흔쾌히 들었을까. 뒷말이 없는 것을 보면 그의 태도가 짐작이 된다. 계강자가 공자에게 "백성에게 공경과 충성으로써 권장하게 하려면 어떻게 해야 합니까?" 하고 묻자, 그때도 공자는 "백성에게 임하는 데 위엄이 있으면 공경하고, 효성스럽고 너그러우면 충성하며, 선한 사람을 등용하여 그렇지 못한 사람을 가르치면 권장하게 되겠지요." 하였다. 먼저 모범을 보이라는 뜻으로 같은 취지의 말이다.

   계강자는 백성을 부리는 '사민(使民)'의 요령을 물은 것이지만, 공자는

'임정(臨政)', 즉 정치에 임하는 마음가짐을 가지고 답변한 것이다. 먼저 자신이 바르게 서야 백성이 바르게 선다는 뜻으로, 바른 자세로 솔선수범하는 것이 곧 정치란 말이다.

군주의 자리를 훔치는 것을 '절위(竊位)'라고 한다. 세상을 훔치는 큰 도둑이다. 세상을 훔치려는 큰 도둑에게 공자의 원론적인 답변이 무슨 소용일까 싶다.

세월은 누구에게나 멈추지 않는 법

양화가 공자를 만나고자 하였으나 공자가 만나주지 않자, 공자에게 삶은 돼지를 선물로 보내어 인사차 찾아오게 하였다. 그러자 공자도 그가 없는 틈을 타 사례하러 갔다가 길에서 마주쳤다. 양화가 공자에게 말하기를 "와 보시오. 내 그대와 말 좀 해야겠소. 보화를 품고 있으면서 나라가 혼란스럽도록 두는 것을 인하다고 할 수 있소?" 하니, 공자가 말하기를 "옳지 않습니다." 하였다. 또 "정치에 종사하기 좋아하면서 자주 때를 놓치는 것을 지혜롭다 할 수 있소?" 하니, 공자가 말하기를 "옳지 않습니다." 하였다. 양화가 말하기를 "해와 달이 가고 있소. 세월은 나를 위하여 멈추어 주지 않는 법이오." 하니, 공자가 말하기를 "그렇습니다. 내가 장차 벼슬할 것입니다." 하였다.

양화욕견공자陽貨欲見孔子 공자불견孔子不見 귀공자돈歸孔子豚 공자시기무야이왕배지孔子時其亡也而往拜之 우저도遇諸塗 위공자왈謂孔子曰 내來 여여이언予與爾言 왈曰 회기보이미기방懷其寶而迷其邦 가위인호可謂仁乎 왈불가曰不可 호종사이기실시好從事而亟失時 가위지호可謂知乎 왈불가曰不可 일월日月 서의逝矣 세불아여歲不我與 공자왈孔子曰 낙諾 오장사의吾將仕矣 [양화]

양화는 노나라 계씨의 가신으로 이름은 호다. 당시 계환자가 국정을 쥐고 있었으므로 공자에게 출사를 강권하려고 이런 시도가 있었다. 자신의 입지를 강화하기 위해 공자의 이름을 이용하려는 속셈이었다. 젊은 시절 공자를 문전박대한 것도 양화였고, 이전에 광 땅에서는 공자를 양화로 오인한 사람들로 인해 큰 위험에 처하기도 했으니, 양화가 광 땅에 쳐들어가 노략질하고 포학하게 굴었기 때문이다.

양화가 이미 여러 차례 공자를 만나서 출사에 대한 다짐을 두려 하였으나 공자가 그 때마다 그와의 만남을 기피하였다. 그러자 양화가 꾀를 내어 공자에게 삶은 돼지를 선물로 보냈다. 찾아와 사례하는 것이 예였기에 공자가 이를 피하지 못하리라 생각한 것이다. 그러자 공자도 양화가 없을 때를 골라 사례하러 갔다가 돌아오는 길에 양화와 마주쳤다. 민망한 상황인지라, 공자의 대답이 짧다. 다산 정약용은 『논어고금주』에서 '옳지 않다'는 답변을 양화의 말로 해석하기도 한다.

아무튼 굳이 공자를 만나서 출사를 권하는 양화나, 그와의 만남을 피하려는 공자의 언사나 비유로 말하지만 언중유골이다. 말 속에 뼈가 있다. 양화가 공자에게 정치에 대한 경험과 경륜을 갖고도 출사하지 않는 태도를 따진 것이지만, 공자의 짧은 답변에는 출사는 하겠지만, 지금과 같이 참람한 조정에는 출사하지 않겠다는 뜻이 담겨 있다. 분명한 거부의 뜻이다. 양화도 그 뜻을 모를 리 없었을 것이다. 공자가 '내가 장차 벼슬할 것이다'란 말을 덧붙인 이유도 여기에 있다.

공자가 정치를 하려는 목적은 백성에 대한 뜻이 있었기 때문이다. 예의에 입각한 교화이고, 백성의 생업을 편안하게 하는 안민이다. 정치가 단지 사욕을 위해 권력을 잡기 위한 수단이 돼서는 안 된다는 의미다. 공자가 "도가 다르면 함께 할 수 없다."고 했다. 뜻이 다른 자들과는 정치를 할 수 없다는 뜻이다. 단지 권력을 잡기 위한 정치라면 그것은 협잡에 불과하다. 양화가 '세월은 나를 위하여 멈추어 주지 않는 법'이라고 했다. 맞는 말이다. 다만 그 세월은 누구에게나 공평하다. 양화가 공자에게 한 말이겠지만, 권불십년이다. 양화에게도 그 세월은 비껴가지 않는다.

솔선수범과 노블레스 오블리주

진실로 몸가짐을 바르게 하면 정치를 하는 데 무슨 어려움이 있겠는가. 그러나 자신의 몸가짐을 바르게 하지 못한다면 남을 바르게 하고자 한들 어떻게 하리요.

자왈子曰 구정기신의苟正其身矣 어종정호於從政乎 하유何有 불능정기신不能正其身 여정인如正
人 하何
[자로]

정치에 관한 공자의 말 중 일관된 게 있다. '정자정야(政者正也)' 곧 '정치란 바른 것'이라는 말이다. '정(正)'에는 여러 함의가 있지만, 핵심은 '바른 자세' 또는 '바르게 하려는 자세'로 솔선수범한다는 의미다. 따라서 이 말은 정치의 효능을 가지고 한 말이 아니라, 정치에 종사하는 이의 마음가짐과 태도가 어떠해야 하는가를 말한 것이라고 할 수 있다. 정치인이 공심이 아니라 사심을 갖고 정치하는 순간, 정치는 왜곡되고 백성들은 그런 정치에 등을 돌리게 된다.

조선의 윗사람들은 어땠을까. 조선은 민을 네 부류로 차등화했다. 사·농·공·상의 사민이다. 이 중 사 그룹은 글을 읽는 선비인 문사 그룹으로, 사회의 리더였다. 그런데 그들은 처음부터 국방의 의무인 군역을 지지 않았다. 그들은 지주 겸 향촌사회의 유력자로서 사회적 책임보다는 특권 의식으로 기득권화되었다. 또 그들은 사색당파로 분열되어 민생은 도외시한 채 내부의 적을 향한 모진 싸움에 함몰되었다. 그들은 외침과 내란에 무기력했고, 끝내 망국을 초래했다. 지배층의 이런 무책임이 망국의 주된 원인이었다면 지나친 말일까.

　서양에서는 노블레스 오블리주라는 말이 있다. '귀족은 의무를 진다'는 뜻이다. 요는 한 사회 리더 그룹의 책임 의식을 일컫는 말이다. 프랑스의 작가 겸 정치인인 피에르 가스통 마르크가 『격률과 교훈』(1808)에서 처음 쓴 말로 알려져 있다. 이 말은 여러 가지 논란에도 불구하고, 윗사람의 솔선수범을 강조한다는 점에서는 공자의 말과 다를 바 없다.

　'정치란 바른 것'이라는 공자의 말을 당연한 소리로 치부하기 쉽다. 그러나 그 당연함이 당위적 실천 명제로서 한 사회에 작동하기란 쉽지 않다. 바른 자세로 노력하는 정치인, 언행을 신중히 하는 정치인은 정말 드물다. 정치의 본령은 치안(治安)에 있다. 치국과 안민이다. 조선말 혜강 최한기의 말처럼 '일통(一統)의 정치'는 과연 요원할까. '정치 수준은 민도를 뛰어넘을 수 없다'고 한다. 민이 성숙해야 그런 정치인이 설 자리가 없다.

안 되는 줄 알면서도 하려는 사람 말이오

자로가 석문에서 자고 새벽에 성문에 들어서자 문지기가 묻기를 "어디서 오는 길이요?" 하니, 자로가 말하기를 "공씨 문하에서 오는 길이오."라고 대답하였다. 이에 문지기가 말하기를 "안 되는 줄 알면서도 하려는 사람 말이오?" 하였다.

자로숙어석문子路宿於石門 **신문왈**晨門曰 **해자**奚自 **자로왈**子路曰 **자공씨왈**自孔氏曰 **시지기불가이위지자여**是知其不可而爲之者與 [헌문]

문은 공간을 가른다. 이쪽과 저쪽의 구분이다. 문지기 메타포(Metaphor)다. 공자의 뜻이 세상 가운데 실현되기 어려운 것임을 알고서 한 말이다. 그러나 그 불가함을 공자도 안다. 그럼에도 포기할 수 없는 게 세상이다. 세상에는 힘든 백성들이 살기 때문이다.

공자는 문지기말대로 안 되는 줄 알면서도 하려는 사람이었다. 공자의 꿈은 당세에는 실현되기 어려운 것이었다. 아니 어쩌면 인간 세상에서는 실현되기 어려운 꿈일지도 모른다. 그 점에서 노자와 장자는 공자의 뜻과 대척점에 선다. 무도한 세상을 피해 피세를 추구한 입장 때문이다.

노자는 함곡관을 나가기 전 문지기에게 '도경'과 '덕경' 오천언을 써 주었다고 한다. 일명 『도덕경』이다. 노자가 실존 인물인지는 논란이 많은 문제이지만, 『도덕경』이 지향한 이상향도 결국 인간 세상에서 구현하기 어려운 점은 마찬가지다.

장자는 한 발 더 나아가 아예 초월적 세계를 꿈꾼다. 큰 날개를 펼치는 대붕, 이 세상의 실재조차 도착하는 나비의 꿈 호접몽, 어느 것이 진짜 세상일까, 영화 매트릭스 사유의 원천이다.

그러나 현실 세계는 다르다. 피세가 비록 현자에겐 지혜로운 처신일 순 있겠지만, 세상 사람들을 구제하기 위한 올바른 정치의 꿈을 포기할 수 없음에 공자의 지향점이 놓인다. 그러니 현실 참여를 통한 개혁을 꿈꾼 공자의 생각이 귀한 것이다. 때론 안 되는 줄 알면서도 해야 할 때가 있다. 그 때의 공자가 그랬다.

어찌하여 정치를 하지 않으십니까

어떤 사람이 공자에게 말하기를 "선생께서는 어찌하여 정치를 하지 않으십니까?" 하니, 공자가 말하기를 『서경』에서 '부모에게 효인가, 오직 효도로다. 형제간에 우애 있게 하여 정치에 베푼다.'고 하였으니, 이 또한 정치를 하는 것이다. 굳이 벼슬을 해서 정치하는 것만 정치하는 것이랴." 하였다.

혹或 위공자왈謂孔子曰 자子 해불위정奚不爲政 자왈子曰 서운書云 효호孝乎 유효惟孝 우우형제友于兄弟 시어유정施於有政 시역위정是亦爲政 해기위위정奚其爲爲政　　　　　[위정]

공자는 평생 정치를 하려고 힘쓴 사람이다. 비록 당시 공자가 정공 초기에 벼슬 없이 지내고 있었지만 정치에 대한 그의 열망이 식은 것은 아니다. 그러니 공자에게 "어찌하여 정치를 하지 않으십니까?"라는 질문은 현실과 동떨어진 질문일 수밖에 없다.

"부모에게 효도하고 형제간이 우애 있으면 되었지, 굳이 벼슬해야만 정치하는 것인가?" 공자의 답변이지만 꽤나 역설적이다. 역설은 언뜻 들으면 모순되는 것 같지만 그 속에 진리를 포함하는 경우에 쓰는 말이다. 따라서 이 답변은 정치의 본질에 대한 모종의 은유라고 할 수 있다. 그렇다면 공자가 이 글에서 말한 정치의 본질에 대한 함의는 무엇일까.

효제, 곧 부모에게 효도하고 형제간에 우애 있게 행동하는 것이 정치라는 말은 치민, 봉공의 정치도 결국 이 바탕 위에서 이루어진다는 의미다. 치국평천하에 앞서서 수신제가가 먼저라는 뜻이다. 따라서 이 글의 메시지는 분명하다. 일가의 정치인 효제의 근본이 안 된 사람이 대정(大政), 즉 국가 경영을 제대로 할 리가 없다는 것이다.

효제가 공자가 추구하는 도의 근간이며, 효제를 사회적으로 확장한 것이 '충신'이다. 따라서 정치는 효제충신의 근간이 바로서야 올바로 시행될 수 있다는 말이다. 정치는 백성을 편안하게 하는 안민을 궁극의 가치로 여기지만, 그게 꼭 경제적인 안정만을 뜻하지는 않는다. 오히려 안민의 요체는 사람의 도리를 실천하도록 백성을 교화하는 것에 더 큰 목적이 있다. 그것이 공자가 말한 인도의 정치요, 곧 사람다움의 정치라고 할 수 있다.

요구도 요구 나름

장무중이 방읍에 있으면서 노나라에 후계자를 세워 줄 것을 요구하였는데, 비록 형세를 믿고서 임금에게 강요한 것은 아니라고 하지만, 나는 믿지 않는다.

자왈子曰 장무중臧武仲 이방以防 구위후어로求爲後於魯 수왈불요군雖曰不要君 오불신야吾不
信也
[헌문]

장무중은 원래 노나라의 대부였다. 대역죄로 몰려 이웃 주나라로 피했다가 자신의 식읍인 방읍에 숨어들어 세력을 키우고 조정에 이런 요구를 한 것이다. 공자는 춘추대의에 입각해서, 이런 요구의 저의와 원칙에도 없이 이런 요구를 수락한 조정 모두를 비판한 것이다.

　　이 글을 지정학적 리스크가 큰 우리나라의 상황으로 확대해 보면 어떤 맥락으로 읽힐까. 힘을 과시하며 무리한 일을 요구하는 상대에게 대응이 쉽지 않다. '원칙'은 명분이고, '실리'는 현실이기 때문이다. 그러나 두 마리 토끼가 다 필요한 것이 국제 정세이다. '원칙'과 '실리' 사이에서 상호 모순의 딜레마에 빠지지 않고, 상황을 현명하게 풀어갈 묘안은 없을지 깊은 고민이 필요하다.

　　공자는 장무중의 무리한 요구에 무력하게 대응한 조정의 처사를 비판한 것이지만, 그럴 때 능동적으로 대응하지 못한 조정에 더 포커스를 맞추어 이 글을 읽게 된다. 그럴 경우, 이런 상황에서 더 큰 문제는 내치다. 내치가 안 된다는 것은 국론이 분열되어 있다는 뜻이다. 분열된 국론으로는 이런 상황을 헤쳐가기가 쉽지 않기 때문이다.

　　그런 관점에서 지금의 우리나라를 보면 어떨까. 분열된 국론도 모자란 듯, 상대가 망하기를 바라는 극언마저 서슴없이 쏟아낸다. 이런 거친 막말을 쏟아내는 장본인이야 더 말할 것도 없지만, 이를 확대 재생산하는 불안한 사회는 더 암담하다. 그런 사회는 미래를 장담하기 힘들다. 정치가 바로 서야 나라가 바로 선다. 당시 노나라 조정에서는 이런 평범한 원칙이 설 자리가 없었기에, 반란을 일으켰던 장무중의 무리한 요구에 굴종한 것이다. 요구도 요구 나름이다. 원칙 없는 요구를 들어주면 그 후에는 더 큰 것을 요구해 온다. 세상이 그렇고 역사가 그렇다.

요즘 정치하는 사람들

자공이 묻기를 "어떠해야 선비라 할 수 있습니까?" 하니, 공자가 말하기를 "자기의 행위에 부끄러움이 있고, 사방에 사신으로 나가서 임금의 명예를 욕되게 하지 않는다면, 선비라고 할 만하다." 하였다. 자공이 말하기를 "감히 묻건대 그 다음은 무엇입니까?" 하니, 공자가 말하기를 "친척들이 효성스럽다고 칭찬하고, 마을 사람들이 공손하다고 칭찬하는 사람이다." 하였다. 자공이 말하였다. "감히 묻건대 그 다음은 무엇입니까?" 하니, 공자가 말하기를 "말을 하면 반드시 지키고, 행위를 과단성 있게 하는 사람이다. 자잘한 소인이기는 해도 역시 그 다음은 될 것이다." 하였다. 자공이 말하기를 "지금 정치에 종사하는 사람들은 어떻습니까?" 하니, 공자가 말하기를 "아, 한 말 닷 되 정도의 사람들이야 더 따질 게 뭐가 있으리." 하였다.

자공문왈子貢問曰 하여何如 사가위지사의斯可謂之士矣 자왈子曰 행기유치行己有恥 사어사방使於四方 불욕군명不辱君命 가위사의可謂士矣 왈曰 감문기차敢問其次 왈曰 종족宗族 칭효언稱孝焉 향당鄕黨 칭제언稱弟焉 왈曰 감문기차敢問其次 왈曰 언필신言必信 행필과行必果 갱갱연소인재硜硜然小人哉 억역가이위차의抑亦可以爲次矣 왈曰 금지종정자今之從政者 하여何如 자왈子曰 희噫 두소지인斗筲之人 하족산야何足算也 　　　　　　　　　　　　　　　　[자로]

선비, 곧 사는 한 사회의 리더 그룹이다. 자공이 스승인 공자에게 물어 본 것은 그 리더의 자격이다. 공자는 인간다움에 비추어 마음에 부끄러움을 아는 사람, 사신의 중임을 맡아 나라를 위해 당당히 처신할 수 있는 사람, 효도와 겸손한 행실로 근본이 바로 선 사람, 말한 것을 반드시 지키고 행동에 과단성이 있는 사람을 차례대로 꼽았다.

공자가 비록 층차를 두어 말하긴 했어도, 이 세 가지 덕목은 실상 하나로 연결된 것이다. 마음에 부끄러움을 아는 사람이 불효, 불손할 수 없고, 효도하고 겸손한 사람이 언행이 불일치할 수 없기에 그렇다.

그런데 "요즘의 정치인들은 어떻습니까?"라는 자공의 질문에 대한 공자의 대답이 자못 냉소적이다. 한 말 닷 되 들이 남짓한 속 좁게 구는 자들이야 일일이 따질 가치도 없다는 말이다. 공자의 언사치고는 꽤 신랄한 편으로, 그 시대의 정치인들에 대한 환멸을 담은 표현이다. 남을 인정하지 않는 '속 좁은' 협량, 공사를 구분 못하고 사적인 이익만 탐하는 사람들을 강하게 비판한 것이다.

공자의 기준에 따르면 정치에 종사하려는 사람은, 적어도, 인간으로서의 부끄러움, 나라를 위한 능력, 효도와 겸손의 자질, 언행에 대한 신실함, 과단성 있는 행동력을 갖추어야 한다는 뜻이다. 이 기준에 비추어 보면, 우리 시대의 정치인들은 어떨까.

인간으로서의 부끄러움도 모르는 사람, 능력도 없이 한갓 자리만 차지하고 있는 사람, 효제의 근본 도리조차 도외시하는 사람, 식언을 예사로 하는 사람, 위험 앞에 자기 몸만 사리는 사람. 이런 사람이 정치에 종사하는 한, 그 사회는 희망이 없다.

인재의 등용

중궁이 계씨의 재신이 되어 정치에 대해 물었다. 공자가 말하기를 "담당 관리에게 먼저 하게 하고, 사소한 잘못은 용서해 주며, 유능한 인재를 천거하는 것이다." 하니, 중궁이 말하기를 "어떻게 유능한 인재를 알아서 천거합니까?" 하였다. 공자가 말하기를 "네가 아는 유능한 인재를 천거하면 네가 미처 모르는 이를 사람들이 내버려 두겠느냐." 하였다.

중궁위계씨재仲弓爲季氏宰 문정문政問政 자왈子曰 선유사先有司 사소과赦小過 거현재擧賢才 왈曰 언지현재이거지焉知賢才而擧之 왈曰 거이소지擧爾所知 이소부지爾所不知 인기사저人其舍諸

[자로]

"백성들은 누구나 조정에 어질고 유능한 인재가 등용되기를 바란다. 아둔하고 약삭빠른 자들이 등용되는 것을 원치 않는다. 그러므로 임금은 백성들의 마음을 모아서 내 마음으로 삼아야 한다. 백성들의 마음을 거스르고 혼자 마음에 생각하는 것만을 시행하려 하고, 천지조화와 세상의 일에 대해 자신만을 지나치게 믿어 다른 사람의 지식에 대해서는 모두 나만 못한 것으로 여기며, 용인할 때에도 오로지 자신의 마음만을 기준으로 삼아, 조금만 거슬려도 물리쳐 내쫓고 아첨하고 따르는 자만 등용하며, 백성의 근심과 즐거움으로 자기의 근심과 즐거움을 삼지 않고 도리어 항상 자기의 근심과 즐거움을 백성의 근심과 즐거움으로 여긴다면, 백성들의 바람에 따라 용인할 것을 기대할 수 있겠는가!" 혜강 최한기가 『인정』에서 인재의 천거와 등용의 중요성에 대해 말한 것이다.

정치는 메시지다. 어떤 메시지를 발하는가에 따라 조정을 바라보는 백성들의 시선이 바뀐다. 조정에 공정하고 유능한 인재가 등용되면 사람들은 그런 사람을 추천할 테고, 권력에 빌붙는 영악한 자들이 꾄다면 사람들은 결코 공정하고 유능한 인재를 추천하지 않을 것이다. 따라서 정치의 득실은 용인의 여하에 달려 있다고 해도 과언이 아니다.

중궁은 공자의 제자 염옹의 자이다. 염옹은 비천한 출신이지만, 공자는 그의 덕성과 인에 대한 정치 이상을 높이 평가하여, '남쪽을 보고 앉을만하다'고 하였다. 이 말은 '임금의 자리에 앉을만하다'는 말이다. 공자의 인재 등용의 취의가 어디에 있는지 짐작케 한다. 사람의 출신 배경을 보기보다 그 사람의 사람됨을 중시한 공자다.

같은 피붙이, 학교, 지역 등 연고를 빙자한 인사, 이념으로 내 편 네 편을 가르는 편가르기 인사로 세상을 어지럽게 해서는 안 된다. 이런 연고주의와 이념적 성향에 편향된 인사부터 없애는 게 정치 개혁의 첫 걸음이다. 여론의 향배는 조정에 어떤 자들이 천거되고 등용되는가에 따라 달라진다.

정치는 게을리 하지 않는 것

자로가 정치에 대해 물으니, 공자가 말하기를 "앞장서고 스스로 힘써야 한다." 하였다. 더 말씀해 주기를 청하자 "게을리 하지 말아야 한다." 하였다.

자로문정子路問政 자왈子曰 선지노지先之勞之 청익請益 왈曰 무권無倦　　　　　[자로]

성질 급한 제자 자로는 스승 공자에게 거듭 질문을 던져 답을 다그친다. "정치가 무엇인가요?" 이에 공자는 '선지', '노지'라고 짧게 대답하였다. 각기 '앞장선다', '스스로 힘쓴다'는 뜻이다. 먼저 나서는 것, 남을 시키지 않고 직접 수고하는 것이다. 용감한 자로에게는 맞춤형 답변인 셈이다.

　그런데도 스승의 답변이 성에 차지 않았는지 자로가 다시 답변을 요구한다. 그러자 공자는 '무권'이라고 짧게 답하고 매듭을 짓는다. '정치는 게을리 하지 않는 것'이라는 의미다. 성격 급하고 다혈질인 자로에게는 어쩌면 딱 맞는 답변이 아닐까 싶다. 이런 사람은 금방 싫증을 내기 때문이다. 공자의 심사겠지만, 깊이 새겨볼 말이다.

　'무권'은 곧 부지런함이다. 한자로는 '근(勤)'이다. 경복궁의 정전 이름인 근정전(勤政殿)에는 이런 의미를 담았다. '정사에 부지런하다'는 뜻이기 때문이다. 조선의 역대 27명의 임금치고 이 '부지런함'에서 자유로운 임금은 없었다. 임금은 솔선수범하는 자리였다. 즉 남보다 앞장서서 행동함으로써 몸소 다른 사람의 본보기가 되는 것은 치자의 제일의 덕목이었다.

　공자는 같은 말은 반복해서 말하는 경우가 드물다. 또 같은 말이라도 상대방에 따라 달리 설명한다. '정치란 게을리 하지 않는 것'이란 이 구절도 말뜻은 쉽지만 실천하기는 지극히 어려운 말이다. 공자가 말하는 정치의 기본 원리가 솔선과 수고, 부지런함에 있다는 말은 깊이 새겨들어야 할 말이다. 자신의 일에 부지런한 사람이 인생 경영에서 승리한다.

정치란 가까이 있는 이들은 기뻐하고, 멀리 있는 사람들은 찾아오도록 하는 것

섭공이 정치에 대해 물으니, 공자가 말하기를 "가까이 있는 이들은 기뻐하게 하고, 멀리 있는 사람들은 찾아오도록 하는 것이오." 하였다.

섭공문정葉公問政 **자왈**子曰 **근자열**近者說 **원자래**遠者來　　　　　　[자로]

'근열원래'는 가까이 있는 자들은 기뻐하게 하고 멀리 있는 사람들은 찾아오도록 한다는 것이다. 정치원리로서 이 원칙만큼 명료한 것은 없다. 공자가 초나라 대부인 섭공에게 이러한 대의로써 정치의 본령을 설명한 글이다. 공자는 이상적인 정치가 '무위(無爲)'의 정치라고 했다. '아무 것도 하지 않는 것'이 아니라 '아무 것도 할 필요가 없는 정치'를 말한다. 마치 북극성이 제자리를 지키면 뭇 별들이 도는 이치와 같다고 하였다. 그것이 덕이요, 덕에 기반한 정치가 덕치다. '무위의 치'를 말하는 노자의 생각은 자연의 섭리에 가깝다.

공자가 말한 정치의 요체는 '믿음'에 기초한다. 그 믿음은 사람다운 인륜 교화와 생업 안민에 대한 믿음이다. 그것이 가까이 있는 자들은 기뻐하고 멀리 있는 사람들은 찾아오도록 하는 정치원리다. 따라서 믿음의 회복이야말로 정치의 근본이 된다.

한 사회가 이러한 믿음을 잃어버리면 무슨 정책이든 역효과를 부르기 마련이다. 믿음이 전제되지 않는 섣부른 개혁이 대개 혼란을 부르고 애당초 아니함만 못했던 것도 이 때문이다. 그리고 그 믿음은 공정에 기초한다. 위정자가 이런 본말을 거꾸로 하면 사회가 위태로워진다.

정치를 묻다

자장이 공자에게 묻기를 "어떻게 해야 정치에 종사할 수 있습니까?" 하니, 공자가 말하기를 "다섯 가지 미덕을 높이고 네 가지 악행을 물리친다면 정치에 종사할 수 있다." 하였다. 자장이 묻기를 "다섯 가지 미덕은 무엇입니까?" 하니, 공자가 말하기를 "군자는 은혜를 베풀지만 헛되이 하지 않으며, 수고롭게 하지만 원망이 없게 하며, 의욕을 갖지만 탐욕스럽게 하지 않으며, 태연하기는 해도 교만하지 않으며, 위엄이 있지만 사납지 않은 것이다." 하였다. 자장이 묻기를 "은혜를 베풀지만 헛되이 하지 않는다는 것은 무엇을 말하는 것입니까?" 하니, 공자가 말하기를 "백성들의 이익을 근거로 이롭게 해 주니, 이것이 은혜를 베풀지만 헛되이 하지 않는 것이 아니겠느냐. 수고롭게 할 만한 일을 택하여 수고롭게 하니, 또 누가 원망을 갖겠느냐. 인을 하고자 의욕을 부리다가 인을 얻었는데, 또 무엇을 탐하겠느냐. 군자는 많고 적음이 없고, 작고 큼이 없으며, 함부로 교만을 부림이 없으니, 이것이 태연하기는 해도 교만하지 않는 것이 아니겠느냐. 군자는 의관을 바르게 하고 바라보기를 똑바로 하여, 그 모습이 엄중하여 사람들이 바라보고 두려워 하니, 이것이 위엄이 있지만 사납지 않은 것이 아니겠느냐." 하였다. 자장이 묻기를 "네 가지 악행은 무엇입니까?" 하니, 공자가 말하기를 "가르치지도 않고 죽이는 것을 잔학하다고 하고, 경계하지도 않고 성과를 요구하는 것을 포악하다고 하며, 아무렇게나 명령을 내리고도 기한을 재촉하는 것을 해친다고 하고, 사람들에게 내주기는 마찬가지인데도 출납할 때 인색하게 구는 것을 관의 못된 짓이라 하는 것이다." 하였다.

子張_{자장}子張 문어공자왈_{問於孔子曰} 여如 사가이종정의_{斯可以從政矣} 자왈_{子曰} 존오미_{尊五美} 병사_{屏四} 악_惡屏四惡 사가이종정의_{斯可以從政矣} 자장왈_{子張曰} 하위오미_{何謂五美} 자왈_{子曰} 군자혜이불비_君

子惠而不費 노이불원勞而不怨 욕이불탐欲而不貪 태이불교泰而不驕 위이불맹威而不猛 자장왈子

張曰 하위혜이불비何謂惠而不費 자왈子曰 인민지소리이이지因民之所利而利之 사불역혜이불비

호斯不亦惠而不費乎 택가로이노지擇可勞而勞之 우수원又誰怨 욕인이득인欲仁而得仁 우언탐又焉

貪 군자무중과君子無衆寡 무소대無小大 무감만無敢慢 사불역태이불교호斯不亦泰而不驕乎 군자

君子 정기의관正其衣冠 존기첨시尊其瞻視 엄연인망이외지儼然人望而畏之 사불역위이불맹호斯

不亦威而不猛乎 자장왈子張曰 하위사악何謂四惡 자왈子曰 불교이살不敎而殺 위지학謂之虐 불계

시성不戒視成 위지포謂之暴 만령치기慢令致期 위지적謂之賊 유지여인야猶之與人也 출납지린出

納之吝 위지유사謂之有司　　　　　　　　　　　　　　　　　　　　　　　　　　　[요왈]

공자가 말한 정치의 오미(五美)는 은혜를 베풀지만 헛되이 하지 않으며, 수고
롭게 하지만 원망이 없게 하며, 의욕을 갖지만 탐욕스럽게 하지 않으며, 태
연하기는 해도 교만하지 않으며, 위엄이 있지만 사납지 않은 것의 다섯 가
지 미덕인데, 방점은 뒤에 덧붙인 조건에 있다. 헛되지 않게 함, 원망이 없
게 함, 탐욕을 부리지 않음, 교만하지 않음, 사납지 않음이다. 공자가 말한
'중용'의 정치와 맥락이 통하는 말이다.

　사악(四惡)은 가르치지도 않고 죽이는 것, 경계하지도 않고 성과만 요구
하는 것, 소홀히 명령을 내리고도 기한을 재촉하는 것, 출납할 때 인색하게
구는 것의 다섯 가지 악행이다. 각각 잔악함, 포악함, 해치는 짓, 못된 근성
을 말하는데, 이는 공자가 추구한 인애의 정치, 관용의 정치와는 대척점에
선다. 사악은 독버섯과 같다. 사악이 횡행하는 사회나 국가에 미래를 기대
하기 어렵다.

　공자는 올바른 방도로 정치를 해야 한다는 뜻으로 '정자정야'라고 했
다. 힘에 의한 패도, 변칙에 의한 사도로 정치를 해서는 안 된다는 말이다.

또 '정재기인'이라고 했다. 바른 정치를 위해서는 합당한 인물을 적재적소에 기용해야 한다는 뜻이다. 위가 구부러지면 아래도 구부러지게 마련이다.

　『논어』를 읽는 방법은 여러 층위가 있다. 훈고학적 전통 속에서 보면 자구의 의미를 엄밀히 따져 본의에 충실하게 해석할 필요가 있겠지만, 그 독법의 한계도 있다. 우리 시대의 물음에 공자는 어떤 대답을 내 놓았을까. 오늘 정치에 대한 공자의 생각을 들여다 본 뜻이다.

정치에 대한 생각

일천 대의 수레를 낼 수 있는 천승의 나라를 다스릴 때에도 정사를 신중히 해서 믿음을 주고, 재정을 아껴서 백성을 사랑하며, 때에 맞게 백성을 부려야 한다.

자왈子曰 도천승지국道千乘之國 경사이신敬事而信 절용이애인節用而愛人 사민이시使民以時

[학이]

공자가 든 정치의 요체는 세 가지다. 첫째는 정사를 신중히 하여 믿음을 주는 것은 믿음이 나라의 근간이 되기 때문이다. 때문에 공자는 "믿음이 없으면 나라가 유지될 수 없다."고 하였다. 둘째는 씀씀이를 아끼는 절용을 통해서 백성을 사랑하는 것이다. 재물을 축내는 상재(傷財)와 백성에게 해악을 끼치는 해민(害民)은 동전의 앞뒷면과 같아서 그런 사람은 애초에 자천이든 타천이든 정치의 장에 오르면 안 된다. 셋째는 백성을 아무 때나 동원하지 말라는 것이다. 백성의 생업이 무너지면 나라의 근본이 무너지기 때문이다.

반면에, 공직자가 일을 가볍게 처리하여 백성에게 불신을 주고, 탐욕을 드러내고 백성 위에 군림하며, 아무 때나 함부로 백성을 동원한다면 그런 나라가 온전히 보전될 리 없다. 정도로 부지런히 힘쓰는 '근정(勤政)'이 올바른 정치의 비결이라는 함의다.

다산 정약용은 『목민심서』에서 목민관의 기본 정신으로 '공렴(公廉)'을 꼽았다. 공정한 일처리와 청렴한 태도라는 뜻이다. 그리고 그 바탕은 백성을 아끼는 애민 정신이라고 했다. 또 혜강 최한기는 『인정』 '선인(選人)'에서 공직에 있는 사람은 '공명정대'해야 한다고 했다. 공명정대한 일처리로 '청천백일' 아래 서 있듯 부끄러움 없이 떳떳해야 한다는 것이다. 모두 공직자의 마음가짐에 중점을 둔 말로 사욕으로 정치를 하면 자신도 나라도 결국 패망하게 된다는 뜻이다.

일천 대의 수레를 낼 수 있는 나라를 천승지국이라 하는데, 곧 제후의 나라를 가리킨다. 이 글에서 도는 '다스릴 치(治)'로 새긴다.

정치의 원리

계강자가 묻기를 "백성에게 공경과 충성을 권장하게 하려면 어떻게 해야 합니까?" 하니, 공자가 말하기를 "임하는 데 위엄이 있으면 공경하고, 효성스럽고 자애로우면 충성하며, 선한 사람을 등용하여 그렇지 못한 사람을 가르치면 권장이 되겠지요." 하였다.

계강자문季康子問 사민경충이권使民敬忠以勸 여지하如之何 자왈子曰 임지이장즉경臨之以莊則

敬 효자즉충孝慈則忠 거선이교불능즉권擧善而敎不能則勸　　　　　　　　　[위정]

계강자는 임금이 있는데도 참란한 짓을 서슴없이 벌이는 노나라의 권력자였다. 그런 그가 묻는 '공경과 충성의 원리'는 결국 '순민(順民)'의 방도를 묻는 것이다. 위정자가 어떻든 순응하는 백성을 만드는 방법이다. 그러나 백성들이 사나워지는가, 충직해지는가는 위정자에 따라 달라진다. 폭정은 사나운 백성을 만들고, 선정은 선한 백성을 만든다. 그래서 정치는 상대적이라는 것이다.

당시 실권자 계강자가 어떤 의도에서 이 질문을 했는지 그 의도를 알기 때문일까. 공자도 내심 마뜩치 않은 듯 원론적인 답변에 그친다. 공자는 정치의 원리를 위엄을 갖출 것, 효성스럽고 자애로울 것, 선한 이를 등용할 것으로 답했다. 이런 모범 답안을 계강자가 어떻게 받아들였을까. 아마 흔쾌하지 않았을 것이다. 서로 초점이 안 맞는 질문과 답변을 주고받은 셈이다.

정치 여하에 따라 백성은 순응하는 '순민'이 되기도 하고, 저항하는 '항민(抗民)'이 되기도 한다. 시대가 바뀌었다고 정치의 원리가 바뀌진 않는다.

공자의 답변은 불변의 정치 원리를 설명한 것이다. 위선과 불신, 갈등과 분열만 조장하는 지금의 정치로는 도달하기 어려운 꿈일 뿐이다. 자신의 사욕을 위해 불안을 부추기고 거기에 기생하는 사람들, 세상을 약육강식의 전쟁터로 만드는 정치인의 행태는 '공자의 꿈'에서 한참 동떨어진 것이다. 계강자 같은 사람은 어느 시대나 있게 마련이다.

지금 정치하는 자들은 위태롭다

초나라의 광인 접여가 공자의 수레를 지나면서 노래하기를 "봉황이여, 봉황이여. 어찌 덕이 쇠했는가. 지난 일은 간할 수 없지만 앞으로의 일은 따라잡을 수 있으니. 그만두어라. 그만두어라. 지금 정치에 종사하는 자들은 위태롭다." 하였다. 공자가 수레에서 내려 그와 말하고자 하였으나, 그가 빠른 걸음으로 걸어 피하는 바람에 더불어 말하지 못하였다.

초광접여가이과공자왈楚狂接輿歌而過孔子曰 봉혜봉혜鳳兮鳳兮 하덕지쇠何德之衰 왕자往者 불가간不可諫 내자來者 유가추猶可追 이이이이已而已而 금지종정자태이今之從政者殆而 공자하孔子下 욕여지언欲與之言 추이피지趨而辟之 부득여지언不得與之言　　　　　　　　　　[미자]

『논어』에는 피세형 은자가 곧잘 나온다. 대개는 공자의 인의정치, 도의정치를 기롱하거나 비웃으며 쓸 데 없는 짓을 한다고 타박하기 일쑤다. 이 글도 그런 글 중의 하나다. 접여는 초나라 사람으로 미친 척 은일의 삶을 추구한 은자다. 이때 공자가 마침 초나라를 방문하여 스치듯 이 날의 한 장면이 이루어졌다.

　　이 글과 유사한 글이 『장자』 '인간세'에도 실려 있다. "공자가 초나라에 갔을 때, 접여라는 광인이 객사 앞에서 얼쩡거리며 노래를 불렀다. 봉황이여, 봉황이여 어찌 덕이 그리 쇠했는가. 내세는 기다릴 수 없고, 과거는 돌이킬 수 없는 것. 천하에 도가 있으면 성인은 그 도를 이루고, 천하가 무도하면 성인은 자기 삶을 지킬 뿐. 지금은 겨우 형벌이나 면하는 시절, 복은 깃털보다 가볍건만 아무도 붙잡을 줄 모르고, 화는 땅보다도 무겁건만 아무도 피할 줄 모르는구나. 그만두어라, 그만두어라. 사람 앞에 덕으로 나서려는 것을, 위태롭구나, 위태롭구나. 땅을 가려 쫓아다니는 것이, 미친 척, 미친 척, 갈 길 그르치지 말라, 구불텅구불텅한 길 가더라도 발 다치지 말라. 산에 있는 나무는 쓸모 있어 베어지고, 기름불도 저 스스로 타는 것, 계피는 먹을 수 있어서 베어지고, 옻나무는 칠에 쓰여 껍질이 벗겨진다네. 사람들은 모두 쓰임의 쓰임만 알고 쓰임 없는 쓰임은 모르는구나."

마지막 구절에서 '쓰임의 쓰임'과 '쓰임 없는 쓰임' 즉 '무용(無用)의 용(用)'을 들고 있다. 의미심장하다. 도가가 추구하는 무위의 삶이 이 구절에 담긴 셈이다. 공자도 '현인은 무도한 세상을 피한다'고 했으니, 은자의 피세적 의취에는 공감하나, 민중이 처한 현실을 외면할 수 없었던 공자였기에 현실 정치에 참여하거나 교육을 통해 그 뜻을 실현하고자 한 것이다. 공자인들 어쩌랴.

지정학적 리스크

노나라와 위나라의 정치가 형제처럼 닮았구나.

자왈子曰 노위지정魯衛之政 형제야兄弟也　　　　　　　　　[자로]

공자의 탄식이다. 노나라는 주공의 후예요, 위나라는 강숙의 후예니, 서로 형제의 나라다. 그 배경에 대해서는 긴 설명이 필요하지만 요약하면, 무경의 난을 진압한 후, 주공이 자신의 아우인 강숙을 위나라에 봉했기 때문이다. 그러나 이때에는 둘 다 쇠락하여 공자의 고국인 노나라의 형세나 약소국 위나라의 형세나 만찬가지였다. 강대국 사이에서 아슬아슬하게 버티면서도 덕치와는 거리가 먼 정치, 가신들에 휘둘리는 정치를 펴고 있으니, 공자가 보기에 안타깝기는 마찬가지라는 의미다.

　이 글을 읽으면서 우리나라의 지정학적 리스크를 생각해본다. 대륙과 해양의 교차점에 위치하여 지정학적 리스크가 큰 나라, 더구나 남북으로 나뉘어 분단된 나라, 그런 가운데 내부 정치는 사분오열되어 우환거리로 전락한 나라, 그런 위기가 남 이야기는 아니련만, 지금 상황을 보면 깊은 열패감을 떨쳐버릴 수 없다.

　한반도의 지정학은 대륙과 해양의 교차점에 있기 때문에 밖으로 뻗어갈 때에는 오히려 지정학적 기회가 더 많았다. 미국 저널리스트 로버트 카플란가 『지리의 복수』에서 언급한 '침략당할 개연성과 확장의 개연성'을 동시에 가진 땅이 한반도였다. 이 상황에서 '조선'은 바닷길을 막고 '조용한 아침의 나라'로서 은둔의 '운명'을 선택했다. 열강이 문을 두드릴 때에도 완고한 쇄국의 길을 갔다. 그 대가는 컸다.

남북 분단의 긴 상처, 외부 세력들이 나눈 분단의 역사를 우리 힘으로 아직 청산하지 못하고 있다. 사람들은 이제 통일의 길이 요원하다고 여긴다. 늙고 지쳐가는 이들은 아직 그 소망을 완전히 거두지 못한 채 하나 둘 세상을 뜨고 있다. 마치 하나의 섬 같은 나라, 그 분단, 그 연속은 누구의 책임일까.

공자의 탄식은 자신의 고국인 노나라가 소국이라는 데 있지 않다. 덕치와 예교, 공자가 소망한대로 노나라가 일변할 수 있을까. 소인의 나라가 군자의 나라가 될 수 있을까. 공자의 긴 탄식이 귓가에 쟁쟁하다. 결국 백성이 강한 나라가 강한 나라이다.

진실로 나를 등용해 주는 이가 있다면

진실로 나를 등용해 주는 이가 있다면, 1년이면 어느 정도 할 수 있고, 3년이면 성과를 이룰 수 있을 것이다.

자왈子曰 구유용아자苟有用我者 기월이이朞月而已 가야可也 삼년三年 유성有成　　　[자로]

이 글은 1년이면 '겨우 기강을' 세울 수 있고, 3년이면 '제대로 공적'을 낼 수 있다는 뜻이다. 공자는 만약 누가 정치를 맡기면 무엇부터 하겠느냐는 제자 자로의 물음에 '정명(正名)'이라고 답했다. 명분부터 바로잡겠다는 뜻이다. '1년이면 겨우 기강을 세울 수 있다'는 말은 그 뜻이다. 명분부터 바로잡는 것이 정치의 시작이라는 의미다. 그리고 '3년이면 치적을 이룰 수 있다'는 것은 '안민(安民)'을 말한다. 백성의 인간다운 삶을 편안하게 하는 것이다. 공자가 생각하는 정치의 궁극적인 목적이다.

　공자는 한 평생 현실 정치를 통해 뜻을 펴고자 했다. 하지만 인의 도덕에 근거한 공자의 덕치는 패도 정치를 추구했던 당시의 위정자들에게는 통할 리가 없었다. 부국강병을 꿈꾸며 '한 시가 급한' 마당에 한갓 뜬소리에 불과했을 것이다. 때문에 공자의 처신은 종종 피세 은일을 추구했던 사람들의 비방을 받기 일쑤였다. 무도한 세상에 공연히 헛일을 벌인다는 타박이었다.

　공자도 세상이 무도하면 화를 피하는 이가 현명하다고 했다. 스스로도 자신의 처신이 지혜롭지 못한 것임을 자인한 터이지만, 어려운 생민을 두고 어디로 떠날 것인가. 공자인들 자신의 정치적 꿈이 '안 되는 일인 줄' 몰랐을 리 없었을 것이다. 그러나 바로 그 점이 공자의 위대성이다. 그 '안 되는 일'을 끝까지 포기하지 않고 '어떻게든 해보려고 했기' 때문이다. 제자 교육에 힘쓴 것도 그 일환이었다. 공자를 만세의 '사표'라고 하는 이유도 여기에 있다.

그러나 세상의 위정자들은 법가의 통치술을 더 반겼다. 그들이 정치를 하는 목적은 패권 쟁패였고, 백성은 단지 부국강병을 위한 도구였다. 이런 전체주의적 사고는 집단의 목적을 개인의 자유와 행복보다 더 우위에 놓는다. 집단을 위해 개인의 희생도 마다하지 않는다. 또 이를 위해 국민의 생각과 정보를 통제한다. 공자의 사상은 그런 점에서 대척점에 서 있다고 할 수 있다.

천리마를 칭찬하는 뜻

천리마는 그 힘을 칭찬하는 것이 아니라, 그 덕성을 칭찬하는 것이다.

자왈子曰 기불칭기력驥不稱其力 칭기덕야稱其德也 　　　　　　[헌문]

몽고족이 말을 길들일 때는 말을 굶주리게 한 다음 물가로 나아가게 해서 그 인내력을 시험한다. 주인의 제지에도 불구하고 허겁지겁 물을 들이켜는 말은 그 시험을 통과할 수 없다. 극한의 상황에서도 주인의 신호에 순종하여 멈추는 말이라야 천리마의 자격이 있다. 그래서 천리마를 조련할 때 더 빠르게 달리기를 목적으로 하지 않고, 오히려 참는 덕성을 시험하여 칭찬한다고 한 것이다.

　이 말은 삶에도 적용된다. 인생에서 중요한 것은 속도가 아니라 삶의 방향이다. 방향이 잘못되면 속도는 오히려 화근이 된다. 망해가는 길로 빠르게 달리기 때문이다.

　공자는 '천리마가 그 힘이 아니라, 그 덕성을 칭찬하는 것'이라고 하였다. 이욕 앞에서 허겁지겁 할 것이 아니라, 지혜와 분별심을 갖고 삶의 방향을 고민할 때 삶은 새 길을 열어준다.

　중국 당나라 때 문장으로 유명한 한유가 지은 '잡설'에 백락의 이야기가 나온다. 백락은 중국 주나라 때의 사람으로 천리마를 잘 알아본 사람으로 유명하다. "세상에 백락이 있고서야 천리마가 있다. 천리마는 늘 있지만, 백락은 항상 있는 것이 아니다. 그러므로 명마가 있더라도 노예의 손에 모욕을 당하고, 마구간에서 보통 말과 함께 죽어서, 천리마라고 일컬어지지 않는 것이다." 이 글의 천리마는 세상 속 인재를 빗댄 것이다. 그래서 백락상마(伯樂相馬)라는 고사가 전한다. '백락이 말을 살펴보다'라는 뜻으로 인재를 잘 고른다는 의미이다.

예나지금이나 인재를 알아보기도 어렵고, 적재적소에 발탁하기도 어렵다. 유능함보다 인재의 덕성을 취하라고 한 공자의 경고는 이 시대에도 여전히 유효하다.

패륜을 좇지는 않을 것이다

계자연이 묻기를 "중유와 염구는 대신이라고 할만 합니까?" 하니, 공자가 말하기를 "나는 그대가 다른 것을 물을 줄 알았는데, 고작 유와 구에 대해 묻는구나. 이른바 대신이란 도리로써 임금을 섬기다가 안 되면 그만두는 것이다. 이제 유와 구는 구색이나 맞추는 신하라고 할 수 있다." 하였다. 계자연이 말하기를 "그렇다면 따르기만 하는 자들입니까?" 하니, 공자가 말하기를 "아비나 임금을 죽이는 일은 따르지 않을 것이다." 하였다.

계자연季子然 문문問 중유염구仲由冉求 가위대신여可謂大臣與 자왈子曰 오이자위이지문吾以子爲異之問 증유여구지문曾由與求之問 소위대신자所謂大臣者 이도사군以道事君 불가즉지不可則止 금유여구야今由與求也 가위구신의可謂具臣矣 왈曰 연즉종지자여然則從之者與 자왈子曰 시부여군弑父與君 역부종야亦不從也　　　　　　　　　　　　　　[선진]

악행 중에 가장 나쁜 악행이 인륜을 저버리는 행위이다. 아들이 아버지를 죽이고 신하가 임금을 죽이는 행위다. 이런 경우 '살(殺)'이라 하지 않고 '시(弑)'라고 하여 구별한다. 이 구절의 요지는 중유와 염구가 비록 대신의 그릇은 아닐지언정 그런 패륜을 좇지는 않을 것이란 뜻이다.

계자연은 왜 공자에게 이런 질문을 했을까. 또 공자의 답변은 어떤 뜻일까. 더구나 계자연은 노나라의 실권을 쥐고 있는 계씨의 아들이 아닌가? 계자연은 득인(得人)의 목적으로 공자에게 제자인 중유와 염구가 대신의 그릇인지를 물어본 것이다. 그런데 공자는 제자들에 대한 평을 하면서도 "아비나 임금을 죽이는 일은 따르지 않을 것이다." 하고 다소 엉뚱한 말로 매듭을 짓고 있다. 왜 일까. 당시 계자연은 이미 무군(無君)의 마음을 품고 있었다. 무군은 자기 임금을 업신여기는 마음이다. 따라서 공자의 이 말은 그런 참람한 마음을 품은 계자연에 대한 경고인 셈이다.

공자가 살던 시대, 세상은 이미 힘을 앞세운 패도가 지배하고 도처에서 하극상이 만연하고 있었다. 인류의 교화보다는 약육강식의 야만적 원리가 횡행하는 세상이었다. 그런 세상에서 사람의 떳떳한 길을 추구한 것이 공자였다. 그것이 인도요, 인도정치가 구현되는 세상이 공자가 가려는 길이었다. 그러한 이상을 품은 수많은 제자를 길러 세상을 바꿔보려는 원대한 뜻을 품은 이가 공자였다.

공자는 자신의 제자가 임금을 죽이는 패륜을 따르지 않을 것이란 점을 분명히 했다. 공자는 인륜을 저버리는 패륜 앞에서는 단호했다. 그 단호함이 사회를 지키는 힘이다.

편당을 짓지 않는다

군자는 엄정하되 다투지 않으며, 많은 사람들과 어울리면서도 편당을 짓지 않는다.

자왈子曰 군자君子 긍이부쟁矜而不爭 군이부당群而不黨 　　　　　[위령공]

"군자는 엄정하되 다투지 않으며, 많은 사람들과 어울리면서도 편당을 짓지 않는다."는 것은 군자의 정치를 말한다. 비슷한 말이 '화이부동'이다. 조화를 추구하되 패거리를 짓지 않는다는 뜻이다. 반면에 '당동벌이'는 같은 편끼리는 감싸주고 다른 편이면 공격하는 것이다. 소인배의 정치 행태를 말한다.

군자의 '화이부동'은 사회적 의를 추구하고 사람의 도리를 따르기 때문에 소망스러운 것이긴 하지만, 역사상 그런 예는 드물다. 오히려 '당동벌이'형 이권 투구가 만연한 게 정치판이다. 기득권을 유지하려고 권력에 영합하고 반대파에게 목소리를 키우는 사람들이다.

우리 역사에서 조선시대 사색당파는 소인배 정치의 전형을 보여준다. 사분오열된 당파는 서로 갈라져 당리당략을 위해 싸웠다. 나라와 민생은 안전에 없었다. 당색이 다르면 공벌할 뿐, 그 극한의 싸움이 왜 시작되었는지 이성적으로 따져볼 생각도 없었다.

끼리끼리 패거리를 짓고 따돌리거나 괴롭히는 집단 따돌림은 비단 정치판의 문제만은 아니다. 우리 사회 곳곳에 만연해 있다. 그 원인은 여러 가지이겠지만, 분명한 것은 그것이 인격의 문제라는 것이다. 우리 사회가 구성원을 성숙한 인격체로 교육하거나 대우하지 못한다는 의미다. 그런 점에서 공자의 이 글은 '지금도 여전한' 이야기이다.

평화로운 세상의 꿈

자로, 증석, 염유, 공서화가 공자를 모시고 앉아 있었다. 공자가 말하기를 "내가 너희보다 나이가 조금 많다고 하여 나 때문에 어려워 말아라. 평소에 너희들은 '나를 몰라준다.'고 하는데, 만약 너희를 알아준다면 어떻게 정치를 하겠느냐?" 하였다.

자로가 성큼 나서며 대답하기를 "천승의 나라가 대국 사이에 끼여 있어서 군대가 쳐들어오고 이 때문에 기근까지 겹칠지라도, 제가 다스린다면 3년 정도면 백성들을 용맹스럽게 만들고 또 의리를 알게 하겠습니다." 하니, 공자가 헛웃음을 지었다.

"구야, 너는 어떠냐?" 하니, 염유가 대답하기를 "사방 6,7십 리 혹은 5,6십 리 되는 작은 나라를 제가 다스린다면 3년 정도면 백성들을 풍족하게 할 수 있지만 예악은 군자를 기다리겠습니다." 하였다.

"적아, 너는 어떠냐?" 하니, 공서화가 대답하기를 "제가 능하다는 말이 아니라 배우고자 해서 드리는 말입니다. 종묘의 제사나 혹은 제후들 회동할 때에 예복인 현단복과 예관인 장보관 차림으로 예식을 조금 돕는 소상(小相 찬례)이 되기를 원합니다." 하였다.

"점아, 너는 어떠하냐?" 하니, 증석의 슬 연주가 점차 희미해지다가 '댕' 소리와 함께 슬을 내려놓고는 일어서서 대답하기를 "저는 세 사람의 소원과는 다릅니다." 하였다. 공자가 말하기를 "무슨 해 될 게 있느냐. 또한 각자 그 뜻을 말하는 것이다." 하니, 증석이 말하기를 "늦봄에 봄옷을 갖추어 입고서 관을 쓴 어른 5,6명과 동자 6,7명과 함께 기수에서 목욕하고 무우에서 바람 쐬고서 노래하며 돌아오고 싶습니다." 하였다. 공자가 '아!' 하고 감탄하며 말하기를 "나는 점과 같이 하겠다." 하였다.

세 사람이 나가자 증석이 뒤에 남았다. 증석이 말하기를 "세 사람의 말이 어떻습니까?" 하니, 공자가 말하기를 "또한 각자 그 뜻을 말했을 뿐이다." 하였다. 증석이 말하기를 "선생님께서는 어째서 유(자로)의 말에 헛웃음을 지으셨습니까?" 하니, 공자가 말하기를 "나라를 다스릴 때에는 예로써 하는 것이다. 그런데 그 말이 겸양하지 않기에 웃은 것이다." 하였다. "구(염유)가 말한 것은 나라를 다스리는 일이 아닙니까?" 하니, "사방 6,7십 리 혹은 5,6십 리나 되는데 나라가 아닌 경우를 어디서 보았느냐?" 하였으며, "적(공서화)이 말한 것은 나라를 다스리는 일이 아닙니까?" 하니, "종묘의 제사나 제후의 회동이 제후의 일이 아니고 무엇이냐. 적이 예를 돕는 소상의 일을 맡는다면 누가 능히 대상(大相 재상)을 맡겠느냐." 하였다.

자로증석염유공서화시좌子路曾晳冉有公西華侍坐 자왈子曰 이오일일장호이以吾一日長乎爾 무오이야毋吾以也 거즉왈居則曰 불오지야不吾知也 여혹지이如或知爾 즉하이재則何以哉 자로솔이이대왈子路率爾而對曰 천승지국千乘之國 섭호대국지간攝乎大國之間 가지이사려加之以師旅 인지이기근因之以饑饉 유야위지由也爲之 비급삼년比及三年 가사유용可使有勇 차지방야且知方也 부자신지夫子哂之 구求 이하여爾何如 대왈對曰 방육칠십方六七十 여오륙십如五六十 구야위지求也爲之 비급삼년比及三年 가사족민可使足民 여기예악如其禮樂 이사군자以俟君子 적赤 이하여爾何如 대왈對曰 비왈능지非曰能之 원학언願學焉 종묘지사宗廟之事 여회동如會同 단장보端章甫 원위소상언願爲小相焉 점點 이하여爾何如 고슬희鼓瑟希 갱이사슬이작鏗爾舍瑟而作 대왈對曰 이호삼자자지선異乎三子者之撰 자왈子曰 하상호何傷乎 역각언기지야亦各言其志也 왈曰 모춘자莫春者 춘복春服 기성既成 관자오륙인冠者五六人 동자육칠인童子六七人 욕호기浴乎沂 풍호무우風乎舞雩 영이귀詠而歸 부자위연탄왈夫子喟然歎曰 오여점야吾與點也 삼자자출三子者出 증석후後 증석왈曾晳曰 부삼자자지언夫三子者之言 하여何如 자왈子曰 역각언기지야이亦各言其志也已矣 왈曰 부자하신유야夫子何哂由也 왈위국이례曰爲國以禮 기언其言 불양不讓 시고是故 신지哂之 유구즉비방야여唯求則非邦也與 안견방육칠십安見方六七十 여오륙십이비방야자如五六十而非邦也者 유적즉비방야여唯赤則非邦也與 종묘회동宗廟會同 비제후이하非諸侯而何 적야위지소赤也爲之小 숙능위지대孰能爲之大 [선진]

『논어』에서는 다소 긴 글이지만 공자의 지향을 볼 수 있어서 흥미롭다. 유명한 글이다. 자로, 염유, 공서화의 공통점은 그들의 지향이 치국방략, 즉 국가경영에 있다는 것이다. 반면에 증석은 어느 봄날 어른들을 모시고 아이들과 함께 노니는 정경을 꿈꿨다. 노년의 공자에겐 증석의 말이 더 흐뭇하게 들렸을 것이다. 그런데, 증석의 지향에는 정치의 선후와 본말에 대한 함의가 있다. 현실에선 평화로운 일상의 꿈이 쉽지 않기 때문이다. 정치의 본령을 생각케 하는 글이다.

자로의 거침없는 답변을 듣고 공자가 어처구니없다는 듯이 헛웃음 지은 것은 무력보다는 예악이 바로 선 나라가 진정한 나라라는 뜻이다. 무력은 무력을 부르는 혼란만 가중할 뿐이다. 염유의 대답 또한 치국에 뜻이 있기는 마찬가지다. 사방 6,7십 리 되는 나라도 나라요, 5,6십 리 되는 나라도 나라이기 때문이다. 소국이든 대국이든 치국의 이치에는 차이가 없다는 답변이다. 공서화의 겸손한 답변도, 예식을 돕는 찬례로서 자신을 낮추고 있지만, 결국은 치국에 뜻이 있다.

그런데 증석의 답변은 달랐다. 더욱이 그 지향이 공자의 뜻에 맞았다. 어른과 아이들이 태평하게 일상을 즐기는 그런 태평의 정치, 백성들이 평안하게 생업에 종사하면서 누가 임금인지조차 몰랐던 그런 무위의 정치, 곧 공자의 꿈이었다. 그런 정치가 이 시대에도 가능할까. 공자는 '공야장'에서 "노인은 편안하게 해드리고, 친구에게는 믿음이 가게하고, 젊은이는 사랑으로 품어주련다." 하였는데, 같은 뜻이다. 공자가 지향한 정치의 참뜻이 어디에 있는지 짐작하게 하는 글이다. 공자는 정치에 대한 '뜻'을 물은 것이지, 정치공학을 물은 것이 아니다. 정치는 테크닉이 아니다.

정치가 도리어 우환거리인 시대, 우리 시대의 정치는 또 얼마나 퇴행한 것일까. 이 시대의 정치를 돌아보게 하는 글이다. 증석은 증삼(증자)의 아버지요, 증삼 또한 공자의 제자였다. 후에 증자의 제자들이 공문의 적통이 되었다.

18장

"예악"

에 대한 생각

예악의 핵심은 분(分)과 화(和)다. 질서의 조화를 말한다.

이러한 질서가 무너지면 혼돈이 온다.

공자가 지향하는 예악의 정치란 그 질서를 세우는 일이다.

너는 그 양이 아까우냐

자공이 매달 초하루를 고하는 의식에 제물로 쓰는 희생양을 없애고자 하였다. 공자가 말하기를 "사(자공)야, 너는 그 양이 아까우냐? 나는 그 예가 아깝구나." 하였다.

자공子貢 **욕거곡삭지희양**欲去告朔之餼羊 **자왈**子曰 **사야**賜也 **이애기양**爾愛其羊 **아애기례**我愛其禮

[팔일]

공자가 살던 때는 춘추 시대로서 여러 가지 의식과 제도가 있었다. 그 중 하나가 매달 초하루에 태묘에 고유할 때 양 한 마리를 잡아서 희생으로 바치는 의식이 있었다. 태묘는 조상의 신주를 모신 사당이다. 그러나 이때에는 이미 형식화된 의식 절차였다. 이에 자공이 이 예식에 굳이 희생양을 잡을 필요가 없다며 비용을 아끼려고 이를 없애고자 하였다.

자공은 공자의 제자 중 영민하고 이재에도 밝은 편이어서 실리를 좇아 행할 때가 많았다. 공자로서는 자공의 그런 면이 좋게 보이지 않았다. 지금도 그런 경우다. 공자는 희생양을 없애려는 자공에게 "너는 그 양이 아까우냐? 나는 그 예가 아깝구나."라고 한 것도 같은 뜻이다. 한 때의 실리를 좇기보다는 그 예절을 본질을 보라는 뜻이 강하다. 즉, 희생양 한 마리를 없애는 것 보다, 매달 초하루에 조상에게 고하는 의식 절차의 본질을 생각하라는 뜻이다. 그 전통의 정신이 유지되기 위해서는 희생양을 바치는 의식 절차를 함부로 변개할 수 없다는 의미다.

캐나다의 미디어 비평가인 마샬 맥루한은 "미디어는 메시지다."라는 유명한 명제를 남겼다. '미디어가 메시지를 규정한다'는 뜻인데, 미디어보다는 메시지를 중시한 기존 관념에 대한 새로운 통찰이었다. 그런데 이 말이 어쩌면 형식화된 의식에서 '양'을 아끼려는 제자 자공과 그 의식의 본질을 중시한 스승 공자의 문답을 새로운 관점에서 읽는 실마리는 아닐까 싶다. 그런 점에서 의식 절차의 하나로서 양을 바치는 형식을 지키려는 공자의 뜻이 이해된다.

이 시대에 의식 절차는 어떤 의미일까. 예절로 표현되는 의식은 사회적 합의의 산물이지만, 형식만 남은 의식이 꽤 많다. 하지만 예절은 전통의 계승으로서 그 정신과 형식이 존중되어야 한다는 것이 공자의 생각이다.

널리 글을 배우고 예로 요약한다

군자가 널리 글을 배우고 예로 단속한다면 또한 도리에 어긋나지 않을 것이다.

자왈子曰 군자박학어문君子博學於文 약지이례約之以禮 역가이불반의부亦可以弗畔矣夫 [옹야]

널리 글을 배우는 '박학어문'은 예를 통하여 절제되고 실제 생활에 접목하려는 자세가 필요하다는 뜻이다. '반(畔)'은 밭의 경계를 말하며, 도리에서 어긋나지 않은 것을 말한다. 따라서 이 말은 배운 지식을 예절을 통해서 실생활에 구현할 때 참된 학문의 의미가 있다는 뜻이다.

예는 사회질서에 대한 존중과 그에 합당한 행동양식을 말한다. 사람을 '인간'이라고 하는 것은 사람이 사람 사이 질서의 관계 위에 존재한다는 뜻이다. 따라서 "예를 모르면 벽에 얼굴을 대고 서 있는 것과 같다."는 공자의 말은 이런 취지를 담고 있는 말이다.

다만 박학은 자신의 지식을 넓혀가는 방법이자 단계이지만, 깊이 생각하는 '심사(深思)', 지식을 체화해서 사리를 분별하는 '명변(明辯)'의 방법을 병행하지 않는다면 박학만으로는 진정한 학문이라고 할 수 없다.

그러나 실생활에서 '박학어문 약지이례'의 태도를 견지하기가 쉽지 않다. 박학하면 대개는 자수하는 바를 잃고 교만해지기 쉽기 때문이다. 따라서 예로써 행동을 절제하는 겸덕을 갖추지 않으면 안 되는 이유가 여기에 있다. 같은 이유로 조선의 유학자들이 평생 공경을 지키려고 노력했다. 상대방에 대한 존중과 배려의 정신이다. 이 글을 줄여서 박문약례(博文約禮)라고 한다.

매사를 물었다

공자가 태묘에 들어가 매사를 물어서 행하였다. 어떤 사람이 말하기를 "누가 추읍 사람의 아들(공자를 말함)이 예를 안다고 하였느냐. 태묘에 들어와서 매사를 묻더구나." 하였다. 공자가 듣고 말하기를 "이것이 바로 예다." 하였다.

자입태묘子入大廟 매사문每事問 혹왈或曰 숙위추인지자孰謂鄹人之子 지례호知禮乎 입태묘入大廟 매사문每事問 자문지子聞之 왈曰 시예야是禮也   [팔일]

조선시대 역대 제왕의 신주가 있는 곳이 종묘다. 이 글의 태묘도 조상신을 제사하던 장소였다. 특히 이 곳은 공자가 흠모하던 주공을 모시던 사당이다. 공자가 태묘의 제사 의식을 도우면서 '매사를 물어서' 신중히 한 것은 그만큼 이 예식을 중요시했음을 말한다. 조선 정조 때 종묘의 의례 학습서인 『매사문(每事問)』은 이 글에서 유래한 것이다.

공자는 어려서부터 제사 놀이를 할 만큼 예에 밝기로 소문이 났다. 그런데도 공자가 매사를 물어서 행하는 것을 보고 혹자가 이를 힐난한 것이다. '추인의 아들'이라고 한 것은 공자의 고향이 추읍인 때문인데, 이는 공자를 낮추어 일컫은 것이다.

이에 대해서 공자는 '이것이 예다'라고 단호하게 답변한다. '매사를 물어서' 행한 것은 예절을 몰라서가 아니라, 그만큼 행위에 신중을 기했다는 말이다. 바로 이 '삼가고 신중한 태도'가 '예'의 정신이고, 조선 선비들이 평생 실천 덕목으로 삼은 공경의 정신이다.

신중함의 반대말은 경솔함이다. 가벼운 처신을 말한다. 경솔하여 생각 없이 망령되게 행동하는 '경거망동'이 그런 뜻이다. 이 시대에는 '경거'에서 더 나아가 '망동'하는 사람들이 곧잘 있다. 생각 없는 가벼운 행동이 사회를 어지럽히고 사람들을 위험에 빠뜨린다. 공자가 '매사를 물어서' 했듯 신중하고 삼가는 태도가 필요한 시대가 아닐까 싶다.

예악이 무슨 소용일까

사람으로서 인하지 않다면 예는 무슨 소용이며, 사람으로서 인하지 않다면 음악은 무슨 소용일까.

자왈子曰 인이불인人而不仁 여례如禮 하何 인이불인人而不仁 여악如樂 하何   [팔일]

예는 사회 질서에 대한 존중을 의미하며, 악은 사람의 마음을 순화하는 기능을 한다. 따라서 예와 악은 사람을 '진선(眞善)'한 경지로 이끌기에 인의 도덕의 원리와 표리 관계에 있다고 할 수 있다. 공자의 정치를 '예악의 정치'라고 하는 것은 이 때문이다.

예와 악은 '조화'를 추구한다. 사람과 사람, 국가와 국가 간 다름을 이질화하여 배척하거나 차별하지 않고 포용하는 정신이다. 그 조화와 포용이 곧 '어울림'의 정신이다. 이를 국가를 넘어서 '인류'로 확장하면 '인간을 널리 이롭게 한다'는 홍익인간의 정신과 만난다.

그런데 이 글의 의처는 '사람으로서 불인하다면'이라는 조건절에 있다. 사람으로서 인을 추구하는 것이 사람의 바른 길인 정로(正路)요, 세상의 바른 이치인 정리(正理)라는 뜻이다. 그러니 사람으로서 불인하다면 '비인(非人)일 뿐이다'라는 말이 된다. 그런 사람에게 '예악인들 무슨 소용일까' 공자가 이 글에서 하고 싶은 말이다.

지금 세계는 국가와 국민을 위한다는 명분으로 개인의 자유와 인권을 무시하는 패권 정치가 만연하고 있다. 겉으로는 대의를 내세우지만 속내는 자신의 욕심을 정당화하려는 짓이다. 사람으로서의 정도를 가지 않고 거짓된 사도로 갈등을 부추기는 자들에게 '예악의 정치'가 무슨 소용이 있을까. 공자의 메시지대로 파괴적인 분열의 정치, 위험하고 어리석은 대립의 정치를 멈춰야 한다.

예의와 겸양의 원리

예와 겸양으로 나라를 다스린다면 무슨 어려움이 있으리. 그러나 예와 겸양으로 나라를 다스리지 않는다면 예가 무슨 소용이리오.

자왈子曰 능이예양위국호能以禮讓爲國乎 하유何有 불능이예양위국不能以禮讓爲國 여례하如
禮何 [이인]

예는 겉으로 드러나는 행동 양식이며, 겸양은 겸손의 뜻으로 예를 행하는 마음가짐을 말한다. 따라서 마음이 진솔하면 겉으로 드러나는 예의 형식도 삼가서 신중하게 되고, 반대로 마음이 거짓되면 예는 겉치레 위주의 형식으로 흐르게 된다는 뜻이다.

공자는 국가 경영의 원리가 예와 겸양에 기초한다고 하였다. 예와 겸양이 없는 국가는 예가 의례적인 형식일 뿐, 궁극적으로 성숙한 국가로서 자격이 없다는 뜻이다. 공자는 '선진편'에서 "선진들의 예악을 야인 같다 하고, 후진들의 예악을 군자 같다 하는데, 만약 예악을 쓴다면 나는 선진의 것을 따르겠다." 하였다. 예라는 형식보다는 차라리 고루할지언정 겸양의 정신을 따르겠다는 뜻이다.

예와 겸양의 태도는 요즘 개념으로 상호 존중과 배려의 정신과 통하는 말이다. 따라서 성숙한 인격으로서 '사람다움'의 지향이 예와 겸양으로 나타나며, 성숙한 나라로서의 국격이 곧 이 말 속에 있다는 뜻이 된다.

따라서 공존과 협력의 가치보다는 자국우선주의 또는 패권을 추구하

며 타 국가와 국민에 대해 오만과 혐오의 감정을 거리낌 없이 드러내는 것
은 개인과 국가로서의 '미성숙'을 자인하는 것이다. 겸양할 때 예도 빛나는
것이며, 그게 예의 실(實)이다. 예와 겸양이 한갓 장식이 아니라 개인이나 국
가 경영의 원리도 마찬가지라는 게 공자의 말뜻이다. 대나무는 마디가 있기
에 높이 자라는 것이다.

욕심을 이기는 방법

안연이 인에 대해서 물으니, 공자가 말하기를 "자기 욕심을 이겨내고 예를 회복하는 것이 인이다. 하루라도 자기 욕심을 이겨내고 예를 회복한다면 천하가 인으로 돌아갈 것이다. 인을 행하는 것은 자기에게 달린 것이지 남에게 달린 것이겠느냐." 하였다. 안연이 말하기를 "그 조목을 묻습니다." 하니, 공자가 말하기를 "예가 아니면 보지 말고, 예가 아니면 듣지 말고, 예가 아니면 말하지 말고, 예가 아니면 움직이지 말아야 한다." 하였다. 안연이 말하기를 "제가 비록 불민하나 이 말씀대로 실천하겠습니다." 하였다.

안연문인顔淵問仁 자왈子曰 극기복례위인克己復禮爲仁 일일극기복례一日克己復禮 천하귀인언天下歸仁焉 위인爲仁 유기由己 이유인호재而由人乎哉 안연왈顔淵曰 청문기목請問其目 자왈子曰 비례물시非禮勿視 비례물청非禮勿聽 비례물언非禮勿言 비례물동非禮勿動 안연왈顔淵曰 회수불민回雖不敏 청사사어의請事斯語矣   [안연]

조선 시대에 아동 및 초학자의 교과서로 널리 읽힌 책이 율곡 이이의 『격몽요결』에도 이 사물(四勿)이 나온다. 극기복례의 실천 조목을 묻는 제자 안회에게 '예가 아니면 보지도 말고, 듣지도 말고, 말하지도 말고, 움직이지도 말라는 것'이니, 공자의 어세에서 단호함이 느껴진다.

유학에서는 다섯 가지 중요한 덕목인 '인의예지신'을 오상(五常)이라고 한다. 그 중 하나가 '예'이며, 이는 일종의 사회적 질서에 해당한다. 관계나 의식의 합당한 절차를 뜻한다. 따라서 예가 무시된 '무례한' 사회는 사람다움의 가치와는 동떨어진 사회의 모습을 보인다. 태도나 말을 함부로 하는 사람을 '무례하다'고 하는데, '예가 없다'는 말이다.

세상을 살다보면, 원칙과 상황 중 하나를 선택해야 할 때가 있다. 역사에서도 그런 경우를 흔히 본다. 또 어떤 때는 원칙을, 어떤 때는 상황에 따를 때도 있다. 상황 변화에도 불구하고 원칙만을 고수하는 사람은 융통성이 없고, 원칙 없이 상황만을 따르는 사람은 기회주의자이기 쉽다. 역사에서는 원칙론을 경도(經道), 편법적 상황론을 권도(權道)라고 하기도 한다.

문제는 기준과 지향이다. 기준과 지향이 바로 선 사람은 원칙과 상황 사이에서 이분법적인 딜레마에 빠지지 않는다. 원칙과 상황은 선택적 문제가 아니기 때문이다. 맹자는 양혜왕을 만나서 "하필 이(利)를 말하는가?"라고 되물었다. 나라를 튼튼히 하는 본질이 무엇인가에 대하여 생각이 달랐던 것이다. '예'의 가치는 지향에 있지 수단에 있지 않다. 예가 수단으로 전락한 사회는 어떨까. 오상의 덕목은 새겨보면 여전히 지혜롭다.

음악에 대해서

공자가 노나라 태사에게 음악에 대해서 말하기를 "음악은 알 수 있으니, 시작할 때에는 음들이 합해지고, 진행될 때에는 음들이 조화를 이루고 분명하며 곡조가 이어지면서 한 곡이 완성되는 것이다." 하였다.

자어노태사악왈子語魯大師樂曰 악樂 기가지야其可知也 시작始作 흡여야翕如也 종지從之 순여야純如也 교여야皦如也 역여야繹如也 이성以成　　　　　　　　　　　　　　　　　[팔일]

태사는 음악을 관장하는 벼슬 이름이다. 공자가 태사에게 음악에 대해서 견해를 피력한 대목이다. 음악이 시작할 때 그 모양이 '흡(翕)하다'고 하였다. '깃 우(羽)' 위에 '합할 합(合)' 자가 마치 새가 날아오르듯 음들어 서로 합해지는 것을 가리킨다. 발단부에 해당한다. 주조를 이루는 멜로디가 이때 제시된다.

　'좋을 종(從)'은 음악이 이루어져 가는 전개 과정을 말한다. 그 모양을 '순(純), 교(皦), 역(繹)'이라고 표현하였다. '순'은 순일하다는 뜻이다. 그 감정의 발로가 순수하여 거짓됨이 없다는 뜻이다. 공자가 『시경』의 시들을 일러 "생각에 사악함이 없다."고 한 것도 같은 의미라고 할 수 있다.

　'교'는 오음이 화음의 조화를 이루면서도 각 음들이 분명하게 드러난다는 뜻이다. 전체적 조화를 추구하되 각 음의 개성을 잃지 않는다는 뜻이니, 공자가 추구한 '조화를 추구하되 끼리끼리 어울리지 않는다'는 '화이부동'의 군자상과 맞닿는 말이다.

'역'은 이어진다는 말이다. 음악은 주 멜로디가 다양하게 변주되며 악상을 전개한다. 만약 그 주조를 잃는다면 곡으로서 이루어지기 어렵다. 공자가 자신의 도를 충실과 포용의 '충서'로 '일이관지'할 수 있다고 한 것도 이런 의미다. 이런 과정을 거치며 한 곡조가 이루어지기 때문에 '이룰 성(成)'을 쓴 것이다.

공자가 말하는 음악의 핵심은 '화(和)'에 있다. '분(分)'의 질서에 입각한 예치와 표리 관계를 이루어 예악이라고 합칭한다. 그것이 조화로운 질서의 정치, 즉 협치라고 할 수 있다. 이러한 협치는 상호 존중과 배려를 바탕으로 한다. 따라서 공자에게 음악은 당대 정치의 득실을 살펴볼 수 있는 바로미터인 것이다.

음악이 그 자리를 찾게 되었다

내가 위나라에서 노나라로 돌아온 뒤에 음악이 바르게 되어 아(雅)와 송(頌)이 각각 그 자리를 찾게 되었다.

자왈子曰 오자위반로연후吾自衛反魯然後 악정樂正 아송雅頌 각득기소各得其所 　　　[자한]

'음악이 바르게 되었다'는 것은 공자가 주유천하에서 얻은 지식을 바탕으로 고국 노나라에 돌아와 음악을 '참고하여 바로잡았다'는 뜻이지만, 공자의 정치가 예악의 질서와 조화를 추구한다는 점에서 보면, 바른 정치에 대한 뜻으로 읽는 게 더 합당한 독법이다. 그것은 결국 주나라의 이상적인 정치에 대한 염원이라고 할 수 있다.

'아'는 잔치나 조회 때 연주하는 음악이며, '송'은 주로 종묘 제사 등에서 조상의 공덕을 찬양할 때 연주하던 음악을 말한다. 아송(雅頌)을 합칭하여 주나라 태평성대의 악곡을 가리키며, 후에는 훌륭한 시가를 의미하는 말로 사용되기도 하였다. 아와 송은 공자가 심혈을 기울여 엮은 『시경』의 주요 편명이 된다. 중국에서 유래되어 우리나라 궁중에서 연주되던 정악을 아악이라 하는 것도 여기에서 연유한다. 정악에 비교해서 민속악을 속악, 우리나라 음악은 향악이라고 구분한다.

음악은 조화를 바탕으로 한다. 각각 그 합당한 자리가 있다는 뜻이다. 그것이 '협화(協和)'다. 그 반대로 음악이 합당한 자리를 잃고 '불협화'할 때 그 음악은 소음이 된다. 정치도 마찬가지다. 정치도 각각 조화롭게 치민, 안민의 역할을 할 때 치세가 되지만, 이 협치에서 어긋날 때 난세가 되는 이치다.

공자에게 음악은 시대를 읽는 징표다. 음악을 통해 당대 정치의 득실을 알 수 있기 때문이다. 요는 '각득기소(各得其所)'다. 각각 합당한 자리에 있는가의 여부다. 합당하지 못한 사람이 자리를 차지하면 그 정치는 백성을 위한 정치가 아니라 개인의 욕심을 위한 정치로 전락한다.

형식보다 바탕

자하가 묻기를 "예쁜 웃음에 보조개가 귀엽고, 아름다운 눈에 눈동자 선명하네. 흰 비단으로 채색을 한다네.' 하였는데, 무엇을 말한 것입니까?" 하니, 공자가 말하기를 "그림 그리는 일은 흰 비단을 마련된 뒤에 한다는 뜻이다." 하였다. 그러자 자하가 말하기를 "예가 나중이라는 말이군요." 하였다. 이에 공자가 말하기를 "나를 흥기시키는 자는 상(자하)이로구나. 비로소 더불어 시를 말할 수 있겠구나." 하였다.

자하문왈子夏問曰 교소천혜巧笑倩兮 미목변혜美目盼兮 소이위현혜素以爲絢兮 하위야何謂也 자왈子曰 회사후소繪事後素 왈曰 예후호禮後乎 자왈子曰 기여자起予者 상야商也 시가여언시이의始可與言詩已矣

[팔일]

공자의 답변인 '그림 그리는 일은 흰 비단을 마련된 뒤에 한다'는 뜻의 '회사후소(繪事後素)'는 너무나 유명한 구절이다. 예절의 형식보다는 그 바탕인 충신의 마음이 중요하다는 말로 널리 회자되는데, 예를 중시한 공자의 뜻이 어디에 있는지를 알게 한다.

공자는 "자신을 흥기시키는 자는 상이로구나." 하였다. 자신의 말에 대한 깊은 뜻을 스스로 유추한 기특한 제자에 대한 상찬이다. 이렇듯, 가르치고 배우면서 함께 성장하는 것을 '교학상장'이라고 한다. 『예기』「학기」에 나오는 말이다. 글은 이렇다. "옥은 연마하지 않으면 그릇이 못 되고, 사람은 배우지 않으면 도리를 모른다. 이런 까닭으로 옛날의 임금 된 자는 나라를 세우고 백성들에게 임금 노릇을 함에 가르치고 배우는 것을 우선으로 하였다. 좋은 안주가 있더라도 먹지 않으면 그 맛을 알지 못하고, 지극한 도리가 있더라도 배우지 않으면 그 좋은 점을 알 수 없다. 이런 까닭으로 배운 연후에 부족함을 알게 되고, 가르친 연후에 막힌 것을 알게 된다. 부족함을 안 연후에 스스로 반성할 수 있게 되고, 막힌 것을 안 연후에 스스로 힘쓸 수 있게 된다. 이런 이유로 말하기를 '가르치고 배우면서 함께 성장한다'고 하는 것이다."

가르치면서 자신도 깨우치게 된다. 공자가 나를 흥기시킨다고 한 것은 그런 의미다. 한편, "비로소 더불어 시를 말할 수 있겠구나."라는 말은 자구 속에 담긴 '뜻'을 서로 토론할 수 있는 관계가 되었다는 뜻이다. 시를 '뜻을 말한다'고 한다.

공자는 말년에 제자 교육에 힘을 기울였다. 미래를 준비한 것이다. 공자가 꿈꾼 미래가 어떤 것이었을지 이 글을 통해 그 대략을 짐작해 본다.

19장

" 정의 "

에 대한 생각

공자의 도는 정직을 바탕으로 한다.

이것을 미루어 사회적으로 확정한 것이 정의다.

따라서 정직을 바탕으로 사회적 정의를 실천하는 것이

『논어』를 바로 읽는 맥락이다.

공자가 생각하는 정직이란

섭공이 공자에게 말하기를 "우리 고을에 정직한 자가 있는데, 그 아버지가 양을 훔치자 아들이 그것을 고발하였습니다." 하니, 공자가 말하기를 "우리 고을의 정직한 자는 이와 다르오. 아버지는 자식을 위해 숨겨주고 자식은 아버지를 위해 숨겨주니, 정직은 그 가운데 있는 것이오." 하였다.

섭공葉公 어공자왈語孔子曰 오당吾黨 유직궁자有直躬者 기부양양其父攘羊 이자증지而子證之 공자왈孔子曰 오당지직자吾黨之直者 이어시異於是 부위자은父爲子隱 자위부은子爲父隱 직재기중의直在其中矣　　　　　　　　　　　　　　　[자로]

공자는 천륜을 사회적 정의보다 더 본원적인 것으로 보았다. 맹자도 같은 입장이다.『맹자』'진심' 장에는 이런 구절이 있다. "도응이 맹자에게 묻기를 '순임금의 아버지 고수가 사람을 죽였다면 순은 어떻게 했을까요?' 하니, 맹자가 말하기를 '순임금은 천자 자리를 마치 헌신짝 버리듯 하고 몰래 아버지를 업고 도망가 바닷가 외진 곳에서 살아갈 것이다.' 하였다."

　　형법 '범인도피죄' 혹은 '범인은닉죄'에는 특례 조항이 하나 있다. "친족, 호주 또는 동거의 가족이 본인을 위하여 은닉, 도피시켜 준 때에는 처벌하지 아니한다(151조 2항)"라는 조항이다. 친족 간에는 그 정의를 우선하여 범인을 은닉 또는 도피하게 한 죄로 처벌할 수 없다는 것인데, 이것도 천륜을 앞세운 점에서는 같은 입장이다.

　　이에 반해, 질문을 던진 섭공(또는 섭윤)의 입장은 조금 다른 것 같다. 아버지를 고발한 아들을 정직하다고 칭송하고 있으니 말이다. 섭공은 본명이 심제량으로 원래는 심나라의 왕손이다. 아버지를 따라 초나라에 망명한 사람이다. 섭공은 천륜보다는 응당한 처벌에 무게를 두고 있어서 묵자와 법가의 입장에 더 가깝다. 그래야 사회 정의가 바로 선다는 것이다.

이런 답을 한 공자의 의도는 무엇일까. 핵심은 공자의 도가 효에 바탕을 두고 있다는 데 있다. 가족 간의 효를 사회적으로 확장한 것이 경장 사상이고, 이를 정치적으로 확장한 것이 예교의 질서이기 때문이다. 따라서 이에 저촉되는 패륜적인 '불효'는 유학의 기본 가치, 즉 명교(明敎)를 흔드는 극악한 범죄 행위로 여겨진다. 조선 『경국대전』, 그 모범인 『대명률』에서 '불효'를 '십악'의 하나로 규정한 뜻이 여기에 있다. 심지어 심각한 강상죄는 그 지역을 묶어 연좌죄로 처벌하기도 하였다.

이 글은, 아버지가 아들을, 아들이 아버지를 고발하는 패륜의 시비를 따지기 전에, 그러한 일이 일어나지 않도록 가족 간에는 친애의 정의가 있어야 한다는 뜻이다. 즉, 사후 결과론적 딜레마에 빠지지 말고, 사전에 원인의 성찰과 개선에 더 관심을 가지라는 경계의 글이다. 유학이 추구하는 효제충신, 즉 효도와 우애, 정직과 믿음의 기본 가치는 여전히 불변의 가치이기 때문이다. 영국의 역사가 에드워드 기번은 유명한 『로마제국쇠망사』에서 로마의 멸망 원인을 '가족의 붕괴'에서 찾고 있다. 가족이 붕괴되고 바로 선 나라나 문명은 없다. 공자가 걱정한 것은 그 점이다.

공정의 가치

군자는 작은 일을 가지고는 알 수는 없으나 큰일은 맡을 수 있고, 소인은 큰일은 맡을 수는 없으나 작은 일로는 알 수 있다.

자왈子曰 군자君子 불가소지이가대수야不可小知而可大受也 소인小人 불가대수이가소지야不可大受而可小知也　　　　　　　　　　　　　　　　　　　　　　　　　　　　[위령공]

이 구절은 사람의 그릇을 판단하는 관인(觀人)의 요체를 말한 것이다. 군자는 작은 일을 가지고는 그 사람의 진면목을 알 수 없지만, 중임을 맡기면 그 사람의 재덕이 드러나게 마련이고, 소인은 기량이 비록 천박하나 한 가지 장점은 있게 마련이라는 의미다.

조선말의 혜강 최한기는 『인정』을 첫 장에 사람에 대한 판단을 다룬 「측인(測人)」을 두었다. 사람은 그가 해 온 사업을 통하여 추(推)하고 측(測)할 수밖에 없다는 것이다. 미루어 짐작한다는 말이다. 공자는 지혜로운 자의 조건으로 '지인(知人)'을 들고 있지만, 혜강은 사람은 평생 변하기 때문에 죽은 다음에나 알 수 있다는 뜻으로 지인이라는 용어를 삼간 것이다.

사람마다 각기 합당한 크기가 있을까. 이 구절은 그런 뜻과는 거리가 멀다. 오히려 사람은 누구나 군자도 될 수 있고, 소인도 될 수 있다. 문제는 마음가짐에 달려 있다. 큰일을 맡길만한 공적인 충성도가 있는가, 다른 말로 앞에 든 재덕이다. 사심을 두었다면 큰일을 맡길 수 없다. 또 맡아서도 안 된다. 사심으로 가득 찬 사람들이 득세하면 그 사회는 앞날을 기대하기 어렵다. 분열은 내부에서 시작되기 때문이다.

균분의 정신

자화가 제나라로 공자의 심부름을 갔다. 염자(염유)가 자화의 어머니를 위하여 양식을 청하
니, 공자가 말하기를 "1부(6말 4되)를 주어라." 하였다. 더 청하니, 말하기를 "1유(16말)를 주
어라." 하였다. 그런데도 염자가 곡식 5병(80섬)을 주었다. 공자가 말하였다. "적(자화)이 제
나라에 갈 때, 살진 말을 타고 가벼운 갖옷을 입고 있었다. 내가 듣건대 '군자는 궁핍한 사
람을 도와주고 부유한 이에겐 보태주지 않는다.'고 하였다." 원사가 공자의 가신이 되었으
므로 공자가 그에게 곡식 900(단위 미상)을 주었는데, 사양하였다. 공자가 말하기를 "사양하
지 말고 너의 이웃이나 고을 사람들에게 나누어 주어라." 하였다.

자화시어제子華使於齊 염자위기모청속冉子爲其母請粟 자왈子曰 여지부與之釜 청익請益 왈曰 여
지유與之庾 염자여지속오병冉子與之粟五秉 자왈子曰 적지적제야赤之適齊也 승비마乘肥馬 의경
구衣輕裘 오吾 문지야聞之也 군자君子 주급周急 불계부不繼富 원사위지재原思爲之宰 여지속구
백與之粟九百 사辭 자왈子曰 무毋 이여이인리향당호以與爾隣里鄕黨乎   [옹야]

이 글에는 공자의 제자 세 사람이 나온다. 자화와 염유와 원사다. 자화(공서화)
가 '살진 말을 타고 가벼운 갖옷을 입고 갔다는 것'은 풍족하다는 뜻이다. 그
런데도 염유가 더 보태주려고 하자 영 못 마땅해 한다. 원사는 반대의 경우
다. 원사에게는 공자의 가신(지금의 보좌관)으로서 받는 정해진 녹봉 외에는 달
리 수입이 없었던 듯하다. 원사가 이를 사양하자 '남으면 가난한 이웃들에
게 나누어 주라'고 한다. 당시 공자는 노나라에서 사구의 지위에 있었는데,
지금의 법무부장관 격에 해당한다.

이쯤 되면 이 글의 메시지가 어디에 있는지 짐작이 된다. 동양 정치의 요체는 '균분(均分)'이다. '고르게 나눈다'는 뜻이다. 북위에서 시행한 균전제처럼 주로 경제적 측면에서 '균분'의 이상이야말로 치국의 근본이 된다. 하지만 현실에서 그 이상을 실현하기란 쉽지 않다. 가난한 사람은 더욱 가난해지고, 부자는 더욱 부유해지는 '빈익빈 부익부'로 편중되는 것이 세상이기 때문이다. 이 글에 원사 이야기를 보탠 뜻도 이와 무관치 않을 것이다.

현실에서 '균(均)'의 이상이 어디까지 가능할지는 모르겠지만, 분명한 것은 '불균(不均)'을 추구하는 정치는 백성에게 환영받기 힘들다는 것이다. 역사상 대개의 민란은 '불균'의 토양 위에서 싹튼다.

이 글은 또 하나의 중요한 맥락을 내포하고 있다. 바로 '사회적 의'에 대한 문제다. 사회적 의는 바로 '균'을 바탕으로 한다. 정의로움이고 공익이다. 이를 실현하는 기업이 '사회적 기업'이고, 사람들이 선망하는 기업 모델이다. 경제협력개발기구는 사회적 기업을 "공공의 이해를 위해 수행되며, 이윤 극대화가 아닌 특정한 사회 경제적 목표 달성을 최종 목적으로 하는 기업"으로 정의한다.

원문의 '인리향당(隣里鄕黨)'은 5가(家)를 인, 25가를 리, 1만 2,500가를 향, 500가를 당으로 구분하는 개념이다.

내가 뒤에 서려는 게 아니다

맹지반은 공로를 자랑하지 않았으니, 패퇴할 때에는 맨 뒤에서 적을 막았고, 성문을 들어설 때에는 말에 채찍질을 하며 말하기를, '감히 뒤에 서려는 게 아니라 말이 나아가지 않아서 그랬다.'고 했다.

자왈子曰 맹지반孟之反 불벌不伐 분이전奔而殿 장입문將入門 책기마왈策其馬曰 비감후야非敢後也 마부진야馬不進也　　　　　　　　　　　　　　　　　　　　　[옹야]

기원전 484년 강대국인 제나라에서 약소국 노나라에 쳐들어왔다. 이때 맹지반은 노나라 대부로서 참전하였는데, 당시의 일이 『춘추좌전』 노나라 애공 11년조 기록에 전한다. 이 전투에서 우군을 이끌던 맹유자가 패퇴하여 도읍으로 도망치자, 우군 장수 중 한 사람인 맹지반이 병사들이 안전하게 후퇴할 수 있도록 군대의 후미를 엄호하여 성문으로 들어왔다.

　후퇴할 때 후위를 엄호하는 일은 극히 위험하여 전공으로 여겼다. 그런데도 맹지반은 "내가 뒤에 서려는 게 아니라 말이 나아가지 않아서 그랬다."고 하며 자신의 공을 내세우지 않았다. 이렇게 자신의 공을 내세우지 않는 인품은 평소 그가 어떤 소신으로 살았는지를 증언한다.

　공을 먼저 하고 나를 뒤로 돌리는 '선공후사', 내 이익보다 사회를 위해 먼저 봉사하는 '멸사봉공'의 정신이다.

　겸손과 덕망, 즉 겸덕의 가치를 일깨우는 예화이지만, 자화자찬하는 세태라서 이 예화가 어떻게 들릴지 모르겠다. 자기를 내세우는 사람치고 사람다운 사람을 찾기 힘들다. 한술 더해 남의 공을 빼앗아 자신의 공으로 돌리는 후안무치도 불사한다. 이런 태도는 사회에 해악을 끼치고 종국에는 공멸을 부른다.

『춘추좌전』에는 맹지반을 맹지측이라 하였고, 『장자』에는 맹자반이라하였다. 맹지반을 칭송하는 이가 비단 공자만은 아닌 듯싶다. 지금 시대에도 이런 사람은 여전히 칭송의 대상이지만, 흔히 만날 수 있는 사람은 아니다.

누가 미생고를 정직하다고 하느냐

누가 미생고를 정직하다고 하느냐. 어떤 사람이 식초를 구하자, 그 이웃집에서 구해다 주는데 말이다.

자왈子曰 숙위미생고직孰謂微生高直 혹或 걸혜언乞醯焉 걸저기린이여지乞諸其隣而與之

[공야장]

원문의 '직(直)'은 '곧다'는 의미로서, 정직과 같은 뜻이다. 미생고의 행위는 거짓된 행동으로 남에게 호의를 베푼 것이니, 정직의 취지와는 동떨어진 것이다. 공자가 미생고의 호의를 비판한 것도 그의 행위가 정직의 중도에서 벗어났다는 점에 있다. 행위의 동기가 아니라, 그 방법을 탓한 것이다. 이 글은 그런 맥락을 담고 있다.

요는 이런 값싼 시은(市恩)이 종국에는 은혜를 베푸는 자의 자만을 초래하기 때문에 피해야 한다. 그런 점에서 정직은 부지런함을 뜻하는 '근(勤)'과 통한다. 정도로 부지런히 힘쓰는 것이 '정직함'이라는 뜻이다. 자신을 성찰하는 '내성(內省)'의 원리가 그 안에 관철되고 있기에 그렇다. 이 구절을 바로 읽는 독법이다.

'시시비비'라는 말이 있다. '옳은 것을 옳다 하고 틀린 것을 틀리다'고 말하는 것이다. 순자가 한 말이다. 그는 "옳은 것을 옳다 하고 틀린 것을 틀리다고 하는 것을 '안다'고 하였고, 틀린 것을 옳다 하고 옳은 것을 틀리다고 하는 것을 '어리석다'고 하였다." 비정상이 정상이 되고, 비상식이 상식이 되는 건, 시비곡직이 왜곡되기 때문이다. 그런 사회가 정상일 리 없다.

또 '정정당당'이라는 말이 있다. 바르고 당당한 태도를 말한다. 『손자병법』에서 손자는 '정정지기 당당지진(正正之氣 堂堂之陣)'이라고 했는데, 정정당당은 여기에서 온 말이다. 군기가 가지런하고, 진세가 당당한 모양을 이른다. 바르고 떳떳한 태도를 말할 때 쓰는 표현이다. 공자는 마음에 거리낌이 없으면 위축될 게 없다고 하였다. 속이 음흉한 사람은 다른 사람의 눈치를 보게 마련이다. 사회와 국가도 마찬가지다. 정직의 의미는 그런 것이 아닐까.

사관 어는 정직하구나

정직하구나. 사관 어는. 나라에 도가 있을 때에도 화살처럼 곧았고, 나라에 도가 없을 때에도 화살처럼 곧았다. 군자로구나. 거백옥은. 나라에 도가 있으면 벼슬하고, 나라에 도가 없으면 뜻을 거두어 감추는구나.

자왈子曰 직재直哉 사어史魚 방유도邦有道 여시如矢 방무도邦無道 여시如矢 군자재君子哉 거백옥蘧伯玉 방유도즉사邦有道則仕 방무도즉가권이회지邦無道則可卷而懷之　　　　　　　[위령공]

어는 위나라 사관으로 이름은 추이다. 사관의 미덕은 사실을 사실대로 적는 직필(直筆)이다. 사관이 처세의 유리와 불리를 따져 사실을 왜곡하는 곡필(曲筆)을 한다면 어떻게 될까. 역사의 거울, 즉 사감(史鑑)은 직필일 때 의미가 있기 때문이다. 이 때문에 사관에게 '정직하구나' 하는 말은 최대의 칭송이 된다. 같은 말이 『공자가어』에도 나온다. 동양에서 사관의 원조로 일컫는 사마천도 이 직필을 고수하느라 궁형(거세형)을 당했다. 그 치욕에도 불구하고 그는 『사기』라는 위대한 역사서를 남겼다.

　사관 어는 죽을 때 "나는 임금에게 어진 사람인 거백옥을 등용하게 하지 못했고, 어리석은 사람인 미자하를 물리치도록 하지 못했다. 내 시체를 빈소에 두지 말고 저 창문 아래 두라." 하였다. 조문 온 위 영공이 그 시체를 보고 자신을 잘못을 깨달았다. 이를 '시체로 간한다'는 뜻으로 '시간(尸諫)'이라고 한다.

　거백옥은 위나라 대부로 공자가 군자다운 그의 행실을 칭송한 인물이다. 그가 자신을 성찰하여 허물을 줄이려고 한 뜻이 공자의 지향에 맞았고, 나라에 도가 있으면 나아가 벼슬하고, 나라에 도가 없는 무도한 상태가 되면 뜻을 거두어 감추었다. 그 처신이 군자답다는 뜻이다.

　사관 어의 '곧음'과 거백옥의 '군자다움'을 공자가 칭송한 데에는 공자가 추구하는 도가 정직에 바탕을 두기 때문이다. 공자가 두 사람을 함께 칭송한 것은 그 지향이 같기 때문이다. 정직한 처신과 굽은 처신. 이 문제가 어느 것이 더 유리한가, 불리한가를 따질 문제가 아니지만, 때론 굽은 처신이 더 유리할지도 모른다. 그러나 그런 굴종의 삶이 어떻게 의미가 있을까. 흔들리기 쉬운 세상일수록 뜻을 갖고 살 일이라는 의미로 이 글을 읽게 된다.

의를 보고도 행하지 않으면

제사할 귀신이 아닌 데도 제사하는 것은 아첨이고, 의를 보고도 행하지 않으면 용기가 없는 것이다.

자왈子曰 비기귀이제지非其鬼而祭之 첨야諂也 견의불위見義不爲 무용야無勇也   [위정]

예는 겉으로 드러난 의식 절차를 말하지만, 본질은 정신과 의도에 있다. 예는 대상, 절차, 정신이 합당해야 한다는 의미다. 여기에서 벗어나면 '비례'가 된다. 공자는 가장 아끼는 제자 안연에게 '예가 아니면 보지도 말고, 예가 아니면 듣지도 말고, 예가 아니면 말하지도 말고, 예가 아니면 행하지도 말라.'고 했다. 네 가지를 비례를 범하지 말라는 뜻으로 '사물(四勿)'이라고 한다. 예의 길에서 벗어나지 말라는 뜻이다.

　　서두에 예를 든 이유는 예의 정신이 충직에 바탕을 두기 때문이다. 자신에게 솔직하고 엄한 태도라고 할 수 있다. 그래서 '대상이 아닌 귀신에게 제사를 지내면 아첨하는 것'이란 말은 예의 길에서 벗어나 권력에 아부한다는 말이다. 우리 속담에 '정승집 개가 죽으면 문상해도 정승이 죽으면 문상하지 않는다'고 한 것도 같은 뜻이다. 아부할 권력자가 죽었기 때문이다.

　　또 '의를 보고도 행하지 않으면 용기가 없는 것'이란 말은 의의 사회적 실천을 말한 것이다. "생각으로 의로운 것이 아니라 행함으로 의롭다."는 『성경』의 말도 같은 뜻이다. 그러나 용기도 용기 나름이다. 공자가 자로에게 "맨손으로 호랑이를 잡으려 하고 맨몸으로 황하를 건너려다가 죽어도 후회하지 않을 자와는 내가 함께 하지 않으련다. 반드시 일에 임하여 두려워하고, 계획하기를 좋아하여 성공하는 자와 함께 할 것이다."라고 한 것은 그 분별없는 용맹을 경계한 것이다.

조선시대에 치열하게 전개된 '예송논쟁(禮訟論爭)'은 예의의 내용과 본질에 대한 논쟁이 아니라 형식인 의식 절차를 두고 정국의 주도권을 쥐기 위한 당파 싸움이었다. 본말이 뒤바뀐 채, 겉으로 예의를 내세웠지만 실상은 지독한 권력 싸움이었다. 자기 당에 아첨하여 유리한가, 불리한가만 따지고, 정작 나라의 안위와 민생은 뒷전이었다. 공자의 글은 그 대목을 지적한 것이다.

20장

"덕"

에 대한 생각

덕은 남에게 선의로 유익을 주는 것이다.
사회가 믿음으로 사는 것은 이 덕에 의한 것이다.
그것이 공자의 생각이다.

다른 사람을 돕는 삶

군자는 다른 사람의 아름다움을 이루어주고, 다른 사람의 악을 이루어주지는 않는다. 하지만 소인은 이와 반대로 한다.

자왈子曰 군자君子 성인지미成人之美 불성인지악不成人之惡 소인小人 반시反是　　　　[안연]

슬픔은 같이 나눌 수 있지만 정작 기쁨을 나누기 어려운 게 세상인심이다. 또 좁은 속내를 가진 사람을 협량이라고 한다. 겉으로는 '군자연'하면서 속내를 숨기고 외식한다. 이런 사람은 공생의 가치와는 거리가 멀다. 자기 파괴적인 공멸의 길을 가기 십상이다.

　　이 글에서 말하는 소인은 그러한 행위를 거리낌 없이 한다. 남에게 해악을 끼친다. 차마 눈 뜨고 볼 수 없는 패악을 부리며 자기만 잘 살면 된다고 갑질을 부린다. 갈등을 부추겨 사회를 불행에 빠뜨리고도 태연하다.

　　공자가 표현한 군자는 사회적 인, 즉 사람다움의 가치를 실천하는 사람이다. 군자는 다른 사람의 선을 이루도록 도와준다는 것이다. 사회에 유익을 끼치는 삶이 유학이 지향하는 이상적 인격체인 군자의 덕목과 일치한다. 선의 현대적 의미는 여기에 있다.

　　도움은 일시적인 것이 되어서는 안 된다. 근본적인 것이 해결되도록 도와야 한다. 한 때의 곤궁은 누구나 처할 수 있다. 자신의 재물이나 재능을 나누어서 다른 사람들의 삶에 보탬을 주는 사람들이 많다. 이런 사람들이 많을수록 따뜻하고 건강한 사회다.

덕으로 원한을 갚는 길

어떤 이가 말하기를 "덕으로 원한을 갚는 것은 어떻습니까?" 하니, 공자가 말하기를 "그러면 무엇으로 덕을 갚겠소? 정직으로 원한을 갚고 덕으로 덕을 갚는 것이오." 하였다.

혹왈或曰 **이덕보원**以德報怨 **하여**何如 **자왈**子曰 **하이보덕**何以報德 **이직보원**以直報怨 **이덕보덕** 以德報德   [헌문]

덕으로 원한을 갚는 것은 상찬할 일이나 사람에겐 쉽지 않은 일이다. 그런 마음의 자세가 또 다른 교만을 부르기 때문이다. "정직으로 원한을 갚고, 덕으로 덕을 갚는 것이다."라는 말은 원한을 원한으로 갚으라는 말이 아니다. '정직'이라는 말이 중요하다.

정직을 뜻하는 '직(直)'은 '곧음' 또는 '바름'으로 번역된다. 곧 안을 곧게 한다는 것이다. 감정에 휘둘려서 함부로 원한을 갚는 사적인 보복 행위를 경계한 것이다. 『주역』 곤괘(坤掛)에 '경이직내 의이방외(敬以直內義以方外)'라고 하였다. "공경함으로 안을 곧게 하고, 의리로 밖을 반듯하게 한다."는 뜻이다. 공경과 의리는 조선의 선비들이 평생 힘쓴 경구였다.

이 글에서 공자가 주장한 도의 실천 논리도 '공경으로 안을 바르게 하는 것'에 있다. 안은 마음이다. 마음을 곧고 바르게 한다는 것이다. 마음이 비뚤면 보복으로 기울게 마련이다. 따라서 정직한 방법이라는 말은 안, 즉 마음을 바르게 한다는 말이 된다.

남명 조식은 칼에 '경이직내 의이방외'의 이 여덟 글자를 새기고 평생 경계했다고 한다. '경'은 자신의 처신인 몸가짐이고, '의'는 사회적 실천으로 처세에 가깝다. 경과 의를 실천하며 자수(自守)하기 어렵기 때문에 감정에 휘둘리기 쉬운 자신을 경계하는 일이 경의의 출발점이라고 할 수 있다. 공자가 살던 2500년 전이나 지금이나 여전히, 세상은 인간다움, 관용하는 너그러움이 필요하다.

덕을 높이고 의혹을 분별하는 방법

자장이 덕을 높이고 의혹을 분별하는 방법에 대해 묻자 공자가 말하였다. "충직함과 믿음직함을 위주로 하여 의를 옮겨서 덕을 높이는 것이다. 사랑할 때는 그가 살기를 바라고 미워할 때에는 그가 죽기를 바라는데, 이미 그가 살기를 바랐다가 다시 죽기를 바라는 것이 바로 미혹이다. 『시경』에도 '진실로 재산이 많아서가 아니라 마음이 변해서라네'라고 하였다."

자장子張 문숭덕변혹問崇德辨惑 자왈子曰 주충신主忠信 사의숭덕야徙義崇德也 애지愛之 욕기생欲其生 오지惡之 욕기사欲其死 기욕기생旣欲其生 우욕기사又欲其死 시혹야是惑也 성불이부誠不以富 역지이이亦祗以異　　　　　　　　　　　　　　　[안연]

의를 옮겨 덕을 높이는 것은 사회에 대한 공의의 실천을 말한다. 군주 개인에 대한 충성이 아니라 사회적 공의에 대한 헌신의 자세다. 이 점에서 국가와 군주를 동일시한 봉건왕조 시대의 '충성' 개념과는 다르다. 또 의혹을 분별하는 방법에 대해서는 변하거나 흔들리지 말아야 한다고 했다. 현상에 흔들리지 않는 지혜로운 처신을 말한다. 현상 속 원리에 대한 통찰이다.

　　공자는 덕을 높이고 의혹을 분별하는 방법을 말하면서 "사랑해야 한다."고 의지적 관점으로 말했다. 처지나 상황이 변할지라도 흔들리지 말고 사랑해야 한다는 뜻이다. 그런데도 그 사랑을 거두어 들여 그가 죽기를 바란다면 그것이 바로 '의혹'이라는 것이다. 사랑하고 미워하는 것은 인지상정이지만 그것을 뛰어넘을 때 의혹을 분별할 수 있다는 뜻이다.

우리 사회가 이욕에 흔들리고 불신 사회가 된 건 이러한 '의지적 사랑'이 부족하기 때문이다. '의지적 사랑'은 곧 이타심을 말한다. 자신의 것만 소중하고 남의 것은 가벼이 여기는 태도, 남보다 '덜 가진 것'을 비교하며 불행해 하는 사람, 이 시대의 우울한 초상이다. 공자는 정직하고 믿음직하게 살라 한다. 사회적 공의를 추구하며 덕을 베풀며 살라고 한다. 그리고 무엇보다 사랑하며 살라고 한다. 행복의 비결이 그 안에 있다고 한다.

'진실로 재산이 많아서가 아니라 마음이 변해서라네'라는 구절은 『시경』 소아 중 '아행기야(我行其野)라는 시의 한 구절이다. '나 홀로 벌판을 가다'라는 뜻이다. 시집 간 여인이 버려져서 고향에 돌아가고픈 심정을 노래한 시다. 사랑하는 마음이 식어서 변심한 것일 뿐, 다른 변명은 구차할 뿐이다.

덕을 아는 사람이 드물구나

유(자로)야, 덕을 아는 사람이 드물구나.

자왈子曰 유由 지덕자선의知德者鮮矣 [위령공]

자로는 덕성과는 거리가 먼 인물이다. 평소 용맹함을 자랑해서 공자로부터 핀잔을 듣곤 하던 인물이다. 그 때문인지 다른 제자들도 자로에 대해서 별로 신뢰하지 않았던 모양이다. 그러나 스승 공자가 어려울 때 늘 그 곁을 지킨 게 자로였다. 또 공자와는 나이 차가 별로 안 나서인지 공자에게 대놓고 쓴 소리도 곧잘 했다. 오늘은 공자가 친구 같은 제자 자로에게 뜬금없이 깊은 탄식을 토해낸다. '요즘 세상에는 덕을 아는 사람이 드물구나.' 공자의 깊은 탄식이 들리는 글이다.

공자가 생각한 덕은 무얼까. 우리가 '덕분에'라고 하면 상대방의 호의에 감사한다는 예사스런 인사말이지만, 공자의 말을 새겨보면 덕은 최고의 선인 '지선(至善)'의 경지에 가깝다. 그러니 덕이 으레 인사치레에 불과하지는 않을 것이다. 이타적인 희생정신이 덕의 의미에 합당하지 않을까. 그 이타성이 사회를 하나로 묶는 가치요, 공동선이다. 요즘 '덕분에 챌린지'가 유행한다. 'thankstochallenge'라는 해시태그를 단다. 주로 코로나19 바이러스에 헌신적으로 대응하는 의료진에 존경과 감사를 표하기 위해서인데, 이 캠페인도 같은 취지가 아닐까 싶다.

이와는 반대로 선거철마다 목전의 선거 승리를 위해 사회 갈등과 분열을 부추기고, 가짜뉴스를 퍼뜨리며, 혹세무민과 권모술수도 마다하지 않는 사람들이 있다. 선거 때 공약(公約)은 공약(空約)이란 말도 버젓이 한다. 신뢰할 수 없는 사람들이다. 자기 성찰이 안 된 이런 사람 중에 진정으로 '덕을 아는 이'가 있을까. 남을 배척하기보다 너그럽게 포용하며 사회에 유익을 끼치는 것, 그게 공자가 생각하는 덕이다.

덕은 외롭지 않다

덕은 외롭지 않다. 반드시 이웃이 있다.

자왈子曰 덕불고德不孤 필유린必有隣 　　　　　　　　[이인]

노년에 가장 견디기 힘든 것은 외로움이라고 한다. 원문의 '외로울 고(孤)' 자는 사람이 홀로 떨어져 있는 모습을 형상한 글자다. 외로움에 주안점을 두고 이 글을 읽으면 '외롭지 않으려면 덕을 베풀어야 한다'라는 의미가 된다. 덕을 쌓는 것을 '적덕(積德)'이라고 한다. 남에게 베푸는 나눔의 마음이다. 이타적인 봉사도 그 하나라고 할 수 있다.

반면에 이해에 따라 사람을 저울질하는 사람은 나이가 들수록 외롭기 마련이다. 이런 부류의 사람은 사람다운 향기와 나눔의 넉넉함이 없기 때문이다. 인색함과 야박함으로 남에게 해악을 끼치고도 아랑곳하지 않으며, 남과 이익을 다투고 갑질을 일삼는다. 이런 사람을 '악덕하다'고 표현한다.

덕을 베풀며 이웃과 어울려 사는 사람을 인덕이 있다고 한다. 이런 사람은 노년이 외롭지 않다. 따뜻한 인간미가 있는 이웃이 있기에 그렇다. 이 글을 공자의 제자들이 『논어』에서 '마을 인심이 좋다'는 뜻의 '이인' 장에 둔 이유도 여기에 있을 것이다.

『주역』 '문언전'에 '적선여경(積善餘慶)'이라고 했다. 착한 일은 경사스럽고 복된 일이 자손에게까지 미친다는 뜻이다. 물질적 유산을 물려주기보다는 심덕의 유산인 '여경'을 자손에게 물려주는 게 옳지 않을까. 남에게 덕을 베풀며 살기에도 짧은 게 인생이란 의미로 이 글을 읽고 싶다.

감사의 글

이 책에 담긴 글은 '고전과 세상 이야기' 네이버 블로그에 올린 글이다. 처음에는 담담하고 소박하게 『논어』를 읽으려는 심산으로 가볍게 시작했는데, 어느새 단행본 간행까지 이어졌다. 선뜻 출간에 동의해 준 경인문화사 종이와나무 한정희 대표에게 감사한다.

처음 『논어』를 읽은 것이 고1 때여서 어언 40년 넘게 『논어』를 읽은 셈이다. 그러니 이제 『논어』 읽기가 제법 풋내는 벗었으려니 싶었다. 그러나 막상 시작하고 보니 한문투 대신에 우리말로 표현하는 일이 쉽지 않았다. 그때마다 한국고전종합DB '경서성독' 중 『논어』 번역이 길잡이가 되었다. 이 『논어』 정문을 한글로 명료하게 풀어낸 이기찬 선생에게 감사드린다.

돌아보면 여러 번 직장을 옮기며 늘 위태한 길을 걸었다. 그때마다 곁을 지켜준 아내 김나경, 두 아들 지훈, 승엽에게 감사를 전한다. 가족은 내 삶을 충만하게 해주는 원동력이었다. 이제 새 길을 시작하는 두 아들에게는 인생길에서 『논어』가 늘 친구가 되기를 바란다. 아버지, 어머님께서는 지금도 자식 걱정 끝이 없으시다. 두 분께 감사드린다.

믿음은 나를 지켜준다. 삶의 매 순간, 고비마다 함께 해주신 주님을 깊이 경외하며 사랑한다. 그 믿음이 없으면 나는 아무것도 아니다. 너그러움으로 세상을 대하는 마음이 더 넓어지기를 소망한다. 문득 서가에 꽂힌 『논어』를 바라본다. 함께 나이를 먹은 이 책의 주름이 깊다. 모두에게 감사하다.

논어의 생각

초판 1쇄 인쇄 | 2023년 7월 14일
초판 1쇄 발행 | 2023년 7월 24일

지은이 | 한문희
발행인 | 한정희
발행처 | 종이와나무
편집부 | 유지혜 김지선 한주연 이다빈 김윤진
관리·영업부 | 전병관 하재일 유인순
출판신고 | 2015년 12월 21일 제406-2007-000158호
주소 | 경기도 파주시 회동길 445-1 경인빌딩 B동 4층
전화 | 031-955-9300   팩스 | 031-955-9310
홈페이지 | http://www.kyunginp.co.kr
이메일 | kyungin@kyunginp.co.kr

ISBN 979-11-88293-21-6 03100
값은 뒤표지에 있습니다.

종이와나무는 경인문화사의 브랜드입니다.